國家社會科學基金重大項目（21&ZD271）

全國高等院校古籍整理研究工作委員會科研項目

「十四五」國家重點圖書出版規劃項目

2021—2035年國家古籍工作規劃重點出版項目

國家出版基金資助項目

本書獲
南開大學文科發展基金首批重點項目
內蒙古大學內蒙古元代文學與文化研究基地
資金支持

全遼金元筆記

第一輯　十

查洪德　主編
辛昕　編校

國家出版基金項目
NATIONAL PUBLICATION FOUNDATION
中原出版傳媒集團
中原傳媒股份公司
大象出版社
·鄭州·

圖書在版編目(CIP)數據

全遼金元筆記. 第一輯. 十 / 查洪德主編; 辛昕編校.— 鄭州 : 大象出版社, 2022. 12
ISBN 978-7-5711-1362-9

Ⅰ. ①全… Ⅱ. ①查… ②辛… Ⅲ. ①筆記-中國-遼金時代②筆記-中國-元代 Ⅳ. ①K240. 66

中國版本圖書館 CIP 數據核字(2022)第028850號

全遼金元筆記 第一輯 十

出版人	汪林中
項目策劃	張前進
項目統籌	李光潔 吴韶明
責任編輯	陶 慧
責任校對	萬冬輝 牛志遠
整體設計	王晶晶 杜曉燕
責任印製	郭 鋒
出版發行	大象出版社
	鄭州市鄭東新區祥盛街27號 郵編450016
製 版	河南新華印刷集團有限公司
印 刷	北京匯林印務有限公司
版 次	2022年12月第1版 2022年12月第1次印刷
開 本	640 mm×960 mm 1/16 35印張
字 數	448千字
定 價	140.00元

目録

困學紀聞

王應麟撰

困學紀聞

◉王應麟撰

點校説明

《困學紀聞》二十卷，王應麟撰。王應麟（一二二三—一二九六），字伯厚，號厚齋，晚年自號深寧居士，慶元府鄞縣（今浙江寧波鄞州）人。宋淳祐元年（一二四一）進士，寶祐四年（一二五六）中博學宏詞科。歷仕南宋理宗、度宗、恭帝三朝。任太常主簿、太常博士、秘書郎、禮部郎官等職，官至禮部尚書兼給事中。後見朝政混亂、權臣當道，憤而辭官，歸鄉後閉門讀書，精研學術。入元隱居不仕，潛心著述幾三十年。王應麟學識廣博，一生著述豐碩，作《困學紀聞》《深寧集》《詩考》《漢藝文志考證》《玉海》等二十餘種，共計六百餘卷。《宋史》卷四百三十八有傳。

《困學紀聞》爲一部札記，卷首有王應麟自題三十八字：「幼承義方，晚遇囏屯。炳燭之明，用志不分。困而學之，庶自别于下民。開卷有得，述爲《紀聞》。深寧叟識。」由此可知，成書於入元之後，撰述目的在於「切於爲學者」即指授學人，明辨學術。該書内容極廣博，九經諸子、歷代史傳、制度名物、詩文等皆有所論述。計「説經八卷，天道、地理、諸子二卷，考史六卷，評詩文三卷，雜識一卷」（《四庫全書總目》）。王應麟博洽多聞，在宋代罕其倫比。在爲學方法上，提倡通達、博學。翁元圻有評：「不主一説，不名一家，而實集諸儒之大成。」《四庫全書總目》

則評其爲博學通儒之典範，高度肯定其摒棄門派之别通達之眼界：「蓋學問既深，意氣自平，能知漢、唐諸儒本本原原，具有根柢，未可妄訊以空言，又能知洛、閩諸儒，亦非全無心得，未可概視爲弇陋，故能兼收併取，絶無黨同伐異之私。所考率切實可據，良有由也。」將廣博之學識，通達明徹之思想融注於文獻考訂、評論中。牟應龍爲《困學紀聞》所作序，高度肯定其學術成就：「公作爲是書，各以類聚，考訂評論，皆出己意，發前人之所未發，辭約而明，理融而達，該邃淵綜，非讀書萬卷，何以能之？」故其書有極高學術價值。同時諸多文獻借此書得以保存、流傳後世，因而又有很高文獻價值。

《困學紀聞》版本衆多。元初問世，以鈔本流傳。據袁桷《序》，初刊於泰定二年（一三二五），「肅政司副使燕山馬速公、僉事保定孫公楫濟川，分治慶元，振興儒學，始命入梓」。此即泰定二年慶元路儒學刻本。元代另有一種刻本，世稱無序跋本。明代重要版本有三種。第一種爲南監本，即南京國子監本。此本或爲慶元路儒學刻板明印本，已佚。第二種爲明刻保定本。此本據元刊本刻印。第三種爲吴獻台本，此本據保定本翻刻。清代《困學紀聞》版本繁多，有三十餘種，其中影響較大者六種。第一種爲馬氏叢書樓刻閻箋本。第二種爲汪氏桐華書塾刻何箋本。第三種爲全祖望三箋本。第四種爲萬希槐集證本。第五種爲《四庫全書》本。第六種爲餘姚守福堂刻翁元圻注本。近代至當代，重要版本主要有十一種。第一種爲傅增湘藏園影印本，一九二六年，傅增湘收購《困學紀聞》元刻本，此爲目前國内唯一元刻本，現藏於國家圖書館。第二種爲《四部叢刊三編》本，一九三五年據傅增湘所購元刻本影印。第三種爲《萬有文庫》本，一九三五年據餘姚守福堂刻翁元圻注本排印。第四種爲《四部備要》本，一九三六年據餘姚守福堂刻翁元圻注本排印。第五種爲《翁注困學紀聞》單行本，一九五九年商務印書館據《萬有文庫》本重印。第六種爲《新世紀萬有文庫》本，一九九八年遼寧教育出版社據《四部叢刊三編》本以簡體字印行。第七種爲《困學紀聞（全校本）》，二〇〇八年上海古籍出版社出版，以餘姚守福堂刻翁元圻注本爲底本。第八種爲《困學紀聞》三箋本，二〇一五年上海古籍出版社出版，以清嘉慶友益齋《校訂困學紀聞三箋本》爲底本，不僅有閻若璩、何焯、全祖望三家箋，另收方樸山、程易田二家注及方心醰、屠繼序二家評注。第九種爲《全宋筆記》本，二〇一六年大象出版社出版，以《四部叢刊三編》本爲底本，《四庫全書》本、餘姚守福堂刻翁元圻注本爲校本。第十種爲《困學紀聞注》本，二〇一六年中華書局出版，以餘姚守福堂刻翁元圻注本爲底本，傅增湘所購元刻本爲第一校本，萬希槐集證本爲第二校本。第十一種爲國家圖書館影印元刻本，二〇一七年國家圖書館出版社出版《國學基本典籍叢刊》，其中一種爲《元本困學紀聞》，此本爲傅增湘所購元刻本影印本。

本次整理，以國家圖書館出版社影印出版《元本困學紀聞》爲底本，以餘姚守福堂刻翁元圻注本爲校本。同時參考上海古籍出版社《困學紀聞（全校本）》、大象出版社《全宋筆記》本《困學紀聞》以及中華書局《困學紀聞注（全七册）》。本書可能還有許多不足，敬請讀者指正。

目録

校勘記

卷一

易

危者使平，易者使傾，《易》之道也。處憂患而求安平者，其惟危懼乎！故《乾》以惕无咎，《震》以恐致福。

「修辭立其誠」，修其内則爲誠，修其外則爲巧言。《易》以辭爲重。《上繫》終於「默而成之」，養其誠也。《下繫》終於「六辭」，驗其誠不誠也。「辭」非止言語，今之「文」，古所謂「辭」也。

「履霜」戒於未然，「月幾望」戒於將然。《易》貴未然之防，至於「幾」則危矣。「潛龍以不見成德」，管寧所以箴邴原也。「全身以待時」，杜襲所以戒繁欽也。

《易》曰：「括囊无咎无譽。」

「貞者元之本」，周公曰：「冬日之閉凍也不固，則春夏之長草木也不茂。」見《韓非·解老》。可以發明貞固之説。

《乾》初九，復也。「潛龍勿用」，即「閉關」之義。《坤》初六，姤也。「履霜堅冰至」，即「女壯」之戒。

《淮南·人間訓》云：「《易》曰『潛龍勿用』者，言時之不可以行也。故『君子終日乾乾，夕惕若厲，无咎』。『終日乾乾』，以陽動也；『夕惕若厲』，以陰息也。因日以動，因夜以息，唯有道者能行之。」以陰陽言日夕，《易》説所未及。

蔡澤謂：「《易》曰『亢龍有悔』，此言上而不能下，信而不能詘，往而不能自反者也。」亦善言《易》矣。澤相秦數月而歸相印，非苟知之。《賈誼書》云：「亢龍往而不能反，故《易》曰『有悔』。潛龍入而不能出，故《易》曰『勿用』。龍之神也，其惟蜚龍乎！」

《越絶》引《易》「進退存亡」之言曰：「進有退之義，存有亡之幾，得有喪之理。」陸宣公云：「喪者得之理，得者喪之端。」其語本此。

《坤》之六五，程子以爲「羿、莽、媧、武，非常之變」。干寶之説曰：「柔居尊位，若成、昭之主，周、霍之臣也。百官總己，專斷萬機，雖情體信順，而貌近僭疑。言必忠信，行必篤敬，然後可以取信於神明，无尤於四海。」愚謂：此説爲長。

《乾》《坤》之次，《屯》曰「建侯」，封建與天地並立。一旅復夏，共和存周，封建之效也。匹夫亡秦，五胡覆晉，郡縣之失也。

古者君臣之際，分嚴而情通。「上天下澤，履」，其分嚴也；「山上有澤，咸」，其情通也。不嚴則爲《未濟》之三陽失位，不通則爲《否》之天下無邦。

《陰符經》云：「天地之道浸，故陰陽勝。」愚嘗讀《易》之《臨》曰「剛浸而長」，《遯》曰「浸而長也」，自《臨》而長爲《泰》，自《遯》而長爲《否》，浸者漸也，聖人之戒深矣。

「繫于苞桑」，三柔在下而戒之也。「繫于金柅」，一柔方進而止之也。《蒙》之剛中，二也，占而求之曰「初筮」。《比》之剛中，五也，占而從之曰「原筮」。

「童蒙」應於二之剛，則吉，養之早也。「童觀」遠於五之剛，則吝，見之小也。信君子者治之原，《隨》之九五曰：「孚于嘉，吉。」信小人者亂之機，《兑》之九五曰：「孚于剥，有厲。」

「鳴謙」則吉，「鳴豫」則凶。鳴者，心聲之發也。「未知獲戾于上下」，鳴謙者歟？「二三子亦姑謀樂」，鳴豫者歟？

柔而剛，則能遷善。剛而柔，則能順理。《復》之六三，柔而不中，勉爲初之剛而屢失，故頻復。《巽》之九三，剛而不中，勉爲初之柔而屢失，故頻巽。

《小畜》上九，「月幾望」則凶，陰亢陽也。《歸妹》六五，「月幾望」則吉，陰應陽也。《中孚》六四，「月幾望」則无咎，陰從陽也。曰「幾」者，戒其將盈，陰盈則陽消矣。

《同人》之初曰「出門」，《隨》之初曰「出門」。謹於出門之初，則不苟同，不詭隨。

冥於《豫》而勉其「有渝」，開遷善之門也。冥於《升》而勉其「不息」，回進善之機也。

「大蹇朋來」，進君子之真朋也。「涣其群」，退小人之僞朋也。《泰》言「朋」，《否》言「群」。君子進而衆賢聚，故《復》「朋來无咎」。衆賢盛而君子安，故《解》「朋至斯孚」。君子之志行而小人之心服，故《豫》「勿疑，朋盍簪」。

《易》言「密雲不雨」者二：《小畜》終於「既雨」者，陽之極爲陰也；《小過》終於「已亢」者，陰之極爲陽也。畜極則通，過極則亢。

「謹乃儉德【二】，惟懷永圖」，故「甘節，吉」。「盜言孔甘，亂是用餤」，故「甘臨，无攸利」。

「不義而富且貴，於我如浮雲」，故曰：「舍車而徒，義弗乘也。」「萬鍾則不辨禮義而受之，萬鍾於我何加焉？」故曰：「自求口實，觀其自養也。」

召平、董公、四皓、魯兩生之流，士不以秦而賤也。伏生、浮丘伯之徒，經不以秦而亡也。萬石君之家，俗不以秦而壞也。《剥》之終曰「碩果不食」，陽非陰之所能剥。

【二】謹乃儉德　「謹」原作「慎」，避宋孝宗趙昚諱。

下陽舉而虢亡，虎牢城而鄭懼，西河失而魏蹙，大峴度而燕危，故曰「設險以守其國」。狄患攘而民怨結，宗藩弱而戚黨顓，柄臣揃而宦寺恣，寇叛平而方鎮强，故曰「思患而豫防之」。

《復》曰「朋來」，所以致泰；《泰》曰「朋亡」，所以保泰。

陽大陰小而言「陰陽」，闔而闢也；朔先晦後而言「晦朔」，終而始也。

《爾雅》：「小罍謂之坎」「大琴謂之離」。萬物之象，無非《易》也。

《易》之終始皆陽也，始于《乾》之初九，終于《未濟》之上九。

《易》於《蠱》「終則有始」，於《剥》「消息盈虚」，於《復》「反復其道」，皆曰「天行也」。然則無與於人事歟？曰：聖人以天自處，扶陽抑陰，盡人事以回天運，而天在我矣。

言行可以欺於人，而不可以欺於家，故《家人》之《象》曰：「君子以言有物而行有恒。」

《復》之初即《乾》之元，「碩果不食」則生矣，《復》之所謂仁也。《乾》爲木果，在春爲仁，發生也；在冬爲幹，歸根也。終而復始。

張子曰：「《易》爲君子謀，不爲小人謀。」朱子謂：「聖人作《易》，示人以吉凶。言『利貞』，不言『利不貞』；言『貞吉』，不言『不貞吉』；言『利禦寇』，不言『利爲寇』也。」

聞之前修曰：「中庸、誠敬，自有乾坤，即具此理。《乾》九二言『龍德正中，庸言之信，庸行之謹，閑邪存其誠』。《坤》六二言『敬以直内』。」

「《復》以自知」，必自知，然後見天地之心。「有不善，未嘗不知」，自知之明也。

「致命遂志」，命可致而志不可奪。「行法俟命」，命可制而法不可變。

「下學而上達」，故《大畜》上九：「何天之衢，亨。」

魏相以《易》相漢，能上陰陽之奏，而不能防戚宦之萌，不知「繫于金柅」之戒也。匡衡以《詩》相漢，能陳《關雎》之義，而不能止奄寺之惡，不知「昏椓靡共」之戒也。經術雖明，奚益焉！

五陽之盛而一陰生，是以聖人謹於微。齊桓公七年始霸，十四年陳完奔齊，亡齊者已至矣。漢宣帝甘露三年，匈奴來朝，而王政君已在太子宫。唐太宗以武德丙戌即位，而武氏已生於前二年。我藝祖受命之二年，女真來貢，而宣和之禍乃作於女真。張芸叟曰：「《易》者極深而研幾，當潛而勿用之時，必知有亢；當履霜之時，必知有戰。」

《易》言「積善」曰家，《大學》言「興仁」「興讓」曰家，家可以不正乎！

世之治也，君子以直勝小人之邪。《易》曰：「田獲三狐得黄矢。」世之亂也，小人以狡勝君子之介。《詩》曰：「有兔爰爰，雉離于羅。」

《易》者象也。木上有水爲《井》，以木巽火爲《鼎》，上止下動爲《頤》，頤中有物爲《噬嗑》，《小過》有飛鳥之象焉。餘卦可以類求。王輔嗣「忘象」之説，蒙莊緒餘爾。

《左傳》疏引《易》云：「伏羲作十言之教，曰乾、坤、震、巽、坎、離、艮、兑、消、息。」朱子發以爲鄭康成之語。愚謂「正其本而萬物理，失之毫氂，差以千里」，見於《易緯通卦驗》，漢儒皆謂之《易》，則此所謂《易》云者，蓋緯書也。

鄭康成《詩箋》多改字，其注《易》亦然。如「包蒙」，謂「包當作彪，文也」；《泰》「包荒」，謂「荒讀爲康，虚也」；《大畜》「豶豕之牙」，謂「牙讀爲互」；《大過》「枯楊生荑」，謂「枯音姑」，「无姑山榆」；《晉》「錫馬蕃庶」，讀爲「藩遮」，謂「蕃遮禽也」；《解》「百果草木皆甲宅」，「皆」讀如「解」，「解謂坼，呼皮曰甲，根曰宅」；《困》「劓刖」，當爲「倪仉」；《萃》「一握爲笑」，「握」讀爲「夫三爲屋」之「屋」；《繫辭》「道濟天下」，「道」當作「導」，「言天下之至賾」，「賾」當爲「動」；《説卦》「爲乾卦」，「乾」當爲「幹」。其説多鑿。鄭學今亡傳，《釋文》及《正義》間見之。

《書序》：「八卦之説，謂之『八索』，求其義也。」而賈逵以爲「八王之法」，張平子以爲「《周禮》八議之刑」。索，空也，空設之。唯馬融以爲八卦。杜預但云「古書名」，蓋孔安國《書序》猶未行也。愚按《國語》史伯曰：「平八索以成人。」韋昭注：「謂八體以應八卦也。謂《乾》爲首，《坤》爲腹，《震》爲足，《巽》爲股，《離》爲目，《兑》爲口，《坎》爲耳，《艮》爲手。」此足以證孔、馬之説。

《易》正義云：「伏犧制卦，文王繫辭，孔子作《十翼》。」朱子謂：繫辭本文王、周公所作之辭，繫于卦爻之下者。《上繫》《下繫》乃孔子所述繫辭之傳也。《彖》即文王所繫之辭。《象》者，卦之上下兩象及兩象之六爻，周公所繫之辭也。《彖象上下傳》者，孔子釋經之辭也。愚按《釋文》云：「王肅本作《繫辭上傳》，訖於《雜卦》，皆有『傳』字。」《本義》從之。漢《儒林傳》云：「孔子晚而好《易》，讀之韋編三絶，而爲之傳。」王肅本是也。

阮逸云：「《易》著人事，皆舉商、周。『帝乙歸妹』『高宗伐鬼方』『箕子之明夷』，商事也；『密雲不雨，自我西郊』『王用亨于岐山』，周事也。」朱子發云：「《革》存乎湯、武，《明夷》存乎文王、箕子，《復》存乎顔氏之子，故曰『存乎其人』。」朱文公謂：「疑皆帝乙、高宗、箕子占得此爻。」

《明夷》之《彖》曰「文王」「箕子」者，《易》《洪範》道統在焉。「用晦」，所以明道也。象、數相爲經緯，皆演於商之季世。

桓譚《新論》云：「《連山》八萬言，《歸藏》四千三百言。」夏《易》詳而殷

《易》簡，未詳所據。

孔子卜得《賁》。孔子曰：「不吉。」子貢曰：「夫《賁》亦好矣，何謂不吉乎？」孔子曰：「夫白而白，黑而黑，夫《賁》又何好乎？」《呂氏春秋》：「賁，色不純也。」

苕谿劉氏云：「《夬》以五君子決一小人，不曰『小人道消』，而曰『道憂』，蓋上下交而志同，如泰之時，然後小人之道不行。若以五君子臨一小人，徒能使之憂而已。惟其有憂，則將圖之無不至矣。」愚謂「小人道消」，嘉祐是也；「小人道憂」，元祐是也。

《井》之九三，荆公解云：「『求王明』，孔子所謂『異乎人之求』也。君子之於君也，以不求求之；其於民也，以不取取之；其於天也，以不禱禱之；其於命也，以不知知之。《井》之道，無求也，以不求求之而已。」文意精妙，諸儒所不及。

王輔嗣以「寂然至无」爲復。又云：「冬至，陰之復；夏至，陽之復。」蘇子美辨其非。愚謂：先儒云「至静之中有動之端」，所以見天地之心與「寂然至无」之説異矣。「冬至陰之復」，蓋如周子「利貞誠之復」。就歸處言之，荆公曰：「陽以進爲復，初九是也；陰以退爲復，六二、六三、六四是也。」

薛氏曰：「《易》以初爻爲七日者，舉前卦而云也。《復》之『七日來復』，《震》《既濟》之『七日得』，皆舉初爻。」

葉少藴謂：「凡《易》見於有爲者，皆言『用』。用之者何？體也。而《易》不以體對用，故别而論之曰：《易》無體。」晁景迂曰：「體用本乎釋氏。」
利貞者，性情也。王輔嗣注：「不性其情，何能久行其正？」程子《顏子好學論》「性其情」之語本此。
「君子道盛，小人自化，故舜、湯舉皋、伊而不仁者遠。」玉泉喻氏云：「《泰》『小人道消』，非消小人也，化小人爲君子也。」
《泰》初九：「拔茅茹，以其彙，征吉。」《本義》云：「郭璞《洞林》讀至『彙』字絶句，下卦放此。」愚按《正義》曰：「『以其彙』者，彙，類也，以類相從。『征吉』者，征，行也。上《坤》而順，下應於《乾》，已去則納，故征行則吉。」亦以「彙」字絶句。《泰》之「征吉」，引其類以有爲；《否》之「貞吉」，絜其身以有待。
儉德辟難，朱子謂「收斂其德，不形於外」。申屠蟠以之。
《泰》之三「无往不復」，陽之極也，而否將萌。《否》之四「有命无咎」，陽之復也，而泰將至。
一許敬宗在文館，唐爲武氏矣。一楊畏居言路，元祐爲紹聖矣。「羸豕」之孚，「左腹」之入，可不戒哉！
家聲之隤，隴西以爲愧；城角之缺，新平以爲耻。清議所以維持風俗也。清議廢，風俗壞，則有毁宗澤而譽張邦昌者，有貶張浚而褒秦檜者。觀民風設教，居賢德善俗，可不謹哉！

齊德衰於召陵，晉志怠於蕭魚。淮平而异、鎛用，潞定而歸真惑。《易》曰：「日中則昃。」《玄》曰：「月闕其摶，不如開明于西。」「制官刑」則「具訓蒙士」，「無彝酒」則「誥教小子」。《易》曰「童牛之牿」，《記》曰「禁於未發之謂豫」。

龜靈而焦，雉文而翳，是以「衣錦尚絅」；蘭薰而摧，玉剛而折，是以「危行言孫」。此「白賁」「素履」所以无咎。

「知止而後有定」，故觀身於《艮》。「惻隱之心，仁之端也」，故觀心於《復》。

惟進賢可以正君，故公仲進牛畜、欣、越，而歌者之田止；孔明進攸之、禕、允，而宮府之體一。惟正己可以格君，故管仲有三歸，不能諫六嬖之惑；魏相因許伯，不能遏弘、石之惡。《泰》曰「拔茅」，《漸》曰「進以正」。

《乾·文言》曰：「寬以居之。」朱子謂：「心廣而道積。」程子《易·小畜》傳曰：「止則聚矣。」呂成公謂：「心散則道不積。」充拓收斂，當兩進其功。

丹書敬義之訓，夫子於《坤》六二《文言》發之。孟子以「集義」爲本，程子以「居敬」爲先。張宣公謂：「工夫並進，相須而相成也。」

「《艮》者，限也，限立而內外不越。天命限之內也，不可出；人欲限之外也，不可入。」郭沖晦云。

「《小畜》下體《乾》【二】,《復》上體《坤》,乾坤相應,故《小畜》初九『復自道』,九二『牽復,吉』,與《復》六四『中行獨復』,六五『敦復無悔』,義甚相類。『牽復』中『不自失』,『敦復』中以『自考』,二、五皆得中故也。」澹庵云。

「同人于野」,公之大也。「艮其背」,止之至也。皆見於《彖》,明一卦之義也。

里克之中立,鄧析之兩可,終於邪而已。故《隨》之六二曰:「弗兼與也。」

「虛美熏心」,秦亂之萌;「浮文妨要」,晉衰之兆。故《賁》受之以《剥》。

廉耻,國之脈也。廉耻泯,則國從之。是以楚瓦好賄郢城危,晉盈求貨霸業衰,秦賂讒牧遷爲虜,漢金間增垓敗羽,利之覆邦,可畏哉!《大學》之末,七篇之始,所以正人心,塞亂原也。在《益》之《屯》曰:「莫益之,或擊之。」

「翰音登于天」,無實之名也,殷浩、房琯以之。

君子無斯須不學也,黄霸之受《尚書》,趙岐之注《孟子》,皆在患難顛沛中,况優游暇豫之時乎?《易》曰:「困而不失其所,亨。」

《連山》首《艮》,艮,萬物之所終始也。八風始於不周,卦氣始於《中孚》,冬至爲曆元,黄鍾爲律本。北方終陰而始陽,故謂之朔方。《太玄》紀日於牛宿,紀氣於中首,而以罔冥爲元。艮之終始萬物也。虞仲翔云:「萬物成始《乾》甲,成終《坤》癸。

【二】小畜下體乾　「下」原作「上」,《小畜》乾下巽上,據此改。

《艮》東北，是甲癸之間。」沙隨程氏云：「醫家《難經》爲《百刻圖》，一歲陰陽升降，會於立春；一日陰陽昏曉，會於艮時。此説與《易》合。」又云：「北方之氣至陰，而陽生焉。《象》曰：『習坎，重險也。』於物爲龜爲蛇，於方爲朔爲北，於《太玄》配罔與冥，所以八純卦中，獨冠以『習』。」

日月爲《易》，一奇一耦，陰陽之象也。王介甫《詩説》云：「彼曰『七月』『九月』，此曰『一之日』『二之日』，何也？陽生矣，則言日；陰生矣，則言月。與《易·臨》『至于八月有凶』，《復》『七日來復』同意。四月正陽也，秀葽言月，何也？以言陰生也。陰始於四月，生於五月，而於四月言陰生者，氣之先至者也。」李子思云：「《復》剛長，以日云者，幸其至之速。《臨》陽消，以月云者，幸其消之遲。」沙隨程氏云：「陽極於九，而少陰生於八，陰之義配月。陰極於六，而少陽復於七，陽之義配日。」

一卦變六十四，六十四卦變四千九十有六。六爻不變與六爻皆變者，其別各六十有四；一爻變與五爻變者，其別各三百八十有四；二爻變與四爻變者，其別各九百有六十；三爻變者，其別一千二百有八十。朱子發謂：「《需》『利用恒』者，《需》之《恒》也。《蒙》六五『順以巽』者，《蒙》之《觀》也。《乾》九四『乾道乃革』者，《乾》之《小畜》也。《小畜》之中又有《離》《兑》，故曰《革》。是謂天下之至變。」張真父謂：「《易》無所不變，《蒙》曰『困蒙』，《小畜》曰『復自道』，又曰

『牽復』，《履》曰『夬履』，《離》曰『履錯然』，《歸妹》曰『跛能履』，《泰》曰『帝乙歸妹』，《臨》曰『咸臨』，《咸》曰『執其隨』，《艮》曰『不拯其隨』，《噬嗑》曰『頤中有物』，《睽》曰『厥宗噬膚』，《損》曰『弗損益之』，又曰『或益之』，《夬》曰『壯于前趾』，又曰『壯于頄』，《遯》曰『執之用黃牛之革』，《鼎》曰『鼎耳革』，《兑》曰『孚于剥』，《未濟》曰『震用伐鬼方』，皆有卦變之象。《小畜》以一陽爲復，《兑》以一陰爲剥，變之變者也。六十有四，相錯而不相亂。」張文饒謂：「《臨》之初、二皆曰『咸臨』，有《咸》象也，《咸》之用，在《兑》之説也。《履》之九五曰『夬履』，有《夬》象也，《夬》與《履》，《乾》《兑》相易之卦也。」

《臨》所謂「八月」，其説有三：一云自丑至申爲《否》，一云自子至未爲《遯》，一云自寅至酉爲《觀》。《本義》兼取遯、觀二説。《復》所謂「七日」，其説有三：一謂卦氣起《中孚》，六日七分之後爲《復》；一謂過《坤》六位至《復》爲七日；一謂自五月《姤》一陰生，至十一月一陽生。《本義》取「自《姤》至《復》」之説。

《易》正義云：「四月純陽，陰在其中，而靡草死。十月純陰，陽在其中，而薺麥生。」《漢·和帝紀》：「有司奏，以爲夏至則微陰起，靡草死，可以決小事。」與《月令》不同。張文饒曰：「陽雖生於子，實兆於亥，故十月薺麥生。陰雖生於午，實兆於巳，故四月靡草死。」《參同契》：「二月榆死，八月麥生。」

「初六，履霜，陰始凝也。」見於《魏文帝紀》注，太史丞許芝引《易傳》之言。沙隨程氏、朱文公皆從之。郭京本無「初六」字。

龜山曰：「子見南子，『包承』者也，此大人處否而亨之道。」朱文公謂「非所以爲訓」，「若使大人處否而包承小人以得亨利，則亦不足以爲大人矣」。

《頤》初九，王輔嗣注云：「安身莫若不競，修己莫若自保。守道則福至，求禄則辱來。」至哉斯言！可書諸紳。

「病從口入，禍從口出。」傅玄《口銘》也。《頤》「慎言語，節飲食」，《正義》用其語。

「聖人教人，用《蒙》而不用《復》。蓋《復》者，去其不善而復於善之謂也。若《蒙》，則無不善亦未有所失也。」周南仲云。

「趾所以行，輔所以言。艮其趾，雖行猶不行也。艮其輔，雖言猶不言也。故能時行時止，動静不失其時，其道光明。」馮當可云。《艮》六四「艮其身」，《象》以躬解之，傴背爲躬，見背而不見面。朱文公詩云「反躬艮其背」，止於所不見，止於至善也。

「帝乙歸妹」，《子夏傳》謂「湯之歸妹也」。京房載湯嫁妹之辭曰：「無以天子之尊而乘諸侯，無以天子之富而驕諸侯。陰之從陽，女之順夫，本天地之義也。往事爾夫，必以禮義。」荀爽《對策》引「帝乙歸妹」，言「湯以娶禮歸其妹於諸侯也」。張説

《鄎國公主銘》亦云：「帝唐降女，天乙歸妹。」若《左傳》筮遇《泰》之《需》曰：「微子啓，帝乙之元子也。」虞翻亦云「紂父」。二説不同，《正義》皆略之。

「《離》言『明兩作』，《坎》言『水洊至』。起而上者作也，趨而下者至也。」此陸農師之説，朱文公取之。

范諤昌《證墜簡》：「《震》彖辭脱『不喪匕鬯』四字」，程子取之；「《漸》上九疑『陸』字誤【三】」，胡安定取之。

《釋文》引《子夏傳》云：「地得水而柔，水得地而流，故曰比。」《周禮》疏謂：「坤爲土，坎爲水，水得土而流，土得水而柔。」是水土和合，故象先王建萬國，親諸侯。

《釋文》引鄭注異字，然《内則》注「明夷睇于左股」，猶有所遺。

「朋盍簪」，簪，疾也。至侯果始有冠簪之訓。晁景迂云：「古者禮冠，未有簪名。」

《説苑》周公戒伯禽曰：「《易》曰：『有一道，大足以守天下，中足以守國家，小足以守其身，謙之謂也。』」孔子曰：「《易》曰：『不損而益之，故損。自損而終，故益。』」今《易》無此言。又泄冶曰：「《易》曰『夫君子居其室』云云，君子之所以動天地，可不慎乎？天地動而萬物變化。」今《易》無末一句。然泄冶在夫子之前，而引《易大傳》之言，殆非也。

《鹽鐵論》文學引《易》曰：「小人處盛位，雖高必崩。不盈其道，不恒其德，而能

【三】漸上九疑陸字誤　「九」原作「六」，據翁注本改。

以善終身，未之有也。是以初登于天，後入于地。」《説文》引《易》曰：「地可觀者，莫可觀於木。」今《易》無之。疑《易傳》及《易緯》。

後漢魯恭引《易》曰：「『潛龍勿用』，言十一月、十二月陽氣潛藏，未得用事，雖煦嘘萬物，養其根荄，而猶盛陰在上，地凍水冰，陽氣否隔，閉而成冬。故曰：『履霜堅冰，陰始凝也。馴致其道，至堅冰也。』言五月微陰始起，至十一月堅冰至也。」又云：「《易》十一月『君子以議獄緩死』。」又云：「案《易》五月《姤》用事，經曰『后以施令誥四方』，言君以夏至之日，施命令止四方行者，所以助微陰也。」又引《易》曰：「『有孚盈缶，終來有它吉』，言甘雨滿我之缶，誠來有我而吉已。」趙温曰：「於《易》，一爲過，再爲涉，三而弗改，滅其頂，凶。」漢儒説《易》，可以參考。

王肅注《易》十卷，今不傳。其注「噬乾胏，得金矢」曰：「四體離陰卦，骨之象。骨在乾肉，脯之象。金矢所以獲野禽，故食之反得金矢。君子於味必思其毒，於利必備其難。」見《太平御覽》。

《漢·郊祀志》引「西鄰之禴祭」，顔師古注：「瀹煮新菜以祭。」蓋以「禴」爲「瀹」。王輔嗣云：「禴，祭之薄者也。沼沚之毛，蘋蘩之菜，可羞於鬼神。」亦與顔注同。鄭康成謂：「禴，夏祭之名。」

《離》九三，蔡伯静解云：「『鼓缶而歌』，當衰而樂也。『大耋之嗟』，當衰而哀也。

盛衰之道，天之常也。君子之心，順其常而已。不樂則哀，皆爲其動心而失其常者，故凶。」此説長於古注。

《京氏易》「剥牀以簠」，謂祭器。澹庵云：「《易》於《剥》《坎》，取象簠簋，以精意寓焉。」

「上天下澤，履」，此《易》之言禮。「雷出地奮，豫」，此《易》之言樂。吕成公之説，本於《漢書》「上天下澤，春雷奮作，先王觀象，爰制禮樂」。

「涣其群」，蘇明允云：「群者，聖人所欲涣以一天下者也。」《本義》取之，謂程傳有所不及。

充善端於「蒙泉」之始，絶惡念於「履霜」之萌。

《坊記》曰：「不耕穫，不菑畬，凶。」《荀子》曰：「括囊无咎无譽，腐儒之謂也。」《左氏傳》穆姜以「元、亨、利、貞」爲《隨》之四德。爲是説者，其未見《彖》《象》《文言》歟？

《易緯·坤鑿度》注云：「虞世南曰：『不讀《易》，不可爲宰相。』」注者未詳其人，亦天下名言也。

「乾乾」「夬夬」皆九三，重剛也。「謙謙」初六，居下卦之下也。「坎坎」六三，居重險之間也。「蹇蹇」六二，陰居陰也。

諸卦之爻，皆及卦名。《坤》《小畜》《泰》《大畜》《既濟》六爻悉無之。

八卦之象，又有六焉：《巽》曰木，《坎》曰雲、曰泉、曰雨，《離》曰明、曰電。

《曾子・天圓篇》：「火日外景，金水内景。」薛士龍詩云：「嘗聞曾子書，金火中外明。圓方遞含施，二景參黄庭。」愚謂《周髀》云：「日猶火，月猶水。火則外光，水則含景。」其説本於《易》之《坎》《離》。《坎》内陽外陰，故爲水、爲月。《離》内陰外陽，故爲火、爲日。

《繫辭》正義云：「韓氏親受業於王弼，承王弼之旨，故引『弼云』以證成其義。」愚考王弼終於魏正始十年，韓康伯，東晉簡文帝引爲談客。二人不同時，相去甚遠，謂之「親受業」，誤矣。

程子言《易》，謂「得其義，則象數在其中」，朱子以爲「先見象數，方説得理，不然事無實證則虚，理易差」。愚嘗觀顔延之《庭誥》云：「馬、陸得其象數，取之於物；荀、王舉其正宗，得之於心。」其説以荀、王爲長。李泰發亦謂：「一行明數而不知其義，管輅明象而不通其理。」蓋自輔嗣之學行，而象數之説隱。然義理、象數，一以貫之，乃爲盡善。故李鼎祚獨宗康成之學，朱子發兼取程、邵之説。

馮當可謂：「王輔嗣蔽於虚無，而《易》與人事疏；伊川專於治亂，而《易》與天道遠。」又謂：「近有伊川，然後《易》與世故通，而王氏之説爲可廢。然伊川往往捨畫求《易》，故時有不合。又不會通一卦之體以觀其全，每求之爻辭離散之間，故其誤十猶五六。」晁子止爲《易廣傳》，當可答書曰：「判渾全之體，使後學無以致其思，非傳遠之道。」

呂元鈞云：「求於八卦之先而牽於數，故謂《坎》《離》先天地；得於六爻之後而惑乎氣，故謂卦氣起《中孚》。」

伏犧之《易》當以圖觀，文王以後始有書。艾軒云：「《易》不畫，《詩》不歌，無悟入處。」誠齋云：「卦者其名，畫者非卦也，此伏犧氏初製之字也。」愚按《易緯·乾鑿度》以八卦之畫爲古文天、地、風、山、坎、火、雷、澤字。

《上繫》七爻，起於《中孚》「鳴鶴在陰」；《下繫》十一爻，起於《咸》「憧憧往來」。《卦氣圖》自《復》至《咸》八十八陽、九十二陰，自《姤》至《中孚》八十八陰、九十二陽。《咸》至《姤》凡六日七分，《中孚》至《復》亦六日七分，陰陽自然之數也。

龜山曰：「《乾》《坤》兩卦，聖人釋其義於後，是解《易》之法。」沙隨曰：「《乾》《坤》，《易》之門，《文言》於《乾》四致意焉，《坤》則一而已。舉《乾》《坤》之義，則它卦可知。《上繫》解七爻，《下繫》解十一爻，大略類《文言》。學者可以三隅反。」

「何以守位曰人」，《釋文》云：「桓玄、明僧紹作『仁』。」今本乃從桓玄，誤矣。《本義》作「人」，云：「呂氏從古，蓋所謂『非衆罔與守邦』。」

筮法，依七、八、九、六之爻而記之。古用木畫地，《少牢》云：「卦者在左坐，卦以木。」《特牲》云：「卒筮，寫卦。筮者執以示主人。」卦者主畫地識爻，六爻備，乃以方版寫之。「今則用錢，以三少爲重錢，九也；三多爲交錢，六也；兩多一少爲單錢，七也；兩少一多爲坼錢，八也。」見《儀禮》疏。

《易》者，數之原也。《屯》「十年乃字」，《需》「三人」，《訟》「三百户」「三褫」，《師》「三錫」，《比》「三驅」，《同人》「三歲」，《蠱》「先甲後甲三日」，《臨》「八月」，《復》「七日」「十年」，《頤》「十年」，《坎》「簋貳」「三歲」，《晉》「三接」，《明夷》「三日不食」，《睽》「二女一車」，《解》「三狐」，《損》「二簋」「三人」「一人」「十朋」，《益》「十朋」，《夬》「五剛」，《萃》「一握」，《困》「三歲」，《革》「三就」，《震》「七日」，《漸》「三歲」，《豐》「三歲」，《旅》「一矢」，《巽》「先庚後庚三日」「三品」，《既濟》「七日」「三年」，《未濟》「三年」。其數例總釋于《乾鑿度》。如「月幾望」「巳日乃孚」，皆陰陽氣數之變。

卦具四德者七，《乾》《坤》《屯》《隨》《臨》《无妄》《革》也。唯《乾》不言所利。

遏惡揚善，所以順天休命；内君子外小人，所以財成天地之道。乾坤既位，人居其中。《屯》以「建侯」作之君，《蒙》以「養正」作之師。

《大畜》爲學，《賁》爲文。「能止健」而後可以爲學，「文明以止」而後可以爲文。止者，篤實而已。不以篤實爲本，則學不足以成德，文不足以明理。

《易》立乎其中，體也；《易》行乎其中，用也。朱子謂：「行以造化言，立以卦位言。」

《旅》初六「斯其所取災」，王輔嗣注云：「爲斯，賤之役。」唐郭京謂「斯」合作「㒋」。愚按《後漢·左雄傳》「職斯禄薄」，注云：「斯，賤也。」不必改「㒋」字。

「城復于隍，其命亂也。」湯伯紀云：「亂，如『疾病則亂』之『亂』。」愚謂：唐玄宗極熾而豐，泰之極也。以李林甫、楊國忠爲周、召，以安禄山、哥舒翰爲方、虎，非「命亂」而何！

《漢·郊祀志》劉向引《易大傳》曰：「誣神者殃及三世。」愚按《大戴禮·本命篇》「誣鬼神者罪及二世」，《易大傳》豈即此篇歟？

《説卦釋文》引荀爽《九家集解》，得八卦逸象三十有一。隋、唐《志》「十卷」，唯《釋文序録》列九家名氏，云：「不知何人所集，稱荀爽者，以爲主故也。其序有荀爽、京房、馬融、鄭玄、宋衷、虞翻、陸績、姚信、翟子玄爲《易》義注。内又有張氏、朱氏，並不詳何人。」荀悦《漢紀》云：「馬融著《易解》，頗生異説。爽著《易傳》，據文象承應【四】、陰陽變化之義，以十篇之文，解説經意。由是兖、豫言《易》者，咸傳荀氏學。」今其説見於李鼎祚《集解》。若「《乾》升於《坤》曰雲行，《坤》降於《乾》曰雨施」，「《乾》起《坎》而終於《離》，《坤》起《離》而終於《坎》。《離》《坎》者，《乾》《坤》之家而陰陽之府，故曰大明終始」，皆諸儒所未發。

王昭素謂《序卦》云「《離》者麗也」，「《麗》必有所感，故受之以《咸》，《咸》者感也」凡十四字，晁以道《古易》取此三句，增入正文，謂後人妄有上、下《經》之辯。吴仁傑亦從王、晁之論。沙隨程氏按《繫辭》曰：「二篇之策，從韓康伯本。」張文饒云：「《序卦》《上經》不言《乾》《坤》，《下經》不言《咸》者，天地人物之本必藏諸用也。」朱新仲謂：「一行《易纂》引孟喜《序卦》曰：『陰陽養萬物，必訟而成之；君臣養萬民，亦訟而成之。』然則《序卦》亦雜以經師之言歟？」

劉夢得《辯易九六論》曰：「董生言本畢中和，中和本其師，師之學本一行。」朱文公曰：「畢氏揲法，視疏義爲詳。柳子厚詆夢得膚末於學，誤矣。」

《古易》五家：吕微仲、晁以道、睢陽王氏、東萊吕氏、九江周燔。又有程迥、吴仁傑二家。而洪興祖以一行所纂《古子夏傳》爲正，以諸書附著其下，爲《考異釋疑》。

經説多依托，《易》爲甚。《子夏傳》，張弘作也。《關子明傳》，阮逸作也。《麻衣

【四】據文象承應「文」，翁注本作「爻」。

正易》，戴師愈作也。

《越絶外傳》：范子曰「道生氣，氣生陰，陰生陽」。愚謂「先陰後陽」即《歸藏》先坤之義，闔而闢，静而動也。

《鄭志》：張逸問《贊》云「我先師棘下生，何時人？」答云：「齊田氏時。善學者所會處也，齊人號之棘下生，無常人也。」愚按康成有《易贊》所謂《贊》云者，《易贊》也。棘下，即稷下也。劉向《别録》：「談説之士，會於稷門下。」

《京氏易積算法》引夫子曰：「八卦因伏犧，暨于神農，重乎八純。聖理玄微，《易》道難究。迄乎西伯父子，研理窮通，上下囊括，推爻考象，配卦世應，加乎星宿，局於六十四所、二十四氣，分天地之數，定人倫之理，驗日月之行，尋五行之端。災祥進退，莫不因兹而兆矣。故考天地、日月、星辰、山川、草木、蟲魚、鳥獸之情狀，運氣生死休咎，不可執一隅，故曰《易》含萬象。」又引孔子云：「易有四易，一世、二世爲地易，三世、四世爲人易，五世、六世爲天易，游魂、歸魂爲鬼易。」此占候之學，决非孔子之言也。張文饒言「四易」，又異於是：「易有四，體一用三。伏羲先天，體也；《連山》天易，《歸藏》地易，《周易》人易，用也。」

京氏謂：「二至四爲互體，三至五爲約象。」《儀禮疏》云：「二至四，三至五，兩體交互，各成一卦，先儒謂之互體。」

《説卦》虞翻曰：「《乾》《坤》五貴三賤，故定位。《艮》《兑》同氣相求，故通氣。《震》《巽》同聲相應，故相薄。《坎》戊《離》己，月三十日一會於壬，故不相射。《坤》消從午至亥故順。《乾》息從子至巳，故逆。」蓋用納甲卦氣之説。

「初九，潛龍」，辭也。有「九」則有「六」，變也。「潛龍」，象也；「勿用」，占也。輔漢卿謂：「《易》須識辭、變、象、占四字。」項氏曰：「不稱『乾馬』而稱『震龍』，震，動也，《乾》之動，自《震》始。」

陽爲大，陰爲小。《大畜》《小畜》《大過》《小過》，取陰陽爲義。

六爻有得有失，唯《謙》三吉三利；《家人》一爻悔亡，五爻皆吉。

《漢書·叙傳》「六世耽耽，其欲浟浟」，音滌。注：「《頤》六四爻辭。浟浟，欲利之貌。今《易》作『逐逐』。」《子夏傳》作「攸攸」。《顏注》以「浟浟」爲欲利，輔嗣以「逐逐」爲尚實，其義不同。

上蔡謝子爲《晁以道傳易堂記後序》，言：「安樂邵先生《皇極經世》之學，師承頗異。安樂之父，昔於廬山解后文恭胡公，從隱者老浮圖遊。隱者曰：『胡子世福甚厚，當秉國政；邵子仕雖不耦，學業必傳。』因同授《易》書。」上蔡之文今不傳，僅載於張栻《書文恭集後》。康節之父伊川丈人，名古，字天叟。

邵子《觀物外篇》曰：「天地之氣運，北而南則治，南而北則亂。亂久則復北而南矣。」張文饒謂：「《先天圖》自《泰》歷《蠱》而至《否》，自《否》歷《隨》而至《泰》，即南北之運數也。」《聞見録》載邵子之言曰：「天下將治，地氣自北而南；將亂，自南而北。」蓋爲聞杜鵑發也【五】。陳忠肅謂：「重南輕北，分裂有萌。」則以人事知之。

歐陽公以《河圖》《洛書》爲怪妄。東坡云：「著於《易》，見於《論語》，不可誣也。」南豐云：「以非所習見，則果於以爲不然，是以天地萬物之變爲可盡於耳目之所及，亦可謂過矣。」蘇、曾皆歐陽公門人，而論議不苟同如此。

迂齋講《易》，謂：「伏羲未作《易》之前，天下之人心無非易；伏羲既作《易》之後，天下之萬事無非易。」又《策問》謂：「种明逸以《易》學名，而其後世衡至師道，累葉爲名將。郭逵以將帥顯，而其後兼山、白雲皆明《易》。蓋《易》之爲書，兵法盡備，其理一也。」愚聞之先君云。

知識欲高明，故效天；操履貴篤實，故法地。

晁景迂述郭敏修之言曰：「所以生生者，智水不可不崇，而禮火則卑之，此卦之所以《既濟》也。」養生之説，陰升陽降。

《史記》春申君説秦昭王，引《易》曰：「狐涉水，濡其尾。」此言始之易，終之難也。今《易·未濟》曰：「小狐汔濟，濡其尾。」

【五】蓋爲聞杜鵑發也　「發」，翁注本作「聲」。

「高宗伐鬼方。」《後漢·西羌傳》：「武丁征西羌鬼方，三年乃克。」《竹書紀年》：「武丁三十五年，周王季伐西落鬼戎。」然則鬼方即鬼戎與？《詩·殷武》「奮伐荆楚」，朱子《集傳》云：「《易》曰『高宗伐鬼方，三年克之』，蓋謂此。」愚按《大戴禮·帝繫篇》「陸終氏娶于鬼方氏」，《楚世家》「陸終生子六人，六曰季連，芈姓，楚其後也」，可以證《集傳》之說。

《未濟》「三陽失位」，程子得之成都隱者。朱子謂：「《火珠林》已有，蓋伊川未曾看雜書。」

虞翻夢吞三爻而通《易》，陸希聲夢三聖人而捨象數作傳。然翻未知「言有序」之戒，希聲未知「比之匪人」之訓，踐履與《易》相違。

張緒云「何平叔不解《易》中七事」，伏曼容云「何晏疑《易》中九事」。愚謂：晏以老莊談《易》，係小子觀朵頤，所不解者豈止七事哉！以義理解《易》，自王弼始。何晏非弼比也。清談亡晉，衍也，非弼也。范甯以王弼、何晏並言，過矣。

「上《坎》爲雲，下《坎》爲雨」，虞翻之説也。郭子和從之。《坎》在上爲雲，故雲雷屯。《坎》在下爲雨，故雷雨作解。「女子貞不字」，謂許嫁笄而字，耿氏之説也，朱文公從之。

《咸》之感无心，感以虚也；《兑》之説无言，説以誠也。堯之「於變時雍」，孔子之「綏來」「動和」，其感至矣。文王《靈臺》之樂，宣王《雲漢》之喜【六】，其説深矣。

【六】宣王雲漢之喜　「喜」，翁注本作「憂」。

德非日新，不足以言盛。義非入神，不足以言精。

《館閣書目》：「《周易元包》十卷，唐衛元嵩撰。」今按楊楫序云：「元嵩，益州成都人。明陰陽曆算，獻策後周，賜爵持節蜀郡公。武帝尊禮，不敢臣之。」《北史·藝術傳》：「蜀郡衛元嵩，好言將來事，不信釋教，嘗上疏極論之。」《書目》以爲唐人，誤矣。

揚雄《覈靈賦》曰：「《大易》之始，河序龍馬，雒貢龜書【七】。」劉牧謂《河圖》《洛書》同出于伏犧之世。

曾子固爲《徐復傳》云：「康定中，仁宗命講《易》《乾》《坤》《既濟》《未濟》。又問今歲直何卦，西兵欲出如何。復對：『歲直《小過》，而太一守中宮，兵宜内不宜外。』仁宗嘉其言。與林瑀同修《周易會元紀》。」今考侍講林瑀《上會元紀》，推帝王即位，必遇辟卦，而真宗乃得卿卦。每開説，皆諂諛之辭，緣飾以陰陽。賈昌朝奏瑀所學不經，不宜備顧問，遂絀之。復與瑀同修不經之書，未可謂知《易》也。《荀子》曰：「善爲《易》者不占。」

「介于石」，古文作「砎」。晉孔坦書曰：「砎石之易悟。」

《坤》曰「早辯」，《解》曰「夙吉」。治之於未亂，爲之於未有。在周子謂之「幾」，在張子謂之「豫」。

程子《易傳》，晚始授門人。止齋《春秋後傳》亦曰：「此身後之書。」劉道原謂：

【七】雒貢龜書　「雒」，翁注本作「洛」。

「柳芳《唐曆》本皆不同，由芳書未成而傳之故也。」

《易緯·辨終備》曰：「煌煌之燿，《乾》爲之岡。合凝之類，《坤》握其方。雄雌呿吟，六節搖通。萬物孳甲，日營始東。」六節蓋謂六子。日營始東，《震》也。

東坡曰：「《左氏》論《易》，唯南蒯、穆姜之事爲近正。」知莊子曰：「師出以律，有律以如己也。」杜預注：「法行則人從法，法敗則法從人。」亦格言也。

天地未嘗一日無陽，亦未嘗一日無君子，故十月爲陽，純《坤》稱龍。朱子曰：「《復》之一陽，是《坤》卦積來。一日生一分，至十一月一陽始成。」

《困》九五曰：「利用祭祀。」李公晦謂：「明雖困於人，而幽可感於神。豈不以人不能知，而鬼神獨知之乎？」愚謂孔子云「知我者其天乎」，韓子云「惟乖於時乃與天通」，不求人知而求天知，處困之道也。

《坎》之六四曰「樽酒，簋貳，用缶」，在險之時，用禮之薄。它爻之言酒者三：《需》九五「需于酒食」，《困》九二「困于酒食」，《未濟》上九「有孚于飲酒」，卦皆有《坎》。文王、周公以《酒誥》戒，其象見於《易》，其言詳於《書》。三爻皆陽，剛制之意也。

「莧陸夬夬」。項氏《玩辭》曰：「莧音丸，山羊也。陸其所行之路也，猶『鴻漸于陸』之『陸』。《兑》爲羊，在上卦有山羊之象。」愚按《説文》：「莧，山羊細角也，從兔足，首聲，讀若丸。『寬』字從此。」徐鍇按：「《本草注》：莧羊似麢，羊角，有文，俗作羱。」

「聖人不以位爲樂也。」在《易》謂之「虎尾」，在《書》謂之「朽索」「深淵」。

「先甲」「先庚」，吴祕注《法言》云：「《周禮》『治象，挾日而斂之』，鄭司農云『從甲至癸，謂之挾日』，是以《易》稱『先甲三日』『先庚三日』，皆爲申命令之義。獨取甲、庚者，以甲木主仁，示其寬令也；庚金主義，示其嚴令也。」

程子謂「學《易》先看王弼」，余謂輔嗣之注，學者不可忽也。於《乾》九三曰：「《乾》三以處下卦之上，故免亢龍之悔。《坤》三以處下卦之上，故免龍戰之災。」上九曰：「夫以剛健而居人之首，則物之所不與也；以柔順而爲不正，則佞邪之道也。故『乾吉』在无首，『坤利』在永貞。」於《文言》曰：「進物之速者，義不若利；存物之終者，利不及義。」又曰：「文王『明夷』，則主可知矣；仲尼『旅人』，則國可知矣。」又曰：「不性其情，何能久行其正？」於《坤》曰：「方而又剛，柔而又圓，求安難矣。」初六曰：「陰之爲道，本於卑弱而後積著者也，故取『履霜』以明其始。陽之爲物，非基於始以至於著者也，故以『出處』明之則以初爲潛。」於《小畜》上九曰：「《大畜》者，畜之極也。畜而不已，畜極則通。是以其畜之盛在於四、五，至于上九，道乃大行。《小畜》積極而後乃能畜，是以四、五可以進，而上九説征之輻。」於《大有》六五曰：

「不私於物，物亦公焉；不疑於物，物亦誠焉。」於《豫》初六曰：「樂過則淫，志窮則凶，豫何可鳴？」於《觀》上九曰：「觀我生，自觀其道者也；觀其生，爲民所觀者也。」於《賁》六五曰：「賁于束帛，丘園乃落；賁于丘園，帛乃戔戔。用莫過儉，泰而能約，故必吝焉乃得終吉也。」於《復》曰：「凡動息則静，静非對動者也。語息則默，默非對語者也。」於《頤》初九曰：「安身莫若不競，修己莫若自保。守道則福至，求禄則辱來。」於《家人》初九曰：「凡教在初而法在始，家瀆而後嚴之，志變而後治之，則悔矣。」九三曰：「行與其慢，寧過乎恭；家與其瀆，寧過乎嚴。」上九曰：「凡物以猛爲本者，則患在寡恩；以愛爲本者，則患在寡威。故《家人》之道，尚威嚴也。」於《睽》上九曰：「見豕負塗，甚可穢也；見鬼盈車，吁可怪也。先張之弧，將攻害也；後説之弧，睽怪通也。往不失時，睽疑亡也。貴於遇雨，和陰陽也。陰陽既和，群疑亡也。」於《蹇》初六曰：「處難之始，居止之初，獨見前識。睹險而止，以待其時，知矣哉！」於《萃》之象曰：「聚而無防，則衆生心。」於《漸》上九曰：「進處高絜，不累於位，无物可以屈其心而亂其志。峨峨清遠，儀可貴也。」於《中孚》上九曰：「飛音者，音飛而實不從之謂也。」於《小過》六五曰：「《小畜》尚往而亨，則不雨也；《小過》陽不上交，亦不雨也。」

乾稱父，純陽。坤稱母，純陰。震長男，陽在初。巽長女，陰在初。坎中男，陽在中。離中女，陰在中。艮少男，陽在末。兑少女。陰在末。

知之崇，必欲其效天；義之精，必欲其入神。

《蒙》之養正，察乎微；《頤》之養正，先乎近。

《家人》卦辭曰：「利女貞。」男正易，女正難。二《南》之詩，以化行閨門爲極致。上九之《象》曰：「反身之謂也。」身正，則家正矣。

《蒙》之「初」曰「發」，《家人》之「初」曰「閑」。《顏氏家訓》謂：「教兒嬰孩，教婦初來。」

校勘記

卷二

書

《周官》「外史掌三皇五帝之書」，《春秋傳》所謂「《三墳》《五典》」是也。前賢謂：「皋、夔、稷、契，有何書可讀？」理實未然。黄帝、顓頊之道在丹書，武王所以端綍東面而受于師尚父也。少皞氏之紀官，夫子所以見郯子而學焉也。孰謂無書可讀哉！

《吕氏春秋·序意》曰：「嘗得學黄帝之所以誨顓頊矣：『爰有大圜在上，大矩在下，汝能法之，爲民父母。』」不韋《十二紀》成於秦八年，歲在涒灘，上古之書猶存，前聖傳道之淵原猶可考也。

《書大傳》《虞傳》有《九共篇》，引《書》曰：「予辯下土，使民平平，使民無傲。」《殷傳》有《帝告篇》，引《書》曰：「施章乃服，明上下。」豈伏生亦見《古文逸篇》邪？《大傳》之《序》有《嘉禾》《揜誥》，今本闕焉。《隋志》有《逸篇》二卷，出齊、梁之間，似孔壁中書殘缺者。唐有三卷，徐邈注。鄭漁仲謂：「《書》逸篇，仲尼之時已無矣。」恐未然。

漢初去聖未遠，帝王遺書猶有存者。《賈誼書·修政語》引黃帝曰：「道若川谷之水，其出無已，其行無止。」顓頊曰：「至道不可過也，至義不可易也。功莫美於去惡而爲善，罪莫大於去善而爲惡。故非吾善善而已也，善緣善也；非惡惡而已也，惡緣惡也。吾日慎一日。」帝嚳曰：「緣巧者之事而學爲巧，行仁者之操而與爲仁也。故節仁之器以修其躬【一】，而身專其美矣。德莫高於博愛人，而政莫高於博利人，故政莫大於信，治莫大於仁。吾慎此而已矣。」帝堯曰：「吾存心於先古，加志於窮民，痛萬姓之罹罪，憂衆生之不遂也。故一民或飢，曰此我飢之也；一民或寒，曰此我寒之也；一民有罪，曰此我陷之也。」帝舜曰：「吾盡吾敬而以事吾上，故見謂忠焉；吾盡吾敬以接吾敵，故見謂信焉；吾盡吾敬以使吾下，故見謂仁焉。吾取之以敬也，吾得之以敬也。」「大禹諸侯會，則問於諸侯曰：『諸侯以寡人爲驕乎？』朔日朝，則問於士曰：『諸大夫以寡人爲汰乎？』」又曰：「民無食也，則我弗能使也。功成而不利於民，我弗能勸也。」湯曰：「學聖王之道者，譬其如日；靜思而獨居，譬其若火。舍學聖之道而靜居獨思，譬其若去日之明於庭而就火之光於室也，可以小見而不可以大知。得賢而舉之【二】，得賢而與之，譬其若登山乎？得不肖而舉之，得不肖而與之，譬其若下淵乎？是以明君慎其舉，而君子慎與。」又曰：「藥食嘗於卑，然後至於貴；藥言獻於貴，然後聞於卑。求道者不以目而以心，取道不以手而以耳。致道者以言，入道者以忠，積道者以信，樹道者以人。」又引

【一】故節仁之器以修其躬　「躬」原作「財」，據《新書》、翁注本改。

【二】得賢而舉之　「舉」原作「學」，據《新書》、翁注本改。

周文王、武王、成王問粥子，武王問王子旦、師尚父。《淮南·人間訓》引《堯戒》曰：「戰戰慄慄，日慎一日。人莫躓於山而躓於垤。」此帝王大訓之存于漢者。若高帝能除挾書之律，蕭相國能收秦博士官之書，則倚相所讀者必不墜矣。幸而緒言尚在，知者鮮焉，好古之士盍翫繹於斯？

墨子南使衛，載書甚多，弦唐子見而怪之【三】。墨子曰：「昔周公旦朝讀書百篇，夕見七十二士。相天下猶如此，吾安敢廢此也！」今本闕。《墨子》七十一篇，今止十三篇。「外史掌三皇五帝之書」，「《大訓》在西序」，「讀書百篇」，謂此類也。

《釋文序録》云：「《尚書》之字，本爲隸古。既是隸寫古文，則不全爲古字。今宋、齊舊本及徐、李等音，所有古字，蓋亦無幾。穿鑿之徒，務欲立異，依傍字部，改變經文。」然則今所傳《古文尚書》，未必皆孔安國之本。《宋景文筆記》云：「楊備得《古文尚書釋文》，讀之大喜。書訊刺字，皆用古文。」按國史《藝文志》：「唐孝明寫以今字，藏其舊本。開寶五年，别定今文音義。咸平二年，孫奭請摹印《古文音義》與新定《釋文》並行。」今亦不傳。然漢至唐所謂古文者，孔安國以隸存古，非科斗書也。今有《古文尚書》，吕微仲得本於宋次道、王仲至家。郭忠恕定《古文尚書》並《釋文》，今本豈忠恕所定歟？宣和六年詔《洪範》復從舊文，以「陂」爲「頗」，然監本未嘗復舊也。

吴才老《書裨傳·考異》云：「伏氏口傳與經傳所引，有文異而有益於經，有文異

【三】弦唐子見而怪之　「弦」原作「强」，據《墨子·貴義》、翁注本改。

而無益於經，有文異而音同，有文異而義同。」才老所述者，今不復著。「以閏月定四時成歲」，古文「定」作「正」，開元誤作「定」。晁景迂云。「舜讓于德，弗嗣」，班固《典引》作「不台」。《史記·自序》：「唐堯遜位，虞舜不台。」「在治忽」，今文作「采政忽」，《史記》作「來始滑」，《漢書》作「七始咏」。「忽」又或作「曶」。鄭康成曰：「笏也。」《大傳·大誥》曰「民獻有十夫【四】」。王莽作《大誥》曰「民獻儀九萬夫」，蓋本於此。又《康誥》曰「惟乃丕顯考文王，克明俊德」，今無「俊」字。《伊訓》「惟元祀十有二月乙丑」，《漢·曆志》作「惟太甲元年十有二月乙丑朔」。是朔旦冬至之歲。「高宗亮陰」，《禮記》作「諒闇」，注讀爲「梁鵪」。《漢·五行志》作「涼陰」，《大傳》作「梁闇」。「予若觀火」，《周禮注》謂「今燕俗，名湯熱爲觀」。《微子》「我其發出狂」，《史記·宋世家》「狂」作「往」，注引鄭康成曰：「我其起作出往也。」《君奭》「天難諶」，《王莽傳》作「天應棐諶」。「欽明文思安安」，《考靈耀》作「晏晏」，鄭氏注：「寬容覆載謂之晏。」馮衍《顯志賦》：「思唐虞之晏晏。」第五倫上疏：「體晏晏之姿。」《無逸》「肆高宗之享國，五十有九年」，《石經》曰「肆高宗之饗國百年」，漢杜欽亦曰「高宗享百年之壽」。「費誓」，《説文》作「粊誓」，《史記》作「肹」，《大傳》作「鮮」。「度作刑以詰四方」，《周禮注》云「度作詳刑」。「哀矜折獄」，《漢·于定國傳》作「哀鰥哲獄」。《大傳》：「哀矜哲獄。」「折民惟刑」，《漢·刑法志》作「悊民」。「天齊于民，俾我一日」，楊賜《封事》作「假我

【四】民獻有十夫　「獻」原作「儀」，據《大誥》改。

一日」，賜通《桓君章句》，即《歐陽尚書》。劉愷引「上刑挾輕，下刑挾重」。《説文》：「顧畏于民嵒，多言也。」尼輒切。

《書》始二《典》，猶《詩》之首二《南》。取費、秦之《誓》，猶《詩》之有《魯頌》。

《大傳》説《堯典》，謂之《唐傳》，則伏生不以是爲《虞書》。

《夏小正》《月令》《時訓》詳矣，而《堯典》「命羲和」以數十言盡之。《天官書》《天文志》詳矣，而《舜典》「璣衡」以一言盡之。叙事當以《書》爲法。《堯典》以「日中」「宵中」爲春、秋之别，《月令》兩言「日夜分」，無春、秋之異。

《堯典》「日月星辰」，孔注謂「星，四方中星；辰，日月所會」。《益稷》「日月星辰」謂「日月星爲三辰」。五禮一也，孔注於《舜典》以爲吉、凶、賓、軍、嘉；於《皋陶謨》則曰公、侯、伯、子、男五等之禮。

《史記索隱》云：「春言東作，夏言南爲，皆是耕作營爲勸農之事。孔安國强讀爲『訛』字，雖訓『化』，解釋紆回。」今《史記》作「南譌」。

《周禮注》引《書》曰：「分命和仲，度西曰柳穀。」虞翻云：「鄭玄所注《尚書》古篆『卯』字，反以爲『昧』。古大篆『卯』字，讀當爲『柳』。古柳、卯同字，而以爲『昧』。」裴松之謂「翻言爲然」。

「宅嵎夷」，《釋文》云：「《尚書考靈耀》及《史記》作『禺銕』。」今按《史記·堯本紀》「居郁夷」，《正義》：「郁音隅。」《夏本紀》「嵎夷既略」，《索隱》云：「《今文尚書》及《帝命驗》並作『禺鐵』。」古「夷」字。薛氏曰：「今登州之地。」

「四岳」，孔注云：「即上羲和四子，分掌四岳之諸侯。」按《周語》太子晉曰：「共之從孫四岳，佐禹胙國，命爲侯伯，賜姓曰姜，氏曰有吕。」《左傳》「許，大岳之胤也」，杜氏注謂：「大岳，神農之後，堯四岳也。」當從《周語》之説。迂齋云：「申、吕、齊、許，皆四岳之後。堯讓許由，亦其一也。」

「五典克從」，孔安國傳本於《左氏》，程子解本於《孟子》。《左氏》言五教，不及君臣、夫婦、朋友，「天叙有典」，而遺其三焉。唯《孟子》得之。

程子謂：「共兜之徒，及舜登庸之始，側陋之人，顧居其上，此凶亂之人所不能堪，故其惡顯而舜誅之。」韓非曰：「堯欲傳天下於舜，鯀諫，共工又諫，曰：『孰以天下而傳之於匹夫乎？』堯不聽。」此可以證程子之説。韓非謂堯誅共、鯀，非也。

范蜀公《正書》曰：「舜之五刑，流也，官也，教也，贖也，賊也。『流宥五刑』者，舜制五流，以宥三苗之劓、刵、剕、宮、大辟也。」《皇王大紀》之説本諸此，而以墨、劓、剕、宮、大辟爲賊刑之科目。

《書序》「帝釐下土方，設居方」，《釋文》云：「一讀至『方』字絶句。」《商頌》

「禹敷下土方，外大國是疆」，朱文公亦以「方」字絶句，云「《楚辭・天問》『禹降省下土方』，蓋用此語」。然《書序》已有此讀矣。

鄭康成讀《舜典》云：「『舜生三十』，謂生三十年；『登庸二十』，謂歷試二十年。」《大禹謨》言「念哉」者二，《益稷》言「念哉」者一，皆禹告舜之辭。心者治之本，心斯須不存，治忽分焉。「恭惟千載心【五】，秋月照寒水。」於此見之。

臯陶曰：「彰厥有常，吉哉！」周公曰：「庶常吉士。」召公曰：「吉士吉人。」帝王用人之法，一言以蔽之，曰「吉」。舜所舉曰「元」曰「愷」，吉德之實也；所去曰「凶」，吉德之反也。議論相傳，氣脈相續，在春秋時謂之「善人」，在西漢時謂之「長者」。惟吉則仁，所謂「元者，善之長」，爲天地立心者也。

「儆戒無虞」，絜齋解云：「治安之時，危亂之萌已兆。漢宣帝渭上之朝，是年元后生成帝，新都篡漢已兆於極盛之日矣。無虞豈可不儆戒？」愚謂匈奴衰而女戎興，倚伏果可畏哉！又解「七旬有苗格」云：「舜耕歷山之時，祇見厥父，惟知己之有罪而不見父之爲頑，所以底豫。及其征苗也，自省未嘗有過而惟見苗民之作慝，所以逆命。至班師之後，誕敷文德，無異負罪引慝之心而遂格焉。滿損謙益，捷於影響，人心豈可以自滿哉！」愚謂仲虺之誥成湯，召公之訓武王，戒其滿而自矜也。齊桓服楚，魏武得荊州，唐莊宗取汴，皆以滿失之。

【五】恭惟千載心　「恭」原作「共」，據朱熹《感興詩（其十）》、翁注本改。

「九德」，知人之法；「三俊」，用人之法。

禹之告舜曰：「安汝止。」盡天理而無人欲，得至善而止也。尹之告太甲曰：「欽厥止。」去人欲而復天理，求至善而止也。

《虞書》作服，天子自日月而下十二章。鄭康成注《周禮》謂：「周以日月星辰畫於旌旗，而冕服九章。」注《禮記·郊特牲》「祭之日，王被衮以象天」，謂：「有日月星辰之章，此魯禮也。」二禮之説，自相背馳。魯秉周禮，周、魯之禮其有異乎？

《古文尚書》及《説文》「璪火黺絥黼黻」，艾軒曰：「黺絥黼黻，當各爲一物。璪當爲玉璪之璪。璪，圜物也，意其爲璪之狀，而以火旁飾之，火因物而後見耳。《考工記》謂『火以圜』，得非指璪火爲一物乎？鄭司農謂爲圜形似火，此爲近之。希冕，謂黺絥黼黻皆從黹，同謂之希冕。陸德明『希』與『黹』同，蓋有由來也。」

「鳥獸蹌蹌」，馬融以爲筍虡，《七經小傳》用其説。《書裨傳》以「鳳凰來儀」爲簫聲之和，艾軒亦曰「制器尚象」。

古文「箾磬」，今文作「簫」，左氏曰：「《韶箾》，舜樂名也。」諸儒誤以簫管解之。

《説文》「奡，嫚也」，引《虞書》「若丹朱奡」、《論語》「奡盪舟」。按《書》有「罔水行舟」之語，則「奡盪舟」者，恐即謂丹朱。

《古文》「天明畏，自我民明畏」，《今文》下「畏」字作「威」。蓋衛包所改，當從古。

「若稽古」稱堯、舜、禹三聖，而皋陶與焉。舜以天下遜禹，禹獨推皋陶。孟子論道之正傳，亦曰「若禹、皋陶則見而知之」，又曰「舜以不得禹、皋陶爲己憂」，子夏亦云「舜舉皋陶」。觀於《謨》而見皋陶之學之粹也。

蠻夷猾夏，明刑治之而有餘；四夷交侵，征伐制之而不足。虞、周之德，天淵矣。

《淮南子》曰：「皋陶瘖而爲大理。」此猶「夔一足」之説也。皋陶陳謨賡歌，謂之瘖，可乎？司馬公詩云：「法官由來少和泰，皋陶之面如削瓜。」然《荀子·非相》之言，亦未必然。

《史記·秦本紀》「大費佐舜，調馴鳥獸，是爲柏翳」，《索隱》云：「《尚書》謂之伯益。」而《陳杞世家》謂「伯翳之後封爲秦，垂、益、夔、龍其後不知所封，不見也」，則伯翳非伯益矣。《水經注》：「偃師九山有《百蟲將軍顯靈碑》云：『將軍姓伊氏，諱益，字隤敳，帝高陽之第二子伯益者也。』」黄度文叔《書説》「益即隤敳」，本於此。

《鄭語》史伯曰：「姜，伯夷之後也。伯夷，能禮於神以佐堯者也。」注謂「四岳之族」。《大戴禮·誥志篇》虞史伯夷曰：「明，孟也；幽，幼也。」《史記·曆書》引之，而其文小異。「虞、夏之曆」，爲「昔在古曆」；「百草權輿，瑞雉無釋」，爲「百草奮興，秭規先滜」。

《吕氏春秋》云：「舜欲以樂傳教於天下，乃令重黎舉夔於草莽之中而進之，舜以爲樂正。」《吕刑》「乃命重黎」即羲和也。《楚語》「堯育重黎之後」，重黎舉夔見於此。

漢董賢册文，言「允執其中」，蕭咸謂此堯禪舜之文，非三公故事，班固筆之於史矣。而固紀竇憲之功曰「納于大麓，惟清緝熙」，其諛甚於董賢之册。當憲氣燄方張，有議欲拜之伏稱萬歲者，微韓棱正色，則無君之惡肆矣。此固所以文奸言而無忌憚也。倪正父駁「昆命元龜」之制，有以也夫。

五行，《大禹謨》以相克爲次，《洪範》以生數爲次。五德，鄒衍以相勝爲義，劉向以相生爲義。

「柔而立」，無立爲懦。「柔惠且直」，不直爲謟。「柔嘉維則」，失其則非嘉也。《賈誼書·君道篇》引《書》曰：「大道亶亶，其去身不遠。人皆有之，舜獨以之。」此逸書也。

《禹貢釋文》：「《周公職録》云：『黄帝受命，風后受圖，割地布九州。』」隋、唐《志》無此書。《太平御覽》引《太一式占》《周公城名録》有此三句。夾漈《通志·藝文略》：「《周公城名録》一卷。」「城」「職」字相似，恐傳寫之誤。《世説》注云：「推《周公城録》，冶城宜是金陵本里。」《抱朴子·内篇·登涉》引《周公城名録》。

《大傳》曰：「歌《大化》《大訓》《六府》《九原》而夏道興。」注謂：四章皆歌禹之功。所謂「九叙惟歌」「九德之歌」，於此猶可考。

《説文》引《虞書》曰：「仁閔覆下，則稱旻天。」蓋《虞書》説也。

「豫州，滎波既豬」，《古文》云「滎嶓既都」。《職方氏》「豫州，其浸波溠」，鄭注云「波讀爲播」。《禹貢》曰「滎播既都」，賈公彦疏云：「《禹貢》有播水，無波。」然則漢、唐《書》本皆作「滎播」也。《史記·夏本紀》作「播」，音波。

《史記》引《禹貢》「二百里任國」，《書》「男邦」，孔注：「男，任也，任王者事。音壬。」王莽封王氏女皆爲任。注：「任，充也，男服之義，男亦任也。」「男」「任」二字蓋通用。

「揚州，沿于江海，達于淮泗」，東坡《書傳》云：「吴王夫差闕溝通水，而江始有入淮之道。禹時則無之。」愚按吴之通水有二焉，《左氏傳》哀九年：「吴城邦，溝通江淮。」注云：「今廣陵韓江。」此自江入淮之道也。《吴語》「夫差起師北征，闕爲深溝於商魯之間，北屬之沂，西屬之濟，以會晉公午於黄池」，《左氏傳》哀十三年「會黄池」，注云：「陳留封丘縣南有黄亭，近濟水。」此自淮入汴之道也。

百川東注，弱水獨西，故《洪範》弱爲六極。弱與柔異，柔如漢文帝，弱如元帝。

「過九江，至于東陵」，曾彦和謂：「東陵，今之巴陵。」余按《史記正義》岳州有巴陵【六】，蓋是東陵。曾説本此。

「朔南暨」爲句，下云「聲教訖于四海」。《史記》注本如此。

《説苑》：「子貢曰：『禹與有扈氏戰，三陳而不服，禹於是修教一年，而有扈氏請

【六】余按史記正義岳州有巴陵　「岳」字原缺，據翁注本補。

服。』」《莊子》謂「禹攻有扈，國爲虛厲」，皆與《書》異。《楚辭·天問》云：「該秉季德，厥父是臧。胡終斃于有扈，牧夫牛羊。」又云：「有扈牧豎，云何而逢？擊床先出，其命何從？」古事茫昧，不可考矣。《吕氏春秋》曰：「夏后相與有扈戰於甘澤而不勝，六卿請復之，夏后相曰：『不可，吾地不淺，吾民不寡，戰而不勝，是吾德薄而不教不善也。』於是乎處不重席，食不貳味，琴瑟不張，鐘鼓不修，子女不飭，親親長長，尊賢使能，期年而有扈氏服。」愚謂：伐扈戰甘者，夏后啓也，誤以爲相。然其事可以補《夏書》之闕。

《甘誓》「予則孥戮汝」，孔傳謂「辱及汝子」。《王莽傳》作「奴」，顔注謂：「戮之以爲奴也。《泰誓》云『囚奴正士』，豈及子之謂乎？」

蔡邕《銘論》：「殷湯有《甘誓》之勒。」

《五子之歌》，其二章皆述禹之訓。蔡氏：「自『予視天下』以後，謂『予』，五子自稱也。」然「予臨兆民」之語，恐非五子自稱。

《周語》單穆公引《夏書》曰：「關石龢均，王府則有。」韋昭注云：「逸書也。關，門關之征也。石，今之斛也。言征賦調均，則王之府藏常有也。一曰：『關，衡也。』」時未見《古文》，故云逸書。左思《魏都賦》「關石之所和鈞，財賦之所底慎」，蓋亦用韋說。李善引賈逵《國語注》曰：「關，通也。」孔安國謂「金鐵曰石」，未詳。

《左氏傳》「夏有觀、扈」，《漢》「東郡有畔觀縣」。今開德府觀城。《楚語》士亹曰：「堯有丹朱，舜有商均，啓有五觀，湯有太甲，文王有管、蔡。是五王者，皆元德也，而有奸子。」韋昭注謂：「五觀，啓子，太康昆弟也。觀洛汭之地。」《書序》曰：「太康失國，昆弟五人須于洛汭。」《水經注》亦云：「太康弟曰五觀。」愚謂：五子述大禹之戒作歌，仁義之人，其言藹如也，豈朱、均、管、蔡之比？韋氏説非也。

《史記》「湯始居亳，從先王居，作《帝誥》」，《索隱》云：「一作佶。從先王居，故作《帝佶》。」

《史記》：「湯征諸侯，葛伯不祀，湯始伐之。湯曰：『予有言：人視水見形，視民知治不。』伊尹曰：『明哉！言能聽，道乃進。君國子民，爲善者皆在王官。勉哉！勉哉！』湯曰：『汝不能敬命，予大罰殛之，無有攸赦。』作《湯征》。」豈孔壁逸篇，太史公亦見之乎？後有《補湯征》者，蓋未之考。

「辰弗集于房」，《大衍曆議》云：「新曆仲康五年癸巳歲，九月庚戌朔，日蝕在房二度。」按《皇極經世》仲康元年壬戌，征羲和。五年丙寅，與曆不同。

君子之去留，國之存亡繫焉。故《夏書》終於《汝鳩》《汝方》，《商書》終於《微子》。

《湯誓》「予則孥戮汝，罔有攸赦」，孔安國以爲：「古之用刑，父子兄弟罪不相及，今云者權以脅之，使勿犯。」《酒誥》「予其殺」，安國以爲「擇罪重者而殺之」。吕居仁謂安國能明聖人未盡之意，實有大功於聖人者。

鄭康成注《禹貢》「九河」云：「齊桓公塞之，同爲一。」《詩》正義云：「不知所出何書。」愚按《書》正義引《春秋緯寶乾圖》云：「移河爲界，在齊吕，填閼八流以自廣。」鄭蓋據此文。九峰蔡氏曰：「曲防，齊之所禁，塞河非桓公所爲也。」

鄭康成《書》注間見於疏義，如「作服十二章」「州十二師」，孔注皆所不及。《吕氏春秋》引《夏書》曰：「天子之德廣運，乃聖乃神，乃武乃文。」《商書》曰：「五世之廟，可以觀怪；萬夫之長，可以生謀。」又曰：「仲虺有言曰：諸侯之德，能自爲取師者王，能自爲取友者存，其所擇而莫如己者亡。」又曰：「刑三百，罪莫重於不孝。」《周書》曰：「若臨深淵，若履薄冰。」其舛異如此。

《仲虺之誥》，言仁之始也；《湯誥》，言性之始也；《太甲》，言誠之始也；《説命》，言學之始也，皆見於《商書》。「自古在昔，先民有作。温恭朝夕，執事有恪。先聖王之傳恭也」，亦見於《商頌》。孔子之傳有自來矣。

孟子云：「伊尹、萊朱。」注：「萊朱，亦湯賢臣。一曰仲虺是也。」《春秋傳》曰：「仲虺居薛，爲湯左相。」是則伊尹爲右相。《唐宰相世系表》：「仲虺爲湯左相，臣扈、祖己皆其胄裔也。」未詳所據。

孔安國謂湯始改正朔，鄭康成謂自古改正朔。葉少藴云：「《甘誓》已言三正，則子、丑、寅迭以爲正者尚矣。」「爰革夏正」，林少穎謂：「革正之事，古未嘗有，蓋始於湯，而武王因之。」

《漢·律曆志》引《伊訓》「伊尹祀于先王，誕資有牧方明」，説者謂祀先王于方明。朱文公曰：「『方』當作『乃』，即所謂『乃明言烈祖之成德』。」

鄭康成云：「祖乙居耿，後奢侈逾禮，土地迫近，山川嘗圮焉。至陽甲立，盤庚爲之臣，乃謀徙居湯舊都。」上篇是盤庚爲臣時事，中篇、下篇是盤庚爲君時事。正義以爲「謬妄」。《書禆傳》云：「鄭，大儒，必有所據而言。」

《書序》「祖乙圮于耿」，孔氏注云：「圮於相，遷於耿。」《殷本紀》謂：「祖乙遷于邢。」《皇極經世》「祖乙踐位，圮于耿，徙居邢」，蓋從《史記》。以《書序》考之，孔氏以「圮于耿」爲「圮於相」，恐未通。蘇氏《書傳》云：「祖乙圮于耿，盤庚不得不遷。」以《經世》紀年考之，祖乙以乙未踐位，後有祖辛、沃甲、祖丁、南庚、陽甲，而後盤庚立。祖乙曾孫。盤庚之立以己亥，自祖乙踐位至此一百二十五年。若謂民蕩析離居，因耿之圮，不應如是之久也。當闕所疑。

盤庚之遷也，曰「天其永我命于兹新邑」。消息盈虚之運，哲王其知之矣。唐朱朴議遷都，以觀天地興衰爲言，謂關中文物奢侈皆極焉，已盛而衰，難可興矣，而以襄、鄧爲建都極選。陳同父上書孝廟，亦謂「錢塘山川之氣發泄無餘」，而以荆、襄爲進取之機，其言與朴略同。朴不足道也，豈亦有聞於氣運之説乎？

《大傳》引《盤庚》「若德明哉，湯任父言卑應言」，皆《古文》所無。

《論語》：「予小子履，敢用玄牡，敢昭告于皇皇后帝。」孔安國注云：「《墨子》引《湯誓》，其辭若此。」疏云：「《尚書·湯誓》無此文，而《湯誥》有之，又與此小異。惟《墨子》引《湯誓》，其辭與此正同。」

「爾惟德罔小，萬邦惟慶。爾惟不德罔大，墜厥宗。」漢昭烈曰：「勿以惡小而爲之，勿以善小而不爲。」蓋得此意。

桑穀之祥，大戊問伊陟。《韓詩外傳》以爲「穀生湯之廷，三日而大拱，湯問伊尹」，誤也。《漢·五行志》劉向以爲「殷道既衰，高宗承敝而起，怠於政事，故桑穀之異見」，又誤也。《書大傳》謂「武丁之時，先王道虧，刑罰犯，桑穀俱生于朝，武丁問諸祖己」，劉向蓋襲《大傳》之誤。

「説築傅巖之野」，吴氏《裨傳》、蔡氏《集傳》以「築」爲「居」。愚按《孟子》曰「傅説舉於版築之間」，當從古注。傅巖在陝州平陸縣北。

《魯語》展禽曰：「上甲微能帥契者也，商人報焉。」《孔叢子》引《書》曰：「維高宗報上甲微。」蓋逸書也。

學，立志而後成，遜志而後得。立志剛也，遜志柔也。

「西伯戡黎。」孔注云：「文王貌雖事紂，内秉王心。」豈知文王之心哉！文王之德之純，心與貌異乎？

「西伯既戡黎，祖伊恐。」商都朝歌，黎在上黨壺關，乃河朔險要之地。朝歌之西境密邇王畿，黎亡則商震矣。故武王渡孟津，莫之或禦。周以商墟封衛，狄人迫逐黎侯，衛爲方伯連率，不能救，而《式微》《旄丘》之詩作。脣亡齒寒，衛終爲狄所滅。衛之亡，猶商之亡也。秦拔上黨而韓、趙危，唐平澤潞而三鎮服，形勢其可忽哉！

《泰誓》，古文作《大誓》，孔氏注：「大會以誓衆。」晁氏曰：「開元間，衛包定今文，始作『泰』。或以交泰爲説，真燕書哉！」或説謂新經以「泰」爲「否泰」之「泰」，紂時上下不交，天下無邦，武王大會諸侯往伐，以傾紂之否。非經意也。《大誓》與《大誥》同。音泰者非。

「雖有周親，不如仁人。」孔安國注《論語》言：「雖有管、蔡爲周親，不如箕子、微子之仁人。」與注《尚書》異。《書傳》云：「紂至親雖多，不如周家之少仁人。」朱文公《集注》從《書傳》。

《論語釋文》「予有亂十人」，《左傳》叔孫穆子亦曰「武王有亂十人」。劉原父謂子無臣母之理，婦人蓋邑姜。然本無「臣」字，舊説不必改。

《左氏傳》云「太伯不從」，《楚辭·天問》云「叔旦不嘉」，與夷、齊之心一也。此武所以「未盡善」。

《武成》「式商容閭」，正義引《帝王世紀》云：「商容及殷民觀周軍之入，見畢公至，殷民曰：『是吾新君也。』容曰：『非也。視其爲人，嚴乎將有急色，故君子臨事而懼。』見太公至，民曰：『是吾新君也。』容曰：『非也。視其爲人，虎據而鷹趾，當敵將衆，威怒自倍，見利即前，不顧其後。故君子臨衆，果於進退。』見周公至，民曰：『是吾新君也。』容曰：『非也。視其爲人，忻忻休休，志在除賊，是非天子，則周之相國也。故聖人臨衆，知之。』見武王至，民曰：『是吾新君也。』容曰：『然。聖人爲海内討惡，見惡不怒，見善不喜，顔色相副。是以知之。』」愚按《韓詩外傳》云：「商容嘗執羽籥，馮於馬徒，欲以伐紂而不能，遂去，伏於太行。及武王尅殷，立爲天子，欲以爲三公。商容辭曰：『吾嘗馮於馬徒，欲以伐紂而不能，愚也；不争而隱，無勇也。愚且無勇，不足以備乎三公。』固辭不受命。君子聞之曰：『商容可謂内省而不誣能矣。君子哉！去素餐遠矣。』」《史記》：「燕王遺樂閒書曰：『紂之時，商容不達，身祇辱焉，以冀其變。』」《樂記》：「釋箕子之囚，使之行商容而復其位。」鄭注乃謂：「使箕子視商禮樂之官，賢者所處，皆令反其居。」蓋康成不見古文《武成》，故以「容」爲「禮樂」。張良云「武王入殷，表商容閭」，《史記·周紀》云「表商容之閭」，皆與《書》合。

顔師古《刊謬正俗》云：「《武成序》『往伐歸獸』，當依『嘼』字。《費誓序》『東郊不闢』，案《説文》及《古今字詁》，闢，古闢字，闢訓開，故孔氏釋云『東郊不開』，不得徑讀闢爲開。」愚按《古文尚書》師古之説是也。虞翻謂「分北三苗」，「北」，古「别」字。

《大傳》：「《洪範》曰：『不叶于極，不罹于咎，毋侮矜寡，而畏高明。』」《史記·宋世家》亦云「毋侮鰥寡」。

《周禮·大卜》注引《洪範》：「曰雨，曰濟，曰圛，曰蟊，曰尅。」《詩》「齊子豈弟」箋：「《古文尚書》以弟爲圛。」正義云：「《洪範稽疑》論卜兆有五，曰圛，注云：『圛者，色澤光明。』蓋古文作『悌』，今文作『圛』。賈逵以今文校之，定以爲圛。鄭依賈氏所奏。」《説文》引《書》「圛圛升雲，半有半無」。今按「圛」即《洪範》「曰驛」，其下乃注文。《古文尚書》「曰涭，曰圛」，與《周禮》注同。

《詩》：「或聖或否，或哲或謀，或肅或艾。」《莊子》：「天有六極五常，帝王順之則治，逆之則凶。九洛之事，治成德備。」皆爲《洪範》之學。

曾子固奏疏曰：「《洪範》所以和同天人之際，使之無間，而要其所以爲始者，思也。《大學》所以誠意正心修身治其國家天下，而要其所以爲始者，致其知也。正其本者，在得之於心而已。得之於心者，其術非他，學焉而已矣。古之人自可欲之善而充之，至於不可知之神。自十五之學，而積之至於從心不逾矩，豈他道哉！由是而已矣。」二程子以前告君未有及此者。

《韓非》謂先王之法曰：「臣毋或作威，毋或作利，從王之指；無或作惡，從王之路。」蓋述《洪範》之言而失之也。

「天命有德」「天討有罪」，故無作好惡；「惟天聰明，惟聖時憲」，故無作聰明。以天之德，行天之權，故「惟辟作福、威」。

司馬彪注《莊子》，云箕子名胥餘。《史記正義》「《尸子》云」。

「巢伯來朝」，注云「南方之遠國」，正義謂「南巢」。李杞解曰：「成湯放桀于南巢，巢人納之。意者終商之世，義不朝商乎？誠如是，亦足以見巢之忠，商之盛德矣。商亡而周興，於是巢始來朝。」其説美矣，然無所據。

《金縢》之書，其異説有二焉。《魯世家》云：「周公卒後，秋未穫，暴風雷雨，禾盡偃，大木盡拔。周國大恐，成王與大夫朝服以開《金縢》書。」《梅福傳》云：「昔成王以諸侯禮葬周公，而皇天動威，雷風著災。」此皆《尚書大傳》之説，蓋伏生不見古文故也。《蒙恬傳》云：「成王有病，甚殆。公旦自揃其爪，以沈於河，乃書而藏之記府。及王能治國，有賊臣言周公欲爲亂，周公走而奔於楚。成王觀於記府，得周公沈書，乃流涕曰：『孰謂周公旦欲爲亂乎！』」此又以武王有疾爲成王。《索隱》曰「不知出何書」。《魯世家》亦與《恬傳》同。譙周云：「秦既燔書，時人欲言金縢之事，失其本末。」南軒曰：「至誠可以回造化，若金縢策祝之辭，則不無妄傳者。」

「我之弗辟」，朱文公謂當從鄭氏，以「辟」爲「避」。

《武成》：「惟九年，大統未集。」《通鑑外紀》引《尚書大傳》「文王受命一年，斷虞、芮之質」，《帝王世紀》「文王即位四十二年，歲在鶉火，更爲受命之元年」，《周書・文傳》「文王受命九年，時惟莫春，在鎬，召太子發」。按《史記》秦惠王十四年更爲元年，《汲冢紀年》魏惠成王三十六年改元，稱「一年」，或有因於古也。

文公賞雍季，以義而不以謀；襄子賞高共，以禮而不以功，故曰「崇德報功」。

「若爾三王，是有丕子之責於天【七】」。《史記》以「丕」爲「負」，《索隱》引鄭玄曰：「丕讀曰負。」隗囂移檄曰：「庶無負子之責。」蓋本此。晁以道解「丕子之責」如史傳中「責其侍子」之「責」，蓋云上帝責三王之侍子，指武王也。

「唐叔得禾，成王命唐叔以餽周公於東土，作餽禾。」《史記》以「歸」爲「餽」。二字通用，見《論語》。

三監，孔氏謂管、蔡、商。《漢・地理志》：「殷畿内爲三國，邶、鄘、衛是也。邶，封武庚；鄘，管叔尹之；衛，蔡叔尹之，以監殷民。」唯鄭康成以三監爲管、蔡、霍。蘇氏從孔説，林氏、蔡氏從鄭説。三亳，孔氏謂亳人之歸文王者三，所爲之立監。康成云：「湯舊都之民服文王者，分爲三邑，其長居險，故言『阪尹』，蓋東成皋，南轘轅，西降谷也。」皇甫謐以蒙爲北亳，穀熟爲南亳，偃師爲西亳。林氏從鄭説，呂氏從皇甫説。《詩譜》以三叔爲

【七】是有丕子之責於天　「丕」原作「負」，據《尚書・金縢》、翁注本改。

三監。孫毓云：「三監當有霍叔。鄭義爲長。」

「民獻有十夫，予翼」，「亦惟十人，迪知上帝命」，周公以賢人卜天意。史失其名，不獨魯兩生也。

《周書·作雒》曰：「俾康叔宇于殷，俾中旄父宇于東。」注云：「東謂衛，殷邶、鄘。」《詩譜》：「自紂城而北謂之邶，南謂之鄘，東謂之衛。」康叔宇于殷，即衛也。注以殷爲邶、鄘，非是。殷地在周之東，故曰東征。邶、鄘、衛皆東也。《康誥》曰：「在茲東土。」中旄父，其邶、鄘之一歟？《顧命》有南宫毛。

《法言》謂：「《酒誥》之篇俄空焉。」愚按《酒誥》古、今文皆有之，豈揚子未之見歟？《藝文志》云：「劉向以中古文校歐陽、大小夏侯三家經文，《酒誥》脱簡一。」而《大傳》引《酒誥》曰：「王曰：封，唯曰若圭璧。」今無此句，豈即脱簡歟？

「矧惟若疇圻父，薄違農父？若保宏父，定辟」，荆公以「違」「保」「辟」絶句，朱文公以爲夐出諸儒之表。《洛誥》「復子明辟」，荆公謂：「周公得卜，復命於成王也。」漢儒「居攝還政」之説於是一洗矣。山谷云：「荆公六藝學，妙處端不朽。」信夫。

「厥或告曰：『群飲。』汝勿佚，盡執拘以歸于周，予其殺。」無隱張氏以爲：「此告者之詞云爾。勸汝執而盡殺之也，汝當思之曰：『是商之諸臣，化紂爲淫湎者，而可遽殺乎？亦姑惟教之而已。若不教而使陷于罪，是亦我殺之也。』」周公戒康叔皆止殺之詞，奈何以爲勸哉！」愚謂：此説得忠厚之意。

《梓材》曰：「以厥庶民暨厥臣，達大家。」周封建諸侯，與大家臣室共守之，以爲社稷之鎮。「九兩」所謂「宗，以族得民」。《公劉》之雅，所謂「君之宗之」，此封建之根本也。魯之封有六族焉，衛之封有七族焉，唐之封有九宗五正焉，皆所以係人心，維國勢。不特諸侯爲然，周公作《皇門》之書曰：「維其有大門宗子，茂揚肅德，勤王國王家，乃方求論擇元聖。武夫羞于王所，咸獻言助王恭明祀，敷明刑，用能承天嘏命。先人神祇報職用休，俾嗣在王家，萬子孫用末被先王之靈光。」然則王室之不壞，繫大門宗子是賴。自封建之法廢，國如木之無根，其亡也忽焉。然古者世臣必有家學，内有師保氏之教，外有外庶子之訓。國子之賢者，命之導訓諸侯，若魯孝公是也。使惇惠者教之，文敏者道之，果敢者諗之，鎮靖者修之，若晉公族大夫是也。教行而俗美，然後托以安危存亡之寄，而國有與立矣。

商之澤深矣，周既翦商，歷三紀而民思商不衰。考之《周書》，《梓材》謂之「迷民」，《召誥》謂之「讎民」，不敢有忿疾之心焉，蓋皆商之忠臣義士也。至《畢命》始謂之《頑民》，然猶曰「邦之安危，惟茲殷士」，兢兢不敢忽也。孔子删詩存邶、鄘於《風》，繫商於《頌》。吁！商之澤深矣！

《召誥》正義引《周書・月令》云：「三日粤朏。」《漢・律曆志》引《古文・月采篇》曰「三日曰朏」，顏注謂說月之光采。愚以《書》正義考之，「采」字疑當作「令」。

婁敬曰：「成王即位，周公營成周，以爲此天下中，有德則易以王，無德則易以亡。」《呂氏春秋》南宫括曰：「成王定成周，其辭曰：『惟余一人，營居于成周。惟余一人，有善易得而見也，有不善易得而誅也。』」《說苑》南宫邊子曰：「昔周成王之卜居成周也，其命龜曰：『予一人兼有天下，辟就百姓，敢無中土乎？使予有罪，則四方伐之，無難得也。』」三說大意略同。

「周公爲師，召公爲保。」鄭康成不見《周官》之篇，以「師」「保」爲《周禮》「師氏」「保氏」大夫之職。「師氏」「保氏」注亦引《書叙》云：「聖賢兼此官。」《禮記·文王世子》注謂：「大司成、司徒之屬，師氏也。」兩注自不同。

「有若散宜生」，孔氏傳云：「散氏，宜生名。」愚按《漢書·古今人表》：「女皇堯妃，散宜氏女。」當以散宜爲氏。

《多方》：「越惟有胥伯小大多正。」《大傳》云：「古者十稅一。多于十稅一，謂之大桀、小桀；少于十稅一，謂之大貊、小貊。王者十一而稅，而頌聲作矣。故《書》曰：『越維有胥賦小大多政。』」古、今文之異如此。

《無逸》，《大傳》作《毋逸》。毋者，禁止之辭，其義尤切。

《無逸》中宗、高宗、祖甲、文王之享國，以在位言。《吕刑》「穆王享國百年」，以壽數言。

祖甲，孔安國、王肅云：「湯孫太甲也。」馬融、鄭玄云：「武丁子帝甲也。」《書》正義以鄭爲妄。《史記正義》按《帝王年代曆》，帝甲十六年，太甲三十三年，明王、孔説是。王肅云：「先中宗，後祖甲，先盛德，後有過。」蔡氏《書傳》從鄭説，謂非太甲。按邵子《經世書》，高宗五十九年，祖庚七年，祖甲三十三年，世次歷年皆與《書》合，亦不以太甲爲祖甲。

《無逸》多言「不敢」，《孝經》亦多言「不敢」。堯、舜之兢業，曾子之戰兢，皆所以存此心也。

「天命自度」，天與我一；「自作元命」，我與天一。

民之疾苦常在目，故曰「顧畏于民嵒」；天之監臨常在目，故曰「顧諟天之明命」。

「文王罔攸兼于庶言，庶獄庶慎」，司馬公曰：「人君急於知人，緩於知事。」愚謂：漢宣帝綜核名實，非不明也，而不能知弘、石之奸；唐宣宗抉擿細微，非不察也，而不能知令狐綯之佞，明於小而闇於大也。故堯、舜之知，不遍物而急先務。

觀《蔡仲之命》，知周所以興；觀中山靖王之對，知漢所以亡。周公吊二叔之不咸，方且封建親戚，以蕃屏周；漢懲七國之難，抑損諸侯，以成外戚之篡。心有公私之殊，而國之興亡決焉。

君陳，蓋周公之子，伯禽弟。見《坊記》注，它無所考。《傳》有凡、蔣、邢、茅、胙、祭，豈君陳其一人歟？凡伯、祭公謀父皆周公之裔，世有人焉，家學之傳遠矣。

「命君陳分正東郊，成周。」鄭注：「周之近郊五十里，今河南、洛陽相去則然。」鄭以目驗知之。《儀禮》疏。

「爾乃順之于外，曰：『斯謀斯猷，惟我后之德。』」先儒謂成王失言，蓋將順其美。善則稱君，固事君之法，然君不可以是告其臣。「順」之一字，其弊爲諛。有善歸主，李斯所以亡秦也，曾是以爲良顯乎？闇愎之君誦斯言，則歸過求名之疑不可解矣。承弼昭事，稱文、武而不及成王，其有以夫。

推誠以待士，則欒氏之勇，亦子之勇；用賢以及民，則田單之善，亦王之善。故曰「有容，德乃大」。

史伯論周之敝曰「去和而取同」，與晏子之論齊、子思之論衛一也。西漢之亡，亦以群臣同聲，故曰「庶言同則繹」。

《周官》：「諸侯各朝于方岳，大明黜陟。」黜陟明而後封建定。柳子謂「天子不得變其君」，殆未考周制也。

「康王釋喪服而被袞冕，且受黃朱圭幣之獻。諸儒以爲禮之變，蘇氏以爲失禮。」朱文公謂：「天子諸侯之禮，與士庶人不同，故孟子有『吾未之學』之語。如《伊訓》『元祀十二月朔，奉嗣王祗見厥祖』，固不可用凶服矣。漢、唐即位行册禮，君臣亦皆吉服，追述先帝之命，以告嗣君。蓋易世傳授，國之大事，當嚴其禮也。」蔡氏《書傳》取蘇氏而不用文公之説。愚觀孝宗初上太上帝后尊號，有欲倣欽宗服除奉册者，林黄中議：「唐憲宗上順宗册，在德宗服中，謂行禮無害，第備樂而不作可也。」劉韶美議曰：「唐自武德以來，皆用易月之制，既葬之後，謂之無服。群臣上尊號，亦多在即位之年，與本朝事體大相遠也。」觀韶美之言，則文公《語録》所云「漢、唐册禮」，乃一時答問，未爲定説也。

《史記·周紀》：「康王命作策畢公，分居里，成周郊。」《書序》缺「公」字。《畢命》一篇，以風俗爲本。殷民既化，其效見於東遷之後。盟、向之民，不肯歸鄭；陽樊之民，不肯從晉。及其末也，周民東亡而不肯事秦，王化之入人深矣。唐賈至議取士以安史之亂爲鑒，謂：「先王之道消，則小人之道長；小人之道長，則亂臣賊子生焉。蓋國之存亡在風俗，『四維不張』而秦曆促，『耻尚失所』而晉祚覆。」至其知本之言哉！

周之興也，商民後革，百年化之而不足；周之衰也，衛風先變，一日移之而有餘。

「雖收放心，閑之惟艱」，孟子「求放心」之説也。「繩愆糾謬，格其非心」，孟子

「格君心」之説也。

衛石碏以義厲一國，而甯、蘧之類萃焉；晉趙衰以遜化一國，而知、范之賢繼焉。故曰「樹之風聲」。

齊太史之守官，尚父之德遠矣；魯宗人之守禮，周孔之澤深矣。故曰：「惟德惟義，時乃大訓。」

「皇帝」始見于《吕刑》。趙岐注《孟子》引《甫刑》曰：「帝清問下民。」無「皇」字，然岐以帝爲「天」，則非。

兵以恭行天罰，謂之「天吏」；刑以具嚴天威，謂之「天牧」。

《中説》薛收曰：「古人作元命，其能至乎？」阮逸注云：「《元命包》，《易》書也。」愚按《春秋緯》有《元命包》，《易》書有《元包》。薛收蓋謂「自作元命」，其言見於《吕刑》，阮注誤矣。

張子韶《書説》於《君牙》《冏命》《文侯之命》，其言峻厲激發，讀之使人憤慨，其有感於靖康之變乎？胡文定《春秋傳》於夫椒之事，亦致意焉。朱子《詩傳》，其説《王風·揚之水》亦然。

子夏問「金革之事無辟」，孔子曰：「吾聞諸老聃曰：『昔者魯公伯禽有爲爲之也。』」鄭注云：「有徐戎作難，喪卒哭而征之，急王事也。征之，作《粊誓》。」後世起復者，皆以伯禽藉口。嘗考《書·多方》「王來自奄」，孔注云：「周公歸政之明年，淮夷奄又叛。魯征淮夷，作《費誓》。」《魯世家》：「伯禽即位之後，有管、蔡等反，淮夷、徐戎並興。於是伯禽率師伐之於肹，作《肹誓》。」據此，則伯禽征淮、徐，在周公未没之時，非居喪即戎也。《左傳》「殽之役，晉始墨」，若伯禽行之，則晉不言「始」矣。記《禮》之言，恐非謂《費誓》也。

魏觴諸侯於范臺，魯共公舉觴擇言，以酒、味、色、臺池爲戒。漢高帝圍魯，諸儒尚講誦習禮樂，弦歌之音不絶。周公、伯禽之化，歷戰國、秦、楚猶一日也。

周益公謂：「《文苑英華》賦多用『負來』，非讀《秦誓》正義，安知今之『云』字乃『負』之省文？」愚按《漢書》韋孟諫詩，顔師古注引《秦誓》「雖則負然」。古文作「負」。

《文心雕龍》云：「《書》摽七觀。」孔子曰：「六《誓》可以觀義，五《誥》可以觀仁，《甫刑》可以觀誡，《洪範》可以觀度，《禹貢》可以觀事，《皋陶謨》可以觀治，《堯典》可以觀美。」見《大傳》。《孔叢子》云：「《帝典》觀美，《大禹謨》《禹貢》觀事，《皋陶謨》《益稷》觀政，《泰誓》觀義。」此其略略異者。

春秋時，郤缺之言「九功《九歌》」，穆姜之言「元亨利貞」，子服惠伯之言「黄裳元吉」，叔向之言「昊天有成命」，單穆公之言「《旱鹿》」，叔孫穆子之言「《鹿鳴》之三」，成鱄之言「《皇矣》之雅」，閔馬父之言「商《那》之頌」，左史倚相之言「《懿》

戒」，觀射父之言「重、黎」，白公子張之言「《説命》」，其有功於經學，在漢儒訓故之先。蓋自遲任、史佚以來，統緒相承，氣脉未嘗絶也。

《顏氏家訓》云《王粲集》中難鄭玄《尚書》事，今僅見於唐元行沖《釋疑》。王粲曰：「世稱伊、雒以東，淮、漢以北，康成一人而已。咸言先儒多闕，鄭氏道備。粲竊嗟怪，因求所學，得《尚書注》，退思其意，意皆盡矣，所疑猶未諭焉，凡有二篇。」《館閣書目》：《粲集》八卷，詩賦論議垂六十篇。

「官師相規」，注謂「官衆」。《左傳》「官師從單靖公」，注：「天子官師，非卿也。」《漢·賈誼傳》「官師小吏」，注云：「一官之長。」愚謂：漢注得之，周官皆有師。

王景文謂「文章根本在六經」。張安國欲記《考古圖》，曰：「宜用《顧命》。」游廬山，序所歷，曰：「當用《禹貢》。」

伊尹之始終，《書序》備矣。陸士衡《豪士賦序》「伊生抱明，允以嬰戮」，蓋惑於《汲冢紀年》之妄説也。皇甫謐云「伊尹百有餘歲」，應劭云「周公年九十九」，王充《論衡》云「召公百八十」，故趙岐注《孟子》云：「壽若召公。」

《呂氏春秋·孝行覽》云：「《商書》曰：『刑三百，罪莫重於不孝。』」注：「商湯所制法也。」三百，商之刑。三千，周之刑。其繁簡可見。

《周禮·大司馬》注引《書》曰：「前師乃鼓𡔷譟。」疏謂《書傳》説武王伐紂時事。二《禮》疏引《書傳略説》，皆《書大傳》也。

《洪範》「五者來備」，《史記》云「五是來備」。荀爽謂之「五韙」，李雲謂之「五氏」，傳習之差如此，近於郢書燕説矣。

土氣爲風，木氣爲雨，箕屬東方木，克土，土爲妃，故好風。畢屬西方金，克木，木爲妃，故好雨。此鄭康成説也。吴仁傑謂「《易》以《坎》爲水，北方之卦」，又曰「雨以潤之，則雨屬水」。《漢志》：「軫星亦好雨。」

「五福」不言貴而言富。先王之制，貴者始富，賤者不富也。

趙岐注《孟子》，不見古文，以「其助上帝寵之」斷句。又「我武惟揚」注云：「《古尚書》百二十篇之時《太誓》也。」又「帝使其子九男二女」注云：「《堯典》曰『釐降二女』，不見『九男』，孟子時《尚書》凡百二十篇。逸書有《舜典》之叙，亡失其文，孟子諸所言舜事，皆《堯典》及逸書所載。」又「不及貢，以政接于有庳」，謂皆逸篇之辭。又引《書》「禹拜讜言」。

「葛伯仇餉」，非孟子詳述其事，則異説不勝其繁矣。孟子之時，古書猶可考，今有不可强通者。

《易·乾鑿度》曰：「《易》之『帝乙』爲湯，《書》之《帝乙》六世王，名同不害以明功。」帝乙，湯玄孫之孫也。按《史記》，湯至帝乙二十九王，謂「六世王」，未詳。唐陳正節曰：「殷自成湯至帝乙十二君，其父子世六易。」謂「十二君」，亦未詳。

林少穎《書説》至《洛誥》而終，吕成公《書説》自《洛誥》而始。朱文公曰：「蘇氏傷於簡，林氏傷於繁，王氏傷於鑿，吕氏傷於巧，然其間儘有好處。」

制治于未亂，保邦于未危。《泰》之極，則「城復于隍」；《既濟》之極，則「濡其首」。不于其未而于其極，則無及矣。

伊尹以「辯言亂政」戒其君，盤庚以「度乃口」告其民。商俗利口，其敝久矣。邵子曰：「天下將治，則人必尚行；天下將亂，則人必尚言。」周公訓成王「勿以憸人」，所以反商之敝也。張釋之諫文帝超遷嗇夫，所以監秦之失也。《周官》曰「無以利口」，《冏命》曰「無以巧言」，此周之家法；將相功臣，少文多質，安静之吏，悃愊無華，此漢之家法。

「恭在貌，敬在心」，《書》正義之説也。「中心爲忠」「如心爲恕」，《詩》《春秋》正義之説也。

堯、舜之世，名臣止任一事；仲尼之門，高第皆爲一科。故曰：「無求備于一夫。」「强恕而行」，忍也，原憲之「克伐怨欲不行焉」也；一視同仁，容也，顔子之「克己復禮，天下歸仁」也。忍言事，容言德。習忍則至於容。

「式和民則」「順帝之則」「有物有則」「動作禮義威儀之則」，皆天理之自然，有一定之成法。聖賢傳心之學，唯一「則」字。

「若農服田力穡，乃亦有秋」，故「民生在勤則不匱」。「先知稼穡之艱難，乃逸」，故

「君子能勞則有繼」。

「乃命三后」。先儒曰：「人心不正則入於夷狄禽獸，雖有土不得而居，雖有穀不得而食，故先伯夷而後及禹、稷。」此說得孔子「去食」、孟子「正人心」之意。《小雅》盡廢，其禍烈於洚水；四維不張，其害憯於阻饑。

《周禮·司刑》五刑之屬二千五百，穆王雖多五百章，而輕刑增，重刑減。班固以《周禮》爲中典，《甫刑》爲重典，非也。

舜、皋陶曰「欽」曰「中」，蘇公曰「敬」曰「中」，此心法之要也。《吕刑》言「敬」者七，言「中」者十，所謂「惟克天德」，在此二字。

禹有典則，貽厥子孫，而有盤遊無度者；湯以義禮，垂裕後昆，而有顛覆典刑者，是以知嗣德之難也。宋武帝留葛燈籠、麻繩拂於陰室，唐太宗留柞木梳、黑角篦於寢宮，作法於儉，其敝猶侈，况以侈示後乎？

因岱柴而封禪，因時巡而逸遊，因《洛書》而崇飾符瑞，因建極而雜糅正邪，因享多儀而立享上之説。塞忠諫謂之浮言，錮君子謂之朋比，慘礉少恩曰威克厥愛，違衆妄動曰惟克果斷。其甚焉者，丕之奪漢，托之舜、禹；衍之篡齊，托之湯、武；邵陵、海西之廢，托之伊尹；新都之攝，臨湖之變，托之周公。侮聖言以文奸慝，豈經之過哉！

蘇綽《大誥》，近于莽矣，《太玄》所謂「童牛角馬，不今不古」者歟？蘇威五教，綽之遺風也。

《史記·秦紀》：「繆公三十三年，敗於殽。三十六年，自茅津渡河，乃誓於軍，申思『不用蹇叔、百里傒之謀，令後世以記余過』。君子聞之，皆爲垂涕，曰：『嗟乎！秦繆公之與人周也，卒得孟明之慶。』」《書序》云：「敗崤歸，作《誓》。」與《史》不同。邵子謂：「修夫聖者，秦穆之謂也。」穆公是霸者第一，悔過自誓之言，幾於王道，此聖人所以録於《書》末。

《大傳》：「太子年十八曰孟侯，於四方諸侯來朝，迎於郊者，問其所不知。」唐册太子文云：「盡謙恭於齒胄，審方俗於迎郊。」愚謂：「孟侯」見《康誥》，謂諸侯之長，蓋方伯也。《大傳》説非。

《漢·藝文志》：「《周書》七十一篇。劉向云：『周時誥誓號令，蓋孔子所論百篇之餘。』」隋、唐《志》繫之《汲冢》，然汲冢得竹簡書在晉咸寧五年，而兩漢已有《周書》矣。太史公引《克殷》《度邑》，鄭康成注《周禮》云「《周書·王會》備焉」，注《儀禮》云「《周書》『北唐以閭』」，許叔重《説文》引《逸周書》「大翰若翬雉」，又引「貒有爪而不敢以撅」，馬融注《論語》引《周書·月令》，皆在漢世。杜元凱解《左傳》時，《汲冢書》未出也。「千里百縣」「轡之柔矣」，皆以《周書》爲據，則此書非始出於汲冢也。按《晉·束皙傳》，太康二年，汲郡得竹書七十五篇，其目不言《周書》。《紀》云咸寧五年，《左傳後序》云太康元年，當考。《左傳》正義引王隱《晉書》云：「《竹書》七十五卷，六十八卷有名題，七卷不可名題。」其目録亦無《周書》。然則繫《周書》於《汲冢》，其誤明矣。

《書大傳》載四海、河江、五湖、鉅野、鉅定、濟中、孟諸、隆谷、大都之貢物，此禹時也。《周書》載伊尹爲四方獻令，此湯時也。《王會》載八方會同，各以其職來獻。自稷慎以下，其贄物二十一；自義渠以下，其贄物二十；自高夷以下，其贄物十四；自權扶以下，其贄物九，此成王時也。愚謂：《旅獒》之訓曰「畢獻方物，惟服食器用」，珍異之貢，恐非三代之制。

《王會》曰：「堂下之右，唐公、虞公南面立焉；堂下之左，殷公、夏公立焉。」唐公、虞公，《樂記》所謂祝、陳也。殷公、夏公，《樂記》所謂杞、宋也。然則《郊特牲》云「尊賢不過二代」，其説非矣。

《周書·史記篇》「穆王召左史戎夫，取遂事之要戒」，言皮氏、華氏、夏后、殷商、有虞氏、平林、質沙、三苗、扈氏、義渠、平州、林氏、曲集、有巢、有鄶、共工、上衡氏、南氏、有果氏、畢程氏、陽氏、穀平、阪泉、縣宗、玄都、西夏、績陽、有洛之亡。國名多傳記所未見。

《周書·大聚篇》：「若冬日之陽，夏日之陰，不召而民自來。」亦見《文子》。張文潛《祭司馬公文》「冬暘夏冰，赴者爭先」，蓋本於此。

《周書·謚法》：「惟三月既生魄，周公旦、太師望相嗣王發，既賦憲，受臚于牧之野。將葬，乃制作謚。」今所傳《周書》云：「維周公旦、太公望開嗣王業，建功于牧之野。終葬，乃制謚。」與《六家謚法》所載不同。蓋今本缺誤。《文心雕龍》云「賦憲之謚」，出於此。呂成公《策問》：「旦以文名，奭以康名，閎夭以尊顯。」閎夭謚當考。

《文心雕龍》：「夏、商二《箴》，餘句頗存。」《夏箴》見《周書·文傳篇》，《商箴》見《呂氏春秋·名類篇》。

《周書·小開武篇【八】》周公曰：「在我文考，順道九紀：一辰以紀日，二宿以紀月，三日以紀德，四月以紀刑，五春以紀生，六夏以紀長，七秋以紀殺，八冬以紀藏，九歲以紀終。」「九紀」與《洪範》「五紀」相表裏。《文選》任彥昇曰：「不改參辰而九星仰止。」注引《周書》：「王曰：『余不知九星之光。』周公曰：『星、辰、日、月、四時、歲，是謂九星。』」九星即九紀也。

任章引《周書》曰：「將欲敗之，必姑輔之；將欲取之，必姑與之。」《戰國策》。蕭何引《周書》曰：「天予不取，反受其咎。」此豈蘇秦所讀《周書·陰符》者歟？老氏之言，范蠡、張良之謀，皆出於此。朱子云：「老子爲柱下史，故見此書。」

《三墳》書無傳，宓犧唯《易》存，而商高所云「周天曆度」，《周髀》。《管子》所云「造六峚以迎陰陽」者，不復見。《管子·輕重戊》曰：「虙戲作，造六峚以迎陰陽，作九九之數以合天道，

【八】周書小開武篇　「小開武篇」原作「小武開篇」，據翁注本改。

而天下化之。周人之王，循六⿱山止，行陰陽。」「⿱山止」字未詳。　許行爲神農之言，鼂錯述神農之教，列子稱黃帝之書，陰陽五行、兵法醫方，皆托之農、黃，而大道隱矣。今有山、氣、形之書，謂之《連山》《歸藏》《坤乾》，元豐中毛漸得之西京。或云：「張天覺得之比陽民家，非古也。」《列子》引《黃帝書》，即《老子》「谷神不死」章。

「有言遜于汝志」，《艮》之「不拯其隨」也。「惟學遜志」，《謙》之「卑以自牧」也。遜一也，而善惡異。君體剛而用柔，臣體柔而用剛。君不遜志，則爲唐德宗之强明；臣而遜言，則爲梁丘據之苟同。

「周人乘黎，祖伊恐。」商受能如《震》上六之「畏鄰戒」，則无咎矣。蜀漢之亡也，吴華覈詣宫門上表曰：「成都不守，社稷傾覆，臣以草芥，竊懷不寧。陛下至仁，必垂哀悼，臣不勝忡悵之情，謹拜表以聞。」吁！華覈亦吴之祖伊歟？

學古入官，然後能議事以制。伯夷以禮折民，漢儒以《春秋》決獄。子産曰：「學而後入政，未聞以政學者也。」荀卿始爲「法後王」之説，李斯師之，謂「諸生不師今而學古」。太史公亦惑於流俗之見，《六國表》云：「傳曰『法後王』何也？以其近己而俗變相類，議卑而易行也。」文帝謂「卑之毋甚高論」，宣帝謂「俗儒好是古非今」，秦既亡，而李斯之言猶行也。孟子曰：「爲政不因先王之道，可謂智乎？」

舜之「克艱」，文王之「無逸」，心也。後之勤政者，事爲而已。

「勿以憸人」，《立政》之戒也。《文辭》周公所作，《師》之上六，《既濟》之九三，皆曰「小人勿用」。

《左氏傳》引《商書》曰：「沈漸剛克，高明柔克。」《洪範》言「惟十有三祀」，箕子不忘商也，故謂之《商書》。陶淵明於義熙後，但書甲子，亦箕子之志也。陳咸用漢臘亦然。

「既獲仁人」，武所以克商也。「養民以致賢人」，興漢在於一言；「延攬英雄，務悅民心」，復漢在於一言。

張文饒曰：「堯之曆象，蓋天法也；舜之璣衡，渾天法也。」

李仁父《宰相年表序》曰：「孔子序三代之書，其稱相者，獨伊尹、伊陟、傅説、周公、召公、畢公六人耳。」

「爾尚蓋前人之愆，惟忠惟孝」，若沈勁之於充，張嵊之於稷，李湛之於義府，可謂能蓋愆矣。

刑止於五，而《秋官・條狼氏》「誓馭曰車轘」。此春秋時嘗有之，至秦用之，豈成周之法哉！

「烹魚煩則碎，治民煩則亂」，故以「叢脞」爲戒。器久不用則蠹，政不常修則壞，故以「屢省」爲戒。多事非也，不事事亦非也。

「臯陶曰『殺之』三,堯曰『宥之』三。」蘇氏雖以意言之,考之《書》「明于五刑,以弼五教」,臯陶所執之法也;「與其殺不辜,寧失不經」,舜所操之權也。臯陶執法于下,而舜以其權濟于上,劉頌所謂「君臣之分,各有所司」。《王制》曰:「王三又然後制刑。」「又」與「宥」同。則蘇氏之言,亦有所本。

「格于皇天」「格其非心」,皆誠意感通而極其至。事君如事天。

「玩物喪志」,志爲物所役也。李文饒《通犀帶賦》曰:「美服珍玩,近於禍機。虞公滅而垂棘返,壯武殘而龍劍飛。先哲所以聞義則服,防患則微。經侯委珮而去,宣子辭環以歸。」此可爲玩物之戒。

「好問則裕」,謂聞見廣而德有餘也。《中庸》曰:「舜好問。」「博學之」,必「審問之」;「學以聚之」,必「問以辨之」;「敏而好學」,必「不耻下問」。老子亦云:「知而好問者聖,勇而好問者勝。」

舜咨十二牧,終於「難任人」;命九官,終於「堲讒説」。孔子答爲邦之問,終於「遠佞人」,一也。

南豐序《南齊書》曰:「唐、虞爲二《典》者,所記豈獨其迹邪?并與其深微之意而傳之。」又曰:「方是時,豈特任政者皆天下之士哉!蓋執簡操筆而隨者,亦皆聖人之徒也。」後山《黄樓銘序》云:「昔之詩人,歌其政事,則并其道德而傳之。」朱文公

《詩・破斧》傳云：「當是之時，雖披堅執鋭之人，亦皆能以周公之心爲心，而不自爲一身一家之計，蓋亦莫非聖人之徒也。」皆用南豐文法。

虞之《賡歌》，夏《五子之歌》，此《三百篇》之權輿也。《洪範》「無偏無陂」至「歸其有極」，蔡氏謂此章蓋《詩》之體，使人吟咏而得其性情，與《周禮》大師教以六詩同一機。《伊訓》以「三風十愆」訓太甲，自「聖謨洋洋」而下，亦叶其音，蓋欲日誦是訓，如衛武公之《抑》戒也。故曰：「《詩》可以興。」

「擊石拊石，百獸率舞。」凡兩言之，或謂脱簡重出。《東觀漢記》：王阜爲重泉令，鸞鳥集學宫，阜擊磬而舞，况舜樂所感乎？

湯之《誥》曰：「惟皇上帝，降衷于下民。」武之《誓》曰：「惟人萬物之靈。」劉子所謂「天地之中」，子思所謂「天命之謂性」，孟子所謂「性善」，淵源遠矣。

《文侯之命》「其歸視爾師，寧爾邦」，此《覲禮》所謂「伯父無事，歸寧乃邦」，古者待諸侯之禮如此。平王能存西周禮文之舊，而不能雪君父之讎耻，豈知禮之本乎？

「洪舒于民」，古文作「洪荼」。薛氏曰：「大爲民荼毒也。」

「宅西曰昧谷」，虞翻謂當爲「柳谷」。《周禮》注：「度西曰柳穀。」魏明帝時，張掖柳谷口水溢涌，寶石負圖，即其地也。

周之盛也，内諸侯爲伯，爲周、召、畢公之任；周之衰也，外諸侯爲伯，爲齊晉之霸。

三公行二伯之職，以統諸侯，則霸者安得而竊王命？

「『我生不有命在天』，『得之不得曰有命』，一爲獨夫之言，一爲聖人之言。」真文忠公曰：「命，一也。恃焉而弗修，賊乎天者也；安焉而弗求，樂乎天者也。此聖、狂所以異。」

聖王畏天畏民。人有畏心，然後敬心生。謂天不足畏，民不足畏，爲桀、紂、秦、隋。詹元善云：「『惟皇上帝，降衷于下民。若有恒性，克綏厥猶惟后。』此即『天命之謂性，率性之謂道，修道之謂教』也。人能知此，則知觀書之要，而無穿鑿之患矣。」呂成公已有此説。

「治梁及岐」，若從古注，則雍州山距冀州甚遠，壺口、太原不相涉。晁以道用《水經注》，以爲呂梁、狐岐。

卷三

詩

《經典序録》：「河間人大毛公爲《詩故訓傳》。一云魯人。」失其名。《初學記》：「荀卿授魯國毛亨，作《詁訓傳》，以授趙國毛萇。時人謂亨爲大毛公，萇爲小毛公。」大毛公之名唯見于此。正義云：「《儒林傳》：『毛公，趙人。』」不言其名。《後漢書》：「趙人毛萇。」《序録》亦云「名長」。今《後漢書》作「萇」，此小毛公也。程子曰：「毛萇最得聖賢之意。」

徐整云：「子夏授高行子。」即《詩序》及《孟子》所謂「高子」也。以《絲衣》「繹賓尸」爲「靈星之尸」，以《小弁》爲「小人之詩」，則已失其義矣。趙岐云：「高子，齊人。」謂「禹之聲尚文王之聲」，亦高子也。

《序録》：「子夏傳曾申，申傳李克。」《讀詩記》引陸璣《草木疏》，以曾申爲申公，以克爲尅，皆誤。

《詩》「六義」，三經三緯，鄭氏注《周禮》「六詩」及孔氏正義，其説尚矣，朱子《集傳》從之。而程子謂：「《詩》之六體，隨篇求之，有兼備者，有偏得一二者。」《讀詩記》謂「《風》非無雅，《雅》非無頌」，蓋因鄭箋「豳雅」「豳頌」之説。然朱子疑《楚茨》至《大田》四篇爲「豳雅」，《思文》《臣工》《噫嘻》《豐年》《載芟》《良耜》等篇爲「豳頌」，亦未知是否也。呂成公云：「豳雅、頌恐逸。」

《逸詩》篇名，若《貍首》《射義》。《驪駒》《大戴禮》《漢書》注。《祈招》《左傳》。《轡之柔矣》《左傳》《周書》。皆有其辭，唯《采薺》《周禮》。《河水》《新宮》《茅鴟》《左傳》。《鳩飛》《國語》。無辭。或謂《河水》，《沔水》也；《新宮》，《斯干》也；《鳩飛》，《小宛》也。周子醇《樂府拾遺》曰：「孔子删《詩》，有全篇删者，《驪駒》是也；有删兩句者，『月離于畢，俾滂沱矣。月離于箕，風揚沙矣』是也；有删一句者，『素以爲絢兮』是也。」愚考之《周禮》疏引《春秋緯》云「月離於箕，風揚沙」，非詩也；「素以爲絢兮」，朱文公謂《碩人》詩四章，而章皆七句，不應此章獨多一句，蓋不可知其何詩，然則非删一句也。若全篇之删，亦不止《驪駒》。《論語》「唐棣之華」之類。

近世説《詩》者，以《關雎》爲畢公作，謂得之張超，或謂得之蔡邕，未詳所出。

鶴林吳氏論《詩》曰：「興之體，足以感發人之善心。毛氏自《關雎》而下，總百十六篇，首繫之興：《風》七十，《小雅》四十，《大雅》四，《頌》二。注曰『興也』，而比、賦不稱焉。蓋謂賦直而興微，比顯而興隱也。」朱氏又於其間增補十九篇，而摘其不合於興者四十八條，且曰：「《關雎》，興詩也，而兼於比；《緑衣》，比詩也，而兼於興；

《頍弁》一詩，而興、比、賦兼之。」則析義愈精矣。李仲蒙曰：「叙物以言情，謂之賦，情物盡也；索物以托情，謂之比，情附物也；觸物以起情，謂之興，物動情也。」《文心雕龍》曰：「毛公述傳，獨標興體，以比顯而興隱。」鶴林之言本於此。

太史公云：「周道缺而《關雎》作。」艾軒謂：「三家説《詩》，各有師承。今齊、韓之詩，字與義多不同。毛公爲趙人，未必不出於《韓詩》。太史公所引，乃一家之説。《古文尚書》與子長並出，今所引非古文，如『祖飢』『惟刑之謐』，當有來處，非口傳之失也。」晁景迂曰：「齊、魯、韓三家，以《關雎》《葛覃》《卷耳》《鵲巢》《采蘩》《采蘋》《騶虞》《鹿鳴》《四牡》《皇皇者華》之類，皆爲康王詩，《王風》爲魯詩。」薛士龍曰：「《關雎》作刺之説，是賦其詩者。」

艾軒謂：「《詩》之萌芽，自楚人發之，故云江漢之域，《詩》一變而爲《楚辭》，屈原爲之唱。是文章鼓吹，多出於楚也。」

《周南》之詩曰「公侯干城」，曰「王室如燬」，當文王與紂之事，於君臣之分嚴矣。此周之所以爲至德。

朱子《詩傳》云：「舊説扶風雍縣南有召亭，今雍縣析爲岐山、天興兩縣，未知召亭的在何縣。」愚按《史記正義》引《括地志》：「召亭在岐山縣西南。」

横渠《策問》云：「湖州學興，竊意遺聲寓之塤篇，因擇取二《南》、《小雅》數十篇，使學者朝夕咏歌。今其聲無傳焉。」朱子《儀禮通解》有《風雅十二詩譜》，乃趙彦肅所傳，云即開元遺聲也。

《詩》正義曰：「《儀禮》歌《召南》三篇，越《草蟲》而取《采蘋》，蓋《采蘋》舊在《草蟲》之前。」曹氏《詩説》謂：「《齊詩》先《采蘋》而後《草蟲》。」

馬永卿問劉元城曰：「《王·黍離》在《邶》《鄘》《衛》之後，且天子可在諸侯後乎？」曰：「非諸侯也。周既滅商，分畿内爲三國，邶、鄘、衛是也。序《詩》者以其地本商之畿内，故在《王·黍離》上。」

「《新序》云：『衛宣公子壽閔其兄伋之見害，作憂思之詩，《黍離》是也。』《魯詩》出於浮丘伯，以授楚元王交，劉向乃交之孫，其説蓋本《魯詩》。然《黍離》，《王風》之首，恐不可以爲《衛詩》也。」《韓詩》云：「《黍離》，伯封作。」陳思王植《令禽惡鳥論》曰【一】：「昔尹吉甫信後妻之讒，而殺孝子伯奇。其弟伯封求而不得，作《黍離》之詩。」其《韓詩》之説歟？伯封事，唯見于此。

南豐謂：「《列女傳》稱《詩·芣苢》《柏舟》《大車》之類，與今序《詩》者之説尤乖異。」《式微》一篇，又謂二人之作。

韓文公爲《施士丐銘》曰：「先生明毛、鄭《詩》，通《春秋左氏傳》，善講説，朝之賢士大夫從而執經考疑者繼于門。」《唐語林》云：「劉禹錫與韓、柳詣士丐，聽説

【一】陳思王植令禽惡鳥論曰　「令禽」原作「貪」，據翁注本改。

《詩》，曰：『《甘棠》「勿拜」，如人身之拜，小低屈也。「勿拜」則不止「勿翦」，言召伯漸遠，人思不可及。』」《讀詩記》董氏引士丐説。

周有《房中之樂》，《燕禮》注謂「弦歌，《周南》《召南》之詩」。漢《安世房中樂》，唐山夫人所作。魏繆襲謂《安世歌》「神來燕享，永受厥福」，無有二《南》后妃風化天下之言。謂《房中》爲后妃之歌，恐失其意。《通典》：「平調、清調、瑟調，皆周《房中》之遺聲。」

《白虎通·諫諍篇》：「妻得諫夫者，夫婦榮耻共之。《詩》云：『相鼠有體，人而無禮。人而無禮，胡不遄死？』此妻諫夫之詩也。」亦齊、魯、韓之説歟？

《韓詩外傳》：「高子問於孟子曰：『夫嫁娶者，非己所自親也，衛女何以得編於《詩》也？』孟子曰：『有衛女之志則可，無衛女之志則怠。若伊尹於太甲，有伊尹之志則可，無伊尹之志則篡。』」

晁景迂《詩序論》云：「序《騶虞》『王道成也』，風其爲雅歟？序《魚麗》『可以告神明』，雅其爲頌歟？」《解頤新語》云：「文王之風，終於《騶虞》，《序》以爲王道成，則近於雅矣。文武之雅，終於《魚麗》，《序》以爲可告神明，則近於頌矣。」滹水李氏曰：「《小雅》雖言政，猶有風之體。《大雅》之正，幾於頌矣。」

歐陽公曰：「霸者興，變風息焉。然《詩》止於陳靈，在桓、文之後。」

「八能之士」，見《易緯·通卦驗》：「或調黄鍾，或調六律，或調五音，或調五聲，或調五行，或調律曆，或調陰陽，或調正德所行。」「大夫九能」，見《毛詩·定之方中》傳：「建邦能命龜，田能施命，作器能銘，使能造命，升高能賦，師旅能誓，山川能説，喪紀能誄，祭祀能語。君子能此九者，可謂有德音，可以爲大夫。」

《定之方中》傳引仲梁子曰：「初立楚宫也。」《鄭志》：「張逸問：『仲梁子何時人？』答曰：『仲梁子，先師魯人。當六國時，在毛公前。』」正義：「春秋時，魯有仲梁懷，故言魯人。」《韓非子》「八儒」，有仲良氏之儒。陶淵明《群輔録》云：「仲梁氏傳樂爲道，以和陰陽，爲移風易俗之儒。」史失其名。

劉孝孫爲《毛詩正論》，演毛之簡，破鄭之怪。李邦直亦謂：「毛之説簡而深，此河間獻王所以高其學也。」鄭之釋，繁塞而多失。鄭學長於《禮》，以《禮》訓《詩》，是案迹而議性情也。「緑衣」，以爲褖；「不諫亦入」，以爲入宗廟；「庭燎」，以爲不設鷄人之官，此類不可悉舉。

艾軒云：「讀《風》詩不解《芣苢》，讀《雅》詩不解《鶴鳴》，此爲無得於《詩》者。」傳至樂讀《詩》至《鴛鴦》之二章，因悟比興之體。

江漢之女，不可犯以非禮，可以見周俗之美。范滂之母，勉其子以名節，可以見漢俗之美。

《大雅》之變，作於大臣，召穆公、衛武公之類是也。《小雅》之變，作於群臣，家父、孟子之類是也。《風》之變也，匹夫匹婦皆得以風刺，清議在下，而世道益降矣。

「騶虞」「騶吾」「騶牙」，一物也，聲相近而字異。《解頤新語》既以「虞」爲「虞人」，又謂「文王以騶牙名囿」，蓋惑於異説。《魯詩傳》曰：「梁鄒，天子之田。」見《後漢》注，與《賈誼書》同，不必以「騶牙」爲證。

《射義》：「天子以騶虞爲節。樂官備也。」鄭康成注云：「『于嗟乎騶虞』，嘆仁人也。」《周禮》疏引韓、魯説：「騶虞，天子掌鳥獸官。」其説與《射義》合。《文選》注引《琴操》曰：「《鄒虞》，邵國之女所作也。古者役不踰時，不失嘉會。」《墨子》曰：「成王因先王之樂，命曰《騶吾》。」豈即《詩·騶虞》歟？

《大戴禮·投壺》云：「凡《雅》二十六篇，其八篇可歌，歌《鹿鳴》《貍首》《鵲巢》《采蘩》《采蘋》《伐檀》《白駒》《騶虞》。八篇廢不可歌，七篇《商》《齊》可歌也，三篇間歌。」《上林賦》「揜群雅」，張揖注云：「《詩》，《小雅》之材七十四人，《大雅》之材三十一人。」愚謂：八篇可歌者，唯《鹿鳴》《白駒》在《小雅》，《貍首》今亡。鄭氏以爲《射義》所引「曾孫侯氏」之詩，餘皆風也，而亦謂之雅，豈風亦有雅歟？劉氏《小傳》：「或曰：『《貍首》，《鵲巢》也，篆文似之。』」此有《貍首》，又有《鵲巢》，則「或説」非矣。張揖言二《雅》之材，未知所出。

《無衣》非美晉，蓋閔周也。自僖王命曲沃伯爲晉侯，而篡臣無所忌。威烈王之命晉大夫，襄僖之迹也。有曲沃之命，則有三大夫之命，出爾反爾也。

「詩亡，然後《春秋》作。」胡文定謂自《黍離》降爲《國風》，天下不復有《雅》。《春秋》作於隱公，適當《雅》亡之後。《孟子集注》同。呂成公謂：「蓋指筆削《春秋》之時，非謂《春秋》之所始也。《詩》既亡，則人情不止於禮義，天下無復公好惡，《春秋》所以不得不作歟？」艾軒曰：「文中子以爲：『詩者，民之情性。人之情性不應亡。』使孟子復出，必從斯言。」

《泉水》云：「出宿于干，飲餞于言。」說《詩》者未詳其地。《隋志》：「邢州内丘縣有干言山。」李公緒記云：「柏人縣有干山言山。柏人，邢州堯山縣。」《後漢》注：「兗州博城縣有徂來山。」一名尤來。「新甫之柏」，傳注不言山之所在，唯《後魏·地形志》：「魯郡汶陽縣有新甫山。」《通典》：「漢汶陽故城，在兗州泗水縣東南。」太史公聞之董生曰「《詩》記山川谿谷，禽獸草木」，則山川不可不考也。

檜有疾恣之詩。《周語》富辰曰：「鄶之亡，由叔妘。」

《豳風》於十月云「曰爲改歲」，言農事之畢也。《祭義》於三月云「歲既單矣」，言蠶事之畢也。農、桑一歲之大務，故皆以歲言之。

《七月》箋、傳言「豳土晚寒」者三。孫毓云：「寒鄉率早寒，北方是也。熱鄉乃晚寒，南方是也。《毛傳》言『晚寒』者，豳土寒多，雖晚猶寒，非謂寒來晚也。」

「《鄭志》十一卷，魏侍中鄭小同撰。」《詩·七月》正義：「《吴志》孫皓問《月令》季夏火星中，答曰：『日永星火，舉中而言，非心星也。』是鄭以『日永星火』與心星别。」今按康成答問，蓋《鄭志》所載，孫皓乃康成弟子，後人因孫皓名氏，遂改《鄭志》爲《吴志》。康成不與吴孫皓同時，《吴志》亦無此語。

「熠燿宵行」，傳云：「熠燿，燐也。」朱子謂：「熠燿，明不定貌。宵行，蟲名，如蠶，夜行，有光如螢。」其説本董氏。《説文》引《詩》「熠燿宵行」：「熠，盛光也。」末章云「倉庚于飛，熠燿其羽」，其義一也。

《七月》見王業之難，亦見王道之易。孟子以農桑言王道，周公之心也。

《風》終于周公，《雅》終于《召旻》。有周、召之臣，則變者可以復于正。

子擊好《晨風》《黍離》，而慈父感悟；周磐誦《汝墳》卒章，而爲親從仕；王裒讀《蓼莪》，而三復流涕；裴安祖講《鹿鳴》，而兄弟同食，可謂興於《詩》矣。李楠和伯亦自言：「吾於《詩·甫田》悟進學，《衡門》識處世。」和伯弟樗迂仲，吕成公所謂二李伯仲也。此可爲學《詩》之法。

太史公謂：「仁義陵遲，《鹿鳴》刺焉。」蔡邕《琴操》：「《鹿鳴》，周大臣所作也。王道衰，大臣知賢者幽隱，彈絃風諫。」漢太樂食舉十三曲，一曰《鹿鳴》。杜夔傳舊雅樂四曲，一曰《鹿鳴》，二曰《騶虞》，三曰《伐檀》，四曰《文王》，皆古聲辭。《琴操》曰：「古琴有詩歌五曲，曰《鹿鳴》《伐檀》《騶虞》《鵲巢》《白駒》。」蔡邕《琴賦》云：「《鹿鳴》三章。」《鹿鳴》在《宵雅》之首，馬、蔡以爲風刺，蓋齊、魯、韓三家之説，猶《關雎》刺時作諷也。呂元鈞謂：陳古以諷，非謂三詩作於衰周。

「宵雅肄三」，《麗澤論説》以爲「夜誦」，此門人記録之失。《讀詩記》取鄭、董二子以「宵」爲「小」，則「夜誦」之説非矣。

劉原父曰：「《南陔》以下六篇，有聲無詩，故云『笙』，不云『歌』。有其義，亡其辭，非亡失之亡，乃無也。」朱子謂：「古經篇題之下必有譜焉，如《投壺》魯、薛鼓之節而亡之。」《儀禮》疏曰：「堂上歌者不亡，堂下笙者即亡。」

詩「芑」有三：「薄言采芑」，菜也；「豐水有芑」，草也；「維糜維芑」，白粱粟也。《禮記》引「豐水有芑」，鄭氏注：「芑，枸檵也。」「杞」有三：「無折我樹杞」，柳屬也；「南山有杞」「在彼杞棘」，梓杞也；「集于苞杞」「言采其杞」「隰有杞桋」，枸檵也。「荼」有三：「誰謂荼苦」，苦菜也；「有女如荼」，茅秀也；「以薅荼蓼」，陸草也。

「薄伐玁狁，至于太原。」《後漢·西羌傳》：「穆王西征犬戎，遷戎于太原。夷王衰弱，荒服不朝，乃命虢公率六師伐太原，而戎至于俞泉。宣王遣兵伐太原戎，不克。」蓋自穆王遷戎于太原，而太原爲戎狄之居，宣王僅能驅之出竟而已。其後料民太原，而戎患益深，酈山之禍，已兆於此，其端自穆王遷戎始。西周之亡，猶西晉也。籍談曰：「晉居深山，戎狄之與鄰，而遠於王室，王靈不及，拜戎不暇。」太原晉地。書此以補《詩》說之遺。

《史記·周紀》：「懿王之時，王室遂衰，詩人作刺。」《漢·匈奴傳》：「懿王時，王室遂衰，戎狄交侵，暴虐中國。中國被其苦，詩人始作，疾而歌之，曰：『靡室靡家，玁允之故。』『豈不日戒，玁允孔棘。』」注云：「《小雅·采薇》之詩也。」《古今人表》「懿王堅詩作【二】」，注：「政道既衰，怨刺之詩始作。」然則《采薇》爲懿王之詩矣。《史記·匈奴傳》不云「懿王」。《詩譜序》：「懿王始受譖，亨齊哀公【三】。夷王失禮之後，邶不尊賢。」正義謂：「變風之作，齊衛爲先，齊哀公當懿王，衛頃公當夷王，故先言此也。」愚謂：《采薇》正雅，當從毛氏，若變風，則始於懿王。

《史記·匈奴傳》：「周襄王與戎狄伐鄭，戎狄逐襄王，於是戎狄或居于陸渾，東至於衛，侵盜暴虐中國。中國疾之，故詩人歌之曰：『戎狄是應』，『薄伐玁狁，至於太原』，『出輿彭彭，城彼朔方』。」《漢·匈奴傳》則曰：「宣王興師命將，以征伐之。詩人美大其功曰：『薄伐玁允，至于太原』，『出車彭彭，城彼朔方』。」以《六月》爲宣王詩是也。以《魯頌》《六月》《出車》爲襄王詩，以《出車》爲宣王詩，而《史》《漢》又不同，皆未詳。

《文王》之詩曰：「文王孫子，本支百世。凡周之士，不顯亦世。」此周所以興也。

【二】懿王堅詩作　「堅」，翁注本作「時」。

【三】亨齊哀公　「亨」，翁注本作「烹」。

宣王之後爲幽王，《斯干》之祥，《黍離》之萌也。太師皇父之後爲皇父卿士，尹吉甫之後爲尹氏太師，蹶父之後爲蹶維趣馬，申伯之後爲申侯，則與犬戎滅宗周矣。君臣皆弗克紹，周焉得不替乎！

「吉甫作誦」，美詩以名著者也。「家父作誦，以究王訩」，「寺人孟子，作爲此詩」，刺詩以名著者也。爲吉甫易，爲家父、孟子難。

「皇父孔聖」，自謂聖也。「具曰予聖」，君臣俱自謂聖也。自聖者，亂亡之原。光武詔：「上書者，不得言聖。」大哉言乎！

「既克有定，靡人弗勝」，言天之勝人也。「藐藐昊天，無不克鞏」，言天之終定也。申包胥曰「人衆者勝天」，人曷嘗能勝天哉！天定有遲速耳。《詩》所以明天理也，故不云人勝天。

「凡百君子，各敬爾身。胡不相畏，不畏于天？」荆公謂：「世雖昏亂，君子不可以爲惡，自敬故也，畏人故也，畏天故也。」愚謂：《詩》云「周宗既滅」，哀痛深矣，猶以敬畏相戒。聖賢心學，守而勿失。中夏雖亡，而義理未嘗亡。世道雖壞，而本心未嘗壞。君子修身以俟命而已。

「豈不欲往，畏我友朋」，畏人也；「胡不相畏，不畏于天」，畏天也。不畏人則「亦云可使，怨及朋友」，畏天則「神之聽之，介爾景福」。

鄭用三良未可間，衛多君子未有患，季梁忠謀强敵畏，汲直守節亂萌弭。詩曰：「無競維人，四方其訓之。」正先諫誅嬴運促，李雲忠隕漢宗覆，章華罹僇陳業隳，昭圖嬰禍唐鼎移。詩曰：「曾是莫聽，大命以傾。」

君子在下位，猶足以美風俗，漢之清議是也。小人在下位，猶足以壞風俗，晉之放曠是也。詩云：「君子是則是傚【四】。」

「巧言如簧，顔之厚矣」，羞惡之心未亡也；「不愧于人，不畏于天」，無羞惡之心矣。天人一也，不愧則不畏。

《車攻》「東有甫草」，鄭箋云：「鄭有甫田。」謂圃田，鄭藪也。止齋《周禮説》云：「《詩》不以圃田繫鄭。」愚謂：宣王封弟友于鄭，在畿内。咸林今華州鄭縣。圃田澤，《左氏》謂之原圃，在今開封之中牟。宣王時非鄭地，《小雅》安得繫於鄭乎？《爾雅》「鄭有圃田」，蓋指東遷後之鄭言之。

《詩小傳》云：「《詩》有夏正，無周正。《七月》陳王業，《六月》北伐，《十月之交》刺純陰用事而日食。『四月維夏，六月徂暑』，言暑之極，其至皆夏正也，而獨謂《十月之交》爲周正，可乎？漢曆幽王無八月朔食，而唐曆則有之，識者疑其傅會而爲此也。」愚按正義謂「校之無術」，而《大衍曆·日蝕議》云：「虞劆以曆推之，在幽王六年。」虞劆造梁《大同曆》，非始於唐也。鄭箋謂「周之十月，夏之八月」，故曆家因之。

【四】君子是則是傚　「傚」原作「傚」，據《小雅·鹿鳴》、翁注本改。

孫莘老解《春秋》用鄭説，謂：「八月秋之分，日食秋分，而詩人醜之，安得曰分至不爲災也？」蘇子由、陳少南皆以十月爲陽月，朱文公從之。《宋書·禮志》載魏史官之言曰：「黄帝、顓頊、夏、殷、周、魯六曆，皆無推日蝕法，但有考課疏密而已。」《大衍曆議》云：「黄初已來，治曆者始課日蝕疏密，及張子信而益詳。」嘗考《通鑑》《皇極經世》，秦始皇八年，歲在壬戌，《吕氏春秋》云「維秦八年，歲在涒灘」，申。曆有二年之差。後之算曆者，於夏之「辰弗集房」，周之「十月之交」，皆欲以術推之，亦已疏矣。沈存中云：「日食正陽之月，先儒止謂四月，非也。正謂四月，陽謂十月。」子由《詩説》與存中同。

元城謂：「《韓詩》有《雨無極篇》，序云：『《雨無極》，正大夫刺幽王也。』篇首多『雨無其極，傷我稼穡』八字。」朱子曰：「第一、二章皆十句，增之則長短不齊。又此詩正大夫離居之後，暬御之臣所作。其曰『正大夫刺幽王』者，非是。」《解頤新語》亦云：「《韓詩》世罕有，其書或出於好事者之傅會。」

《鹽鐵論》引《詩》曰：「『方叔元老，克壯其猶。』故商師若烏，周師爲荼。」蓋謂商用少而周用老也。

《小弁》，趙岐謂伯奇之詩：「伯奇仁人，而父虐之，故作《小弁》之詩曰『何辜于天』，親親而悲怨之辭也。」又謂《鴟鴞》之篇刺邠君。蓋漢儒言《詩》多異説。《論衡》亦云：「伯奇放流，首髮早白。詩云『惟憂用老』。」

《韓詩》:「『菿彼甫田』,菿,卓也。」《爾雅·釋詁》:「菿,大也。」郭璞注云:「菿,義未聞。」豈未見《韓詩》故邪?疏引《韓詩》。

《大東》「維北有斗」,或以爲南斗,或以爲北斗。朱子《集傳》兼取二説。

《吕氏春秋》謂舜自爲詩曰:「普天之下,莫非王土。率土之濱,莫非王臣。」疑與咸丘蒙同一説,而托之於舜。

袁孝政釋《劉子》曰:「魏武公信讒,《詩》刺之曰:『營營青蠅,止于藩。豈弟君子,無信讒言。』」此《小雅》也,謂之《魏詩》,可乎?

朱子《詩傳》:「《采菽》,天子所以答《魚藻》也。《黍苗》,宣王時美召穆公之詩。皆非刺詩。」愚按《國語》注:「《采菽》,王賜諸侯命服之樂也。《黍苗》,道召伯述職,勞來諸侯也。」韋昭已有是説。

鄭康成先通《韓詩》,故注二《禮》,與箋《詩》異。如「先君之思,以勖寡人【五】」爲定姜之詩,「生甫及申」爲仲山甫、申伯,又「不濡其翼」「惟禹敶之」「上天之載」「匪革其猶」「汭坑之即」「至于湯齊」是也。注《禮記》與注《易》異,如「東鄰」「西鄰」是也。

「亂離瘼矣,爰其適歸」,《新經義》云:「亂出乎上,而受患常在下。及其極也,乃適歸乎其所出矣。」噫,宣、靖之際,其言驗矣。而兆亂者誰歟?言與行違,心與迹異,荆

【五】以勖寡人　「勖」原作「畜」,據《邶風·燕燕》、翁注本改。

舒之謂也。

單穆公曰：「旱鹿之榛楛殖，故君子得以易樂干禄焉。若夫山林匱竭，林鹿散亡，藪澤肆既，君子將險哀之不暇，而何易樂之有焉！」誦「險哀」二字，此文中子所以有「帝省其山」之嘆也。「天地變化，草木蕃」，况賢者而不樂其生乎？「天地閉，賢人隱」，况草木而得遂其性乎？

《旱麓》，毛氏云：「旱，山名也。」曹氏：「按《漢・地理志》，漢中南鄭縣有旱山，沱水所出，東北入漢。」旱山在梁州之境，與漢廣相近，故取以興焉。

「鼉鳴如鼓」，《新經》之説也。《解頤新語》取之，鑿矣。

《賈誼書・容經篇》：「諺曰：『君子重襲，小人無由入。正人十倍，邪辟無由來。』古之人其謹於所近乎！《詩》曰：『芃芃棫樸，薪之槱之。濟濟辟王，左右趨之。』此言左右日以善趨也。」此即選左右之説。爰延亦云：「善人同處，則日聞嘉訓；惡人從游，則日生邪情。」

「維申及甫，維周之翰。」申、甫之地，爲形勢控扼之要。「甫」即「吕」也。《吕刑》，一曰《甫刑》。史伯曰：「當成周者，南有申、吕。」《左氏傳》：「楚子重請申、吕以爲賞田。申公巫臣曰：『不可。此申、吕所以邑也，是以爲賦，以御北方。』」蓋楚得申、吕而始强，兹所以爲周室之屏翰歟！《漢・地理志》：「南陽宛縣，申伯國。」《詩》《書》

及《左氏》注不言吕國所在。《史記正義》引《括地志》云：「故吕城，在鄧州南陽縣西。」徐廣云：「吕在宛縣。」《水經注》亦謂：「宛西吕城，四嶽受封。」然則申、吕，漢之宛縣也。高帝入關，光武起兵，皆先取宛，其形勢可見。李忠定曰：「天下形勢，關中爲上，襄、鄧次之。」《輿地廣記》云：「蔡州新蔡，古吕國。」今按新蔡之地屬蔡，未嘗屬楚，子重不當請爲賞田，則吕國在宛明矣。

《禮記·孔子閑居》：「《詩》曰：『惟嶽降神，生甫及申。』」鄭康成注言：「周道將興，五嶽爲之生賢輔佐仲山甫及申伯，爲周之幹臣。」正義云：「案《鄭志》，注《禮》在先，未得毛傳。」愚謂：仲山甫，猶《儀禮》所謂「伯某甫」也。《周語》云「樊仲山父」，蓋「甫」與「父」同。若以仲山甫爲「甫」，則尹吉甫、蹶父、皇父、程伯休父，亦可以言「甫」矣。近世説《詩》者乃取此而舍箋、傳，愛奇之過也。《權德輿集》云：「魯獻公仲子曰山甫，入輔於周，食采于樊。」

《左氏傳》曰：「諸侯釋位，以間王政。宣王有志，而後效官。」《雲漢》之序曰：「内有撥亂之志，非立志，何以成中興之功？」

宣王晏起，姜后請愆，則《庭燎》之箴，始勤終怠可見矣。殺其臣杜伯而非其罪，則《沔水》之規，讒言其興可見矣。

《祈父》傳謂：「宣王之末，司馬職廢，羌戎爲敗。」按《通鑑外紀》：「三十三年，王伐太原戎，不克。三十八年，王伐條戎、奔戎，王師敗績。三十九年，戰于千畝，王師敗績于姜氏之戎。四十一年，王征申戎，破之。」「轉予于恤」，蓋謂此四役也。

「尹氏不平」，此幽王所以亡。《春秋》於平王之末書「尹氏卒」，見權臣之繼世也。於景王之後書「尹氏立王子朝」，見權臣之危國也。《詩》之所刺，《春秋》之所譏，以此坊民，猶有五侯擅漢、三馬食曹之禍。

「召彼故老，訊之占夢」，於是「即我御事，罔或耆壽俊在厥服」矣。「好讒慝暗昧」，「近頑童窮固」矣。商之「咈其耇長」，吳之「播棄黎老」，與亂同事也。

宣三十年，有兔舞于鎬京，而赫赫宗周有寖微之象矣。幽二年，三川竭，岐山崩，而陵谷易處，有將亡之形矣。「匪降自天」「職競由人」，致此者人也，豈天所爲哉！

《裳裳者華》，興賢者功臣之子孫，世臣與國升降者也。王朝則周、召二公夾輔王室。家父、仍叔，二雅舊人，歷汾王之亂、平王之遷猶在也。侯國則翼之九宗，遂之四氏，與封建之法相維持。彼漢之彧、群，魏之荀、何，江左之淵、儉，唐季之崔、柳，豈世臣之謂乎！

「執我仇仇，亦不我力」，周所以替也。「雖不能用，吾憖寘之於耳」，楚所以亂也。「君且休矣，吾將思之」，漢所以微也。

「擇三有事，亶侯多藏」，貪墨之臣爲蟊賊。「小東大東，杼柚其空」，聚斂之臣爲斧斤。《文侯之命》所謂「殄資澤于下民」也。是時虢石父好利用事，而皇父以卿士爲群邪之宗。

「神之聽之，終和且平」，朋友之信，可質於神明。「神之聽之，式穀以女」，正直之道，無愧於幽隱。

楊泉《物理論》曰：「稻、粱、菽各二十種，爲六十；疏、果之實，助穀各二十，凡爲百穀。故《詩》曰『播厥百穀』。」

《詩譜》引傳曰：「文王基之，武王鑿之，周公内之。」疏云：「未知此傳在何書。」三代之禮有損益，而所因者，未之有改也。以《公劉》之詩考之：「君之宗之」，宗法始於此；「其軍三單」，軍制始於此；「徹田爲糧」，徹法始於此。《周禮》有自來矣。

「咨女殷商」，猶賈山之借秦爲諭也。周公戒成王：「無若殷王受。」又曰：「宜鑒于殷，駿命不易。」人君常聞危亡之言，則可保其安存矣。

「靡哲不愚」，司空圖之耐辱也；「善人載尸」，裴度之晚節也。

孔子於《烝民》加四字而意自明；於《緡蠻》曰：「於止知其所止，可以人而不如鳥乎？」此説《詩》之法。韓子於《菁菁者莪》屑屑訓釋，蓋少作也。晚歲引《詩》，言「老成人重於典刑」，簡而當矣。

考之《周語》，立魯公子戲，則仲山甫諫；料民太原，則仲山甫又諫。然聽之藐藐也。當時公卿，唯虢文公諫「不籍千畝」，而他無聞焉。此詩人所以有「愛莫助之」

之嘆。

「溥彼韓城，燕師所完」，鄭箋以「燕」爲燕安。王肅云：「今涿郡方城縣有韓侯城。見《水經注》。燕，北燕國。」愚謂：《詩》云「奄受北國」，肅説爲長。

「韓侯出祖，出宿于屠。」毛氏曰：「屠，地名。」不言所在。潏水李氏以爲同州䣝谷。今按《説文》有左馮翊䣝陽亭。同都切。馮翊即同州也。潏水之言信矣。

《漢·恩澤侯表》曰：「帝舅，緣《大雅》申伯之意。」後之寵外戚者，率以是藉口。自宣王襃申伯，而申侯終以召戎禍，猶可以爲萬世法乎？外戚秉政，未或不亡。漢亡於王莽、何進，晉亡於賈謐，唐幾亡於楊國忠，石晉亡於馮玉。

「盜言孔甘，寇攘式内」，皆孟子所謂民賊也。有民賊，則賊民興。漢傳燮曰：「天下之禍，不由於外，皆興於内。」唐裴度曰：「欲平賊，當先清朝廷。」真文忠公曰：「内有衣冠之盜，而後外有干戈之盜。」

「大師維垣」，鄭箋以爲「三公」，王介甫以爲「大衆」，朱子《集傳》從王説。

《維天之命》傳引孟仲子曰：「大哉天命之無極，而美周之禮也。」《詩譜》云：「子思論《詩》『於穆不已』，孟仲子曰『於穆不似』。」仲子，子思之弟子。《閟宮》傳引孟仲子曰：「是禖宫也。」《序録》云：「子夏傳曾申，申傳魏人李克，克傳魯人孟仲子。」《孟子》注：「孟仲子，孟子之從昆弟，學於孟子者。」豈名氏之同歟？

《筆談》云：「『彼徂矣，岐有夷之行』，《朱浮傳》作『彼岨者，岐有夷之行』。」今按《後漢·朱浮傳》無此語。《西南夷傳》：「朱輔上疏曰：『《詩》云「彼徂者，岐有夷之行」。』」注引《韓詩》薛君傳曰：「徂，往也。」蓋誤以朱輔爲朱浮，亦無「岨」字。

歐陽公《時世論》曰：「《昊天有成命》『二后受之，成王不敢康』，所謂『二后』者，文、武也，則『成王』者，成王也，當是康王已後之詩。《執競》『不顯成康』，所謂『成康』者，成王、康王也，當是昭王已後之詩。《噫嘻》曰『噫嘻成王』者，亦成王也。」范蜀公《正書》曰：「《昊天有成命》言文、武受天命以有天下，而成王不敢以逸豫爲也。此揚雄所謂『康王之時，頌聲作於下』。『自彼成康，奄有四方』，祀武王而述成、康，見子孫之善繼也。班孟堅曰『成、康没而頌聲寢』，言自成、康之後，不復有見於《頌》也。」朱子《集傳》與歐、范之説合。

《昊天有成命》「二后受之，成王不敢康」，朱子引《國語》叔向曰：「『是道成王之德也。成王能明文昭、定武烈者也。』其爲祀成王之詩無疑。」愚觀《賈誼書·禮容語》引叔向曰：「『二后』，文王、武王。『成王』者，武王之子、文王之孫也。文王有大德而功未就，武王有大功而治未成，及成王承嗣，仁以臨民，故稱『昊天』焉。」其義尤明。

歐陽公《詩論》：「古今諸儒謂『來牟』爲麥者，更無他書所見，直用二《頌》毛、鄭之説。來牟爲麥，始出於毛、鄭，而二家所據，乃臆度僞《大誓》不可知之言。」愚按劉向《封事》引「飴我釐麰【六】」，「麥也，始自天降」。《文選》注引《韓詩》「貽我嘉麰」，薛君曰：「麰，大麥也。」毛、鄭之説，未可以爲非。《毛氏傳》：「牟，麥也。」鄭箋：「赤烏以牟麥俱來。」《廣雅》始以爲「來，小麥；牟，大麥」。以劉向説參考，當從古注。

陳少南不取《魯頌》，然「思無邪」一言，亦在所去乎？

《晉姜鼎銘》曰：「保其孫子，三壽是利。」《魯頌》「三壽作朋」，蓋古語也。先儒以爲「三卿」，恐非。

商、周之《頌》，皆以告神明。太史公曰：「成王作頌，推己懲艾，悲彼家難。」至《魯頌》始爲溢美之言。所謂「善頌」「善禱」者，非商、周之體也。後世作頌，效魯而近諛，又下矣。

或謂文之繁簡，視世之文質。然商質而周文，《商頌》繁而《周頌》簡，文不可以一體觀也。

《法言》曰：「正考甫常睎尹吉甫矣，公子奚斯常睎正考甫矣。」司馬公注《揚子》，謂：「正考甫作《商頌》，奚斯作《閟宮》之詩，故云然。」愚按《史記·宋世家》：「襄公之時，修仁行義，欲與盟主。其大夫正考甫美之，故追道契、湯、高宗，殷所以興，作《商頌》。」注云：「《韓詩章句》美襄公。」《樂記》：「温良而能斷者，宜歌商。」

【六】飴我釐麰　「釐麰」原缺，據翁注本補。

鄭康成注謂「商，宋詩」，蓋用《韓詩》説也。考之《左傳》，正考甫佐戴、武、宣，《世本》：正考甫生孔父嘉，爲宋司馬華督殺之，而絶其世。皆在襄公之前，安得作頌於襄公之時乎？《後漢·曹褒傳》「奚斯頌魯，考甫咏殷」，注引《韓詩》「新廟奕奕，奚斯所作」，「薛君傳云：是詩公子奚斯所作」，「正考甫，孔子之先也，作《商頌》十二篇」。《詩》正義云：「奚斯作新廟，而漢世文人班固、王延壽謂《魯頌》奚斯作，謬矣。」然《揚子》之言，皆本《韓詩》，時《毛詩》未行也。薛漢世習《韓詩》，父子以章句著名。《馮衍傳》注引「薛夫子《韓詩章句》」，即漢也。

「《長發》，大禘」，箋云：「郊，祭天也。」「《雝》，禘大祖」，箋云：「大祭也，大於四時而小於祫。」鄭康成以祭天爲禘，與宗廟大祭同名。《春秋纂例》趙子已辯其失矣。王肅以禘、祫爲一祭，亦非也。禘與祫異，祫則太祖東嚮，毁廟及群廟之主，昭南穆北，合食於太祖。禘則祖之所自出者，東嚮，惟以祖配之。今混禘於祫，宗廟有祫無禘。

范甯《穀梁序》：「孔子就太師正《雅》《頌》，因魯史修《春秋》，列《黍離》於《國風》，齊王德於邦君，明其不能復《雅》，政化不足以被群后也。」然《左傳》襄二十九年，季札觀樂於魯，已爲之歌《王》矣。孔子至哀十一年，始自衛反魯，樂正，《雅》《頌》得所，則降《王》於《國風》，非孔子也。

《隰有萇楚》箋云：「人少而端慤，則長大無情慾。」胡邦衡《解學記》取之。

《吕氏春秋》：「甯戚飯牛，居車下，望桓公而悲，擊牛角疾歌。」高誘注以爲歌《碩鼠》，不知何所據。《三齊記》載甯戚歌，所謂「南山矸，白石爛」者是也。

「四月秀葽」，諸儒不詳其名，唯《説文》引劉向説，以爲苦葽。曹氏以《爾雅》《本草》證之，知其爲遠志。

董氏舉侯包言「衛武公作《抑》詩，使人日誦於其側」。朱子謂不知此出在何處。愚考侯包之説見於《詩》正義。《隋·經籍志》：「《韓詩翼要》十卷，侯苞撰。」然則包學《韓詩》者也。

《秦詩》「在其板屋」，西戎地寒，故以板爲屋。張宣公《南嶽唱酬序》云：「方廣寺皆板屋，問老宿，云：『用瓦輒爲冰雪凍裂。』自此如高臺、上封皆然。」《漢·地理志》：天水、隴西民以板爲屋。以南嶽觀之，非獨西陲也。

「唐棣之華」「維常之華」協「車」字，「黍稷方華」協「塗」字，「隰有荷華」協「且」字。曹氏謂「華」當作「㚆」，音「敷」，蓋古「車」本音「居」。《易》曰「睽孤。見豕負塗，載鬼一車」，「來徐徐，困于金車」，其音皆然。至《説文》有「尺遮」之音，乃自漢而轉其聲。愚按《何彼襛矣》，《釋文》或云：「古讀『華』爲『敷』，與『居』爲韻。後放此。」朱文公《集傳》並著二音，而以音「敷」爲先。

「野有蔓草，零露漙兮。有美一人，清揚婉兮。」漙，音團。《集傳》叶上兖反。顔氏

《正俗》云：「按吕氏《字林》作䨴，上兖反。訓云露貌，音與婉類。」

「藝麻如之何，衡從其畝。」顔氏云：「《禮》『今也衡縫』，衡即横也，不勞借音。徐氏音『横』，失之矣。」

《干旄》四馬，至於「五之」「六之」，猶《緇衣》之「改爲」也。《權輿》「四簋」，至於「每食不飽」，猶醴酒之不設也。君子之去就，于其心，不于其禮。

營謝、戍申，其篤於母家一也。一美焉，一刺焉，宣王親親，平王忘讎也。

《孝經》言卿大夫之孝曰：「非先王之法服不敢服，非先王之法言不敢道，非先王之德行不敢行。」孟子謂曹交曰：「服堯之服，誦堯之言，行堯之行。」聖賢之訓，皆以服在言行之先，蓋服之不衷，則言必不忠信，行必不篤敬。《中庸》修身，亦先以「齊明盛服」。《都人士》之「狐裘黄黄」，所以「出言有章，行歸于周」也。

「召公是似」「南仲大祖」，世濟其美也。逵有充，超叛鑒，蘇文忠慨焉。彧附曹，群忘漢，朱文公悕焉。

「《敬之》，群臣進戒嗣王。」《荀子》云：「天子即位，上卿進曰：『能除患則爲福。』中卿進曰：『先事慮事，先患慮患。』下卿進曰：『敬戒無怠。』」群臣進戒始以敬，三卿授策終以敬，此心學之原也。伊尹訓太甲曰：「祗厥身。」召、畢告康王曰：「今王敬之哉。」皆以此爲告君第一義。

葉氏云：「漢世文章未有引《詩序》者。魏黄初四年詔云：『《曹詩》刺遠君子近小人。』蓋《詩序》至此始行。」

朱子《詩序辯説》多取鄭漁仲《詩辯妄》。艾軒謂：「歐陽公《詩本義》不當謂之『本義』。古人旨意精粹，何嘗如此費辭？」

《唐志》：「《毛詩草木蟲魚圖》二十卷，開成中，文宗命集賢院修撰并繪物象。學士楊嗣復、張次宗上之。」按《名賢畫録》：「大和中，文宗好古重道，以晉明帝朝衛協畫《毛詩圖》，草木鳥獸、古賢君臣之像，不得其真，召程修己圖之。皆據經定名，任意採掇，由是冠冕之製，生植之姿，遠無不詳，幽無不顯。」然則所圖非止草木蟲魚也。《隋志》：「梁有《毛詩古賢聖圖》二卷。」

格物之學，莫近於《詩》。關關之雎，摯有别也；呦呦之鹿，食相呼也。德如鳲鳩，言均壹也；德如羔羊，取純潔也；仁如騶虞，不嗜殺也。鴛鴦在梁，得所止也；桑扈啄粟，失其性也。倉庚，陽之候也；鳴鵙，陰之兆也。蒹葭露霜，變也；桃蟲拚飛，化也。「鶴鳴于九皋，聲聞于野」，誠不可揜也；「鳶飛戾天，魚躍于淵」，道無不在也。「南有喬木」，正女之操也；「隰有荷華」，君子之德也。「匪鱣匪鮪」，避危難也；「匪兕匪虎」，慨勞役也。《蓼莪》《常棣》，知孝友也；《蘩》《蘋》《行葦》，見忠信也。《葛屨》褊而《羔裘》怠也，《蟋蟀》儉而《蜉蝣》奢也。「爰有樹檀，其下維穀」，美必有惡也；「周原膴膴，堇荼如飴」，惡可爲美也。黍以爲稷，心眩於視也；蠅以爲鷄，心惑於聽也。「緑竹猗猗」，文章著也；「皎皎白駒」，賢人隱也。「贈以勺藥」「貽我握椒」，芳馨之辱也；「焉得諼草」「言采其蝱」，憂思之深也。「柞棫斯拔」「侯薪侯蒸」，盛衰之象也；「鳳皇于飛」「雉離于羅」，治亂之符也。《相鼠》《碩鼠》，疾惡也；《采葛》《采苓》，傷讒也。引而伸之，觸類而長之，有多識之益也。

誦《詩》三百，「不能專對」「不足以一獻」，皆誦言而忌味者也。自賜、商之後，言《詩》莫若孟子。其述孔子之言，以爲知道者二：《鴟鴞》《烝民》是也。如《靈臺》《皇矣》《北山》《雲漢》《小弁》《凱風》，深得詩人之心，「以意逆志」，一言而盡説《詩》之要。學《詩》必自《孟子》始。

申、毛之詩，皆出於荀卿子，而《韓詩外傳》多述荀書。今考其言，「采采卷耳」「鳲鳩在桑」「不敢暴虎，不敢馮河」，得《風》《雅》之旨，而引逸《詩》尤多，其孔筆所删歟？

《法言》曰：「守儒：轅固、申公。」二子無愧於言《詩》矣。王式以《三百五篇》諫，亦其次也。彼語《詩》「解頤」者，能無愧乎！

《草木鳥獸蟲魚疏》，陸璣字元恪所撰，非陸機也。

「鄭氏《詩譜》，徐整暢，太叔裘隱。」見《釋文序録》。《隋志》：「太叔求及劉炫注。」

《古今書録》云「徐正陽注」。《館閣書目》謂注者爲大叔求，而不考《序録》。徐正陽疑即徐整，誤以「整」爲「正」，「暢」爲「陽」也。整，字文操，吴太常卿。

《詩緯·含神霧》曰：「集微揆著，上統元皇，下序四始，羅列五際。」又曰：「《詩》者，天地之心，君德之祖，百福之宗，萬物之户也。」《推度災》曰：「建四始、五際而八節通。」《汎歷樞》曰：「午亥之際爲革命，卯酉之際爲改正。辰在天門，出入候聽。卯，《天保》也；酉，《祈父》也；午，《采芑》也；亥，《大明》也。《大明》在亥，水始也；《四牡》在寅，木始也；《嘉魚》在巳，火始也；《鴻雁》在申，金始也。」翼奉學《齊詩》，聞五際之要《十月之交篇》。郎顗曰：「四始之缺，五際之戹。」五際本於《齊詩》，四始與《毛詩序》異，蓋習聞其説而失之也。

曹氏《論詩》云：「詩之作本於人情，自生民以來則然：太始天皇之策，包羲罔罟之章，葛天之八闋，康衢之民謡。」愚按《素問·天元紀大論》鬼臾區曰：「積考太始《天元册文》曰：『太虚寥廓，肇基化元。萬物資始，五運終天。布氣真靈，總統坤元。九星懸朗，七曜周旋。曰陰曰陽，曰柔曰剛。幽顯既位，寒暑弛張。生生化化，品物咸章。』」蓋古詩之體始於此。然伊川謂《素問》出於戰國之末。

《文粹》李行修云：「劉迅説《詩》三千言，言《詩》者尚之。」今考迅作《六説》以繼《六經》，自「孔氏」至「考亂」，凡八十九章。取漢史詔書及群臣奏議以擬《尚書》；又取《房中歌》至《後庭鬭百草》《臨春樂》《少年子》之類凡一百四十二篇，以擬雅章；又取《巴俞歌》《白頭吟》《折楊柳》至《談容娘》，以比《國風》之流。然文中子嘗續經矣。朱子謂：「高、文、武、宣之制，豈有『精一執中』之傳？曹、劉、顏、謝之詩，豈有『物則秉彝』之訓？」况迅乎！

艾軒曰：「九德、九夏，雅頌之流也。《貍首》，風也。豳之雅頌，猶《魯頌》也。」薛士龍曰：「《詩》之音律，猶《易》之象數。」

説《詩》者謂宋襄公作誙鐘之樂。案《博古圖》有宋公成誙鐘。《大晟樂書》：「應天得六鐘，篆其帶曰『莖鐘』。詔謂『獲英莖之器，於受命之邦』。」此奸諛傅會之言，宋公成亦非襄公，用以説《詩》，陋矣。

《大學》「止於至善」，引《詩》者五；「齊家」引《詩》者三。朱子謂：「咏嘆淫液，其味深長，最宜潛玩。」《中庸》末章，凡八引《詩》。朱子謂：「『衣錦尚絅』至『不顯維德』，始學、成德之序也。『不大聲以色』至『無聲無臭』，贊不顯之德也。反復示人，至深切矣。」《孝經》引《詩》十，引《書》一。張子韶云：「多與《詩》《書》意不相類，直取聖人之意而用之。是六經與聖人合，非聖人合六經也。或引或否，卷舒自然，非先考《詩》《書》而後立意也。六經即聖人之心，隨其所用，皆切事理。此用經之法。」

束晳《補亡詩》「循彼南陔」，釋曰：「陔，隴也。」《群經音辯》云：「《序》曰『孝子相戒以養』，『陔』，當訓戒。《鄉飲酒》《燕禮》『賓醉而出，奏《陔夏》』，鄭氏注：『陔之言戒也。』以陔爲節，明無失禮，與《詩序》義協。」愚按《春官·樂師》鄭司農注：「今時行禮於大學，罷，出，以鼓陔爲節。」

荀子曰「善爲《詩》者不説」，程子之「優游玩味，吟哦上下」也。董子曰「《詩》無達詁」，孟子之「不以文害辭，不以辭害志」也。

曹子建表：「忍垢苟全，則犯詩人胡顏之譏。」《詩》無此句。李善引《毛詩》曰：「何顏而不速死也。」今《相鼠》注無之。

《説文叙》云：「其稱《詩》毛氏者，皆古文也。」以今《詩》考之，其文多異。「得此䵹䵸」爲蟾蠩，「碩大且嬒」爲重頤，皆《韓詩》之説也。

蔡邕《正交論》云：「周德始衰，《頌》聲既寢，《伐木》有『鳥鳴』之刺。」是以《正雅》爲刺也。

春秋時，諸侯急攻戰而緩教化，其留意學校者，唯魯僖公能修泮宫，衛文公敬教勸學。它無聞焉。鄭有《子衿》「城闕」之刺，子産僅能不毀鄉校而已。

吴才老《詩叶韻補音序》曰：「《詩》音舊有九家，唐陸德明定爲一家之學。」開元中修五經文字，「我心慘慘」爲「懆」，七到反。「伐鼓淵淵」爲「鼘」，於巾反。皆與

《釋文》異。乃知德明之學，當時亦未必盡用。

「取蕭祭脂」，曰「其香始升」；「爲酒爲醴」，曰「有飶其香」，古所謂香者如此。韋彤《五禮精義》云：「祭祀用香，今古之禮，並無其文。《隋志》曰：『梁天監初，何佟之議鬱鬯蕭光，所以達神，與其用香，其義一也。』考之殊無依據，開元、開寶禮不用。」

「誕后稷之穡，有相之道。」疏云：「種之必好，似有神助。」《吕氏春秋》：「后稷曰：『子能使子之野盡爲泠風乎？』六尺之耜，所以成畝也；其博八寸，所以成甽也；耨柄尺，此其度也；其耨六寸，所以間稼也。』」漢趙過曰：「后稷始甽田。」

「興雨祁祁」，雨欲徐，徐則入土。《鹽鐵論》云：「周公太平之時，雨不破塊，旬而一雨，雨必以夜。」

「以按徂旅」，《孟子》作「以遏徂莒」。《韓非》云：「文王克莒。」

「夏屋渠渠」，箋云：「設禮食大具，其意勤勤。」正義王肅云：「大屋。」崔駰《七依》説宮室之美，云「夏屋渠渠」。《文選・靈光殿賦》注引《七依》作「蘧蘧」。《檀弓》「見若覆夏屋者矣」，注：「夏屋，今之門廡，其形旁廣而卑。」正義：「殷人以來，始屋四阿；夏家之屋，唯兩下而已，無四阿，如漢之門廡。」鄭康成於《詩》《禮》注異如此。

文王之治，由身及家。《風》始于《關雎》，《雅》始于《大明》，而《思齊》又《關雎》之始也。《家人》之九五曰：「王假有家。」「不顯亦臨」，謹獨者齊家之本，故《家人》之吉，在於反身。

衛武公自警曰：「慎爾出話，敬爾威儀，無不柔嘉。」古之君子，剛中而柔外。「仲山甫之德，柔嘉維則」，隨會「柔而不犯」。韓文公爲《王仲舒銘》曰：「氣鋭而堅，又剛以嚴，哲人之常。與其友處，順若婦女，何德之光。」

「爾土宇昄章」，必曰「俾爾彌爾性」。務廣地而不務廣德者，人君之深戒也。「不務德而勤遠略」，齊之霸所以衰。「狄之廣莫，於晉爲都」，晉之亂所以萌。

風俗，世道之元氣也。觀《葛生》之詩，堯之遺風變爲北方之强矣；觀《駟驖》《小戎》之詩，文、武好善之民變爲山西之勇猛矣。晉、秦以是强於諸侯。然晉之分爲三，秦之二世而亡，風俗使然也。是以先王之爲治，威强不足而德義有餘。商之季也，有故家遺俗焉；周之衰也，懷其舊俗焉。

「皇皇后帝，皇祖后稷。」魯以稷配天，周之東遷，始僭禮矣。夫子以爲周公之衰，而史克何美焉。齊百庭燎，晉請王章，習以爲常，禮樂安得不自大夫出乎？

朱子發曰：「《詩》全篇削去者二千六百九十四篇，如《貍首》《曾孫》之類是也。篇中删章者，如『唐棣之華，偏其反而，豈不爾思，室是遠而』之類是也。章中删句者，如『巧笑倩兮，美目盼兮，素以爲絢兮』是也。句中删字者，如『誰能秉國成，不自爲政，卒勞百姓』是也。」

止齋曰：「《國風》作而二《南》之正變矣。邶、鄘、曹、鄶，特微國也，而《國風》以之終始。蓋邶、鄘自別於衛，而諸侯侵無統紀，及其厭亂思治，追懷先王先公之世，有如曹、鄶然，君子以爲是二《南》之可復。世無周公，誰能正之？是故以《豳》終。」

卷四

周禮

漢河間獻王得《周官》，而武帝謂「末世瀆亂不驗之書」，唯唐太宗夜讀之，以爲「真聖作」，曰：「不井田，不封建，而欲行周公之道，不可得也。」人君知此經者，太宗而已。劉歆始用之，蘇綽再用之，王安石三用之，經之蠹也。唯文中子曰：「如有用我，執此以往。」程伯子曰：「必有《關雎》《麟趾》之意，然後可以行《周官》之法度。」儒者知此經者，王、程二子而已。

《漢志》謂之《周官經》，《序録》云：「劉歆始建立《周官經》，以爲《周禮》。」意者《周禮》之名昉此乎？然《後漢書》云：「鄭衆傳《周官經》，後馬融作《周官傳》，授鄭玄，玄作《周官注》。」猶未以《周禮》名也。《隋志》自馬融注已下始曰《周官禮》。《隋志》：「《三禮目録》一卷，鄭玄撰。」今見于《釋文》。

五峰胡氏云：「《周官》司徒掌邦教，敷五典，司空掌邦土，居四民。世傳《周禮》闕《冬官》，未嘗闕也，乃冬官事屬之地官。」程泰之云：「五官各有羡數，天官六十三，地官七十八，春官七十，夏官六十九，秋官六十六，蓋斷簡失次。取羨數，凡百工之事歸之冬官，其數乃周。」俞庭椿爲《復古編》，亦云：「《司空》之篇，雜出於五官之屬。」九峰蔡氏云：「周公方條治事之官，而未及師保之職。《冬官》亦闕，首末未備，周公未成之書也。」

《考工記》，或以爲先秦書，而《禮記》正義云：「孝文時求得《周官》，不見《冬官》一篇，乃使博士作《考工記》補之。」馬融云：「孝武開獻書之路，《周官》出於山巖屋壁。」《漢書》謂河間獻王得之，非孝文時也。《序録》云：「李氏上五篇，失《事官》一篇，取《考工記》補之。」《六藝論》云：「壁中得六篇，誤矣。齊文惠太子鎮雍州，有盜發楚王冢，獲竹簡書，青絲編簡，廣數分，長二尺。有得十餘簡以示王僧虔，僧虔曰：『是科斗書《考工記》，《周官》所闕文也。』」漢時科斗書已廢，則《記》非博士所作也。易氏云：「《考工記》非周書也。言周人上輿，而有梓匠之制；言周人明堂，而有世室、重屋之制；言溝洫澮川，非遂人之制；言旂旗旟旐，非大司馬、司常、巾車之制，眡周典大不類。」

《禮器》「經禮三百」，鄭氏注謂：「即《周禮》三百六十官。」《漢志》「《禮經》三百」，臣瓚注云：「《周禮》三百，是官名也。《禮經》謂冠、昏、吉、凶。」蓋以《儀禮》爲《經禮》也。朱子從瓚説，謂《周禮》乃設官分職之書，禮典在其中，而非專爲禮設也。

鄭康成釋經，以緯書亂之，以臆説汨之，而聖人之微指晦焉。徐氏《微言》謂：「鄭注誤有三：《王制》，漢儒之書，今以釋《周禮》，其誤一；《司馬法》，兵制也，今以證田制，其誤二；漢官制皆襲秦，今引漢官以比周官，小宰乃漢御史大夫之職，謂小宰如今御史中丞，如此之類，其誤三。」鶴山謂：「以末世弊法釋三代令典，如以漢筭擬邦賦，以莽制擬國服。」止齋謂：「以《周禮》爲非聖人之書者，以説之者之過也。」

張禹以《論語》文其諛，劉歆以《周官》文其奸，猶以《詩》《禮》發冢也。禹不足以玷《論語》，而以歆訾《周官》可乎？西山曰：「歆之王田，安石之泉府，直竊其一二以自蓋爾。」

易氏《總義》云：「府史胥徒，《通典》總言其爲六萬三千六百七十五人。」愚考之《通典》，周六萬三千六百七十五員，内二千六百四十三人，外諸侯國官六萬一千三十二人。此乃官數，非謂府史胥徒也。

嬪御、奄寺、飲食、酒漿、衣服、次舍、器用、貨賄，皆領於冢宰；冕弁、車旗、宗祝、巫史、卜筮、瞽侑，皆領於宗伯。此周公相成王，格心輔德之法。周之興也，滕侯爲卜正，吕伋爲虎賁氏，侍御僕從，罔匪正人，左右携僕，庶常吉士。及其衰也，昏椓靡共，婦寺階亂，膳夫内史，趣馬師氏，締交於嬖寵，瑣瑣姻亞，私人之子，竊位於王朝。至秦而大臣不得議近臣矣，至漢而中朝得以詘外朝矣，至唐而北司是信、南司無用矣，由周公之典廢也。間有詰責幸臣如申屠嘉，奏劾常侍如楊秉，宫中府中爲一體如諸葛武侯，可謂知宰相之職者。唐太宗責房玄齡以「北門營繕，何預君事」，豈善讀《周禮》者哉！我朝趙普於一薰籠之造，亦制以有司之法；李沆於後宫之立，奏以臣沆不可；趙鼎於内苑移竹，責宦者罷其役，庶幾古大臣之風矣。五峰乃謂周公不當治成王燕私之事，殆未之思也。

李泰伯曰：「内宰用大夫、士、世婦。每宫卿二人，皆分命賢臣，以參檢内事。」漢世皇后詹事，以二千石爲之，猶有成周遺意。

《漢·食貨志》：「太公爲周立九府圜法。」顏師古注：「《周官》太府、玉府、内府、外府、泉府、天府、職内、職金、職幣，皆掌財幣之官，故曰九府。」愚按《爾雅》：「醫無閭之珣玗琪，會稽之竹箭，梁山之犀象，華山之金石，霍山之珠玉，崑崙之璆琳琅玕，幽都之筋角，斥山之文皮，岱岳之五穀魚鹽，是謂九府。」五峰胡氏《皇王大紀》所述與《爾雅》同，而繼之曰：「尚父立圜法，輕重以銖，通九府之貨。」又按《史記·列傳》「吾讀管氏《輕重》《九府》」，劉向《别録》曰「《九府書》，民間無有」，《索隱》謂其書論鑄錢之輕重，《鹽鐵論》文學曰「管仲設九府，徼山海」，《通典》亦云「太公立九府之貨」。然則九府，太公立之，管仲設之，其名列于《爾雅》，蓋即管氏書也。《大紀》之説得之，顏注恐非。《曲禮》「天子之六府」，亦與《大禹謨》之「六府」異。

「九嬪」注引孔子曰「日者天之明，月者地之理」，《孝經援神契》之言也。何休

《公羊傳序》引孔子有云「吾志在《春秋》，行在《孝經》」，《孝經鉤命決》之言也。漢儒以緯書孔子所作。康成注《中庸》亦引孔子曰：「吾志在《春秋》，行在《孝經》。」

「宮伯掌王宮之士、庶子」。漢諸侯子入宿衛，齊王之弟章是也；入京師受業，楚王之子郢客是也。其制猶古。

奄止於上士，抑其權也。唐太宗詔內侍省不立三品官，不任以事，然內侍並列于六省，開奄尹與政之階，與周典統於冢宰異矣。

「八則」，「禮俗以馭其民」。呂微仲謂「庶民可參之以俗，士以上專用禮」，此說非也。《大傳》：「百志成，故禮俗刑。」呂成公謂：「禮、俗不可分爲兩事，制而用之謂之禮，習而安之謂之俗。若禮自禮，俗自俗，不可謂之禮俗。」

王之膳服雖不會，而九式有羞服之式，冢宰所均節也。待王之膳服，不過以關市之賦，則其用簡矣。

司徒掌教不言財，司馬掌政不言兵，鄉遂、九畿，兵財在其中。井田、封建，足食足兵之本也。《周官》之法不行，無善教善政，於是憂財用、畏夷狄矣。

鄉有軍制，無田制；遂有田制，無軍制。疏云：「鄭注互見其義。」

《大司徒》「建邦國，以土圭土其地」。匠人建國，「晝參諸日中之景，夜考之極星」。《詩·定之方中》傳云：「度日出日入，以知東西；南視定，北準極，以正南北。」愚按

《晏子春秋》：「景公新成柏寢之室，使師開鼓琴。師開左撫宫，右彈商，曰：『室夕，東方之聲薄，西方之聲揚。』公召大匠曰：『室何爲夕？』大匠曰：『立室以宫矩爲之。』於是召司空，曰：『立宫以城矩爲之。』明日，晏子朝，公曰：『先君太公立宫，何爲夕？』對曰：『古之立國，南望南斗，北戴樞星，彼安有朝夕哉？而以今之夕者，周之建國，國之西方，以尊周也。』公曰：『古之臣乎！』」樞星，即極星也。公劉居豳，「既景乃岡」，然則尚矣。

蔡邕《明堂論》曰：「王居明堂之禮，南門稱門，西門稱闈。故《周官》有門闈之學，師氏教以三德，守王門；保氏教以六藝，守王闈。然則師氏居東門、南門，保氏居西門、北門也。」朱子《大學章句序》「王宫有學」，蓋謂此。魯孝公之爲公子，嘗入京師爲國子，人稱其孝，宣王命之導訓諸侯。他書言國子者，唯《周語》焉。

《師氏》「三德」，朱子曰：「至德以爲道本，明道先生以之。敏德以爲行本，司馬温公以之。孝德以知逆惡，趙無愧、徐仲車之徒以之。」

《牧誓》《顧命》皆言「師氏」。《雲漢》之傳曰：「年穀不登，則師氏弛其兵。」《文王世子》「大司成」，注以爲「師氏」。而「楀維師氏」，以刺匪其人。「九兩」「師以賢得民」，注謂「諸侯師氏」，言賢者以身教也。后妃亦有之，《葛覃》云：「言告師氏。」

《保氏》「九數」，鄭司農云：「今有重差、夕桀、句股。」《釋文》：「夕音的。此二字非鄭注。」愚按《少儀》正義引鄭司農云：「今有重差、句股。」馬融、干寶等更云：「今有夕桀，各爲二篇，未知所出。」則「夕桀」二字，後人附益，非鄭注信矣。劉徽《九章算經序》云：「包犧氏始畫八卦，作九九之術，以合六爻之變。黄帝建《曆紀》，協律吕。隸首作數。周公制禮，有九數。九數之流，則《九章》是矣。漢張蒼、耿壽昌皆善算，因舊文删補，故校其目，與古或異，而所論多近語。」

《里宰》「以歲時合耦于耡」，注云：「耡者，里宰治處也。若今街彈之室，於此合耦，使相佐助。」疏謂「漢時在街置室，檢彈一里之民」。《金石録》有中平二年正月《都鄉正街彈碑》，在昆陽城中。趙明誠失於考《禮》注，而酈氏注《水經》，洪氏《隸釋》皆以「街」爲「衛」，又誤矣。《漢·食貨志》言古制云：「春將出民，里胥平旦坐於右塾，鄰長坐於左塾，畢出然後歸。夕亦如之。」里胥之「塾」，其即里宰所謂「耡」者歟？

《庖人》注：「青州之蟹胥。」《釋文》：「胥，息徐反，劉音素。《字林》：『先於反。蟹醬也。』」《集韻》：「蝑、蟹醢，四夜切。」當從《集韻》。《籩人》注：「鱐者，析乾之，出東海。」陸廣微《吴地記》云：「闔閭思海魚，而難於生致，治生魚，鹽漬而日乾之，故名爲鯗。」讀如「想」。

《管子·地員篇》："九州之土，爲九十物。每土有常，而物有次。群土之長，是唯五粟。次曰五沃，次曰五位，次曰五蘟，次曰五壤，次曰五浮，凡上土三十物，種十二物。中土曰五忞，次曰五纑，次曰五壏，次曰五剽，次曰五沙，次曰五塥，凡中土三十物，種十二物。下土曰五猶，次曰五弘，次曰五殖，次曰五觳，次曰五凫，次曰五桀，凡下土三十物，種十二物。凡土物九十，其種三十六。"按《大司徒》："以土會之法，辨五地之物生；以土宜之法，辨十二壤之物而知其種。"此篇亦古制之存者。《河圖》謂："東南神州曰晨土，正南卬州曰深土，西南戎州曰滔土，正西弇州曰開土，正中冀州曰白土，西北柱州曰肥土，北方玄州曰成土，東北咸州曰隱土，正東揚州曰信土。"

《地員篇》："凡草土之道，各有穀造。或高或下，各有草土。葉下於𦾍，𦾍下於莧，莧下於蒲，蒲下於葦，葦下於雚，雚下於蔞，蔞下於荓，荓下於蕭，蕭下於薜，薜下於萑，萑下於茅。凡彼草物，有十二衰。"注："𦾍，即鬱也。『衰』，謂草上下相重次也。"按《周官》有"草人"，此豈其遺制歟？

土圭度地之法：景一寸，地差千里；一分，地差百里。王畿千里，以寸爲法；五等諸侯之地，以分爲法。尺有五寸者，一萬五千里之景也。天地相去三萬里。嘗考隋、唐《志》："宋元嘉十九年，測於交州，何承天謂六百里差一寸。後魏永平元年，測於洛陽，信都芳謂二百五十里差一寸。"然宋之於陽城，魏之於金陵，皆踰度，未可據也。唐開元十二年，植表浚儀，大率五百二十六里二百七十步差二寸餘，遂以舊説千里一寸爲妄。王朴曰：「陽城乃在洛之東偏，開元得浚儀之岳臺，應南北弦，居地之中。」司馬公《日景圖》云：「日行黄道，每歲有差，地中當隨而轉移。故周在洛邑，漢在潁川陽城，唐在汴州浚儀。」滈水李氏云：「周於陽城測景，説者謂地形西北高，東南下。極星在北，斗亦在北。極星乃天之中也，天之中則地之中。」

「諸公之地，方五百里」，與《武成》《孟子》之言不合。子産曰「列國一同」，《孟子》亦曰「魯方百里」，《明堂位》乃云「魯方七百里」。或謂《周官》《明堂位》兼附庸而言。《職方氏》疏云：「無功，縱是公爵，惟守百里地，謂若虞公、虢公，舊是殷之公，至周仍守百里國，以無功故也。」愚按《左氏傳》「虞仲，太王之昭也；虢仲、虢叔，王季之穆也」，皆周所封，謂「舊是殷之公」，誤矣。

「歲終，正治而致事」，注：「上其計簿。」疏云：「漢時考吏，謂之計吏。」今按《説苑》：「晏子治東阿，三年景公召而數之。明年上計，景公迎而賀之。」《韓子·外儲説》「西門豹爲鄴令，居期年上計，君收其璽」，《新序》「魏文侯東陽上計，錢布十倍」，《史記》「秦昭王召王稽，拜爲河東守，三歲不上計」，然則春秋、戰國時，已有上計，非始于漢。

朱文公曰：「讀曹公、杜牧《孫子》，見其所論車乘人數，諸儒皆所未言。唯蔡季通每論此事，以考《周禮》軍制皆合。」愚按《孫子·作戰篇》「凡用兵之法，馳車千駟，革車千乘，帶甲十萬」，曹公注：「馳車，輕車也。」杜牧注：「輕車，戰車也。古者車戰，革車、輜車、重車也，載器械財貨衣裝。《司馬法》曰：『一車甲士三人，步卒七十二人，炊家子十人，固守衣裝五人，廄養五人，樵汲五人。輕車七十五人，重車二十五人。』故二乘兼一百人爲一隊。舉十萬之衆，革車千乘。校其費用支計，則百萬之衆，皆可知也。」《左氏傳》：「乙卯，楚師軍於邲。丙辰，楚重至於邲。」吕成公謂：「凡戰，兵車在前，輜重常在兵車之後。楚重次日乃至，後一日，故無鈔擊之患。」唐說齋云：「儒者謂甸出七十五人，不知實出百人。其七十五人，戰車也；其二十五人，重車也。」

古者步百爲畝。古之百畝，爲今四十一畝一百六十步；古之一井，爲今三百七十五畝。寶儼曰：「小畝步百，周之制也。中畝二百四十，漢之制也。大畝三百六十，齊之制也。今所用者，漢之中畝。」《鹽鐵論》御史曰：「古者制田，百步爲畝。先帝哀憐百姓，制田二百四十步而一畝。」《通典》謂：「商鞅佐秦，以爲地利不盡，更以二百四十步爲畝。」二說不同。

《禹貢》之田九等，蔿掩別楚地亦九等，《孟子》《王制》爲五等，而《周官》止三等。解者謂：《大司徒》不易、一易、再易三等，都鄙之制也；《小司徒》上、中、下地三等，六鄉之制也；《遂人》上、中、下地三等，有萊者，六遂之制也；《大司馬》上、中、下地三等，諸侯之制也。

《遂人》「治野」，乃鄉遂公邑之制；《匠人》「溝洫」，乃采地之制。鄭康成云：「周制，畿内用夏之貢法，税夫無公田；邦國用殷之助法，制公田不税夫。」朱文公亦云：「溝洫以十爲數，井田以九爲數，井田、溝洫決不可合，而永嘉諸儒欲混爲一。康成注分爲二，是也。」愚按李泰伯《平土書》云：「周畿内及諸侯一用貢法。」蓋泰伯已與康成異矣，非始於永嘉諸儒也。劉氏《中義》以《匠人》溝洫求合乎《遂人》治野之制，謂《遂人》言積數，《匠人》言方法，然《周禮》《考工》各爲一書。易氏謂：「《匠人》，前代之制。」

禹「盡力乎溝洫」，「濬畎澮，距川」。《遂人》五溝五涂之制，因于古也。以水佐耕者豐，稻人掌之；以水佐守者固，司險掌之。自鄉遂之法弛，子駟爲田洫而喪田者以爲怨，子產作封洫而伍田疇以爲謗。晉欲使齊盡東其畝，而戎車是利，甚而兩周爭東西之流。至商鞅決裂阡陌，吕政決通川防，古制蕩然矣。古者内爲田廬，外爲溝洫，在《易》之《師》。寓兵於農，伏險於順，取下《坎》上《坤》之象。溝洫之成，自禹至周，非一人之力；溝洫之壞，自周衰至秦，非一日之積。先儒謂：井田壞而戎馬入中國，如入無人之境。悲夫！

「人耦、牛耦」，鄭氏注「合耦」並言之。疏謂：「周時未有牛耦耕，至漢趙過始教民牛耕。」今考《山海經》：「后稷之孫叔均始作牛耕。」周益公云：「孔子有『犁牛』之言，冉耕亦字伯牛。《賈誼書》《新序》載鄒穆公曰『百姓飽牛而耕』，《月令》季冬『出土牛』，示農耕早晚，何待趙過？過特教人耦犁，費省而功倍爾。」

盬鹽，引池而化，《山海經》「盬販之澤」，《穆天子傳》「至于盬」，晉郇瑕氏之地，而猗頓用是起者也。散鹽，煮水而成，《夏書》青州之貢，《職方》幽州之利，齊之渠展，燕之遼東，而宿沙初作者也。形鹽，掘地以出之【二】，周公閱所云「鹽虎形」也。飴鹽，於戎以取之，伊尹所云「和之美」者，大夏之鹽也。後周四鹽之政仿此。古者川澤之饒，與民共之。自《海王》之篇，祈望之守，作俑于齊，至漢二十倍於古。考之《漢志》，鹽官三十有五。唐有鹽之縣一百五。本朝鹽所出者十二路，爲池二，爲監七，爲場二十二，爲井六百有九，法益詳而利無遺矣。

「玩物喪志」，召公以爲戒。凡式貢之餘財，以共玩好之用，恐非周公之典。《無逸》曰：「惟正之供。」

《外府》注：「泉始蓋一品，周景王鑄大泉而有二品。」韋昭注《周語》曰：「單穆公云：『古者有母平子、子權母而行。』然則二品之來，古而然矣。」

古者以射御爲藝。孔子曰：「執射乎？執御乎？」《詩》曰：「叔善射忌，又良御忌。」「四黄既駕，兩驂不猗」，御之善也；「不失其馳，舍矢如破」，射之善也。學射者多

【二】掘地以出之　「掘」原作「物」，據翁注本改。

矣。造父之師泰豆氏，尹需之習秋駕，皆學御者也。《説苑》謂「御者使人恭，射者使人端」，亦正心修身之法。

「貨賄用璽節」，注：「今之印章也。」《司市》注云：「如今斗檢封。」《職金》云：「楬而璽之。」《左傳》：「季武子使公治問璽書，追而與之。」《戰國策》：「欲璽者段干子也。」蔡邕《獨斷》云：「古者尊卑共用之。」衛宏云：「秦以來天子爲璽，又獨以玉爲之，臣下莫敢用。」唐又改璽爲寶。《五代史》臣曰：「國以玉璽爲傳授神器，遂古無聞。」《運斗樞》曰：「舜爲天子，黄龍負璽。」《世本》曰：「魯昭公始作璽。」

《司門》「正其貨賄」，正者，禁其淫侈而歸于正也。注讀爲「征」，非是。

迹人，春秋末，宋猶有是官。《左氏》哀十四年《傳》：「迹人來告曰：『逢澤有介麇焉。』」

「司禄，闕。」《孟子》云：「諸侯惡其害己也，而皆去其籍。」趙氏注：「今《周禮》司禄之官無其職，是諸侯皆去之，故不復存。」

《槁人》注：「今司徒府中有百官朝會之殿。」後漢《蔡邕集》所載「百官會府公殿下」者也。古天子之堂未名曰殿。《説苑》：「魏文侯御廪災，素服辟正殿五日。」《莊子·説劍》云：「入殿門不趨。」蓋戰國始有是名。《燕禮》注：「當東霤者，人君爲殿屋也。」疏謂「漢時殿屋四向流水」，舉漢以況周。然《漢·黄霸傳》「先上殿」，注謂

「丞相所坐屋」。古者屋之高嚴，通呼爲殿，不必宫中也。

《大宗伯》疏：「《星備》云：『五星初起牽牛。歲星一日行十二分度之一，十二歲而周天。熒惑日行三十三分度之一，三十三歲而周天。鎮星日行二十八分度之一，二十八歲而周天。太白日行八分度之一，八歲而周天。辰星日行一度，一歲而周天。』」《馮相氏》疏：「《星備》云：『明王在上，則日月五星皆乘黄道。』」《保章氏》疏：「《星備》云：『五星更王相休廢，其色不同。王則光芒，相則内實，休則光芒無角，不動摇，廢則少光，色順四時，其國皆當也。』」《星備》之書，僅見於此。隋、唐《志》皆不著録。

周五禮之别三十有六，唐五禮之儀一百五十有二。《唐志》云：「自梁以來，始以當時所行，傅於《周官》五禮之名，各立一家之學。」

「九磬之舞」，注云：「當爲大磬。」愚謂「九磬」之名尚矣，不必改字。《説苑》：「孔子至齊郭門之外，遇一嬰兒，挈一壺相與俱行。其視精，其心正，其行端。孔子謂御曰：『趣驅之！趣驅之！韶樂方作。』孔子至彼，聞韶，三月不知肉味。」齊景公作《徵招》《角招》，蓋舜樂之存者。劉原父云：「《九招》者九名，予識其三焉，祈、徵、角之謂也。」《山海經》：「夏后開得《九辯》《九歌》以下，始歌《九招》於大穆之野。」《帝王世紀》：「啓升后十年，舞《九韶》。」《竹書》曰：「夏后開儛《九招》。」《史記》：「禹乃興《九招》之樂。」《索隱》曰：「即舜樂《簫韶》九成。」艾軒謂：「『勸之以《九歌》』」，即《九招》之樂。」《吕氏春秋》：「帝嚳命咸黑作爲舞聲，歌《九招》《六列》《六英》。帝舜令質修《九招》《六列》《六英》，以明帝德。」然則《九招》作於帝嚳之時，舜修而用之。秦唯《韶》《武》二樂存。

班固《律曆志》述劉歆之言，以律爲下生，吕爲上生。鄭康成以黄鍾三律爲下生，以蕤賓三律爲上生。梁武帝《鐘律緯》謂：「班固夾鍾、中吕過於無調，鄭康成有升陽而無降陽。」陳用之《禮書》謂「自子午以左皆上生，子午以右皆下生」，以鄭説爲是。張文饒《翼元》曰：「十二月之律以候月，六十日之律以候日。月律當一下一上，依次而生；日律當用蕤賓重上生。司馬遷、劉歆之法，月律也；吕不韋、淮南、京房之法，日律也。《晉志》取司馬而非淮南，梁武是京房而非班固，皆非通論。」

大卜《三兆》，「其頌皆千有二百」。夏后鑄鼎，繇曰：「逢逢白雲，一南一北，一西一東。九鼎既成，遷于三國。」懿氏占曰：「鳳皇于飛，和鳴鏘鏘。有嬀之後，將育于姜。」成季卜曰：「間于兩社，爲公室輔。」驪姬繇曰：「專之渝，攘公之羭。一薰一蕕，十年尚猶有臭。」衛侯繇曰：「如魚竀尾，衡流而方羊裔焉。」漢文兆曰：「大横庚庚，余爲天王，夏啓以光。」皆龜繇也。

卜師「四兆」，鄭氏鍔以理推之，謂：「方兆，占四方之事也，漢武帝發易占，知神馬從西北來；功兆，占立功之事也，楚司馬子魚卜戰令龜；義兆，占行義之事也，惠伯曰

『忠信之事則可』」;弓兆,有射意,後世有覆射之法。」

龜人「六龜」,《易》「十朋之龜」,《爾雅》「十龜」。《唐六典》辨龜九類五色,依四時用之。

《列子》「夢有六候」,與《占夢》同,「噩」作「蘁」。東坡曰:「高宗言夢,文王、武王言夢,孔子亦言夢,其情性治,其夢不亂。」西山曰:「正夢不緣感而得,餘皆感也。」

大祝「九祭」,「九曰共祭」。注云:「共猶授也。王祭食,宰夫授祭。《孝經説》曰:『共綏執授。』」疏云:「《孝經説》,《孝經緯》文。共綏執授,謂將綏祭之時,共此綏祭以授尸。」愚謂:疏謂「綏祭」,非也。《後漢·禮儀志》注:「《孝經援神契》曰:『尊三老者,父象也。謁者奉几,安車輭輪,供綏執授。』宋均曰:『供綏,三老就車,天子親執綏授之。』」永平二年養老詔亦有「安車輭輪,供綏執授」之語,蓋取《孝經緯》。

鄭司農注「肅揖」:「但俯下手,今時撎是也。」項氏云:「古之拜如今之揖,折腰而已。介胄之士不拜,故以肅爲禮,以其不可折腰也。其儀特斂手向身,微作曲勢,此正今時婦人揖禮也。漢時婦人之拜,不過如此。或謂自唐武氏始尊婦人,不令拜伏,誤矣。周天元令婦人拜天臺,作男子拜,則雖虜俗,婦人亦不作男子拜也。《内則》尚右手者,言斂手右向,非若今用手按膝作跪也。男之尚左亦然。」今考太祖問趙普拜禮:「何以男子跪而婦人不跪？」普問王貽孫，對曰：「古詩『長跪問故夫』，婦人亦跪也。唐武后時，婦人始拜而不跪。」普問所出，對曰：「唐張建章《渤海記》備言之。」

「眂祲掌十煇之法」，占日旁之氣也。二鄭解，其同者六，其異者四。「大卜掌三夢之法」，「其經運十，其別九十」，謂占夢之正法有十也，一運而九變，十運而九十變。注以「經運」爲「十煇」。先儒謂日之煇光。夢之變通，其占不同，不當改「運」爲「煇」。

《大史》「正歲年以序事」，注：「中數曰歲，朔數曰年。」中數三百六十五日四分日之一，朔數三百五十四日。《漢・曆志》曰：「閏所以正中朔也。」或謂周以建子爲正，而四時之事有用夏正建寅者。用建寅則謂之歲，用建子則謂之年。《洪範》正義：「從冬至及明年冬至爲一歲。」

《馮相氏》「致日」「致月」，注：「冬至，日在牽牛，景丈三尺。夏至，日在東井，景尺五寸。此長短之極。春分日在婁，秋分日在角，而月弦於牽牛、東井。」《左氏傳》：「日月之行，分同道也，至相過也。」正義云：「春分，朔則日在婁，望則月在角。秋分，朔在角，望在婁。婁、角天之中道，故晝夜等。冬至，朔則日在斗，望則月在井。夏至，朔在井，望在斗。斗、井南北，故晝夜長短極。」冬至，古日在牽牛，今在斗。鄭注與孔疏異，曆法歲差也。

《保章氏》「星土」，按《乙巳占》論十二次云：「北方之宿主吳、越，火午之辰在周邦。」天度均列，而分野殊別。一次所主，或亘萬里、跨數州，或於寰内不布一郡。《國語》「歲在鶉火，有周之分野」，今豐鄗當秦宿，而周分隸豫州，理實難詳。至如熒惑守心，宋景禳其咎；實沈爲祟，晉侯受其殃，事驗時有相應。賈公彦謂：「吴、越在南，齊、魯在東，今歲星或北或西，不依國地所在。此受封之日，歲星所在之辰，國屬焉故也。」或云：「十二次可言者一，其惟析木乎？」尾、箕艮維燕，可以言東北。

「十有二歲」，注：「歲星爲陽，右行於天；太歲爲陰，左行於地，十二歲而小周。」潏水云：「歲星在天，歲陰在地。《天官書》曰：『歲陰在攝提格，歲星在星紀；歲陰在單閼，歲星在玄枵。』自嘉祐丁酉驗之多差，近年尤甚。歲星常先月餘，近年以來常先一百二十餘日。」愚考《大衍曆議》曰：「歲星自商、周迄春秋之季，率百二十餘年而超一次。戰國後其行寖急，至漢尚微差，及哀、平間餘勢乃盡，更八十四年而超一次。」三山陳氏謂：「如《左氏》之説，則寅而在卯，午而在亥。如《史記》之説，則寅而在丑，辰而在亥。以次推之，皆不同。」《汲冢·師春》謂：「歲星每歲而成一分，積百四十四年而滿本數，則爲超辰之限。」

外史「達書名」，鄭康成謂：「古曰名，今曰字。」字者，滋也。《聘禮》記云：「百名以上書於策，不及百名書於方。」王文公云：「文者，奇偶剛柔，雜比以相承，如天地之文，故謂之文。字者，始於一而生於無窮，如母之字子，故謂之字。」夾漈謂：「獨體爲文，合體爲字。主類爲母，從類爲子。六書：『象形』『指事』，文也；『會意』『諧聲』『轉注』，字也；『假借』者，文與字也。」「諧聲與五書同出，五書尚義，諧聲尚聲。」「《説文》形也，以母統子；《廣韻》聲也，以子該母。」「字書，眼學；韻書，耳學。」《中庸或問》曰：「司徒教民，書居其一。外史達書名於四方，大行人又九歲一諭焉。其制度之詳如此。秦以小篆、隸書爲法，而周制始改。」

《鎛師》注引《春秋傳》「賓將趨」，今《左傳》作「掫」。《環人》注引「御下掚馬」，今作「兩」。《職方氏》注引《國語》「閩芉蠻矣」，今作「蠻芉」。「司爟」，鄭司農引《鄹子》，與《論語》馬融引《周書·月令》同。春取榆柳之火，夏取棗杏，季夏取桑柘，秋取柞楢，冬取槐檀。王劭曰：「《周官》四時變火以救時疾，火不數變，疾必興。聖人作法，豈徒然也。晉時有以洛陽火度江者，代代事之，相續不滅，火色變青。」《東漢·禮儀志》：「日夏至，浚井改水；日冬至，鑽燧改火。」改水唯見于此。

水有疏導，火有出納，山林金錫之地，皆爲之厲禁，時而用之，先王財成輔相之妙也。《鹽鐵論》大夫曰：「五行東方木，而丹、章有金銅之山；南方火，而交趾有大海之川；西方金，而蜀隴有名材之林；北方水，而幽都有積沙之地。此天地所以均有無、通萬物也。」《管子》：「出銅之山四百六十七，出鐵之山三千六百九。」《唐六典》：「天下水泉三億三萬三千五百五十有九。」

漏刻之法，晝夜百刻。易氏云：「十二時，每時八刻二十分，每刻六十分。」王昭禹云：「寅、申、巳、亥、子、午、卯、酉八時，各八刻；辰、戌、丑、未四時，各九刻。」愚謂：易氏之説，與古法合。《司寤氏》「掌夜時」，注：「謂夜晚早，若今甲、乙至戊。」疏云：「甲、乙則早時，戌、亥則晚時。」愚按衛宏《漢舊儀》：「中黄門持五夜，甲、乙、丙、丁、戊夜，今謂之五更。」疏以「戊」爲「戌」，誤矣。馬融以昏明爲限，鄭康成以日出入爲限，有五刻之差。蔡邕以星見爲夜，日入後三刻，日出前三刻，皆屬晝。鄭與蔡校一刻。王伯照云：「晝夜長短，以岳臺爲定。九服之地，與岳臺不同，則易箭之日，亦皆少差。」

「職方氏」，漢樊毅《修西嶽廟記》作「識方氏」。《史通》云：「《周書·職方》之言，與《周官》無異。」

「兖州，其浸盧維」，注云：「當爲雷雍，字誤也。」顔師古曰：「盧水在濟北盧縣。」《説文》：「濰水出琅邪箕屋山，東入海，徐州浸。」《夏書》：「濰、淄其道。」鄭讀非也。

王有三朝：一曰治朝，在路門之外，宰夫、司士掌之；二曰燕朝，在路門之内，大僕掌之；三曰外朝，在皋門之内，庫門之外，朝士掌之。内朝二，外朝一。《唐六典》：「承天門，古之外朝；太極殿，古之中朝；兩儀殿，古之内朝。」

鄭康成因《左氏》「三辰旂旗」之文，謂王與公同服九章之衮。考之經，無所見。《司服》云：「公自衮冕而下，如王之服。」則衮冕而上之章，日月星辰也。冕十二旒，取法天數，豈同服九章，無君臣之别哉！《郊特牲》「王被衮以象天」，注謂「有日月星辰之章」，此魯禮也，豈有周服九章而魯乃服十二章者乎？漢明帝采《周官》《禮記》《尚書·皋陶篇》，乘輿服從歐陽氏説，備十二章，得古制矣。

「五刑之法」，疏謂宫刑至隋乃赦。崔浩《漢律序》：「文帝除肉刑，而宫不易。」《書正義》：「隋開皇之初，始除宫刑。」按《通鑑》西魏大統十三年「三月，除宫刑」，非隋也。

孫君孚《談圃》謂：「《周官》贊牛耳。荆公言取其順聽，不知牛有耳而無竅，本以鼻聽。有人引一牛與荆公辯。」今按《周禮義》云：「牛耳，尸盟者所執。」無順聽之説，蓋荆公聞而改之。

《萍氏》「幾酒」，猶妹土之誥也，禹惡旨酒。《易·未濟》之終，以「濡首」爲戒，曷嘗導民以飲而罔其利哉！初榷酒酤，書於《漢武紀》，其流害萬世，甚於魯之「初税畝」。

《大戴記·朝事篇》取《周官·典命》《大行人》。朱子《儀禮經傳》以爲《朝事》義。

《考工記》「貉逾汶則死」，先儒以「汶」爲魯之汶水。《列子釋文》云：「案《史記》『汶』與『岷』同，謂汶江也。今江邊人云『狐不渡江』。《説文》：『貉，狐類也。』逾越大水，則傷本性。」

「有虞氏上陶」。舜陶河濱，器不苦窳。周陶正猶以虞閼父爲之。

「周人上輿」。《中庸或問》：「軌者車之轍迹，輿之廣六尺六寸，其轍迹在地者，相距之間，廣狹如一，無有遠邇，莫不齊同。至秦，然後車以六尺爲度。」

《輪人》注：「掣，讀爲『紛容掣參』之『掣』。」疏云：「今檢未得。」愚謂：即《上林賦》「紛溶箾蔘【二】」。

《冶氏》注：「鋌，讀如『麥秀鋌』之『鋌』。」《表記》注：「移，讀如『禾汜移』之『移』。」六字未知出何書，疏不釋其義，或者《農書》所載歟？移，昌氏反。

潏水云：「㮚氏爲量。鄭玄以『方尺積千寸』，此乃《九章》米粟法。」某家舊有一古銅敦，乃周成王時物。甘人侵亳，命正人出師，復亳邦，賜有功師氏，而數亦皆備。嘉量之銘，祭侯之辭，皆極文章之妙。而《梓人》筍虡之制，文法奇古，有飛動之狀。蓋精於道者，兼物物而後能制器。《莊子》謂：「梓慶削木爲鐻，鐻成，見者驚猶鬼神。」以天合天，道與藝俱化，豈物物刻雕之哉！

《大戴記·投壺篇》云：「嗟爾不寧侯，爲爾不朝于王所。故亢而射，女强食。食爾曾孫侯氏百福。」此祭侯之辭也，與《梓人》同而略異。萇弘設射不來。不來者，諸侯之不來朝者也。侯者，射埰也，因祭寓意，以爲諸侯之戒。

《司儀》「問君」，「君問大夫」，「君勞客」，注云：「問君曰：『君不恙乎？』對

【二】紛溶箾蔘　「箾」原作「箾」，據翁注本、《長林賦》改。

曰：『使臣之來，寡君命臣于庭。』問大夫曰：『二三子不恙乎？』對曰：『寡君命使臣于庭，二三子皆在。』勞客曰：『道路悠遠，客甚勞。』勞介則曰：『二三子甚勞。』」疏云：「未知所出何文，或云是孔子聘問之辭，亦未得其實。」愚按《説苑》：「魏太子擊封中山，遣倉唐使於文侯。文侯召倉唐，見之曰：『擊無恙乎？』倉唐曰：『唯唯。』如是者三，乃曰：『君出太子而封之國，君名之，非禮也。』文侯怵然變容，問曰：『子之君無恙乎？』倉唐曰：『臣來時拜送書於庭。』」鄭氏所述，蓋古禮也。《大行人》注亦云「問不恙」。

《周禮》，劉向未校之前有古文，校後爲今文。古、今不同。鄭據今文注，故云「故書」。朱子曰：「八法、八則、三易、三兆之類，各有書。『屬民讀法』，其法不可知；『如戰之陳』，其陳法不可見矣。」

《冥氏》注，鄭司農云：「讀爲『冥氏《春秋》』之『冥』。」按《儒林傳》，「冥都傳顏氏《春秋》之學」。疏謂：「若《晏子》《吕氏》之類。」非也。

王肅《聖證論》譏短鄭康成，謂：「天體無二，郊、丘爲一，禘是五年大祭先祖，非圜丘及郊。祖功宗德，是不毁之名，非配食明堂。」皆有功於禮學，先儒韙之。《聖證論》今不傳，正義僅見一二。《唐·禮志》曰：「讖緯亂經，鄭玄主其説。『以禋祀祀昊天上帝』，此天也，玄以爲天皇大帝者，北辰耀魄寶也。『兆五帝於四郊』，此五行精氣之神也，玄以爲靈威仰、赤熛怒、含樞紐、白招拒、汁光紀者，五天也。由是有六天之説。顯慶二年，禮官議：『六天出緯書。南郊、圓丘一也，玄以爲二。郊及明堂祭天，而玄以爲祭太微五帝。「啓蟄而郊，郊而後耕」，而玄謂周祭感帝靈威仰，配以后稷，因而祈穀。皆繆論也。』」

古未有筆，以書刀刻字於方策，謂之削。魯爲詩書之國，故《考工記》以魯之削爲良。

沙隨程氏曰：「《禹貢》冀州之北，不可畫五服之地。《周官》雍州之西，不可畫九畿之地。」

《師氏》：「使其屬帥四夷之隸，各以其兵服守王之門外。」《司隸》：「帥四翟之隸，使皆服其邦服，執其邦兵，守王宮。」唐太宗擒頡利，其酋長帶刀宿衛，亦古制也。然結社率之變，幾至危殆。蓋先王德化之盛，非太宗所能及。慕冠帶百蠻之名，而不虞後患，《孟子》曰：「以力服人者，非心服也。」

《遂師》「抱磿」音歷。《史記》樂毅書：「故鼎反乎磿室。」徐廣注：「磿，歷也。」《戰國策》《新序》作「歷室」，蓋古字通用。

《大史》「大師，抱天時」，注云：「大出師，則大史主抱式，以知天時。」《史記·日者傳》「旋式正棊」，《唐六典》：「太卜令三式曰：雷公、太一、六壬。其局以楓木爲天，棗心爲地。」六壬之説，許叔重曰：「水者，準也。」生數一，成數五，以水數配之，爲六壬也。遁甲者，推六甲之陰而隱遁也，本黄帝、風后之術。孤虚者，一畫爲孤，無畫爲虚，二畫爲實，以六十甲子定四方，占其孤、虚、實而向背之。《吴越春秋》計硯曰：「孤、虚，謂天門地户也。」

鄭剛忠《解義》，如「冕服九章」，「授田三等」，「治兵大閲，旗物之互建」，「六鄉六遂，師都之異名」，「陰陽之祀，有用牲之疑」，「九畿之國，有朝貢之惑」，「豆區鍾釜，有多少之差」，「世室重屋，非明堂之制」，皆辯明使有條理。

古者國有閑田，田有餘夫，夫有閑民，民有羡卒，不盡其財力也。至秦而自實田，至漢而覈墾田，至隋而閲丁口，至唐而括逃户隱田，於是財殫力盡，民無樂生之心矣。

取士之制，其涂有三：諸侯三年一貢士，侯國之士也；鄉大夫興賢能，王畿之士也；大司樂教國子，國之貴遊子弟也。

漆林之征二十而五，漆以飾器用而已。舜造漆器，群臣咸諫，防奢靡之原也。種漆成林，重其征，所以抑末而返樸也。

卷五

儀禮

《三禮義宗》云：「《儀禮》十七篇，吉禮三、凶禮四、賓禮三、嘉禮七，軍禮皆亡。」《禮器》注：「《曲禮》，謂今禮也。」即指《儀禮》。而《儀禮》疏云：「亦名《曲禮》。」晉荀崧亦云。朱文公從《漢書》臣瓚注，謂《儀禮》乃《經禮》也。《曲禮》皆微文小節，如今《曲禮》《少儀》《内則》《玉藻》《弟子職》，所謂「威儀三千」也。《逸禮中霤》在《月令》注疏。《奔喪》《投壺》《釋文》引鄭氏云：「實《曲禮》之正篇。」又《遷廟》《釁廟》，見《大戴記》，可補《經禮》之闕。

韓文公《讀儀禮》謂：「考于今，無所用。」愚謂：天秩有禮，小大由之，冠昏喪祭，必於是稽焉。文公大儒，猶以爲無所用，毋怪乎冠禮之行，不非鄭尹而快孫子也。

《藝文志》謂之《禮》，古經未有《儀禮》之名。張淳云：「疑後漢學者見十七篇中有儀有禮，遂合而名之。」孔壁古文多三十九篇，康成不注，遂無傳焉。注謂古文作某者，即十七篇古文也。《論衡》以爲宣帝時，河内女子壞老屋得佚《禮》，恐非。《天子巡狩禮》《朝貢禮》《王居明堂禮》《烝嘗禮》《朝事儀》，見于《三禮注》。《學禮》，見于《賈誼書》。《古大明堂》之禮，見于蔡邕《論》。雖寂寥片言，如斷圭碎璧，猶可寶也。

《六藝論》「五傳弟子」，謂高堂生之學，蕭奮、孟卿、后蒼、戴德、戴聖也。

《士冠禮》注：「今之未冠笄者，著卷幘，頍象之所生。滕、薛名蔮爲頍。」蔮，古内反。《續漢·輿服志》：「蔮，簪珥。」《集韻》有簂、幗，無蔮字。疏云：「卷幘之類。」《隸釋·武榮碑》云「闕幘」。

「兄弟畢袗玄」，注：「袗，同也。古文袗爲均。」疏云：「當讀如《左傳》『均服振振』。」按《後漢·輿服志》「秦郊祀之服皆以袀玄」，蓋「袀」字，誤爲「袗」。《釋文》之忍反，亦誤。

《士冠禮》有「醮用酒」，注以爲「用舊俗」。《士喪禮》云「商祝、夏祝」，則禮之兼夏、殷者。

「二十爲字，未呼伯仲，至五十乃加而呼之。」此《儀禮》賈疏也。「二十已有『伯某甫』，仲、叔、季。雖云伯仲，皆配『某甫』而言，至五十直呼伯仲。」此《禮記》孔疏也。朱文公曰：「疑孔疏是。」石林謂：五十爲大夫，去「某甫」，言伯仲而冠以氏，如南仲、榮叔、南季之類。然仲山甫、尹吉甫皆卿士，亦以字爲重。

冠辭「令月吉日」「吉月令辰」，互見其言。《論語》「迅雷風烈」，《九歌》「吉日兮辰良」，相錯成文。

《士昏禮·目録》「日入三商爲昏」，疏云：「商謂商量，是漏刻之名。故《三光靈曜》亦日入三刻爲昏，不盡爲明。案馬氏云：『日未出、日没後皆二刻半，前後共五刻。今云三商者，據整數而言，其實二刻半也。』」《詩》正義云：「《尚書緯》謂刻爲商。」夏文莊《蓮華漏銘》「五夜持宵，三商定夕」，蓋取此。蘇子美亦云：「三商而眠，高春而起。」

《鄉飲酒》疏曰：「鄉大夫飲酒，尚德也。黨正飲酒，尚齒也。」公是劉氏曰：「謀賓介於先生，尚德也。旅酬以齒，老者異秩，尚年也。大夫爲僎，坐于賓東，尚爵也。」

《鄉射禮》「設豐」，《燕禮》「有豐」，注：「豐形似豆而卑。」《三禮圖》云：「罰爵，作人形。豐，國名也。坐酒亡國，戴盂戒酒。」崔駰《酒箴》：「豐侯沉酒，荷罌負缶，自戮於世，圖形戒後。」李尤《豐侯銘》：「豐侯醉亂，乃象其形。」

《燕禮》疏「四向流水曰東霤」，《考工記》之「四阿」，《上林賦》之「四注」也。兩下屋曰東榮，《檀弓》之夏屋也。《士冠禮》注：「周制自卿大夫以下，其室爲夏屋。」

夏侯勝善説禮服，謂《禮》之喪服也。蕭望之以禮服授皇太子，則漢世不以喪服爲諱也。唐之奸臣以凶事非臣子所宜言，去《國卹》一篇，而凶禮居五禮之末。五服如父在爲母、叔嫂之類率意輕改，皆不達禮意者。五服制度附于令，自後唐始。見《五代史·馬縞傳》。

《宋·何承天傳》云：「先是《禮論》有八百卷，承天删減并合爲三百卷。」又王儉別鈔《條目》爲十三卷，梁孔子袪續一百五十卷，隋《江都集禮》亦撮《禮論》爲之。朱文公謂：「六朝人多精於《禮》，當時專門名家有此學，朝廷有禮事，用此等人議之。」唐時猶有此意。潘徽《江都集禮序》曰：「明堂曲臺之記，南宮東觀之説，鄭、王、徐、賀之答，崔、譙、何、庾之論，簡牒雖盈，菁華蓋鮮。」杜之松借王無功《家禮問》《喪禮新義》，無功條答之。又借王儉《禮論》，則謂：「往於處士程融處曾見此本。觀其制作，動多自我，周、孔規模，十不存一。」今諸儒所著皆不傳，蓋禮學之廢久矣。

《禮》特牲不言牢。《楚語》「天子舉以大牢」，注：「牛、羊、豕也。」「卿舉以少牢」，注：「羊、豕。」《漢·昭紀》「祠以中牢」，注：「中牢即少牢，謂羊、豕也。」唐《牛羊日曆》，牛僧孺、楊虞卿有「太牢筆，少牢口」之語。然太牢非止於牛，少牢非止於羊也。

歐陽公自云「平生何嘗讀《儀禮》」，而濮議爲言者所詆。高抑崇於《鄉飲》考《儀禮》不詳，而朱文公譏之。禮學不可不講也。

「布八十縷爲一升【二】」，鄭謂：「升當作登。登，成也。」吴仁傑曰：「今織具曰篾，以成之多少爲布之精粗。大率四十齒爲一成，而兩縷共一齒。」正合康成之説。衰三升，其粗者。緇布冠三十升，其細者。

《聘禮》注「君行一，臣行二」，疏謂出《齊語》。今按此晏子之言，見《韓詩外

【二】布八十縷爲一升　「升」原作「斗」，據翁注本改。

傳》：「衛孫文子聘魯，公登亦登。叔孫穆子曰：『子不後寡君一等。』」「皮樹」，注云：「獸名。」張鎰《三禮圖》云：「皮樹，人面獸形。」它書未見。

《詩》《禮》相爲表裏。《賓之初筵》《行葦》可以見《大射儀》，《楚茨》可以見《少牢饋食禮》。

《燕禮》：「公與客燕，曰：『寡君有不腆之酒，以請吾子之與寡君須臾焉。使某也以請。』對曰：『寡君，君之私也。君無所辱賜于使臣，臣敢辭？』」《春秋》辭命之美，有自來矣。

《覲禮》：「諸侯覲于天子，爲宮方三百步，四門，壇十二尋，深四尺，加方明于其上。」陳宣帝太建十年，立方明壇於婁湖，以始興王叔陵爲王官伯，臨盟百官。此與蘇綽之「六官」、蘇威之「五教」何以異？《傳》曰「不協而盟」，無故而盟百官，不幾於戲乎！

《士相見義》曰：「古者非其君不仕，非其師不學，非其人不友，非其大夫不見。」「鄉先生」，謂父師、少師，教于閭塾也。古者仕焉而已者，歸教於閭里。《書大傳》謂之「父師」「少師」，《白虎通》謂之「右師」「左師」。

庠爲鄉學，有堂有室。序爲州學，有堂無室。有室則四分其堂，去一以爲室，故淺。無室則全得其四分以爲堂，故深。

禮記

《魏徵傳》曰：「以《小戴禮》綜彙不倫，更作《類禮》二十篇，數年而成。太宗美其書，録寘内府。」《藝文志》云「《次禮記》二十卷」。《舊史》謂「採先儒訓注，擇善從之」。《諫録》載詔曰：「以類相從，别爲篇第，并更注解，文義粲然。」《會要》云：「爲五十篇，合二十卷。」傳以卷爲篇。《元行沖傳》：「開元中，魏光乘《集賢注記》：「魏哲。」請用《類禮》列于經，命行沖與諸儒集義作疏，將立之學，乃采獲刊綴爲五十篇。張説言：『戴聖所録，向已千載，與經並立，不可罷。魏孫炎始因舊書擿類相比，有如鈔掇，諸儒共非之。至徵更加整次，乃爲訓注，恐不可用。』帝然之，書留中不出。行沖著《釋疑》，曰：『鄭學有孫炎，雖扶鄭義，乃易前編。條例支分，箴石間起。馬伷增革，向逾百篇；葉遵删修，僅全十二。魏氏采衆説之精簡，刊正芟礱。』」《集賢注記》：「張説曰：孫炎始改舊本，以類相比。徵因炎舊書，整比爲注。」朱文公惜徵書之不復見，此張説文人不通經之過也。行沖謂：「章句之士，疑於知新，果於仍故。比及百年，當有明哲君子恨不與吾同世者。」觀文公之書，則行沖之論信矣。《隋志》：「《禮記》三十卷，魏孫炎注。」

「道德仁義，非禮不成」至「是以君子恭敬、撙節、退讓以明禮」，見賈誼《新書·禮篇》。劉原父謂：「『若夫坐如尸，立如齊』，乃《大戴記·曾子事父母篇》之辭。『若夫』二字，失於删去。」然則《曲禮》之所采摭，非一書也。

「恒言不稱老」。漢胡廣年已八十，繼母在堂，言不稱老。

「賜果於君前」。《説苑》：「晏子曰：『賜人主前者，瓜桃不削，橘柚不剖。』」漢桓榮，詔賜奇果，舉手捧之以拜。

「儗人必於其倫」。《説苑》：「魏文侯封子擊中山。倉唐奉使，文侯顧指左右曰：『子之君長孰與是？』倉唐曰：『儗人必於其倫。諸侯無偶，無所擬之。』曰：『長大孰與寡人？』倉唐曰：『君賜之外府之裘，則能勝之；賜之斥帶，則不更其造。』」

《列女傳》：「孟母曰：『《禮》，將入門，問孰存，將上堂，聲必揚；將入户，視必下。』」今《曲禮》闕二句。《孟子》曰：「放飯流歠，而問無齒決。」亦本於《曲禮》。

「在醜夷不争」。唐沈季詮事母孝，未嘗與人争，皆以爲怯。季詮曰：「吾怯乎？爲人子者，可遺憂於親乎哉！」

古者王司敬民，豈有「獻民虜」？田以井授，豈有「獻田宅」？無總于貨寶，豈有「受珠玉」？記《禮》者，周之末造也。

「張拱」，出《曲禮》注。「室中不翔」注：「行而張拱曰翔。」「葉拱」，出《書大傳》。「子夏葉拱而進」，又《家語》「師襄子避席葉拱而對」。注：「兩手薄其心。」

「君子欠伸」一章，余在經筵進講，謂：「君以自强不息爲剛，臣以陳善閉邪爲敬。

講經理，討古今，有夜分日昃而不倦者。上無厭斁之心，下無顧望之意，是故學以聚之而德益進，問以辯之而理益明。」蓋因以規諷云。

古以車戰，春秋時鄭、晉有徒兵，而騎兵蓋始於戰國之初。《曲禮》「前有車騎」，《六韜》言「騎戰」，其書當出於周末。然《左氏傳》「左師展將以昭公乘馬而歸」，《公羊傳》「齊、魯相遇，以鞍爲几」，已有騎之漸。

《曲禮》《禮器》《内則》疏引《隱義》云。按《隋志》：「《禮記音義隱》一卷，射氏撰。」又《音義隱》七卷。

《檀弓》載申生辭於狐突曰：「伯氏不出而圖吾君。」澹庵胡氏謂：「狐突事晉未嘗去，此云不出，記《禮》者誤。」愚考《晉語》：「申生敗翟於稷桑而反，讒言益起，狐突杜門不出。申生使猛足言於狐突，曰：『伯氏不出，奈吾君何？』」胡氏蓋未考此，非《記》之誤也。

《檀弓》筆力，《左氏》不逮也，於申生、杜蕢《傳》作「屠蒯」。二事見之。致堂胡氏曰：「檀弓，曾子門人，其文與《中庸》之文有似《論語》。子思、檀弓，皆纂修《論語》之人也。」

《家語·終記》云：「泰山其頽，則吾將安仰？梁木其壞，吾將安杖？喆人其萎，吾將安放？」《檀弓》無「吾將安杖」四字。或謂廬陵劉美中家古本《禮記》「梁木其壞」之下有「則吾將安仗」五字，蓋與《家語》同。

九嶷山在零陵，而云舜葬蒼梧者，文穎曰：「九嶷半在蒼梧，半在零陵。」

曾子之子元、申，子張之子申祥，子游之子言思，皆見《檀弓》。

《春秋繁露》言爵五等，其分土與《王制》《孟子》同。又云：「附庸：字者方三十里，名者方二十里，人氏者方十五里。」蓋公羊家之説。

《王制》注：「小城曰附庸。」庸，古墉字。王莽曰「附城」，蓋以庸爲城也。

馬融云：「東西爲廣，南北爲輪。」《王制》：「南北兩近一遥，東西兩遥一近。」是南北長，東西短。

范蜀公曰：「周兼用十寸、八寸爲尺，漢專用十寸爲尺。」

《夏小正》曰：「正月啓蟄。」《月令》：「孟春蟄蟲始振，仲春始雨水。」注云：「漢始以驚蟄爲正月中，雨水爲二月節。」《左傳》「啓蟄而郊」，建寅之月。《正義》云：「太初以後，更改氣名，以雨水爲正月中，驚蟄爲二月節，迄今不改。」改「啓」爲「驚」，蓋避景帝諱。《周書·時訓》：「雨水之日，獺祭魚。驚蟄之日，桃始華。」《易通卦驗》：「先雨水，次驚蟄。」此漢太初後曆也。《月令》正義云：「劉歆作《三統曆》改之。」又按《三統曆》：「穀雨三月節，清明中。」而《時訓》《通卦驗》清明在穀雨之前，與今曆同。然則二書皆作於劉歆之後，《時訓》非周公書明矣。是以朱子集《儀禮》，取《夏小正》

而不取《時訓》。馬融注《論語》，謂《周書·月令》有「更火」之文，其篇今亡。

《周書序》：「周公辯二十四氣之應，以明天時，作《時訓》。」唐《大衍曆議》七十二候，原于周公《時訓》，《月令》雖頗有增益，然先後之次則同。自後魏始載于曆，乃依《易軌》所傳，不合經義，今改從古。李業興以來，迄《麟德曆》凡七家，皆以鷄始乳爲立春初候，東風解凍爲次候，與《周書》相校，二十餘日。一行改從古義。《漢上易·圖》云：「《夏小正》具十二月而無中氣，有候應而無日數。《時訓》乃五日爲候，三候爲氣，六十日爲節。二書詳略雖異，大要則同。《易通卦驗》所記氣候，比之《時訓》晚者二十有四，早者三，當以《時訓》爲定。故揚子雲《太玄》二十四氣，關子明論七十二候，皆以《時訓》。」

《時訓》《月令》七十二候，「雁」凡四見：「孟春，鴻雁來」，《夏小正》曰「雁北鄉」，《呂氏春秋》《淮南·時則訓》曰「候雁北」；《月令》注：「今《月令》『鴻』皆爲『候』，而不言『北』，蓋『來』字本『北』字，康成時猶未誤，故曰：『雁自南方來，將北反其居。』其後傳寫者因『仲秋鴻雁來』，誤以『北』爲『來』。」「仲秋，鴻雁來」，《呂氏》《淮南》曰「候雁來」；「季秋，鴻雁來賓，爵入大水爲蛤」，《小正》曰「九月，遰鴻雁」，《呂氏》《淮南》曰「候雁來」，高誘、許叔重注以「候雁來」爲句；賓爵，老爵也。栖宿人堂宇之間，有似賓客，故曰賓爵。「季冬，雁北鄉」，《小正》在正月，《易》說在二月。正義謂「節氣有早晚」。

「魚上冰」，《夏小正》曰：「魚陟負冰。」陟，升也。負冰云者，言解蟄也。《淮南》曰：

「魚上負冰。」注：「鯉魚應陽而動，上負冰也。」《鹽石新論》謂：「《小戴》去一『負』字，於文爲闕。」然《時訓》與《月令》同，《呂氏春秋》亦無「負」字。

「仲冬，虎始交。」《易通卦驗》云「小寒」。「季冬，鵲始巢。」《詩推度災》云「復之日」。「雉雊雞乳。」《通卦驗》云「立春」。皆以節氣有早晚也。

《月令》正義：「穹天，虞氏所説，不知其名。」按《天文録》云：「虞昺作《穹天論》。」《晉・天文志》云：「虞聳立《穹天論》。」聳、昺，皆虞翻子也。虞喜《安天論》云：「族祖河間立《穹天》。」聳爲河間相，然則非昺也。

「宿離不貸。」蔡邕曰：「宿，日所在；離，月所歷。」

「地氣上騰」注：「《農書》曰：『土上冒橛，陳根可拔，耕者急發。』」正義云：「《氾勝之書》也。」唐中和節進《農書》。按《會要》，乃武后所撰《兆人本業記》三卷。吕温進表云：「書凡十二篇。」《館閣書目》云：「載農俗四時種蒔之法，凡八十事。」

《月令》「冬祀行」，《淮南・時則訓》「冬祀井」，《太玄數》云「冬爲井」，《唐月令》：「冬祀井而不祀行。」

鷹化爲鳩，陰爲陽所化；爵化爲蛤，陽爲陰所化。堇荼如飴，惡變而美；荃蕙爲茅，美變而惡。

《曲禮》，隋王劭勘晉宋古本，皆無「稷曰明粢」一句，立八疑十二證，以爲無此一句。公孫弘云：「好問近乎知。」今《中庸》作「好學」。

《王制》：「太史典禮，執簡記，奉諱惡。」《保傅傳》謂：「不知日月之時節，不知先王之諱與大國之忌，不知風雨雷電之眚，太史之任也。」愚謂：人君所諱言者，災異之變；所惡聞者，危亡之事，太史奉書以告君，召穆公所謂史獻書也。

《曾子問》於變禮無不講，《天圓篇》言天地萬物之理。曾子之學，博而約者也。

《禮運》，致堂胡氏云「子游作」。吕成公謂：「蜡賓之嘆，前輩疑之，以爲非孔子語。『不獨親其親、子其子』，而以堯、舜、禹、湯爲『小康』，是老聃、墨氏之論。」朱文公謂：「程子論堯、舜事業，非聖人不能；三王之事，大賢可爲，恐亦微有此意。但記中分裂太甚，幾以帝、王爲有二道，則有病。」

《夏時》《坤乾》，何以見夏、殷之禮？《易象》《魯春秋》，何以見周禮？此三代損益大綱領也，學者宜切磋究之。

《白虎通》云：「《禮運記》曰：『六情，所以扶成五性也。』」今《禮運》無此語。五性，仁、義、禮、智、信。」韓子《原性》與此合。

人者，天地之心也。仁，人心也。人而不仁，則天地之心不立矣。爲天地立心，仁也。

《内則》：「桑弧、蓬矢六，射天地四方。」賈誼《新書·胎教篇》：「懸弧之禮，東方之弧以梧，南方之弧以柳，中央之弧以桑，西方之弧以棘，北方之弧以棗。五弧五分矢，東、南、中央、西、北皆三射。其四弧餘二分矢，懸諸國四通門之左。中央之弧餘二分矢，懸諸社稷門之左。」《內則》，國君世子之禮；《新書》，王太子之禮也。

「上帝降衷于民」，「后王命冢宰，降德于民」，降德，所以全所降之衷也。「元后作民父母」而「作之師」；冢宰建六典，而教典屬焉。故曰「周公師保萬民」，此君相之職也。二《南》之化，以身教；《內則》之篇，以言教。

「養老」，在《家語》則孔子之對哀公，在《書大傳》則春子之對宣王，記《禮》者兼取之。宣王問於春子曰：「寡人欲行孝弟之義，爲之有道乎？」春子曰：「昔者衛聞之樂正子曰：『文王之治岐也』云云。」《呂氏春秋》：「春居問於齊宣王曰：『今王爲太室，群臣莫敢諫，敢問王爲有臣乎？』王曰：『爲無。』春居曰：『臣請辟矣。』趨而出。王曰：『春子，春子，反，何諫寡人之晚也！』」此即《大傳》所謂春子，但其名不同。《大傳》名衛，《呂氏春秋》名居。

「蒙以養正」，罔不在厥初生。古者能食能言而教之，自天子至庶人一也。《慎子》曰：「昔者天子手能衣而宰夫設服，足能行而相者導進，口能言而行人稱辭，故無失言失禮也。」《淮南·主術訓》，魏文帝《成王論》，袁宏《後漢紀論》，皆用其語。《通鑑》裴子野論：「古者人君養子，能言而師授之辭，能行而傅相之禮。」亦本於此。《淮南》云：「心知規而師傅諭導，耳能聽而執正進諫。」魏文帝云：「相者導儀。」袁宏云：「身能衣。」今《慎子》存者五篇，其三十七篇亡，此在亡篇。

「六年，教數與方名。」數者，一至十也。方名，《漢志》所謂五方也。「九年，教數日。」《漢志》所謂六甲也。「十年，學書計。」六書、九數也。計者，數之詳，百千萬億也。《漢志》六甲、五方、書計，皆以八歲學之，與此不同。

「四十始仕，道合則服從，不可則去。」古之人，自其始仕，去就已輕。「色斯舉矣」，去之速也；「翔而後集」，就之遲也。故曰：「以道事君，不可則止。」

孟母曰：「婦人之禮，精五飯，羃酒漿，養舅姑，縫衣裳而已。」程子之母誦古詩曰：「女人不夜出，夜出秉明燭。」唐時有不識廳屏而言笑不聞于鄰者，其習聞《內則》之訓歟？

張彥遠云：「鄭玄未辯樝梨。」按《內則》注：「樝，梨之不臧者。」謂之未辯可乎？

《玉藻》注：「士以下皆禪，不合而縿積，如今作幧頭爲之也。」幧，七消反。《後漢》向栩「著絳綃頭」，注：「字當作『幧』。古詩云：『少年見羅敷，脱巾著幧頭。』」《儀禮》注：『如今著幓頭，自項中而前交額上，却繞髻也。』」

紫，間色也，孔子惡其奪朱。周衰，諸侯服紫。《玉藻》云：「玄冠紫緌，自魯桓公始。」《管子》云：「齊桓公好服紫衣，齊人尚之，五素易一紫。」鄭康成以紫綬爲宋王者之後服，賈逵、杜預以紫衣爲君服，皆周衰之制也。

「皮弁以日視朝。」沙隨程氏云：「皮弁視朝，明目達聰。若黈纊塞耳，前旒蔽明，乃祀天大裘而冕，專誠絜也。」

《明堂位》：「成王命魯公祀周公以天子之禮樂。」《春秋意林》曰：「魯之有天子禮樂，殆周之末王賜之，非成王也。魯惠公使宰讓請郊廟之禮於天子，天子使史角往，惠公止之。其後在魯，實始爲墨翟之學。使成王之世魯已郊矣，則惠公奚請？惠公之請也，殆由平王以下乎？」惠公事見《吕氏春秋·仲春紀》公是始發此論，博而篤矣。石林、止齋皆因之。

「魯公之廟，文世室也。武公之廟，武世室也。」按《春秋》成公六年「立武宫」，武公非始封之君，毁已久而復立，蓋僭用天子文、武二祧之禮。《春秋》之所譏，而《記》以爲禮乎？

《魯世家》：「伯禽之孫濆，弑幽公而自立。」周昭王之十四年也，諸侯篡弑之禍自此始。《記》謂「君臣未嘗相弑」，不亦誣乎！太史公曰：「揖讓之禮則從矣，行事何其戾也。」

孔子曰：「魯之郊禘，非禮也。周公其衰矣。」《春秋》屢書以譏其僭，又書「新作南門」「新作雉門」及「兩觀」，皆僭王制也。若以王禮爲當用，則如泮宮、閟宫，《春秋》不書矣。

《少儀》「朝廷曰退」，進不可貪也；「燕遊曰歸」，樂不可極也。

《學記》以「發慮憲」爲第一義，謂所發之志慮合於法式也。「一年視離經辨志」，一年者，學之始；「辨」云者，分别其心所趨嚮也。慮之所發必謹，志之所趨必辨；爲善不爲利，爲己不爲人；爲君子儒不爲小人儒，此學之本也。能辨志，然後能繼志，故曰「士先志」。

「畿内爲學二，爲序十有二，爲庠三百。諸侯之國半之。」王無咎之言也，陸務觀取焉。天子、諸侯有君師之職，公卿有師保之義，里居有父師、少師之教。

《列子》云：「古詩言：『良弓之子，必先爲箕；良冶之子，必先爲裘。』」張湛注云：「學者必先攻其所易，然後能成其所難。」

《文子》曰：「人生而静，天之性也；感物而動，性之害也；物至而應，智之動也。智與物接，而好憎生焉。好憎成形，而智怵於外，不能反己，而天理滅矣。」與《樂記》相出入，古之遺言歟？致堂云：「《樂記》，子貢作。」

「大學之教也，時教必有正業。」朱子曰：「古者唯習《詩》《書》《禮》《樂》，如《易》則掌於太卜，《春秋》則掌於史官，學者兼通之，不是正業。」子思曰：「夫子之教，必始於《詩》《書》而終於《禮》《樂》，雜説不與焉。」

「天理」二字始見于《樂記》，如孟子「性善」「養氣」，前聖所未發也。

《史記·樂書》引《樂記》，而注兼存王肅説。《通典》引《大傳》，亦取肅注。肅字子雍，《魏志》有傳。《集説》以肅爲元魏人，誤也。有兩王肅，在元魏者字恭懿，不以經學名。

「禮主其減」，《史記·樂書》作「禮主其謙」。王肅曰：「自謙損也。」「禮有報而樂有反」，鄭注：「『報』讀爲『褒』。」孫炎曰：「報，謂禮尚往來，以勸進之。」「石聲磬」，鄭注：「『磬』當爲『罄』。」《樂書》作「石聲硜。口鼎反。硜以立别」。《史記》正義：「《樂記》，公孫尼子次撰。」

《南風》之詩出《尸子》及《家語》，鄭氏注《樂記》云：「其辭未聞。」

艾軒曰：「五音十二律，古也。舜彈五弦之琴以歌《南風》，是琴之全體具五音也。琴之有少宫、少商，則不復有琴；樂之有少宫、少徵，則不復有樂，以繁脆噍殺之調皆生於二變也。」

三老、五更，按《列子》云：「禾生、子伯宿於田更商丘開之舍。」更，亦老之稱也。

《雜記》「里尹主之」，注：「《王度記》曰：『百户爲里，里一尹，其禄如庶人在官者。』」正義：「按《别録》，《王度記》似齊宣王時淳于髡等所説也。」

孔子曰：「少連、大連善居喪。東夷之子也。」唐扶餘璋之子義慈，號海東曾子；頡利之子疊羅支，其母後至，不敢嘗品肉。孰謂夷無人哉！

《祭法》注：「司命主督察三命。」《孝經援神契》謂：「命有三科，有受命以保慶，有遭命以謫暴，有隨命以督行。」《孟子》注云：「命有三名：行善得善曰受命，行善得惡曰遭命，行惡得惡曰隨命。」孫子荆詩：「三命皆有極。」皆本《援神契》。

《祭義》曰「術省之」，賈山《至言》：「術追厥功。」「術」與「述」同。

《孔悝鼎銘》：「六月丁亥，公假于大廟。」注謂「以夏之孟夏禘祭」。正義：「哀十五年冬，蒯聵得國。十六年六月，衛侯飲孔悝酒而逐之。此云六月命之者，蓋命後即逐之也。」愚按《通鑑外紀目録》，是年六月丁未朔，則無丁亥，當闕疑。裴松之曰：「孔悝之銘，行是人非。」

《經解》以《詩》爲首。《七略》《藝文志》，阮孝緒《七録》，用《易》居前。王儉《七志》，《孝經》爲初。

《坊記》引《論語》曰：「三年無改於父之道。」《論語》成於夫子之門人，則《記》所謂「子云」者，非夫子之言也。

《坊記》注引《孟子》曰：「舜年五十而不失其孺子之心。」今本云「五十而慕」。康成注《禮》，必有所據。

孔子曰：「國家有道，其言足以治；國家無道，其默足以容。」蓋銅鞮伯華之行也。

《大戴禮》《家語》。曾子曰：「孝子之事親也，居易以俟命，不興險行以僥倖。」《中庸》之言本此。

「仁者人也」，注：「人也，讀如『相人偶』之『人』，以人意相存問之言。」朱文公問呂成公：「『相人偶』，此句不知出於何書？疏中亦不説破。」呂答未見，當考。《禮記集説》削此二句。《周禮》注：「璂，讀如『薄借綦』之『綦』。」「轐，讀如『旃僕』之『僕』。」疏皆以爲未聞。

「期之喪，達乎大夫」，呂與叔之説詳矣。朱文公謂「古人貴貴之義」。然亦是周公制禮以後方如此。故《檀弓》又云：「古者不降，上下各以其親。」

「大經、大本」，注：「大經，《春秋》也；大本，《孝經》也。」蓋泥於緯書「志在《春秋》，行在《孝經》」之言，其説疏矣。

「衣錦尚絅」，《書大傳》作「尚蘔」。注：「蘔，讀爲絅，或爲絺。」

朱文公《答項平父書》云：「子思以來，教人之法，惟以尊德性、道問學兩事爲用力之要。子静所説專是尊德性事，而某平日所論，問學上多。所以爲彼學者，多持守可觀，而看義理不細。而某自覺於爲己爲人，多不得力。今當反身用力，去短集長，庶幾不墮一邊。」即此書觀之，文公未嘗不取陸氏之所長也。《太極》之書，豈好辯哉！

徐彦伯《樞機論》曰：「中庸鏤其心，左階銘其背。」「中庸鏤心」，未詳所出，但有服膺之語。

《樂記》：「倒載干戈，包之以虎皮，名曰建櫜。」字或作「建皋」。服虔引以解《左傳》「蒙皋比」。

《緇衣》：「葉公之《顧命》曰：『毋以小謀敗大作，毋以嬖御人疾莊后，毋以嬖御士疾莊士大夫卿士。』」《周書祭公篇》：「公曰：『汝無以嬖御固莊后，汝無以小謀敗大作，汝無以嬖御士疾大夫卿士，汝無以家相亂王室而莫恤其外。』」葉公當作「祭公」，疑記《禮》者之誤。

「深衣方領」。朱文公謂：「衣領之交，自有如矩之象。續衽鉤邊者，連續裳旁，無前後幅之縫。左右交鉤，即爲鉤邊，非有別布一幅裁之如鉤而綴于裳旁也。」康成注：「鉤邊，若今曲裾。」文公晚歲去曲裾之制而不用。愚以漢史考之：朱勃之衣方領，謂之古制可也；江充之衣曲裾，謂之古制可乎？此文公所以改司馬公之説。

《大戴記·投壺篇》末云：「弓既平張，四侯且良。决拾有常，既順乃讓。乃揖乃讓，乃隮其堂。乃節其行，既志乃張。射夫命射，射者之聲。御車之旌，既獲卒莫。」此命射之辭也。

哀公之問，非切問也，故孔子於問舜冠則不對，於問儒服則不知。

《儒行》言「自立」者二，言「特立」者一，言「特立獨行」者一。人所以參天地者，其要在此。「如有所立卓爾」，顔子言之。「立天下之正位，先立乎其大者」，孟子言之。

《大學》之「親民」當爲「新」，猶《金縢》之「新逆」當爲「親」也，皆傳寫之誤。

古之人文以達意，非有意於傳也。《湯盤銘》以《大學》傳，《虞人箴》《祈招詩》《讒鼎銘》以《左氏》傳，楚狂《滄浪之歌》以孔、孟氏之書傳。

「知止而后有定」，《章句》云：「志有定向。」《或問》云：「事事物物皆有定理。」其説似不同，當以《章句》爲正。

子罕却玉，韓起辭環，有無窮之名；季氏之璵璠，向魋之夏璜，有無窮之惡。故曰：「惟善以爲寶。」

《鄉飲酒義》「立三賓以象三光」，注：「三光，三大辰也。天之政教，出於大辰焉。」《公羊傳》：「大火、心。伐、參。北辰北極。爲大辰。」漢文帝詔：「上以累三光之明。」顔注：「謂日、月、星。」

《春秋》正義引《辨名記》云：「倍人曰茂；十人曰選，倍選曰儁；千人曰英，倍英曰賢；萬人曰桀，倍桀曰聖。」《禮記》正義引之，以爲蔡氏。《白虎通》引《禮别名記》曰：「五人曰茂，十人曰選，百人曰俊，千人曰英，倍英曰賢，萬人曰傑，萬傑曰聖。」

蓋《禮記》逸篇也。

《後漢》崔琦對梁冀曰：「將使玄黄改色、馬鹿易形乎？」注言「馬鹿」而不言「玄黄」。按《禮器》「或素或青，夏造殷因」，注云：「變白黑言素青者，秦二世時，趙高欲作亂，或以青爲黑，黑爲黄，民言從之，至今語猶存也。」琦所謂「玄黄改色」，即此事也。

《荀子》引《聘禮志》曰：「幣厚則傷德，財侈則殄禮。禮云禮云，玉帛云乎哉！」此即《聘義》所謂「輕財重禮」也。

《後漢·東夷傳》：「徐夷率九夷以伐宗周，西至河上。穆王畏其方熾，乃分東方諸侯，命徐偃王主之。」《檀弓》載徐容居之對曰：「昔我先君駒王西討，濟於河。」然則駒王即偃王歟？濟河即所謂「西至河上」也？

《易·乾鑿度》：「水爲信，土爲知。」《中庸》注：「水神則信，土神則知。」服氏注《左傳》：「土爲信。」朱文公謂：「信猶五行之土，服説是也。」

《儒行》云：「其過失可微辨，而不可面數也。」子路喜聞過，善人能受盡言。如諱人之面數，則面諛之人至，而曾子不當三數子夏矣。以是爲剛毅，焉得剛？故程子謂「游説之士所爲誇大之説」。

方慤解《王制》云：「爵欲正其名，故官必特置；禄欲省其費，故職或兼掌。」愚嘗聞淳熙中，或言秦檜當國時，遴於除授，一人或兼數職，未嘗廢事，又可省縣官用度，於是要官多不補。御史中丞蔣繼周論之曰：「往者權臣用事，專進私黨，廣斥異己，故朝列多闕。今獨何取此？朝臣俸禄有限，其省幾何？而遺才乏事，上下交病，且一官治數司而收其禀，裴延齡用以欺唐德宗也。」以是觀之，則兼職省費，豈王者之制乎！

《周官》「上公九命」，《王制》「有加則賜，不過九命」。伏生《大傳》謂：「諸侯三年一貢士，一適謂之好德，再適謂之賢賢，三適謂之有功。有功者，天子一賜以車服弓矢，再賜以秬鬯，三賜以虎賁百人，號曰命諸侯。」此言三賜而已。《漢武紀》元朔元年，有司奏議，曰：「古者諸侯貢士，壹適謂之好德，再適謂之賢賢，三適謂之有功，乃加九錫。」「九錫」始見于此，遂爲篡臣竊國之資，自王莽始。《禮緯含文嘉》有「九錫」之説，亦起哀、平間。飾經文奸以覆邦家，漢儒之罪大矣。

《表記》「殷人先罰而後賞」，漢武帝謂「殷人執五刑以督奸」，皆言殷政之嚴也。《書》曰「代虐以寬」，《詩》曰「敷政優優」，豈尚嚴哉！

「仁右道左」，仁對道而言。張宣公以爲言「周流運用處。右爲陽，而用之所行也；左爲陰，而體之所存也」。

「國君沐粱，大夫沐稷，士沐粱。」司馬公曰：「禮别嫌明微。大夫貴，近於君，故推而遠之，以防僭逼之端。士賤，遠於君，雖與之同物，無所嫌也。」

「善教者使人繼其志。」弟子累其師，李斯、韓非之於荀卿也；弟子賢於師，盧植、鄭玄之於馬融也。

《曲禮》：「刑不上大夫。」《家語》：「冉有問刑不上於大夫，孔子曰：『凡治君子，以禮御其心，所以屬之以廉耻之節也。』」其言與《賈誼書》同而加詳焉。誼蓋述夫子之言也。《秋官·條狼氏》誓大夫曰鞭，恐非周公之法。

《文子》曰：「聖人不慚於影，君子慎其獨也。」《劉子》曰：「獨立不慚影，獨寢不媿衾。」高彦先《謹獨銘》曰：「其出户如見賓，其入虚如有人。其行無愧於影，其寢無愧於衾。」四句並見《劉子》。

《大學章句》「咏嘆淫液」，刊本誤爲「淫泆」。

《月令》言「來歲」者二：季秋「爲來歲受朔日」，秦正建亥也；季冬「待來歲之宜」，夏正建寅也。《月令》作於秦，雖用夏時，猶存秦制。《淮南·時則訓》與《月令》同。漢太初以前，猶以十月爲歲首。

《理道要訣》云：「周人尚以手摶食，故《記》云『共飯不澤手』，蓋弊俗漸改未盡。今夷狄及海南諸國、五嶺外人，皆手摶食，豈若用匕箸乎？三代之制祭立尸，自秦則廢，後魏文成時，高允獻書云：『祭尸久廢，今俗父母亡，取狀貌類者爲尸，敗化黷禮，請釐革。』又周、隋《蠻夷傳》：『巴、梁間爲尸以祭。』今郴、道州人祭祀，迎同姓伴神以享。則立尸之遺法，乃本夷狄風俗，至周未改耳。以人殉葬，至周方革，猶未能絶。秦穆公、魏顆之父、陳乾昔。今戎狄尚有之，中華久絶矣。」

《少儀》：「頍，警枕也。」謂之頍者，頍然警悟也。司馬文正公以圓木爲警枕，少睡則枕轉而覺，乃起讀書。

「舜葬蒼梧之野」。薛氏曰：「孟子以爲『卒於鳴條』，《吕氏春秋》『舜葬於紀』。蒼梧山，在海州界，近莒之紀城。鳴條亭，在陳留之平丘。」今考《九域志》，海州東海縣有蒼梧山。

《儒行》言儒之異十有七條，程子以爲非孔子之言。胡氏謂：「游、夏門人所爲，其文章殆與荀卿相類。」

古者無一民不學也。二十五家爲閭，閭同一巷，巷有門，門有兩塾。上老坐於右塾，爲右師；庶老坐於左塾，爲左師。出入則里胥坐右塾，鄰長坐左塾，察其長幼揖遜之序。新穀已入，餘子皆入學，距冬至四十五日始出學，所謂「家有塾」也。聞之先儒曰：「先王之時，其人則四民也，其居則六鄉、三采、五比、四閭也，其田則一井、二牧、三屋、九夫也，其官則三吏、六聯、五侯、九伯也，其教則五典、十義、六德、六行也，其學則五禮、六樂、五射、六馭、六書、九數也。少而習焉，其心安焉。正歲孟月之吉，黨正社禜之會，讀法飲射，無非教也。弟子之職，攝衣、沃盥、執帚、播灑、饌饋、陳膳、執燭、奉席，無非學也。漢猶有三老，掌教化父兄之教，子弟之率。餘論未泯，清議在鄉黨，而廉耻興焉。經學有師法，而義理明焉。」吁，古道何時而復乎！

「絜矩」，學者之事也。「從心所欲而不逾矩」，聖人之事也。

「孔子射於矍相之圃」。吕與叔曰：「孔子温良恭讓，其於鄉黨似不能言，未聞拒人如是之甚。疑不出於聖人，特門人弟子逆料聖人之意而爲此説。將以推尊聖人，而不知非聖人之所當言。」此言可以厲浮薄之俗，故表而出之。

大戴禮記

《大戴禮》：《哀公問》《投壺》二篇，與《小戴》無甚異。《禮察》篇首與《經解》同。《曾子·大孝篇》與《祭義》相似，而《曾子書》十篇皆在焉。《勸學》《禮三本》見于《荀子》。《保傅篇》，則《賈誼書》之《保傅》《傅職》《胎教》《容經》四篇也，《漢書》謂之《保傅傳》。

《大戴禮》盧辯注，非鄭氏。朱文公引《明堂篇》「鄭氏注云『法龜文』」，未考《北史》也。

《易本命篇》與《家語》同，但《家語》謂子夏問於孔子，孔子曰：「然。吾昔聞老聃，亦如汝之言。」子夏曰：「商聞《山書》曰云云。」《大戴》以「子曰」冠其首，疑此篇子夏所著，而大戴取以爲《記》。

《踐阼篇》載武王十七銘。《後漢·朱穆傳》注引《太公陰謀》：「武王《衣之銘》曰：『桑蠶苦，女工難，得新捐故後必寒。』《鏡銘》曰：『以鏡自照見形容，以人自照見吉凶。』《觴銘》曰：『樂極則悲，沈湎致非，社稷爲危。』」《崔駰傳》注引《太公金匱》：「武王曰：『吾欲造起居之誡，隨之以身。』几之書曰：『安無忘危，存無忘亡，孰惟二者，必後無凶。』杖之書曰：『輔人無苟，扶人無咎。』」《太平御覽》諸書引《太公陰謀》：「筆之書曰：『毫毛茂茂，陷水可脱，陷文不活。』箠之書曰：『馬不可極，民不可劇。馬極則蹪，民劇則敗。』」又引《金匱》：「其《冠銘》曰：『寵以著首，將身不正，遺爲德咎。』書履曰：『行必慮正，無懷僥倖。』書劍曰：『常以服兵而行道德，行則福，廢則覆。』書車曰：『自致者急，載人者緩。取欲無度，自致而反。』書鏡曰：『以鏡自照，則知吉凶。』門之書曰：『敬遇賓客，貴賤無二。』户之書曰：『出畏之，入懼之。』牖之書曰：『窺望審，且念所得，可思所忘。』鑰之書曰：『昏謹守，深察訛。』硯之書曰：『石墨相著而黑，邪心讒言，無得汙白。』書鋒曰：『忍之須臾，乃全汝軀。』書刀曰：『刀利磑磑，無爲汝開。』書井曰：『原泉滑滑，連旱則絶。取事有常，賦斂有節。』」蔡邕《銘論》謂：「武王踐阼，咨于太師，作席几、楹杖、器械之銘十有八章。」參考《金匱》《陰謀》之書，則不止於十八章矣。書于篇後，俾好古者有考。

「武王東面而立，師尚父西面道丹書之言。」皇氏曰：「王在賓位，師尚父在主位，此王廷之位。若尋常師徒之教，則師東面，弟子西面，與此異。」

山谷以太公所誦《丹書》及武王銘，書於坐之左右，以爲息黥補劓之方。朱文公亦求程可久寫《武王踐阼》一篇，以爲左右觀省之戒。《儀禮經傳》删「且臣聞之」至「必及其世」。《大學或問》因湯《盤銘》及武王之銘。

《大戴記》之《夏小正》，《管子》之《弟子職》，《孔叢子》之《小爾雅》，古書之存者，三子之力也。

《誥志篇》孔子曰：「古之治天下者必聖人。聖人有國，則日月不食，星辰不孛。」慈湖謂：「堯、舜、禹之時，歷年多無日食。至太康失邦，始日食。曆家謂日月薄食可以術推者，衰世之術也，而亦不能一一皆中。一行歸之君德，頗與孔子之言合。一行之術精矣，而有此論，則誠不可委之數。」

《説苑》引子思曰：「學所以益才也，礪所以致刃也。吾嘗幽處而深思，不若學之速；吾嘗跂而望，不若登高之博見。故順風而呼，聲不加疾而聞者衆；登丘而招，臂不加長而見者遠。故魚乘於水，鳥乘於風，草木乘於時。」與《大戴禮》《荀子・勸學篇》略同。隋、唐《志》又有蔡邕《勸學篇》一卷，《易》正義引之云：「鼫鼠五能，不成一伎術。」晉蔡謨讀《爾雅》不熟，幾爲《勸學》死，謂《勸學篇》也。《荀子》「梧鼠」，《大戴》云

「鼫鼠」」；「蟹六跪二螯」，《大戴》云「二螯八足」。

《曾子》曰：「與君子游，如長日加益而不自知也。」董仲舒之言本於此。「行其所聞，則廣大矣。」仲舒云：「行其所知，則光大矣。」

《曾子制言》曰：「良賈深藏如虛，君子有盛教如無。」與《史記》《老子》之言略同。

《公符篇》載《孝昭冠辭》，其后氏《曲臺》所記歟？《後漢·禮儀志》注引《博物記》云。

《迎日辭》，亦見《尚書大傳》。三句與《洛誥》同。

《哀公問五義》云「穆穆純純，其莫之能循。」《荀子》云：「繆繆肫肫，其事不可循。」蓋古字通用。楊倞注：「繆當爲膠，肫與訰同。」非也。

賈誼「審取舍」之言，見《禮察篇》。

《四代篇》引《詩》云：「東有開明，避景帝諱也。於時雞三號，以興庶虞。庶虞動，蜚征作。嗇民執功，百草咸淳。」庶虞，蓋山虞、澤虞之屬。馬融《廣成頌》用「飛征」。

《虞戴德篇》：「昔商老彭及仲傀，政之教大夫，官之教士，技之教庶人。」仲傀當考。

《小辨篇》：「子曰：『綴學之徒，安知忠信？』」劉歆書「綴學之士」，本此。

「傳言以象，反舌皆至。」象者，象胥，舌人之官也。

「《爾雅》以觀於古，足以辨言矣」，注謂「依於《雅》《頌》」。張揖云：「即《爾雅》

也。」《爾雅》之名，始見於此。

《保傅篇》：「靈公殺洩冶，而鄧元去陳以族從。」鄧元事唯見於此，當考。

《文王官人篇》：「其少不諷誦，其壯不論議，其老不教誨，亦可謂無業之人矣。」此言可以儆學者。

傅氏《夏小正序》：「鄭注《月令》，引《小正》者八。」今按《月令》「孟冬講武」注引《夏小正》「十一月王狩」，凡引《小正》者九。《詩·七月》箋引《小正》者一。朱子發曰：「《夏小正》具十二月而無中氣，有候應而無日數。至《時訓》乃五日爲候，三候爲氣，六十日爲節。豈《時訓》因《小正》而加詳歟？」

《孔子三朝》七篇。《藝文志》注：「孔子對魯哀公語也。三朝見公，故曰三朝。」《大戴禮記》：《千乘》《四代》《虞戴德》《誥志》《小辨》《用兵》《少間》，凡七篇。

樂

《樂緯動聲儀》：「顓頊之樂曰《五莖》，帝嚳之樂曰《六英》。」《漢志》《白虎通》云「《六莖》《五英》」，《帝王世紀》「高陽作《五英》，高辛作《六莖》」，《列子》注以《六瑩》爲帝嚳樂，《淮南子》注以《六瑩》爲顓頊樂。《通鑑外紀》云：「《漢志》《世紀》放六樂撰其名，故多異。」

徐景安《樂章文譜》曰：「五音合數，而樂未成文。案旋宮以明均律，迭生二變，方協七音。乃以變徵之聲，循環正徵，復以變宫之律，迴演清宫。其變徵以變字爲文，其變宫以均字爲譜。唯清之一字，生自正宫，倍應聲同，終歸一律。」陳晉之《樂書》謂：「二變四清，樂之蠹也。四清之名，起於鐘磬二八之文；二變之名，起於六十律旋宫之言，非古制也。」朱文公曰：「半律，《通典》謂之子聲，此是古法。但後人失之，而唯存黄鍾、大吕、太簇、夾鍾四律，有四清聲，即半聲是也。變宫、變徵始見於《國語》注。《後漢志》乃十二律之本聲，自宫而下六變七變而得之者，非清聲也。凡十二律皆有二變，一律之内通五聲，合爲七均。祖孝孫、王朴之樂皆同。所以有八十四調者，每律各添二聲而得之也。」正聲是全律之聲，如黄鍾九寸是也。子聲是半律之聲，如黄鍾四寸半是也。宫與羽，角與徵，相去獨遠，故於其間製變宫、變徵二聲。

《仁宗實録》叙皇祐新樂云：「古者黄鍾爲萬事根本，故尺量權衡皆起於黄鍾。至晉、隋間，累黍爲尺，而以制律，容受卒不能合。及平陳，得古樂，遂用之。唐興，因其聲以制樂，其器雖無法，而其聲猶不失於古。王朴始用尺定律，而聲與器皆失之。太祖患其聲高，特減一律，至是又減半律。然太常樂比唐之聲猶高五律，比今燕樂高三律，失之於以尺而生律也。」其言皆見于范蜀公《樂書》。《實録》蓋蜀公之筆也。房庶言以律生尺，蜀公謂黄帝之法也。司馬公謂：「胡、李之律生於尺，房庶之律生於量，皆難以定是非。」蔡季通謂：「律、度、量、衡，言蓋有叙，若以尺寸求之，是律生於度；若以累黍爲之，是律生於量，皆非也。」故自爲律吹之而得其聲。蜀公父名度，故以「度量」爲「尺量」，然《實録》不宜避私諱。

《淮南子·天文訓》云：「律以當辰，音以當日。一律而生五音，十二律而爲六十音。因而六之，故三百六十音以當一歲之日。」京房六十律，錢樂之三百六十律，本於此。

《考工記·磬氏》疏：「案《樂》云：『磬前長三律，二尺七寸。後長二律，尺八寸。』」朱文公問蔡季通：「不知所謂『《樂》云』者是何書？今考《三禮圖》，以爲《樂經》。」《書大傳》亦引《樂》曰：「舟張辟雍，鶬鶬相從。」漢元始四年，立《樂經》。《續漢志》鮑鄴引《樂經》，今其書無傳。

晉戴邈上表曰：「上之所好，下必有過之者焉。是故雙劍之節崇，而飛白之俗成；挾琴之容飾，而赴曲之和作。」蓋用阮籍《樂論》之語。《樂論》云：「吳有雙劍之節，趙有挾琴之容。」

樂名，周以「夏」，宋以「永」，梁以「雅」，周、隋以「夏」，唐以「和」，本朝以「安」。

傅玄《琴賦》：「齊桓曰號鐘，楚莊曰繞梁，相如曰燋尾，伯喈曰緑綺。」《宋書·樂志》曰：「世云燋尾伯喈琴，以傅氏言之，非伯喈也。」今按《蔡邕傳》注引《琴賦序》：「相如緑綺，蔡邕焦尾。」《宋志》恐誤。

嵇叔夜《琴賦》：「曲引所宜，則《廣陵》《止息》。」李善注：應璩《與劉孔才書》曰「聽《廣陵》之清散」。傅玄《琴賦》曰：「馬融譚思於《止息》。」明古有此曲。韓臯謂：「嵇康爲是曲，當晉、魏之際，以魏文武大臣敗散於廣陵始。晉雖暴興，終止息於此。」今以《選》注考之，《廣陵散》《止息》皆古曲，非叔夜始撰也。魏揚州刺史治壽春，亦非廣陵。顧況《廣陵散記》云：「曲有《日宫散》《月宫散》《歸雲引》《華嶽引》。」然則「散」猶「引」也，敗散之説非矣。

「銅山西崩，靈鐘東應」，《世説》注引東方朔、樊英事。《樂纂》又謂：「晉人有銅澡盤自鳴，張茂先曰：『此器與洛陽鐘聲諧，宫中撞鐘，故鳴。』」《朱子語録》云：「《漢·禮樂志》劉歆説樂處亦好。」《漢志》無劉歆説樂，此記録之誤。《近思續録》亦誤取之。隋牛弘引劉歆《鐘律書》，出《風俗通》。

周無射之鐘，至隋乃毁。唐顯慶之輅，至本朝猶存。物之壽亦有數邪？

徐氏之禮，善盤辟之容而不能明其本；制氏之樂，紀鏗鎗之聲而不能言其義。漢世所謂禮樂者，叔孫通之儀，李延年之律爾。禮缺而樂遂亡，徐氏之容，制氏之聲，亦不復傳矣。

夏侯太初《辯樂論》：「伏羲有《網罟》之歌，神農有《豐年》之咏，黄帝有《龍衮》之頌。」元次山《補樂歌》有《網罟》《豐年》二篇。《文心雕龍》云：「二言肇於黄世，《竹彈》之謡是也。」《竹彈歌》見《吴越春秋》。

韓文公《琴操》十首。琴有十二操，不取《水仙》《壞陵》二操。

范蜀公《議樂》曰：「秬一稃二米，今秬黍皆一米。」楊次公非之曰：「《爾雅》：『秬，黑黍。秠，一稃二米。』其種異。以爲必得秠然後制律，未之前聞也。」晁子止曰：「縱黍爲之則尺長，律管容黍爲有餘，王朴是也。横黍爲之則尺短，律管容黍爲不足，胡瑗是也。」

《新唐書·樂志》多取劉貺《太樂令壁記》。

《吕才傳》云：「製尺八，凡十二枚，長短不同，與律諧契。」尺八，樂器之名。見《摭言》《逸史》。《仙隱傳》：「房介然善吹竹笛，名曰尺八。」

《文子》曰：「聽其音則知其風，觀其樂即知其俗，見其俗即知其化。」與《樂記》意同。

《吕氏春秋》：「齊之衰也，作爲大吕。」即《樂毅書》所云「大吕陳於元英」者。

孔子鼓瑟，有鼠出游，狸微行造焉，獲而不得，而曾子以爲有貪狼之志。客有彈琴，見螳螂方向鳴蟬，惟恐螳螂之失也，而蔡邕以爲有殺心。二事相類。

《琴操》曰：「聶政父爲韓王治劍，不成，王殺之。時政未生，及長，入太山，遇仙人，學鼓琴。七年，琴成入韓。」豈韓有兩聶政與？

范蜀公曰：「清聲不見於經，唯《小胥》注云：『鐘磬者編次之二八十六枚，而在一虡，謂之堵。』至唐又有十二清聲，其聲愈高。國朝舊有四清聲，置而弗用。至劉几用之，與鄭、衛無異。」今考皇祐二年，王堯臣等言：「準正聲之半，以爲十二子聲之鐘，故有正聲、子聲各十二。」子聲即清聲也。唐制以十六爲小架，二十四爲大架。今太常鐘垂十六。舊傳正聲之外，有黄鐘至夾鐘四清聲，又樂工所陳自磬、簫、琴、籥、巢笙五器本有清聲，塤、篪、竽、筑、瑟五器本無清聲。劉几用四清聲，未可以爲非。

西山先生曰：「禮中有樂，樂中有禮。朱文公謂『嚴而泰，和而節。』禮勝則離，以其太嚴，須用有樂；樂勝則流，以其太和，須用有禮。」

致堂胡氏曰：「禮、樂之書，其不知者，指《周官》《戴記》爲《禮經》，指《樂記》爲《樂經》。其知者曰：『禮、樂無全書。』此考之未深者。孔子曰：『吾自衛反魯，然後樂正，雅、頌各得其所。』是《詩》與樂相須，不可謂樂無書。《樂記》則子夏所述也。至於禮，夫子欲爲一書而不果成，夏杞、殷宋之嘆是也。」

魯雖賜以天子之禮樂，其實與天子固有隆殺也。樂有夷蠻而無戎狄也，門有雉庫而無皋應也。尊用四代之尊，而爵無虞氏之爵也；俎用四代之俎，而豆無虞氏之豆也。其後魯公僭天子之制，三家僭魯公之制，陪臣僭三家之制。然魯有郊廟之禮，始於惠公之請，在平王東遷之後。說見前。

《鄉飲酒》：「升歌三終，《鹿鳴》《四牡》《皇皇者華》。笙入三終，《南陔》《白華》《華黍》。

間歌三終，歌《魚麗》，笙《由庚》；歌《南有嘉魚》，笙《崇丘》；歌《南山有臺》，笙《由儀》。合樂三終。」《周南》：《關雎》《葛覃》《卷耳》。《召南》：《鵲巢》《采蘩》《采蘋》。《周南》《召南》，《燕禮》謂之鄉樂，亦曰房中之樂。大射，歌《鹿鳴》三終，《鹿鳴》《四牡》《皇皇者華》。管《新宮》三終。其篇亡。笙詩無辭，則管詩亦無辭。《左傳》：「宋公享昭子，賦《新宮》。」則《新宮》有辭。

卷六

春秋

《春秋》之法，韓文公「謹嚴」二字盡之；學《春秋》之法，吕成公「切近」二字盡之。

《詩》亡然後《春秋》作。《詩》《春秋》相表裏，《詩》之所刺，《春秋》之所貶也。《小雅》盡廢，有宣王焉，《春秋》可以無作也。《王風》不復《雅》，君子絶望於平王矣。然《雅》亡而《風》未亡，清議蓋凛凛焉。《擊鼓》之詩，以從孫子仲爲怨，則亂賊之黨猶未盛也。《無衣》之詩，待天子之命然後安，則篡奪之惡猶有懼也。更齊、宋、晉、秦之伯，未嘗無詩，禮義之維持人心如此。魯有《頌》而周益衰，變風終于陳靈而《詩》遂亡。夏南之亂，諸侯不討而楚討之，中國爲無人矣，《春秋》所爲作與？

「春王正月」，程氏傳曰：「周正月，非春也，假天時以立義耳。」胡氏傳曰：「以夏時冠月，垂法後世；以周正紀事，示無其位不敢自專。」朱文公謂：「以《書》考之，凡書月皆不著時，疑古史記事例如此。至孔子作《春秋》，然後以天時加王月，以明上奉天時、下正王朔之義。而加『春』於建子之月，則行夏時之意，亦在其中。」「以程子『假天時以立義』考之，則是夫子作《春秋》時特加此四字以繫年，見行夏時之意。如胡氏之説，則周亦未嘗改月，而夫子特以夏正建寅之月爲歲首，月下所書之事是周正建子月事。自是之後，月與事常差兩月，恐聖人制作不如是錯亂無章也。劉質夫説，似亦以『春』字爲夫子所加，但魯史謂之《春秋》，似元有此字。」石林葉氏考《左傳》祭足取麥，穀、鄧來朝，以爲經傳所記有例差兩月者，是經用周正而傳取國史，有自用夏正者，失于更改也。陳氏《後傳》曰：「以夏時冠周月，則魯史也。夫子修《春秋》，每孟月書時，以見魯史；每正月書王，以存周正，蓋尊周而罪魯也。」張氏《集傳》曰：「《周官》布治，言正月之吉，此周正也。而以夏正爲正歲。《詩·七月》言月皆夏時，而以周正爲『一之日』，可見兼存之法。」沙隨程氏曰：「周正之春，包子、丑、寅月。」吕成公《講義》於「春」字略焉，蓋闕疑之意。

胡文定《春秋傳》曰：「元，即仁也。仁，人心也。」龜山謂：「其説似太支離，恐改元初無此意。」東萊《集解》亦不取。

隱元年有「正月」，後十年皆無「正月」。陸淳曰：「元年有『正』，言隱當立而不行即位之禮。十年無『正』，譏隱合居其位而不正以貽禍。」

《春秋》書「侵」者才五十八，而書「伐」者至於二百一十三。蘇氏謂：「三

《傳》侵伐之例非正也。有隙曰侵，有辭曰伐。」愚謂《孟子》曰：「春秋無義戰。」非皆有辭而伐也。

《金石録》：「鼎銘有云：『王格大室即立。』按古器物銘，凡言『即立』，或言『立中庭』，皆當讀爲『位』。蓋古字假借，其説見鄭氏注《儀禮》。秦泰山刻石猶如此。」愚按《周禮·小宗伯》「掌建國之神位」，故書「位」作「立」。鄭司農云：「立讀爲位。古者『立』『位』同字。古文《春秋經》『公即位』爲『公即立』。」蓋古字通用。《詛楚文》「變輸盟刺」即「渝」字。朱文公引以證《公》《穀》「鄭人來輸平」即《左氏》「渝平」也。胡文定謂以物求平，恐不然。

《史記·孔子世家》：「文辭有可與人共者，至於爲《春秋》，筆則筆，削則削，子夏之徒不能贊一辭。」曹子建《與楊德祖書》：「昔尼父之文辭與人通流，至於制《春秋》，游、夏之徒乃不能措一辭。」李善注引《史記》曰：「子游、子夏之徒不能贊一辭。」今本無「子游」二字。

《公羊》疏：「案閔因叙云：『昔孔子制《春秋》之義，使子夏等十四人求周史記，得百二十國寶書。』」今經止有五十餘國，通戎、夷、宿、潞之屬，僅有六十。莊七年《傳》云：「不修《春秋》曰『雨星不及地尺而復』，君子修之，曰『星霣如雨』。」何氏曰：「不修《春秋》，謂史記也。古者謂史記爲『春秋』。」劉原父謂何休以不修《春秋百二十國寶書》

《三禮春秋》，朱文公謂「二書不傳，不得深探聖人筆削之意」。

王介甫《答韓求仁問春秋》曰：「此經比他經尤難，蓋三《傳》不足信也。」尹和静云：「介甫不解《春秋》，以其難之也。廢《春秋》，非其意。」朱文公亦曰：「《春秋》義例，時亦窺其一二大者，而終不能自信於心，故未嘗敢措一辭。」

鶴山曰：「《春秋》由懼而作，書成而亂賊懼。亂賊蓋陷溺之深者，而猶懼焉，則人性固不相遠也。」其説本於吕成公《講義》。

書「尹氏卒」。此尹氏立王子朝之始也。書「齊崔氏出奔衛」，此崔杼弑其君之始也。比事觀之，履霜堅冰之戒明矣。聖人絶惡於未萌，必謹其微。

薛士龍《春秋旨要序》謂：「先王之制，諸侯無史，天子有外史掌四方之志，而職於周之太史。隱之時，始更《魯曆》而爲魯史，諸侯之有史，其周之衰乎！《費誓》《秦誓》列於《周書》，《甘棠》《韓奕》編之《南》《雅》，烏在諸侯之有史也？《晉乘》始於殤叔，秦史作於文公，王室之微，諸侯之力政焉爾。」止齋《後傳》因之。朱文公以爲：「諸侯若無史，外史何所稽考而爲史？古人生子則閭史書之，閭尚有史，况一國乎？」愚謂：《酒誥》曰「矧太史友、内史友」，則諸侯有史矣。

《春秋》日食三十六，有甲乙者三十四，曆家推驗精者不過二十六，有日朔者二十六，以周曆考之，朔日失二十五，魯曆校之，又失十三。唐一行得二十七，朔差者半。本朝衛朴得三十五，獨莊十八年三月，古今算不入食法。

漢日食五十三，後漢七十二，唐九十三。曆法：一百七十三日有餘一交會。然《春秋》隱元年至哀二十七年，凡三千一百五十四月，唯三十七食，是雖交而不食也。襄二十一年九月、十月，二十四年七月、八月頻食，是頻交而食也。漢高帝三年十月、十一月亦頻食。

西疇崔氏曰：「《春秋》桓四年、七年無秋、冬，定十四年無冬，桓十七年書『夏五』而闕其月，莊二十二年書『夏五月』而闕其事，僖二十八年書『壬申』而不繫之月，桓十年書『五月』而不繫之夏，昭十二年書『十二月』而不繫之冬。『郭公』『仲孫忌』與凡日食而不繫朔與日者，皆闕也。」

《孟子題辭》：「仲尼有云：『我欲托之空言，不如載之行事之深切著明也。』」《太史公自序》：「聞之董生曰：『子曰：「我欲載之空言，不如見之行事之深切著明也。」』」正義云：「此《春秋緯》文。」愚謂：緯書起哀、平間，董生時未有之，蓋爲緯書者述此語耳。

「公矢魚于棠」。朱文公曰：「據《傳》曰『則君不射』，是以弓矢射之，如漢武親射蛟江中之類。按《淮南·時則訓》『季冬命漁師始漁，天子親往射魚』，則《左氏》陳魚之説非矣。」

《春秋》正月書「王」者九十二，二月書「王」者二十有三，三月書「王」者一十九。元年，不以有事無事，皆書「王」。何休謂：「二月、三月皆有『王』者，以存二王之後。」二月，殷之正月；三月，夏之正月。先儒以爲妄。

「紀侯大去其國。」陳齊之謂：「聖人蓋生名之。大，名也，若漢欒大是也。」愚按以「大」爲紀侯之名，本劉質夫説。

魯哀公問仲尼曰：「《春秋》之記曰：『冬十二月，霣霜不殺菽。』何爲記此？」仲尼對曰：「此言可以殺而不殺也。夫宜殺而不殺，桃李冬實。天失道，草木猶犯干之，而况於人君乎？」此《韓非書》所載也。以《魯論》「焉用殺」之言觀之，恐非夫子之言也。法家者流，托聖言以文其峭刻耳。胡文定公《春秋傳》取之，未詳其意。

沙隨《春秋例目》云：「『有蜮』，或考隸古《春秋》作『有蟘』。《爾雅》：『食葉蟘，音特。』」《爾雅》：「蜚，蠦肥。」郭璞注：「蜰，即負盤，臭蟲。」劉歆曰「負蠜」，誤矣。江休復《雜志》：「唐彦猷有舊本《山海經》，説『蜚處淵則涸，行木則枯』，疑《春秋》所書即此物。若是負蠜，不當云有，謂之多可也。」

郎顗謂：「魯僖遭旱，修政自敕，時雨自降。」然《春秋》於僖公初書「雨」，已而書「雩」，已而書「大旱」，公之德衰矣。

名不可不謹也。《春秋》或名以勸善，或名以懲惡，衮鉞一時，薰蕕千載。東漢豪傑耻不得豫黨錮，慕其流芳也。我朝鐫工之微，不肯附名黨碑，懼其播惡也。名教立而榮辱公，其轉移風俗之機乎！

「公如京師」，非禮也。晉楚可以言「如」，京師不可以言「如」，於是朝覲之禮廢矣。仲子之賵，宰書其名；成風之賵，王不書天，正三綱也。公羊氏乃有「母以子貴」之説，謂之知《春秋》之義，可乎？漢章帝不以尊號加於賈貴人，晉明帝不以尊號加於荀豫章君，猶近古也。

「齊侯、衛侯胥命于蒲。」《荀子》曰：「《春秋》善胥命。」程子、胡文定皆善之。劉原父以爲「自相命，非正也」。止齋亦以爲「相推長也。於是齊僖稱小伯，黎之臣子亦以方伯責衛宣」。愚謂：齊、衛胥命，此霸者之始。其末也，齊、魏會于徐州以相王。霜凝冰堅，其來漸矣。

書「郊」九，皆卜不吉。失時，牛災，則書之。書「大雩」二十一，皆在午、未、申之月。建巳之雩，常事不書。

三書「蒐」於昭公之時，兵權在大夫。再書「蒐」於定公之時，兵權在陪臣。

定公六月即位，而於春夏書元年。正義謂：「漢、魏以來，雖於秋冬改元，史於春夏即以元年冠之，因於古也。」《通鑑》漢建安二十五年之初，漢尚未亡，即以爲魏黄初元年。朱文公謂：「奪漢太速，與魏太遽，非《春秋》存陳之意。」

《春秋》三書「孛」，而昭十七年「有星孛于大辰，申須曰：『彗所以除舊布新也』」。《史記·天官書》劉更生封事云：「《春秋》彗星三見。」則彗、孛一也。《晏子春秋》：「齊景公睹彗星，使伯常騫禳之。晏子曰：『孛又將出，彗星之出，庸何懼乎？』」則孛之爲變，甚於彗矣。齊有彗星，見於《傳》而《經》不書。

星孛東方，在於越入吴之後；彗見西方，在衛鞅入秦之前。天之示人著矣。

齊桓之將興也，恒星不見，星隕如雨；晉文之將興也，沙鹿崩。自是諸侯無王矣。晉三大夫之命爲侯也，九鼎震。自是大夫無君矣。人事之感，天地爲之變動，故董子曰：「天人相與之際，甚可畏也。」

晉自武、獻以來，以詐力强其國，故《傳》曰「晉人虎狼也」「晉人無信」「晉所以霸，師武臣力也」。《春秋》書「晉人納捷菑于邾，弗克納」「晉士匄帥師侵齊，至穀，聞齊侯卒，乃還」，此《孟子》所謂「彼善於此」者，君子與之。義理之在人心，不可泯也。《剥》之「上九」，一陽尚存。《春秋》之作，見人心之猶可正也。

列國之變，極于吴、越。通吴以疲楚者，晉也；通越以撓吴者，楚也。《春秋》於是終焉。唐以南詔攻吐蕃，而唐之亡以南詔。本朝以女真滅契丹，而中原之亡以女真。女真之將亡也，吾國又不監宣和而用夾攻之策；不知《春秋》之義也。

邢有狄難，已遷於夷儀，三國之師城邢，俾反其國都，故列三國稱師，以著其功。淮夷病杞，方伯不能斥逐蠻夷，使杞人安其都邑，乃城緣陵使遷，故書諸侯而不列序。狄入衛，踰年，齊侯方城楚丘以處文公，故但書「城楚丘」而不著其城之者，書愈略者，功愈降也。沙隨程氏云。

齊桓之霸，自盟于幽，至會于淮，凡十有二會。而孔子稱「九合諸侯」。劉氏《意林》曰：「始于幽，終于淮，合者九。」崔氏曰：「道其不以兵車而已。莊十六年，九國盟于幽。二十七年，五國又盟于幽。僖元年，六國會于檉。二年，四國盟于貫。五年，八國會王世子于首止。七年，五國盟于甯母。八年，王人與七國會于洮。九年，宰周公與七國會于葵丘。十三年，七國會于鹹。凡九合諸侯也。牡丘之盟、陽穀之會、淮之會，蓋有兵車矣。」胡氏《通旨》曰：「桓公霸四十二年，會盟凡二十有一。獨稱九合，舉衣裳之會爾。」《穀梁傳》：「衣裳之會十有一」。《論語》疏謂「不取北杏及陽穀爲九」。《史記》：「兵車之會三，乘車之會六。」其説不同。朱文公謂：「九，《春秋傳》作『糾』，展喜犒師之詞云爾。」李氏韶《世紀》云：「桓公會不遍三川，盟不加王人；文公會畿内，盟子虎矣。桓公寧不得鄭，不納子華，懼其獎臣抑君；文公則爲元咺執衛侯矣。此夫子所以有正譎之辨。」

《春秋繁露》曰：「《春秋》甚幽而明，無傳而著。」又曰：「《易》無達吉，《詩》無達詁，《春秋》無達例。」陸農師稱之。又曰：「不由其道而勝，不如由其道而敗。」攻媿謂「真得夫子心法」。

董仲舒《春秋决獄》，其書今不傳。《太平御覽》載二事，其一引《春秋》許止進藥，其一引夫人歸于齊。《通典》載一事，引《春秋》之義「父爲子隱」。應劭謂「仲舒作《春秋决獄》二百三十二事」，隋、唐《志》十卷。今僅見三事而已。御史中丞衆議薛況之罪，孔季彦斷梁人之獄，皆以《春秋》合於經誼。終軍之詰徐偃，則論正而心刻矣。吕步舒使治淮南獄，窮驗其事，蓋仲舒弟子不知其師書者也。公孫弘以《春秋》之義繩臣下，張湯請博士弟子治《尚書》《春秋》，補廷尉史，是以《春秋》爲司空城旦書也。胡文定公曰：「《春秋》立法謹嚴，而宅心忠恕。」斯言足以正漢儒之失。《鹽鐵論》文學曰：「吕步舒弄口而見戮。」

劉原父深於《春秋》，然議郭后祔廟，引《春秋》「禘于太廟，用致夫人：致者不宜致也，且古者不二嫡，當許其號而不許其禮」。張洞非之曰：「按《左氏》，哀姜之惡所不忍道，而二《傳》有非嫡之辭，敞議非是。」然則稽經議禮，難矣哉！

桓以許田賂鄭，宣以濟西田賂齊，身爲不義，而以賂免。取宋郜鼎，納莒僕寶玉，人欲横流，天理滅矣。末流之敝，貨范鞅而昭公不入矣，竊寶弓而盗臣肆行矣，受女樂而孔子遂去矣。三叛人以邑來，知利而不知義矣。《孟子》是以有「不奪不饜」之戒。

「公如京師」者一，「朝王所」者二，「卿大夫如京師」者五，其簡如是。而朝聘於大國，史不絶書。尊卑之分不明，强弱之力是視，記《禮》者以魯爲有道之國，道焉在哉！

衛人立晉，不稱公子者，宣公淫亂，此狄入衛之兆也。居中國，去人倫，變華而狄，以滅其國，東徙渡河，終不復還舊封。《詩》以《鶉之奔奔》在《定之方中》之前，其戒深矣。故於晉始立名之。

書「狄入衛」，書「楚子入陳」，不忍諸夏見滅于夷狄，故稱「入」焉。書「吴入郢」，楚昭出奔，猶有君也；申包胥求救，猶有臣也，故不言「楚」。書「於越入吴」，國無人焉，如升虚邑，故言「吴」。

禮樂自天子出，而「獻六羽」焉；非天子不制度，而「税畝」焉，故皆書曰「初」。《史記・表》於秦書「初立西時」「初租禾」「初爲賦」，取法乎《春秋》。

陳同甫《春秋屬辭》：「『公會戎于潛』『公及戎盟于唐』，曰：聖人不與戎狄共中國，故中國不與戎狄共禮文。『齊侯使其弟年來聘』『鄭伯使其弟語來盟』，曰：諸侯以國事爲家事，聖人以國事爲王事。『鄭世子忽復歸于鄭』『許叔入于許』，曰：不能大復國於諸侯，則力不足以君國；不能公復國於諸侯，則義不足以有國。『公如齊納幣』『大夫宗婦覿用幣』，曰：父子之大義，不以夫婦而遂廢；夫婦之常禮，不以强弱而有加。『鄭伯逃歸不盟』『鄭伯乞盟』，曰：去就不裁於大義，則舉動無異於匹夫。『宋公會于盂』『戰于泓』，曰：與夷狄共中國者，必不能與夷狄争中國。『盟于翟泉』，『晉人、秦人圍鄭』，曰：鋭於合諸侯者，必有時而惰；工於假大義者，必有時而拙。『狄圍衛，衛遷于帝丘』，『衛人侵狄，衛人及狄盟』，曰：避夷狄之兵，以見小國之無策；要夷狄之好，以見中國之無霸。『遂城虎牢』『戍鄭虎牢』，曰：公其險於天下，所以大霸者制敵之策；歸其險於一國，所以成霸者服叛之功。『城杞』『城成周』，曰：大夫之於諸侯不自嫌，則列國之於王室何以辨？」其發明經旨，簡而當。

《晉語》司馬侯曰：「羊舌肸習於《春秋》。」《楚語》申叔時曰：「教之《春秋》。」皆在孔子前，所謂《乘》《檮杌》也。魯之《春秋》，韓起所見，《公羊傳》所云「不修《春秋》」也。

康節邵子學於李挺之，先視以陸淳《春秋》，欲以表儀《五經》。既可語《五經》大旨，則授《易》終焉。此學自《春秋》而始也。横渠張子謂「非理明義精，殆未可學」，朱子謂「《春秋》乃學者最後事」。此學至《春秋》而終也。

孫明復《春秋總論》曰：「《周禮》『九命作伯』，得專征諸侯，《孟子》所謂『五霸』者，伯也。」李泰伯《常語》、司馬公《迂書》，皆用此説。《通鑑》謂「王霸無異道」，先儒非之。愚按「五伯」見《左傳》成二年，杜氏注云：「夏伯昆吾，商伯大彭、豕韋，周伯齊桓、晉文。」以「霸」爲「伯」可也，而非《孟子》，則過矣。邵子於五霸取秦穆、晉文、齊桓、楚莊。

錫桓公命，葬成風，王不書「天」。桓四年、七年去秋、冬二時，此天法也。不書即位，名天子之宰，貶諸侯，討大夫，此王法也。孟子謂「天子之事」，邵子謂「盡性之書」，胡文定謂「傳心之要典」也。

明天理，正人倫，莫深切於《春秋》。三忠臣書「及」，而爲義者勸焉；三叛人書名，而不義者懼焉。書克段、許止而孝悌行矣，書仲子成風而綱常立矣，書郜鼎、衛寶而義利辨矣，書遇于清、會于稷，而亂賊之黨沮矣。

宣之於仲遂，定之於意如，以私勞忘大誼，不若叔孫昭子遠矣。晉文公以定襄王而請隧，王弗許，曰「班先王之大物以賞私德」，又曰：「余敢以私勞變前之大章！」真文忠《文章正宗》以此篇爲首，其有感于寶慶之臣乎？懍懍焉《春秋》之法也。

「晉陽以叛」書，聖筆嚴矣。公羊氏乃謂「逐君側之惡」，《穀梁》亦云「以地正國」。漢之亂賊，晉之强臣，唐之悍將，假此名以稱亂，甚於《詩》《禮》發冢者也。

平王之遷，戎爲之也；襄王之出，狄爲之也。《春秋》之筆，戎爲先，狄次之。其末也，淮夷列諸侯之會，天下之變極矣。

「《春秋》以道名分」，其特書皆三綱之大者：曰「成宋亂」，以宋督弗討而貨賂是取也；曰「宋災故」，以蔡般弗討而細故是卹也；曰「用致夫人」，以嫡妾無辨而宗廟之禮亂也；曰「大夫盟」，以君弱臣强而福威之柄移也。吁，其嚴乎！

沈既濟書中宗曰「帝在房陵」，孫之翰、范淳夫用其例，《春秋》「公在乾侯」之比也。沙隨程氏謂：「三子不以敬王之例書『居』，而引諸侯之在他國者，其考《春秋》而未熟者歟？」朱文公詩以爲范太史受説伊川，然既濟之議，乃其始也。

大雩、大閲、大蒐、肆大眚，凡以「大」言者，天子之禮也，書魯之僭。《月令》曰：「大雩帝。」天子雩上帝，諸侯雩山川，經書「大雩」二十有一，非禮也。賈逵云：「言大，别山川之雩。」諸侯雩上帝，於是季氏旅泰山矣。

溴梁之盟，大夫無君；申之會，諸侯皆狄。春秋之大變也。有鷄澤之盟，而後有溴梁之盟；有宋之盟，而後有申之會。君臣、夷夏之分，謹其微而已。

諸侯之主盟，自齊桓始也。北杏、鄄之會，魯不至，及幽之盟而始會焉，則魯不亟於從霸也。夷狄之主盟，自楚靈始也。申之會，魯不至，及薳啓彊之召，而後如楚焉，則魯不亟於從狄也。故曰：「魯一變，至於道。」

幽王之尹氏，不能世吉甫之賢，而秉國不平，西周所以夷於列國也。景王之尹氏，又世太師之惡，而私立子朝，東周所以降於戰國也。

魯，秉禮之國也，大夫不止僭諸侯而旅泰山，以《雍》徹，僭天子矣；陪臣不止僭大夫而竊寶弓，祀先公，僭諸侯矣。

左氏

《三傳》皆有得於《經》而有失焉。「《左氏》善於禮，《公羊》善於讖，《穀梁》善於經」，鄭康成之言也。「《左氏》艷而富，其失也巫；《穀梁》清而婉，其失也短；《公羊》辯而裁，其失也俗」，范武子之言也。「《左氏》之義有三長，二《傳》之義有五短」，劉知幾之言也。「《左氏》拘於赴告，《公羊》牽於讖緯，《穀梁》窘於日月」，劉原父之言也。「《左氏》失之淺，《公羊》失之險，《穀梁》失之迂」，崔伯直之言也。「《左氏》之失專而縱，《公羊》之失雜而拘，《穀梁》不縱不拘而失之隨」，晁以道之言也。「事莫備於《左氏》，例莫明於《公羊》，義莫精於《穀梁》。或失之誣，或失之亂，或失之鑿」，胡文定之言也。「《左氏》傳事不傳義，是以詳於史而事未必實；《公羊》《穀梁》傳義不傳事，是以詳於《經》而義未必當」，葉少蘊之言也。「《左氏》史學，事詳而理差；《公》《穀》經學，理精而事誤」，朱文公之言也。學者取其長，舍其短，庶乎得聖人之心矣。啖、趙以後，憑私臆決，甚而閣束三《傳》，是猶入室而不由户也。

呂成公謂《左氏》有三病：周、鄭交質，不明君臣之義，一也；以人事傅會災祥，二也；記管、晏之事則善，説聖人之事則陋，三也。王介甫疑左氏爲六國時人者十一事。介甫《左氏解》一卷，其序謂「爲《春秋》學餘二十年」。《館閣書目》以爲依托。

漢武帝好《公羊》，宣帝善《穀梁》，皆立學官。《左氏》嘗立而復廢，賈逵以爲明劉氏之爲堯後，始得立。不以學之是非，而以時之好惡，末哉，漢儒之言經也！

「八世之後，莫之與京」，其田氏篡齊之後之言乎？「公侯子孫，必復其始」，其三卿分晉之後之言乎？「其處者爲劉氏」，其漢儒欲立《左氏》者所附益乎？皆非《左氏》之舊也。新都之篡，以沙麓爲祥【一】；釋氏之熾，以恒星不見爲證。蓋有作俑者矣。

正義云：「和帝元興十一年，鄭興父子奏上《左氏》，始得立學，遂行於世。至章帝時，賈逵上《春秋大義》四十條。」愚嘗考和帝元興止一年，安得有十一年？一誤也。鄭興子衆，終於章帝建初八年，不及和帝時，二誤也。章帝之子爲和帝，先後失序，三誤也。《釋文序録》亦云「元興十一年」，皆非也。

「優而柔之，使自求之」，《大戴禮》孔子之言也。東方曼倩、杜元凱皆用之。

老泉《謚論》云：「婦人有謚，自周景王穆后始。」愚按魯惠公聲子已有謚，在春秋之初。

衆仲對羽數，服、杜之説不同。服虔云：「天子八八，至士二八。」則每佾八人。杜預云：「天子六十四人，至士四人。」則人數如其佾數。宋太常傅隆以杜注爲非，謂：「八音克諧，然後成樂，故必以八人爲列。降殺以兩，減其二列爾。預以爲一列，又減二人，至士止餘四人，豈復成樂？」劉原父謂：「士無舞，特牲、少牢皆士禮，無用樂舞

【一】以沙麓爲祥　翁注本「麓」字下有「崩」字。

之儀。」

石碏曰「陳桓公方有寵於王」，《公羊傳》公子翬曰：「吾爲子口隱矣。」《荀子》：周公曰「成王之爲叔父」，《穆天子傳》亦云「穆滿」，皆生而稱謚，紀事之失也。

富辰言周公封建親戚，凡二十六國。成鱄言：「武王兄弟之國十有五人，姬姓之國四十人。」《史記》云：「文、武、成、康所封數百，而同姓五十五。」與此同。《荀子》謂：「周公立七十一國，姬姓獨居五十三人。」《漢表》謂：「周封國八百，同姓五十有餘。」後漢章和元年詔謂：「周之爵封千有八百，姬姓居半。」當以成鱄之言爲正。皇甫謐亦云：「武王伐紂之年，夏四月乙卯，祀於周廟，將率之士皆封，諸侯國四百人，兄弟之國十五人，同姓之國四十人。」

「宋人請猛獲于衛，衛人欲勿與。石祁子曰：『天下之惡一也。』」名臣之言，可訓萬世。蓋祁子之學識，見於不沐浴佩玉之時。衛多君子，淵原有自來矣。

原繁曰：「臣無二心，天之制也。」此天下名言，萬世爲臣之大法。《西山讀書記》取之。《博議》貶繁，恐未爲篤論。

鄭伯謂燭之武曰：「若鄭亡，子亦有不利焉。」觀《魏受禪碑》《唐六臣傳》，利菑而樂亡者有矣。

君之於民亦曰忠，季梁云：「上思利民，忠也。」子之於親亦曰慈，《内則》云：「慈以旨甘。」聖賢言忠，不顓於事君，爲人謀必忠，於朋友必忠告，事親必忠養。以善教人，以利及民，無適非忠也。

《素問》：「立端於始，表正於中，推餘於終，而天度畢矣。」注謂：「立首氣於初節之日，示斗建於月半之辰，退餘閏於相望之後。」此可以發明《左氏》「正時」之義。

《通鑑外紀目録》云：「杜預《長曆》既違五歲再閏，又非歸餘於終，但據《春秋》經傳，考日辰朔晦，前後甲子不合，則置一閏，非曆也。」《春秋分記》云：「《長曆》於隱元年正月朔則辛巳，二年則乙亥。諸曆之正皆建子，而預之正獨建丑焉。日有不在其月，則改易閏餘，强以求合。故閏月相距，近則十餘月，遠或七十餘月。」劉羲叟起漢元以來爲《長曆》，《通鑑目録》用之。

「王貳于虢」「王叛王孫蘇」，曰「貳」曰「叛」，於君臣之義失矣，不可以訓。《通鑑》書「燕叛齊」，而《大事記》非之；書「蜀漢寇魏」，而《綱目》非之；書「晉寇梁」，而《讀史管見》非之，况天子之於臣乎！

晉假道於虞，曰：「冀爲不道，入自顛軨，伐鄍三門。」杜氏以冀亭爲冀國。嘗考之《東漢西羌傳》「渭首有冀戎」，《史記》云秦武公伐而縣之，漢天水郡之冀縣也。入顛軨者，蓋冀戎。前此虢公敗犬戎于渭汭，蓋亦渭首之戎，但秦之縣冀，在晉假道於虞之前，蓋其餘種也。晉自有冀邑。冀缺爲卿，復與之冀。

子犯曰：「民未知禮，未生其共。」「生」之一字，與《樂記》「易直子諒之心，油然生矣」、《孟子》「樂則生矣」之「生」同。温公省試《民受天地之中以生論》，以生爲活，其説以爲民受天地之中則能活也。朱文公謂此説好。

楚箴曰：「民生在勤。」「生」如「生於憂患」之「生」，蓋心生生不窮，勤則生矣，生則烏可已也；怠焉則放，放則死矣。故公父文伯之母曰：「民勞則思，思則善心生。」

古者以德爲才，十六才子是也。如狄之酆舒、晉之知伯、齊之盆成括，以才稱者，古所謂「不才子」也。

禹，鯀之子也。史克於鯀曰「世濟其凶」，而於禹曰「世濟其美」。論其世，則鯀非美也。於此見立言之難。

「貴而能貧」，張文節、司馬公有焉。「能賤而有耻」，劉道原、陳無已有焉。

楚有夏州，以夏變夷。衛有戎州，以夷變夏。

《管子·大匡篇【二】》：「管仲曰：『君會其君臣父子，則可以加政矣。』公曰：『會之道奈何？』曰：『諸侯無專立妾以爲妻，毋專殺大臣，無國勞，毋專予禄士庶人，毋專棄妻，毋曲堤，毋貯粟，無禁材。行此卒歲，則始可以罰矣。』君乃布之於諸侯，諸侯許諾，受而行之。」《孟子》所謂「五禁」，略見于此。吕成公曰：「如内政之類，桓公於五命之戒，亦未免有所犯，故《左氏》隱而不書，使後世不知桓公躬言之而躬自蹈之也。」

【二】管子大匡篇　「匡」原作「正」，避宋太祖諱，據翁注本改。

《説苑》：「晉文公合諸侯而盟曰：『無以美妾疑妻，無以聲樂妨政，無以奸情害公，無以貨利示下。』」亦五禁之意，傳記不載。

「趙衰以壺飧從徑，餒而弗食，故使處原。」《韓非子》曰：「晉文公出亡，箕鄭挈壺餐而從，迷而失道，與公相失，餓而不敢食。及文公反國，曰：『輕忍饑餒之患，而必全壺餐，是將不以原叛。』乃舉以爲原令。」此即趙衰事也。

杜預解《傳》云：「諸侯諒闇，國事皆用吉禮。」《議太子服》云：「高宗無服喪之文，唯稱不言而已。」飾經舞禮，不可以訓。

伯宗伐潞，曰：「後之人，或者將敬奉德義，以事神人，而申固其命，若之何待之？」樂毅伐齊，曰：「待彼悔前之非，改過恤下而撫其民，則難慮也。」羊祜伐吴，曰：「若更立令主，雖有百萬之衆，長江未可窺也。」此皆兵家權謀，惟恐人之遷善，豈所謂以善養人者哉！

「西陸朝覿」，其説有三：服氏謂「春分奎晨見東方」，杜氏謂「三月奎朝見」，鄭氏謂「四月昴朝見」。《爾雅》：「西陸，昴也。」劉炫云：「鄭爲近之。」《詩》「三星在天」，其説有二：毛氏以爲「參，十月始見」，鄭氏以爲「心，三月見東方」。朱文公從鄭説。

「季氏有嘉樹，韓宣子譽之。」服虔云：「譽，游也，宣子游其樹下。夏諺曰：『一游一譽，爲諸侯度。』」《孟子》注引「范宣子豫焉」，「范」字誤。

宋伯姬，先儒謂婦人之伯夷。《左氏》謂「女而不婦」，非也。陸淳又以爲「非可繼可傳之道」。胡文定譏之，謂以此卜其貪生惜死，不知命矣。愚謂：淳黨叔文而不羞，由其不知命也。

衛侯賜北宮喜謚曰貞子，賜析朱鉏謚曰成子，是人臣生而謚也。魏明帝，有司奏帝制作興治，爲魏烈祖，是人君生而謚也。

蔡墨曰：「國有豢龍氏，有御龍氏。」後漢有侍御史擾龍宗，豈其苗裔歟？

甯殖愧諸侯之策，賈充憂謚傳，其惡不可掩也，是以知「可欲之謂善」。

《左氏》曰：「先二子鳴。」《莊子》曰：「子以堅白鳴。」昌黎《送東野序》言「鳴」字本於此。

人生求富，而子文逃之；富，人之所欲，而晏子弗受，庶幾乎無欲矣。

僑不以防怨爲善，而怨自弭，故僑與鄭俱昌。斯以分過爲忠，而過益彰，故斯與秦俱亡。

《韓非》曰：「宋君失刑而子罕用之，故宋君見劫。」李斯曰：「司城子罕相宋，身行刑罰，以威行之，期年遂劫其君。」愚按襄九年，宋「樂喜爲司城以爲政」，即子罕也。《左氏》載其言行，《檀弓》亦稱之，賢大夫也。《宋世家》無子罕劫君之事，非斯乃與田常並言，不亦誣乎！《戰國策》謂忠臣令誹在己，譽在上，宋君奪民時以爲臺，而民非之，子罕釋相爲司空，民非子罕而善其君。此即《左氏》分謗之事。司城，宋之司空也。宋無兩子罕，則非、斯之言妄矣。《史記》鄒陽曰：「宋信子罕之計而囚墨翟。」《漢書》作「子冉」，文穎注以「子冉」爲「子罕」，皆所未詳。

臧文仲「廢六關」。《家語》云「置六關」。注謂：「文仲置關以税行者，故爲不仁。」

氣志有交勝之理，治亂有可易之道，故君相不可以言命。多福自我求，哲命自我貽，故聖賢可以言天。天者，理而已。以萇叔爲違天，是人臣不當扶顛持危也。以楚克有陳爲天道，是夷狄可以猾夏亂華也。趙氏震揆曰：「《左氏》之害義，未有甚於記女寬之論萇弘也。自昔聖賢未嘗以天廢人。殷既錯天命，王子則曰：『自靖自獻。』周天命不又，大夫則曰：『黽勉從事。』治亂安危，天之天也；危持顛扶，人之天也。以忠臣孝子爲違天，則亂臣賊子爲順天矣，而可哉！」

劉文公合諸侯于召陵。及皋鼬，將長蔡於衛。衛侯使祝佗私於萇弘，乃長衛侯於盟。考之《春秋》，是年三月會于召陵，蔡侯已在衛侯之上矣。五月盟于皋鼬，不序諸侯。《經》無「長衛」之文，《傳》未足信也。

《韓詩外傳》：「受命者必以其祖命之。孔子爲魯司寇，命之曰：『宋公之子弗甫何孫魯孔丘，命爾爲司寇。』」古重世族，故命必以祖。

《文選·補亡詩》「蕩蕩夷庚」，李善注：「夷，常也。」《辯亡論》「旋皇輿於夷庚」，注引繁欽《辨惑》：「吴人以船楫爲輿馬，以巨海爲夷庚。庚者，藏車之所。」愚按《左傳》成十八年「披其地以塞夷庚」，正義謂「平道也」。二字出於此，《選》注誤。

齊伐晉，「入孟門」。孟門山在慈州文城。林成己《春秋論》謂孟門即孟津，誤矣。晉裴秀客京相璠撰《春秋土地名》，其説多見于《水經注》。

匠慶謂季文子曰：「子爲正卿，而小君之喪不成，不終君也。君長，誰受其咎？」吕文靖於李宸妃之喪，其意本於此。

衛「公叔發」，注謂公叔文子，《論語》孔注作「公孫拔」，《集注》云「公孫枝」，蓋傳寫之誤。

《史記》：仲尼弟子「顔高，字子驕」。定八年《傳》：「公侵齊，門于陽州。士皆坐列，曰：『顔高之弓六鈞。』皆取而傳觀之。陽州人出，顔高奪人弱弓，籍丘子鉏擊之，與一人俱斃。」豈即斯人歟？《家語》作「顔刻」。《孔子世家》云：「過匡，顔刻爲僕。」古者文武同方，冉有用矛，樊遲爲右，有若與微虎之宵攻，則顔高以挽强名，無足怪也。

攻媿跋語用「飛矢在上，行人在下」，迂齋引熙寧八年舊弼韓、富、文三公之對。愚考《春秋釋例》曰：「使以行言，言以接事，信令之要，於是乎在。舉不以怒，則刑不濫；刑不濫，則兩國之情得通。兵有不交而解者，皆行人之勳也。是以雖飛矢在上，走驛在下。」見正義。攻媿之言本此。嘉熙庚子，愚試胄闈，王圖南發策，亦用此二語。

《釋例》終篇云：「稱『凡』者五十，其别四十有九。蓋以『母弟』二凡，其義不異故也。」《隋志》有《春秋五十凡義疏》二卷。

魏絳曰：「靡自有鬲氏，收二國之燼，以滅浞而立少康。」杜氏謂：「靡，夏遺臣事羿者。」真文忠辯之曰：「靡忠於王室如此。考其本末，乃事相，非羿也。豈有夏之忠臣而肯事羿者哉！」張宣公曰：「若靡，可謂忠之盛者矣！」

師曠「驟歌北風，又歌南風」。服氏注：「北風，無射、夾鍾以北；南風，姑洗、南吕以南。律是候氣之管，氣則風也。」

「讒鼎之銘」。服氏注：「疾讒之鼎，《明堂位》所云『崇鼎』是也。」一云：「讒，地名。禹鑄九鼎於甘讒之地，故曰讒鼎。」正義謂二説無據。愚考《韓子·説林》曰：「齊伐魯，索讒鼎，魯以其鴈往。齊人曰：『鴈也。』魯人曰：『真也。』齊曰：『使樂正子春來，吾將聽子。』」《新序》《吕氏春秋》皆曰「岑鼎」。二字音相近。然則讒鼎，魯鼎也。《明堂位》「魯有崇鼎」，服注不爲無據。

謂之「鄭志」，以明兄弟之倫；謂之「宋志」，以正君臣之分。

「宋人取長葛」，《經》以爲冬，《傳》以爲秋。劉原父謂：「《左氏》雜取諸侯史策，有用夏正者，有用周正者。」

《公羊》疏：「《左氏》先著竹帛，故漢時謂之古學。《公羊》漢世乃興，故謂之今學。是以《五經異義》云：『古者，《春秋左氏》説；今者，《春秋公羊》説。』鄭衆作《長義》十九條十七事，論《公羊》之短，《左氏》之長。賈逵作《長義》四十條，云《公羊》理短，《左氏》理長。」魏鍾繇謂：「《左氏》爲太官，《公羊》爲賣餅家。」

權載之問《左氏》云「夏五之闕」「《艮》八之占」，名對也。

史趙曰：「自幕至于瞽瞍，無違命。舜重之以明德，寘德於遂。」《魯語》：「幕，能帥顓頊者也，有虞氏報焉。」韋昭注云：「幕，舜之後虞思也，爲夏諸侯。」《鄭語》：「虞幕能聽協風，以成樂物生者也。」注亦以爲「舜後虞思」。按《左氏》，則幕在瞽瞍之先，非虞思也。

「穆有塗山之會」，注：「在壽春東北。」《説文》：「嵞，會稽山。一曰：九江當嵞也。民以辛壬癸甲嫁娶。」按《漢・地理志》「九江郡當塗」，應劭注：「禹所娶塗山，侯國。有禹虚。」蘇鶚《演義》謂宣州當塗，誤也。東晉以淮南當塗流民寓居于湖，僑立當塗縣以治之。唐屬宣州。漢之當塗，乃今濠州鍾離也。

「季平子卒，陽虎將以璵璠斂，仲梁懷弗與」。《呂氏春秋》云：「孔子徑庭而趨，歷級而上，曰：『以寶玉收，譬之猶暴骸中原也。』」《説文》云：「孔子曰：『美哉璵璠，遠而望之，奂若也；近而視之，瑟若也。一則理勝，二則孚勝。』」《初學記》引《逸論語》曰：「璠璵，魯之寶玉也。」下與《説文》同。其即季孫之事歟？

范武子之德，本於「家事治」。宣子不能守家法，乃縱女祁之惡，信子鞅之讒，錮逐欒盈，幾危晉國，忝厥祖矣。再傳而吉射亡，宜哉！

「子，周公之孫也，多饗大利，猶思不義」，子贛之責公孫成也。劉歆亦少愧哉！「猶秉周禮」「齊猶有禮」，觀「猶」之一字，則禮廢久矣。

吕向注《雪賦》曰：「隱公之時，大雪平地一尺，是歲大熟爲豐年。桓公之時，平地廣一丈，以爲陽傷陰盛之證。」按《左氏》於隱公云「平地尺爲大雪」，不言是歲大熟。桓公事無所據，其説妄矣。桓八年冬十月，雨雪。建酉之月而雪，未聞其廣一丈也。

柳子《晉問》：「魏絳之言：『近寶則公室乃貧。』」按《左傳》成六年，此乃韓獻子之言。

劉勰《辨騷》：「班固以爲羿、澆、二姚與《左氏》不合。」洪慶善曰：「《離騷》用羿、澆等事，正與《左氏》合。孟堅所云，謂劉安説耳。」

《列子》載「隨會知政，群盜奔秦」「趙襄子勝翟，有憂色」，皆格言也。而謂隨會時有趙文子，又謂孔子聞襄子之言，其先後差繆。凡諸子紀事，若此者衆。《説苑》載祁奚救叔向，以欒盈爲欒達，范宣子爲范桓子，皆誤。

《考古編》謂：歐陽公論二帝三王世次差舛，發端於杜佑《通典》。按《釋例》，

《世族譜》已有此疑，則發端乃杜預也。

雍熙中校九經，史館有宋臧榮緒、梁岑之敬所校《左傳》，諸儒引以爲證。孔維謂不可。按據杜鎬引貞觀敕，以經籍訛舛，由五胡之亂，學士多南遷，中國經術浸微，今並以六朝舊本爲證，持以詰維。維不能對。見《談苑》。太平興國中校《漢書》，安德裕取《西域傳》山川名號字之古者，改附近人集語。錢熙謂人曰：「予於此書，特經師授，皆有訓說，豈可胸臆塗竄，以合詞章？」見晏元獻公書。觀鎬、熙之言，則經史校讎不可以臆見定也。

前輩學識，日新日進。東坡《咏三良》，其和淵明者，與在鳳翔時所作議論夐殊。吕成公《博議》論公孫敖二子，及《續説》則謂「宗子有君道」，趙宣子使臾駢送賈季帑，則謂「古人風俗尚厚，《博議》非是」。可以見進德修業之功。

齊、晉、楚之霸，皆先服鄭；范雎、李斯之謀，皆先攻韓。蓋虎牢之險，天下之樞也。在虢曰制，在鄭曰虎牢，在韓曰成皋。虢叔恃險而鄭取之，鄭不能守而韓滅之，韓又不監而秦并之，秦之亡也，漢楚争之。在德不在險，佳兵者好還，信夫！

欲治國者先齊家，家之不齊，莫甚於魯、衛，觀《詩》可見已。衛不足言也，魯自括、戲之争，而桓、宣皆篡兄矣；自文姜之亂，而哀姜襲其迹矣；自成風事季友，而敬嬴事襄仲矣。家法不修，故曰：「魯、衛之政，兄弟也。」然衛多君子，魯無君子者，斯焉取斯，風化猶熾也。畏清議者，亦曰：「何以見魯、衛之士？」政治雖濁，風俗不衰，與漢之東都同。

「周人以諱事神，名，終將諱之。」《曲禮》注云：「生者不相辟名。衛侯名惡，大夫有石惡，君臣同名，《春秋》不非。」《理道要訣》云：「自古至商，子孫不諱祖父之名。周制方諱。」夷狄皆無諱。漢宣帝詔曰：「古天子之名，難知而易諱也。其更諱詢。」則生而稱諱矣。《博議》謂：「名子者，當爲孫地。」出《顔氏家訓》。

《河圖》曰：「崑山出五色流水，其白水入中國，名爲河。」故晉文公投璧于河，曰「有如白水」。

狐偃曰：「求諸侯莫如勤王。」荀彧以此勸曹操迎獻帝，彧之言曰：「晉文公納周襄王，而諸侯景從。」豈誠於爲義者？故曰「譎而不正」。《淮南》之書謂晉文「得之乎閨内，失之乎境外」，非也。辰嬴之事，閨内之法安在哉！《詩》於《衛風·木瓜》，猶美齊桓，而《唐風》不録晉文，亦以是夫。

介之推曰：「身將隱，焉用文之？」君子之潛也，名不可得聞。先儒謂召平高於四皓，申屠蟠賢於郭泰。

邵子曰：「修夫聖者，秦穆之謂也。」蓋取其悔過自誓。胡文定謂文四年「見伐不報，始能踐自誓之言矣」。《尸子》稱：「穆公明於聽獄，斷刑之日，揖士大夫曰：『寡人不敏，使民入於刑，寡人與有戾焉。二三子各據爾官，無使民困于刑。』」此雖大禹之泣辜無以過。以此坊民，猶有立威於棄灰者。

楚之興也，篳路藍縷；其衰也，翠被豹舄。國家之興衰，視其儉侈而已。

欒王鮒毁叔向，以平公不好賢也；梁丘據不毁晏子，以景公好賢也。二臣皆從君者，易地則皆然。劉貢父詩云。《顧子》曰：「昔梁丘據之諫景公也於房，晏嬰之諫景公也於朝。然晏嬰之忠著於竹素，梁丘之佞于今不絶。」顧夷《義訓》，《唐志》在「儒家」。梁丘據豈能諫景公哉？斯言繆矣。

或求名而不得，如向戌欲以弭兵爲名，而宋之盟其名不列焉。或欲蓋而名章，如趙盾僞出奔，崔杼殺太史，將以蓋弑君之惡，而其惡益著焉。推此類言之，可見謹嚴之法。求名非謂齊豹，名章不止三叛也。

孫郃論「春秋無賢臣」，蓋諸侯不知有王，其臣不能正君以尊王室。此孟子所以卑管、晏也。

周之替也，自原伯魯之不説學；秦之亡也，自子楚之不習誦。

史墨對趙簡子曰：「天生季氏，以貳魯侯。」又曰：「君臣無常位，自古以然。」簡子在晉，猶季氏在魯也。史墨之對，其何悖哉！張睢陽責尹子奇曰：「未識人倫，焉知天道！」

「今天或者大警晉也」，畏而能自修者也。「雖晉之强，能違天乎？」怠而不自强者也。

叔向曰：「楚辟我衷，若何效辟？」王魏公之於寇萊公曰：「不可學他不是。」公山不狃曰：「君子違，不適讎國。所托也則隱。」斯言也，蓋有聞於君子矣。背君父以覆宗國者，不狃之罪人也。

齊人歌曰：「唯其儒書，以爲二國憂。」春秋之季，已輕儒矣。至戰國，而淳于髡有「賢者無益」之譏，秦昭王有「儒無益」之問，末流極於李斯。

申包胥似張子房，天下士也。楚破矣，請秦師以却吴；韓亡矣，借漢兵以滅秦，其相似一也。入郢之讎未報，則使越，爲之謀以滅吴；見《吴語》。韓王成之讎未報，則從漢，爲之謀以滅項，其相似二也。楚君既入而逃賞，漢業既成而謝事，其相似三也。自夏靡之後，忠之盛者，二子而已。然楚國復興，而韓祀不續，天也，子房之志則伸矣。我思古人，唯漢諸葛武侯可以繼之。「鞠躬盡力，死而後已」，其志一也。若梁之王琳、唐之張承業，功雖不就，抑可以爲次矣，不當以功之成否論。吁！春秋亡國五十二，未見其人也。遂之四氏，僅能殲齊戍，其亡而復存者，唯一包胥，豈不難哉！太史公傳伍員而不傳包胥，非所以勸忠也。《戰國策》楚莫敖子華曰：「昔吴與楚戰於柏舉，三戰入郢。棼冒勃蘇贏糧潛行，上峥山，逾深谿，蹠穿膝暴，七日而薄秦朝。鶴立不轉，晝吟宵哭，七日不得告，水漿無入口。秦遂出革車千乘，卒萬人，屬之子滿《左氏》作「蒲」。與子虎，下塞以東，與吴人戰於濁水，大敗之。」棼冒勃蘇即申包胥也，豈棼冒之裔【三】，楚之同姓歟？《淮南·修務訓》云：「申包胥贏糧跣走，跋涉谷行，上峭山，赴深谿，游川水，犯津關，躐蒙籠，蹷沙石，蹠達膝，曾繭重胝，七日七夜，至於秦庭。鶴跱而不食，晝吟宵哭，面若死灰，顔色黴黑，涕液來集，以見秦王。」亦與子華之言同。所謂「莫敖大心深入吴軍而死」，以《左氏》考之，即左司馬戌也。戌者，葉公諸梁之父也。諸梁定白公之亂，不有其功而老於葉。其聞包胥之風而師法之歟？

邾文公之知命，楚昭王之知大道，惠王之知志，其所知有在於卜祝史巫之外者。裨竈言鄭之將火，或中或否，子產謂「焉知天道」。梓慎言魯之將水，昭子曰旱也，秋大旱，如昭子之言，亦非知天者也。故「聖人以人占天」。

鉏麑之於趙宣子，沐謙之於司馬楚之，誠敬之感人至矣。商君載甲操戟，李林甫重關複壁，不亦愚乎！

《春秋》書災異，不書祥瑞，所以訓寅畏、防怠忽也。災異，古史官之職。隕石六鷁，宋襄以問周内史。有雲夾日，楚昭以問周大史。在漢則太史公掌天官，張衡爲日官。我朝舊制，太史局隸秘書。凡天文失度，三館皆知之。淳熙中，熒惑入斗，同修國史李燾類次漢元鼎至宣和四十五事以進。熒惑犯氐，秘書丞蔣繼周言：「氐者邸也，驛傳宜備非

【三】豈棼冒之裔　「棼」原作「蚡」，據翁注本改。

常。」不淹旬，都進奏院災。蓋每有星變，館吏以片紙録報，故得因事獻言。自景定後，枋臣欲末殺災異，三館遂不復知。甲子，彗星宫中見之，乃下求言之詔，則蒙蔽可見。壬申，地生毛，明年失襄陽。災異其可忽哉！爲人臣不知《春秋》之義，其禍天下極矣，叔輒所以哭日食也。

宋襄求諸侯而敗於泓，楚靈卜得天下而辱於乾谿。《淮南子》曰：「侯而求霸者必失其侯，霸而求王者必喪其霸。」

臧孫於魯曰：「國有人焉。」師慧於宋曰：「必無人焉。」襄仲於秦曰：「不有君子，其能國乎？」有士五人，晉文所以霸也；有大叔儀，有母弟鱄，衛獻所以入也；有趙孟，有伯瑕，有史趙、師曠，有叔向、女齊，晉所以未可媮也。曰「子無謂秦無人」，曰「無善人，則國從之」。國之存亡輕重，視其人之有無而已。舜有臣五人，武王有亂臣十人，殷有三仁，周有八士。之人也，始可謂之有。虞有宫之奇，項有范增，不能有其有矣。魏之窺吴，則曰：「彼有人焉。」賈生言天下倒懸，則曰：「猶爲國有人乎？」此皆以人爲盛衰也。

隱公之大夫多不氏，猶可言未命也。宋昭公之大夫多不名，則説者不一矣。《春秋》誅亂臣賊子，《左氏》謂「稱君，君無道也」，《穀梁》謂「稱國以弑其君，君惡甚矣」。安定先生曰：「是啓亂臣賊子之言也，其爲害教大矣。」

宗人釁夏之守禮，聖人遺化也。後世犯葵丘之禁者多矣，漢之劉輔，魏之棧潛，我朝之鄒浩，守經據古，其有魯宗人之風乎！

夫差之報越，其志壯矣。燕昭報齊似之，取其大節而略其成敗可也。慕容盛之討蘭汗，其言曰：「免不同天之責。凡在臣民，皆得明目當世。」君子猶有取焉，況吳乎！

周之大寶鎮，《河圖》《大訓》列焉。《易象》在魯，《三墳》《五典》在楚，周不能有其寶矣。然而老聃之禮，萇弘之樂，文獻猶存。及王子朝以典籍奔楚，於是觀射父、倚相皆誦古訓，以華其國，以得典籍故也。區區一鼎，與懷璧同，其能國乎？

古之謀國者，知彼知己，如良醫察脈，如善弈觀棋，德刑、政事、典禮不易。「楚自克庸以來」，此晉臣之知楚也。「晉君類能而使之」，此楚臣之知晉也。皆以紀綱風俗知之。楚自邲之後，晉自蕭魚之後，精神景象非昔矣。

請討陳恒之年，《春秋》終焉。夫子之請討也，將以見之行事。請討不從，然後托之空言。

杜氏注云：「仲尼之徒，皆忠於魯國。」《史記》載夫子之言曰：「夫魯，父母之國。國危如此，二三子何爲莫出？」此夫子之訓也。

仲子有文在手，曰「爲魯夫人」。成季、唐叔有文在手，曰「友」曰「虞」。正義云：「《石經》古文『虞』作『㑨』，『魯』作『㕯』，手文容或似之。『友』及『夫人』

當有似之者。」

《藝文志》：「《春秋虞氏微傳》二篇。」按劉向《别録》云：「虞卿作《抄撮》九卷，授荀卿。卿授張蒼。」然則張蒼師荀卿者也。《左氏傳》漢初出蒼家，亦有功於斯文矣。浮丘伯亦荀卿門人，申公事之受《詩》，是爲《魯詩》。《經典序録》：「根牟子傳趙人荀卿子，荀卿子傳魯人大毛公，是爲《毛詩》。」荀卿之門有三人焉，李斯、韓非不能玷其學也。《毛詩傳》以平平爲辯治，又以五十矢爲束，皆與《荀子》同。

御孫曰：「儉，德之共也；侈，惡之大也。」古之格君心者，必以儉。董仲舒《對策》乃謂「儉非聖人之中制」，公孫弘亦云「人主病不廣大」。舒、弘正邪雖殊，而啓武帝之侈心則一。

伯宗好直言而不容于晉，國武子好盡言而不容于齊，小人衆而君子獨也。漢士習於諂諛，而以汲長孺爲戇，朱游爲狂。晉士習於曠達，而以卞望之爲鄙。君子之所守，不以習俗移也。

列國大夫之無君，晉爲之也。會于戚而不討孫林父，會于夷儀而不討崔杼，會于適歷而不討季孫意如，君臣之義不明，而大夫篡奪之禍，晉自及矣。《晉語》趙宣子曰：「大者天地，其次君臣。」然宣子能言之而躬自犯之。

寺人披之斬袪，芋尹無宇之斷旌，其讎一也。披請見而晉文讓之，無宇執人於宮而楚靈赦之，楚靈之量優於晉文矣。漢高帝之赦季布，魏武帝之免梁鵠，吴景帝之遣李衡，皆有君人之量。

楚伍參曰：「晉之從政者新。」謂荀林父也。士彌牟曰：「晉之從政者新。」謂范鞅也。一以喪師，一以失諸侯。《書》曰：「人惟求舊。」

以近事爲鑒，則其言易入，申叔豫以子南戒薳子馮是也。告君亦然。樊噲諫高帝曰：「獨不見趙高之事乎？」爰盎諫文帝曰：「獨不見人彘乎？」

劉炫謂《國語》非丘明作。《傳》言鄢陵之敗，苗賁皇之爲。《楚語》云雍子之爲，與《傳》不同。傅玄云：「《國語》非丘明作，有一事而二文不同。」葉少藴云：「古有左氏、左丘氏。太史公稱『左丘失明，厥有《國語》』。今《春秋傳》作『左氏』，而《國語》爲『左丘氏』，則不得爲一家。文體亦自不同，其非一家書明甚。左氏，王荆公以爲六國時人。蓋左史之後，以官氏者。」朱文公謂：「左氏乃左史倚相之後，故其書説楚事爲詳。」鄭漁仲云：「左氏世爲楚史。」司馬氏謂左氏欲傳《春秋》，先作《國語》，《國語》之文不及《傳》之精也。

臧文仲以玉磬告糴于齊，見《魯語》。《容齋三筆·書博古圖》謂《左傳》無玉磬之説，非也。

《晉語》：伯宗索士庇州犂，得畢陽。及欒弗忌之難，諸大夫害伯宗，畢陽實送州犂于荆。畢陽之孫豫讓，見《戰國策》祖孫皆以義烈著，所謂「是以似之」者。太史公不書於傳，故表而出之。

《晉語》：知宣子將以瑶爲後，知果曰「不如宵也」。弗聽。知果別族于太史，爲輔氏。《通鑑》取此。《戰國策》張孟談因朝智伯而出，遇智過轅門之外。智過入見智伯，曰：「二主殆將有變。」智過言之不聽，出，更其姓爲輔氏。《韓非子》同，云更其族。智過，即智果也。二説之先後不同。

《楚語》伍舉曰：「德義不行，則邇者騷離，而遠者距違。」注：「騷，愁也；離，畔也。」伍舉所謂「騷離」，屈平所謂「離騷」，皆楚言也。揚雄爲《畔牢愁》，與《楚語》注合。

《皇王大紀》：「景王二年，襄三十年。楚公子圍至晉。晉趙武子鞅鳴玉以相。」按《楚語》：「王孫圉聘於晉，定公饗之，趙簡子鳴玉以相。」蓋楚昭王時，鞅者，武之孫也。今以王孫圉爲公子圍，以鞅爲武之子，皆誤。

古者，「孫以王父字爲氏」。子産，子國之子，《國語》謂公孫成子，《左傳》謂公孫僑。子産之子，始爲國氏。致堂作《子産傳》，曰「國僑」，非也。

《鄭語》「依、㽥、歷、莘」。《史記·鄭世家注》「莘」作「華」。《水經注》：「黄水經華城西。史伯曰：『華，君之土也。』韋昭曰：華，國名。秦白起攻魏，拔華陽。司馬彪曰：華陽，在密縣。」《括地志》：「華陽城在鄭州管城縣南。」可以證今本之誤。按下文「前華後河【四】」，則上文當作華。

【四】前華後河　「華」原作「莘」，據翁注本改。

《晉語》竇犨對趙簡子曰："君子哀無人，不哀無賄；哀無德，不哀無寵；哀名之不令，不哀年之不登。"味其言，見其賢矣。《史記》：孔子將西見趙簡子，聞竇鳴犢之死，臨河而嘆。《索隱》云："鳴犢，犨字。"《通鑑外紀》於周敬王二十八年書"簡子殺鳴犢"，三十年書"竇犨對簡子"，誤也。

江端禮嘗病柳子厚作《非國語》，乃作《非非國語》。東坡見之，曰："久有意爲此書，不謂君先之也。"然子厚《非國語》，而其文多以《國語》爲法。

古以一句爲一言。《左氏傳》：子大叔九言。《論語》："一言蔽之曰：思無邪。"秦、漢以來，乃有句稱。今以一字爲一言，如五言、六言、七言詩之類，非也。

史墨曰："越得歲而吴伐之，必受其凶。"杜牧注《孫子》曰："歲爲善星，不福無道；火爲罰星，不罰有德。"嘉定中，日官言五福太一臨吴分，真文忠公奏："漢之肇造，以寬仁得民，而不在五星之聚井；晉之却敵，以將相有人，而不在歲星之臨吴。"

子產鑄刑書，趙鞅、荀寅鑄刑鼎，至鄧析竹刑，則書於竹簡矣。然《甫刑》云："明啓《刑書》。"其來已久。《漢·杜周傳》"不循三尺法"，注謂"以三尺竹簡書法律也"。朱博亦云："奉三尺律令以從事。"《鹽鐵論》乃云："二尺四寸之律，古今一也。"蓋律書以二尺四寸簡，舉其大數，謂之三尺。曹褒《新禮》寫以二尺四寸簡。漢禮與律令同録，其制一也。

趙襄子曰：「以能忍恥，庶無害趙宗乎？」《説苑·談叢》云：「能忍恥者安，能忍辱者存。」吕居仁謂：「『忍詬』二字，古之格言，學者可以詳思而致力。」

「内有疑妻之妾，此宫亂也；庶有疑室之子，此家亂也；朝有疑相之臣，此國亂也。」管子之言，即辛伯之諗周桓公也。然管子能言之，而不能格齊桓之心。

朱子曰：「《左氏》之失，在以成敗論人。」愚嘗觀蔡邕《獨斷》引王仲任曰：「君子無幸而有不幸，小人有幸而無不幸。」韓文公謂：「君子得禍爲不幸，而小人得禍爲常；君子得福爲常，而小人得福爲不幸。」亦仲任之意。斯言可以正《左氏》之失。

宋人享趙文子，叔向爲介，司馬置折俎，禮也。仲尼使舉是禮也，以爲多文辭。服虔云：「以其多文辭，故特舉而用之。後世謂之『孔氏聘辭』，以孔氏有其辭，故《傳》不復載也。」正義謂：「孔氏聘辭，不知事何所出？」

「是謂一終，一星終也。」今俗語云「一匝」。《淮南子》：「以數雜之壽，憂天下之亂，猶憂河水之少，泣而益之也。」《文子》作「數集」。注：「雜，匝也。人生子，從子至亥爲一匝。」俗語出於此。

或以益爲皋陶之子。《列女傳》：「罿子生五歲而贊禹。」曹大家注：「皋陶之子伯益也。」李邕爲《李思訓碑》，云：「罿子贊禹，甘生相秦。」「罿」與「皋」同。林少穎謂：「伯益即伯翳，其後爲秦。臧文仲聞六、蓼滅，曰：『皋陶、庭堅不祀忽諸。』使皋陶猶有後於秦，則文仲之言不若此之甚也。」《列子》：「夷堅聞而志之。」服虔注：「即庭堅也。」

嫠不恤緯，齊女有禮。漆室女憂君，況委質爲臣者乎？《列女傳》「魯漆室女」，《韓詩外傳》云：「魯監門之女嬰。」莒婦投紡，復其夫之讎，而不知有君，與不恤緯者異矣。

漢世祖罷郡國都尉，晉武帝去州郡武備，其害皆見于後。唐穆宗之銷兵，則不崇朝而變生焉。故曰：「誰能去兵？」

劉知幾曰：「能言吾祖，郯子見師；不識其先，籍談取誚。」鄧名世曰：「春秋時善論姓氏者，魯有衆仲，晉有胥臣，見《晉語》。鄭有行人子羽，皆能探討本源，自炎黄而下，如指諸掌。」鄭漁仲曰：「《世本》《公子譜》二書，皆本《左傳》。」

子皮曰：「君子務知大者遠者，小人務知小者近者。」程子謂：「君子之志，所慮者豈止一身？直慮及天下千萬世；小人之慮，一朝之忿，不遑恤其身。」

「莊公寤生」。《風俗通》云：「俗説兒墮地，未能開目視者，謂之寤生。」

黄池之會，王孫雒曰：「必會而先之。」吴、晉争先，雒之謀也，然不能救吴之亡。故《吕氏春秋》曰：「吴王夫差染於王孫雒、太宰嚭。」然則雒亦嚭之流耳。

晉有四姬，鄭子産有男女辨姓之言。考之《穆天子傳》，穆王有盛姬。蓋周禮之壞，自王朝始，諸侯何誅焉？

叔向習《春秋》，爲平公之傅，而不能諫四姬之惑，何也？曰：正己則可以格君心之非。叔向娶於申公巫臣氏，違母之訓而從君之命。無諸己而後非諸人，自反而不縮，其能正君乎？先儒有言：「寡欲之臣，然後可以言王佐。」

季武子曰：「有叔向、女齊以師保其君。」公室之卑，私言於晏嬰；杞田之治，僅及於侵小。師保固如是乎？

魯用田賦。仲尼曰：「有周公之典在。」晉鑄刑鼎，仲尼曰：「晉國將守唐叔之所受法度。」周公之典，唐叔之法度，魯、晉所以立國也。是以漢循高祖之法則治，唐變太宗之制則亂。夏有「典則」，商云「成憲」，周云「舊章」。

古也有志，克己復禮，仁也。或謂克己復禮，古人所傳，非出於仲尼。致堂曰：「夫子以克己復禮爲仁，非指克己復禮即仁也。胥臣曰：『出門如賓，承事如祭，仁之則也。』蓋左氏粗聞闕里緒言，每每引用，而輒有更易。穆姜於《隨》舉《文言》，亦此類。」

《晉語》欒氏之臣辛俞曰：「三世仕家，君之；再世以下，主之。」注：「大夫稱主。」優施謂里克妻曰：「主孟啗我。」注：「大夫之妻稱主。」《左傳》醫和謂趙孟曰：「主是謂矣。」魏戊曰：「主以不賄聞於諸侯。」此大夫稱主也。齊侯使高張來唁公，稱「主君」。子家子曰：「齊卑君矣。」主君，大夫之稱也。《史記·甘茂傳》：樂羊拔中山，魏文侯示之謗書。樂羊曰：「此非臣之功也，主君之力也。」《戰國策》：梁王魏嬰觴諸侯於范臺，魯君曰「主君之尊，儀狄之酒也；主君之味，易牙之調也」。魏以大夫爲諸侯，故猶稱主君。

卷七

公羊

漢武尊公羊家，而董仲舒爲儒者宗。「正誼不謀利，明道不計功」二言，得夫子心法。太史公聞之董生者，又深得綱領之正。嘗考公羊氏之《傳》，所謂讖緯之文，與黜周王魯之説，非《公羊》之言也。蘇氏謂：「何休，《公羊》之罪人。」晁氏謂：「休負《公羊》之學。」五始、三科【一】、九旨、七等、六輔、二類、七缺，皆出於何氏，其《墨守》不攻而破矣。

《筆談》曰：「《史記·年表》：『平王東遷三年，魯惠公即位。』《纂例》隱公下注云：『惠公三年，平王東遷。』不知啖、趙得於何書？」《鹽石新論》以爲：「啖、趙所云出何休《公羊音訓》，當作『平王東遷三年，惠公立』，此休一時記録之誤。」安定謂：「平王東遷，孝公之三十七年也。明年，惠公立。《春秋》不始於孝公、惠公者，不忍遽絶之，猶有所待焉。歷孝逾惠，莫能中興，於是絶之，所以始于隱公也。」

漢以《春秋》決事，如雋不疑引「蒯聵違命出奔，輒距而不納，《春秋》是之」，蕭

校勘記

【一】三科　「三」原作「二」，據翁注本改。

望之引「士匃侵齊，聞齊侯卒，引師而還。君子大其不伐喪」，丞相御史議封馮奉世，引「大夫出疆，有可以安國家，顓之可也」，皆本《公羊》。雖於經旨有得有失，然不失制事之宜。至於嚴助以《春秋》對，乃引「天王出居于鄭，不能事母，故絶之」，其謬甚矣。

《左氏》載曹劌問戰，諫觀社，藹然儒者之言。《公羊》乃有盟柯之事，太史公遂以曹沬列刺客之首。此戰國之風，春秋初未有此習也。《穀梁》柯盟曹劌，《公羊》作曹子。然則沬即劌也。此游士之虚語。而燕丹之用荆軻，欲以齊桓待秦政，不亦愚乎！

「九世猶可以復讎乎？雖百世可也。」漢武用此義伐匈奴，儒者多以《公羊》之説爲非。然朱子序《戊午讜議》曰：「有天下者，承萬世無疆之統，則亦有萬世必報之讎。」吁，何止百世哉！

「臣不討賊，非臣也」，「子不復讎，非子也」，「讎者無時焉可與通」，此三言者，君臣父子、天典民彝係焉。公羊子大有功於聖經。

以祭仲廢君爲行權，范甯已譏其失矣。孟子曰：「有伊尹之志則可。」若祭仲者，董卓、司馬師、孫綝、桓温之徒也，其可褒乎！

「葵丘之會，桓公震而矜之。」安定謂：「前則致王世子于首止，今又致宰周公于葵丘，其心盈亦甚矣。《穀梁》以爲美，非美也。《孟子》以爲盛，有激而云。」

以衛石惡爲惡人。劉原父非之曰：「董賢可謂賢乎？」又以仲孫何忌爲「譏二名」，新莽之制，其出于此歟？東漢之士，猶無二名者。

「用致夫人」，《公羊》以爲姜氏，譏以妾爲妻也。董仲舒謂成風，先儒取之。仲舒説經，蓋不泥於《公羊》也。晉江彪曰：「厭屈私情，所以上嚴祖考。」曾謂周禮在魯，其臣無一江彪乎？

「晉人執宋仲幾于京師。仲幾之罪何？不蓑城也。」注云：「若今以草衣城是也。」《漢·五行志》：董仲舒以爲「宋中幾亡尊天子之心，而不衰城」。顏注云：「衰城，謂以差次受功賦也。」按《左氏傳》：「遲速衰序，於是焉在。」又云：「宋仲幾不受功。」「蓑」字當從《漢志》作「衰」，音初爲反，衰，差也。與《左氏》合。

公羊子，齊人，其傳《春秋》多齊言。登來、化我、樵之、漱浣、筍將、踴爲、詐戰、往黨、往殆、于諸、累、悈、如、昉、棓、脰之類是也。鄭康成，北海人，其注三《禮》多齊言。麴麩曰媒，疾爲戚，麇爲獐，漚曰涹，樵爲終葵，手足掔爲骹，全菹爲芋，祭爲墮，題肩謂擊征，滑曰瀡，相絞訐爲掉磬，無髮爲禿楬，穅爲相，殷聲如衣，祈之言是之類是也。方言之異如此，則《書》之誥誓其可强通哉！

文公二年，「公子遂如齊納幣」。「譏喪娶也。娶在三年之外，則何譏乎喪娶？三年之内不圖婚娶者，大吉也。非常吉也。其爲吉者，主於己。以爲有人心焉者，則宜於此焉變矣。」公羊子之言，天理民彝之正也。《左氏》以爲禮，以爲孝，其害教最甚。杜氏謂：「諒闇既終，嘉好之事，通于外内。」其悖理又甚焉。《中庸》曰：「三年之喪，達乎天子。」《孟子》曰：「三年之喪，自天子達於庶人。」左、杜而忘諸乎？杜預在晉議太子之服，謂：「周公不言高宗服喪三年而云諒闇，此服心喪之文也。叔向不譏景王除喪，而譏其宴樂已早，明既葬應除，而違諒闇之節也。」司馬公以爲「巧飾經傳，以附人情」。預但知春秋衰世之禮，而未知先王制禮之本也。《公羊》長於《左氏》，此其一端也。

穀梁

《穀梁傳序》：「凡《傳》以通《經》爲主，《經》以必當爲理。夫至當無二，而三《傳》殊説，庸得不棄其所滯，擇善而從乎？」《孝經序》襲其語。

桓五年《傳》「鄭，同姓之國也，在乎冀州」，注「冀州則近京師」。按鄭之始封，在今京兆，其地屬雍州。東遷之後，徙新鄭，在今河南，其地屬豫州。謂「近京師」則可，謂「在冀州」則非。或曰：冀州，中州也。《淮南子》：「正中冀州曰中土。」

秦自殽之敗，即楚，見吕相絶秦，故《穀梁》曰：「秦之爲狄，自殽之戰始。」止齋曰：「楚之伯，秦之力也。自滅庸以後，秦爲楚役。」

伯宗攘輦者之善，穀梁子非之。董公遮説漢王，趙涉遮説條侯，繫天下興亡安危之大幾，用其言而不用其人，何哉？

隱九年，俠卒。俠者，所俠也。所氏見于史者，漢有所忠，《食貨》《郊祀志》，《石慶》《司馬相如傳》。後漢有所輔。《獨行·劉茂傳》。《風俗通》：「所姓，宋大夫華所事之後。」魯有所氏，非但出於宋也。然無駭、翬、挾、柔、溺、宛，先儒謂大夫未爵命於天子，不氏。則俠之氏爲所，非也。

《公羊傳》於襄二十一年云：「十有一月庚子，孔子生。」《穀梁傳》於二十年十月云：「庚子，孔子生。」二十一年，賈逵注《經》云：「此年仲尼生。」昭二十四年，服虔載賈逵語云：「仲尼時年三十五。」定以孔子爲襄二十一年生也。《孔子世家》云：「魯襄公二十二年生。」杜注從《史記》。臧榮緒以宣尼生庚子日，陳《五經》拜之。然以年則《公》《穀》《史記》有一年之差，以月則《公》《穀》有一月之差。今不可考。

侯國不守典禮，而使宰咺歸賵；侯國不共貢職，而使石尚歸脤。《經》書天王以是始終，蓋傷周而嘆魯也。《穀梁》謂石尚欲書《春秋》，曾是以爲禮乎？

《文中子》謂：「范甯有志於《春秋》，徵聖經而詰衆《傳》。」蓋杜預屈《經》以申《傳》，何休引緯以汩《經》，唯甯之學最善。

《穀梁》言大侵之禮，與《毛詩·雲漢傳》略同；言蒐狩之禮，與《毛詩·車攻傳》相合。此古禮之存者。

《左傳》正義云：「漢代古學不行，明帝集諸學士作《白虎通義》，因《穀梁》之文爲之説曰：『王者諸侯所以田獵何？爲苗除害，上以共宗廟，下以簡集士衆也。春謂之田何？春，歲之本，舉本名而言之也。夏謂之苗何？擇其懷任者也。秋謂之蒐何？蒐索肥者也。冬謂之狩何？守地而取之也。四時之田總名爲田何？爲田除害也。』」今《白虎通義》十卷無此語，豈亦有逸篇歟？然章帝會諸儒於白虎觀，正義謂明帝，亦誤。

某，或作「厶」，出《穀梁注》「鄧，厶地」。

穀梁子，或以爲名赤，或以爲名俶。秦孝公時人。今按《傳》載《尸子》之語，尸佼與商鞅同時，故以穀梁子爲秦孝公時人。然不可考。《漢書》但云「魯學」。

論語

或問：「《論語》首篇之次章，即述有子之言，而有子、曾子獨以子稱，何也？」曰：「程子謂此書成於有子、曾子之門人也。」曰：「柳子謂孔子之没，諸弟子以有子爲似夫子，立而師之。其後不能對諸子之問，乃叱避而退，則固有常師之號，是以稱子。其説非與？」曰：「非也。此太史公采雜説之謬。宋子京、蘇子由辨之矣。《孟子》謂子夏、子張、子游以有若似聖人，欲以所事孔子事之。朱子云：『蓋其言行氣象有似之者，如《檀弓》所記子游謂有若之言似夫子之類是也。』豈謂貌之似哉！」曰：「有子不列于四科，其人品何如？」曰：「宰我、子貢、有若，智足以知聖人，此《孟子》之言也。蓋在言語之科，宰我、子貢之流亞也。」曰：「有子之言，可得聞與？」曰：「『盍徹』之對，『出類拔萃』之語，見於《論》《孟》。而《論語》首篇所載凡三章，曰『孝弟』，曰『禮』，曰『信恭』，尤其精要之言也。其論『晏子焉知禮』，則《檀弓》述之矣。《荀子》云：『有子惡卧而焠掌。』可以見其苦學。」曰：「朱子謂有子重厚和易，其然與？」曰：「吴伐魯，微虎欲宵攻王舍，有若與焉，可謂勇於爲義矣，非但重厚和易而已也。」曰：「有子、曾子並稱，然斯道之傳，唯曾子得之。子思、孟子之學，曾子之學也，而有子之學無傳焉，何歟？」曰：「曾子守約而力行，有子知之而已。智足以知聖人，而未能力行也。《家語》稱其『强識好古道』，其視『以魯得之』者有間矣。」曰：「學者學有子，可乎？」曰：「孝弟務本，此入道之門，積德之基，學聖人之學莫先焉。未能服行斯言，而欲凌高厲空，造一貫忠恕之域，吾見其自大而無得也。學曾子者，當自有子『孝弟』之言始。」曰：「《檀弓》記有子之言，皆可信乎？」曰：「『王無咎嘗辨之矣。若語子游欲去喪之踴；孺子鞼之喪，哀公欲設撥以問若，若對以爲可，皆非也。唯《論語》所載爲是。」

《春秋正義》云：「哀公問主於宰我。案古《論語》及孔、鄭皆以爲社主，張、包、周等並爲廟主。」今本作「問社」。《集解》用孔氏説，凡建邦立社，各以其土所宜之木，亦不言社主。然正義必有據。

張衡《思玄賦》：「匪仁里其焉宅兮，匪義迹其焉追？」注引《論語》：「里仁爲美。宅不處仁，焉得知？」里、宅，皆居也。石林云：「以『擇』爲『宅』，則里猶宅也。蓋古文云然。今以『宅』爲『擇』，而謂里爲所居，乃鄭氏訓解，而何晏從之。當以古文爲正。」致堂云：「里，居也。居仁如里，安仁者也。」

商爲「起予」，理明辭達也，回「非助我」，默識心通也。

《說苑》：「管仲築三歸之臺，以自傷於民。」《集注》取之。

「舉直錯諸枉」「舉枉錯諸直」。孫季和謂：「舉直而加之枉之上，則民服，枉固服於直也；舉枉而加之直之上，則民不服，直固非枉之所能服也。」若諸家解，何用加二「諸」字。

王景文曰：「孔子見起證而知其末，故曰：『其或繼周者，雖百世可知也。』孟子見進證而知其極，故曰：『千歲之日至【二】，可坐而致也。』邵氏見困證而知其窮，故曰：『苟有命世之人，雖民如夷狄，三變而帝道可舉。惜時無百年之世，世無百年之人，時難人難，不其然乎！』」邵子之言，見《觀物篇》。

「默而識之」，朱子謂不言而存諸心。「屢空」，不取虛中之說，恐學者流於異端也。

申棖，鄭康成云：「蓋孔子弟子申續。」《史記》云：『申棠，字周。』《家語》云：『申續，字周。』」今《史記》以「棠」爲「黨」，《家語》以「續」爲「績」，傳寫之訛也。後漢《王政碑》云：「有羔羊之絜，無申棠之欲。」亦以「棖」爲「棠」。則申

【二】千歲之日至　「至」字原缺，據《孟子·離婁下》、翁注本補。

棠、申棖一人爾。唐開元封申黨召陵伯，又封申棖魯伯。本朝祥符封棖文登侯，又封黨淄川侯，俱列從祀。黨即棠也，一人而爲二人，失於詳考《論語釋文》也。《史記索隱》謂《文翁圖》有申棖、申堂，今所傳《禮殿圖》有申黨，無申棖。

甘羅曰：「項槖七歲爲孔子師。」董仲舒《對策》：「此亡異於達巷黨人，不學而自知。」孟康注：「『人』，項槖也。」《隸釋》載《逢盛碑》，以爲「后槖」。孟康之説，未知所出，《論語注疏》無之。

「師摯之始」，鄭康成謂「魯太師之名」。「大師摯適齊」，孔安國以爲魯哀公時人，康成以爲周平王時人。班固《禮樂志》謂：「殷紂作淫聲，樂官師瞽抱其器而犇散，或適諸侯，或入河海。」《古今人表》列大師摯以下八人於紂時。吴斗南云：「按《商本紀》，紂世抱樂器而犇者，大師疵、少師彊也。《人表》亦列此二人於師摯八人之後，誤合兩事爲一。」石林云：「司馬遷論周厲王事曰：『師摯見之矣。』則師摯，厲王時人也。」諸説不同，横渠從孔安國注。

「考其所爲，觀其所由，察其所安。」亦見《大戴禮·文王官人篇》。

「老彭」，鄭注云：「老聃、彭祖。」龜山曰：「老氏以自然爲宗，謂之不作可也。」朱文公曰：「以《曾子問》言禮證之，『述而不作，信而好古』，皆可見。蓋聃，周之史官，掌國之典籍、三皇五帝之書，故能述古事而信好之。如《五千言》，或古有是語而傳之。

《列子》引《黄帝書》即『谷神不死』章也。聃雖知禮，謂行之反以多事，故欲滅絶之。《禮運》『謀用是作，兵由此起』，亦有此意。」致堂曰：「仲尼問禮，或以證舊聞，或以絶滅禮學之故振而作之。使於問答之際有啓發，非以爲師也。」

王無咎云：「鹿邑之外，有互鄉城，邑人相傳謂互鄉童子見孔子者，此處也。前代因立互鄉縣，其城猶存。」鹿邑屬亳州。

「不舍晝夜」，《釋文》：「舍，音捨。」《集注》亦云「上聲」，而《楚辭辨證》云：「洪引顏師古曰：『舍，止息也。』屋舍、次舍皆此義。《論語》『不舍晝夜』，謂曉夕不息耳。今人或音捨者，非是。」《辨證》乃朱子晚歲之書，當從之。

龐涓、孫臏同學兵法，蘇秦、張儀同學從衡，李斯、韓非同學刑名，始也朋而終也仇。故曰「小人同而不和」「比而不周」。

思欲近，近則精；慮欲遠，遠則周。

「四教」以文爲先，自博而約；「四科」以文爲後，自本而末。

互鄉童子則進之，開其善也；闕黨童子則抑之，勉其學也。

草廬一言而定三分之業，一言之興邦也；夕陽亭一言而召五胡之禍，一言之喪邦也。

唐太宗文學館學士，許敬宗與焉；裴晉公淮西賓佐，李宗閔與焉。以是知佞人之難遠。

尹和静云：「君臣，以義合者也。故君使臣以禮，則臣事君以忠。」東澗謂：「如言『父慈子孝』，加一『則』字，失本義矣。」

「以能問於不能，以多問於寡，有若無，實若虛，犯而不校」，顔子和風慶雲之氣象也。「富貴不能淫，貧賤不能移，威武不能屈」，孟子泰山巖巖之氣象也。

「麻冕，禮也；今也純，儉。」鄭注：「純，黑繒也，側基反。」而《釋文》以鄭爲下音，今讀者從上音如字，非也。按《儀禮》疏，古「緇」「紂」二字並行，「緇布」之「緇」，本字不誤。「紂帛」之「紂」，多誤爲純。《周禮》「純帛」注：「純，實緇字。古緇以『才』爲聲。」《釋文》：「純，側其反。依字從糸才。」《詩·行露》箋：「紂帛。」《釋文》云：「紂音緇，依字糸旁才。後人以才爲屯，因作純。」又《豐》詩箋云：「士妻紂衣。」《儀禮》「純衣」，《釋文》無音，亦非也。《集解》：「純，絲也。」取《説文》。

「君子不以紺緅飾」，孔氏注：「一入曰緅。」石林云：「《考工記》『三入爲纁，五入爲緅，七入爲緇』，緅在纁、緇之間。《爾雅》『一入爲縓』，《禮》『練衣黄裏，縓緣』，『練冠，麻衣縓緣』，蓋孔氏誤以『緅』爲『縓』，則緅不可爲近喪服。」《集注》謂「緅，絳色，以飾練服」，亦用孔注。正義曰：「『一入爲緅』，未知出何書。又云『三年練以緅飾衣』，似讀『緅』爲『縓』。」當以石林之説爲正。

馬融注《論語》云：「所因，謂三綱五常。」《大學衍義》謂：「『三綱』之説，始見於《白虎通》。」愚按《谷永傳》云「勤三綱之嚴」，《太玄·永·次五》云：「三綱得于中極，天永厥福。」其説尚矣。《禮記正義》引《禮緯含文嘉》有「三綱」之言，然緯書亦起於西漢之末。

《太平御覽》引《莊子》曰：「孔子病，子貢出卜。孔子曰：『子待也。吾坐席不敢先，居處若齊，食飲若祭，吾卜之久矣。』」「子路請禱」，可以參觀。

「仁者静」。孔安國云：「無欲故静。」與《太極圖説》同。

石林解「執禮」云：「猶執射、執御之執。《記》曰：『秋學禮，執禮者詔之。』蓋古者謂持禮書以治人者，皆曰『執』。《周官·大史》：『大祭祀，宿之日，讀禮書。祭之日，執書以次位常。凡射事，執其禮事。』此禮之見於書者也。」解「《雅》《頌》各得其所」云：「季札觀魯樂，以《小雅》爲周德之衰，《大雅》爲文王之德。《小雅》皆變雅，《大雅》皆正雅。楚莊王言武王克商，作《頌》，以《時邁》爲首，而《武》次之，《賚》爲第三，《桓》爲第六，以所作爲先後。以此考之，《雅》以正變爲大小，《頌》以所作爲先後者，《詩》未删之序也。論政事之廢興，而以所陳者爲大小，推功德之形容，而以可告者爲先後者，删《詩》之序也。」其説可以補注義之遺。

《吕氏春秋》：「楚有直躬者，其父竊羊而謁之上，上執而將誅之。直躬者請代之。將誅矣，告吏曰：『父竊羊而謁之，不亦信乎？父誅而代之，不亦孝乎？信且孝而誅之，國將有不誅者乎?』」荆王聞之,乃不誅也。孔子聞之,曰:『異哉!直躬之爲信也,一父而載取名焉。』故直躬之信,不若無信。」此即葉公所云也。致堂曰:「『直躬』猶曰『正己』,而《呂氏春秋》以爲人姓名,妄也。」

周生烈子云:「舜嘗駕五龍以騰唐衢,武嘗服九駿以馳文塗,此上御也。」謂五臣、九臣。

《文子》曰:「人皆以無用害有用,故知不博而日不足。以博弈之日問道,聞見深矣。」可以發明「無所用心」之戒。言無所用心之害,非以博弈爲賢也。讀此章者,當以韋昭之論、陶侃之言參觀。

曹操《祭橋玄文》曰:「仲尼稱『不如顏淵』。」注引《論語》:「孔子謂子貢:『吾與汝俱不如也。』」按包氏解云:「吾與女俱不如。」

「周有八士」,包氏注云:「四乳生八子。」其説本董仲舒《春秋繁露》。謂四産得八男,皆君子雄俊,此天所以興周國。《周書·武寤篇》「尹氏八士」,注云:「武王賢臣。」《晉語》「文王詢八虞」,賈逵云:「周八士,皆在虞官。」以仲舒「興周」之言考之,當在文、武時。

東坡解「孟莊子之孝」爲獻子。石林謂:「以獻子爲穆伯之子,以惠叔爲惠伯,讀《左氏》不精,二者皆誤。」致堂取蘇説而不辨其誤。

《呂氏春秋·不苟論》云：「孔丘、墨翟，晝日諷誦習業，夜親見文王、周公旦而問焉。」注引《論語》「夢見周公」。孔、墨並稱，始於戰國之士，其流及於漢儒，雖韓退之亦不免。

「逸民」各論其行，而不及朱張。或曰：「其行與孔子同，故不復論也。」《釋文》引王弼注：「朱張，字子弓。荀卿以比孔子。」

「虞仲、夷逸，隱居放言。」包氏注：「放，置也，不復言世務。」介之推曰：「言，身之文也。身將隱，焉用文之？」《中庸》曰：「其默足以容。」古注亦有味。

《論語》疏：「案《春秋少陽篇》：伯夷姓墨，名允，字公信。伯，長也；夷，謚。叔齊名智，字公達，伯夷之弟，齊亦謚也。」《少陽篇》未詳何書。真宗問陳彭年：「墨允、墨智何人？」彭年曰：「伯夷、叔齊也。」上問：「見何書？」曰：「《春秋少陽》。」夷、齊之父名初，字子朝。胡明仲曰：「《少陽篇》以夷、齊爲伯、叔之謚，彼已去國，隱居終身，尚誰爲之節惠哉？蓋如伯達、仲忽，亦名而已矣。」

沮、溺、荷蓧之行，雖未能合乎中；陳仲子之操，雖未能充其類，然唯孔、孟可以議之。斯人清風遠韻，如鸞鵠之高翔，玉雪之不汙，視世俗殉利亡耻、饕榮苟得者，猶腐鼠糞壤也。小人無忌憚，自以爲中庸，而逸民清士乃在譏評之列，學者其審諸！

《呂氏春秋》云：「子路揜雉，得而復釋之。」蓋因「子路共之」而爲此說。朱文公《集注》引晁、劉兩說，「共」字當爲「拱執」之義。

上蔡云：「聖人語常而不語怪，語德而不語力，語治而不語亂，語人而不語神。」本王無咎之説。

陸務觀云：「一言可以終身行之者，其『恕』乎！此聖門一字銘也。《詩》三百，一言以蔽之，曰『思無邪』。此聖門三字銘也。」

「爲力不同科」，馬融解云：「力役有上中下三科。」五峰謂此説是。

「譬諸草木，區以別矣。」五峰曰：「草木生於粟粒之萌，及其長大，根莖華實雖淩雲蔽日，據山蟠地，從初具乎一萌之內，而未嘗自外增益之也。」用《樂記》「區萌」字，音勾。朱文公曰：「林少穎亦説與黄祖舜如此。」

《漢·藝文志》「小道可觀」，《蔡邕傳》「致遠則泥」，以子夏之言爲孔子。《唐·孔穎達傳》「以能問於不能」，以曾子之言爲孔子。

「卞莊子之勇」。《或問》云：「事見《新序》。」愚按《荀子·大略篇》：「齊人欲伐魯，忌卞莊子，不敢過卞。」此可見其有勇也。

《史記正義》：首陽山有五。顔師古注《漢書》云：「伯夷歌『登彼西山』，當以隴西爲是。」石曼卿詩曰：「恥生湯武干戈日，寧死唐虞揖遜區。」謂首陽在河東蒲坂，乃舜都也。余嘗考之《曾子書》以爲「夷、齊死於濟、澮之間，其仁成名於天下」，又云「二子居河、濟之間」，則曼卿謂首陽在蒲，爲得其實。澮，水名。《左氏》所謂「汾澮」。

水，一也，孔子觀之而明道體之無息，孟子觀之而明爲學之有本。荀子亦云：「水至平，端不傾，心術如此象聖人。」其觀於水也，亦亞於孔、孟矣。於此見格物之學。

吕成公讀《論語》「躬自厚而薄責於人」，遂終身無暴怒。絜齋見象山讀《康誥》有感悟，反己切責，若無所容。前輩切己省察如此。

孔庭之教曰《詩》《禮》。子思曰：「夫子之教，必始於《詩》《書》而終於《禮》《樂》，雜説不與焉。」《荀子·勸學》亦曰：「其數則始乎誦經，終乎讀《禮》；其義則始乎爲士，終乎爲聖人。」經，謂《詩》《書》。

四勿、九思，皆以視爲先。見弓以爲蛇，見寢石以爲伏虎，視汩其心也；閔周者黍稷不分，念親者莪蒿莫辨，心惑其視也。吴筠《心目論》以「動神者心，亂心者目」。《陰符經》：「心生於物，死於物，機在目。」蔡季通釋其義曰：「老子曰：『不見可欲，使心不亂。』西方論六根、六識，必先曰眼、曰色，均是意也。」

古者士傳言諫，其言責與公卿大夫等。及世之衰，公卿大夫不言而士言之，於是有欲毁鄉校者，有謂「處士横議」者，不知三代之盛，士亦有言責也。夫子曰：「天下有道，庶人不議。」而不及士，其指微矣。乙酉二月，夢前宰輔以太學所上書求余跋語，夢中作此，寤而識之。

「非帷裳，必殺之。」鄭康成云：「帷裳，謂朝祭之服，其制正幅如帷。『非帷裳』者，謂深衣，削其幅，縫齊倍要。」見《春秋正義》。《集解》不取《集注》，用鄭説。

孔門弟子，唯言偃吴人，而澹臺滅明南游至江。《史記正義》：「蘇州南五里有澹臺湖。」《儒林傳》：「澹臺子羽居楚。」

韓非曰：「季孫相魯，子路爲郈令。魯以五月起衆爲長溝，子路以其私秩粟爲漿飯，要作溝者於五父之衢而餐之。孔子聞之，使子貢往覆其飯，擊毀其器，曰：『魯君有民，子奚爲乃餐之？』言未卒而季孫使者至，讓曰：『肥也起民而使之，先生使弟子令徒役而餐之，將奪肥之民耶？』孔子駕而去魯。」此雖與《論語》《史記》不同，然亦夫子去魯之一事也。考《左氏傳》，郈，叔孫之邑也。

申屠嘉不受私謁，則可以折幸臣；董仲舒正身率下，則可以事驕王；魏相以廉正，霍氏不能誣；袁安、任隗以素行，竇氏無以害。故曰：「其身正，不令而行。」「苟正其身矣，於從政乎何有？」

君子不因小人而求福，孔子之於彌子也；不因小人而避禍，叔向之於樂王鮒也。朱博之黨丁、傅，福可求乎？賈捐之之諂石顯，禍可避乎？故曰：「不知命，無以爲君子。」

朱子以無垢爲雜學。《論語集注》獨取「審富貴，安貧賤」一語。

陳仲猷曰：「『逝者如斯夫』，道體無窮，借水以明之。『鳶飛戾天，魚躍于淵』，道體無不在，借鳶魚以明之。」葉仲圭曰：「『出入無時，莫知其鄉』，常人之心也；『寂然不動，感而遂通』，聖人之心也。聖人之心豈常人之所無哉？昏與明異而已矣。」仲猷、仲圭皆余同年。

王充云：「『浴乎沂』，涉沂水也；『風乎舞雩』，風，歌也。」仲長統云：「諷於舞雩之下。」愚謂以「風」爲「諷」，則與「咏而歸」一意矣，當從舊說。

上蔡《論語解》引元澤云：王元澤。「教之化民也深於命，民之效上也捷於令。」本《史記》趙良之言。《商君傳》。

《集注》：「蘧伯玉於孫林父、甯殖放弑之謀，不對而出。」按《左氏傳》，甯殖當爲甯喜。

《史記·循吏傳》「孫叔敖三得相而不喜，三去相而不悔」，與令尹子文之事相類，恐是一事。

范伯崇曰：「温故而不知新，雖能讀墳、典、索、丘，足以爲史，而不足以爲師。」《劉子·謹獨篇》曰：「顔回不以夜浴改容。」《顔氏家訓》曰：「曾子七十乃學，名聞天下。」皆未詳所出。《家語》「曾參少孔子四十六歲」，非老而學者。

蘧伯玉，《史記》謂「孔子所嚴事」，不當在弟子列。《禮殿圖》有之，而唐、宋皆錫封從享。公伯寮，非孔子弟子，乃季氏之黨，致堂胡氏之説當矣。《家語》不列其名氏，蓋自《史記》失之。《家語》有縣亶，字子象，《史記索隱》以爲縣豐，唐、宋封爵皆不及焉。《禮記·檀弓》有縣子，豈其人與？

柳子厚《與太學諸生書》曰：「仲尼吾黨狂狷，南郭獻譏。」按《荀子・法行篇》：「南郭惠子問於子貢曰：『夫子之門，何其雜也？』」非以狂狷爲譏。

「無可無不可」，致堂謂：「以五字成文。聖人從容中道，無所偏倚。世之通儻不泥者，纔足謂之『無不可』爾。馬援以此稱高帝，亦稔於常談。」

夫子之割之席，曾子之簀，一於正而已。論學則曰「正心」，論政則曰「正身」。

「善人，吾不得而見之矣；得見有恒者，斯可矣。」善人，周公所謂吉士也；有恒，周公所謂常人也。

微生高，《漢・古今人表》作「尾生高」。蓋即《莊子》所謂尾生。東方朔曰：「信若尾生。」然尾生之信，非信也。

鄭校周之本，以《齊》《古》讀正，凡五十事。《釋文》。

陳自明以「子見南子」爲「南蒯」。以《傳》考之，昭公十二年南蒯叛，孔子年方二十有二，子路少孔子九歲，年方十三，其説鑿而不通矣。

聖人「毋必」，而《鄉黨》言「必」者十有五，記必爲之事也。其傳《易》曰：「積善之家，必有餘慶；積不善之家，必有餘殃。」「陰疑於陽必戰。」「小人勿用，必亂邦也。」著必然之理也。

孔門受道，唯顏、曾、子貢。太史公稱「子貢一出，存魯，亂齊，破吴，强晉，伯越」，是以戰國説客視子貢也。又列于《貨殖傳》，以《論語》一言而斷其終身，可乎？子貢聞「一以貫之」之傳，與曾子同，貨殖何足以疵之？

「過則勿憚改」「非禮勿視，非禮勿聽，非禮勿言，非禮勿動」「己所不欲，勿施於人」「勿欺也」，皆斷以「勿」。蓋去惡不力，則爲善不勇。

孔門獨顔子爲好學，所問曰「爲仁」，曰「爲邦」，成己成物，體用本末備矣。

「唐棣」與「常棣」不同。致堂謂「『偏其反而』，即《詩·常棣》篇，孔子删而不取」，恐誤。

闕黨之童，游聖門者也，夫子抑其躁，是以知心之易放。互鄉之童，難與言者也，夫子與其進，是以知習之可移。

孝經

《孝經序》「六家異同」，今考《經典序録》有孔、鄭、王、劉、韋五家，而無虞翻注。有虞槃佑，東晉處士也。

致堂謂：「《孝經》非曾子所自爲也。曾子問孝於仲尼，退而與門弟子言之，門弟子類而成書。」晁子止謂：「何休稱：『子曰「吾志在《春秋》，行在《孝經》」』，則孔子自著也。』今首章云『仲尼居』，則非孔子所著矣，當是曾子弟子所爲書。」馮氏曰：「子思作《中庸》，追述其祖之語乃稱字，是書當成於子思之手。」

《古文孝經》，《漢志》《書序》謂出孔壁，而許沖上其父《説文》，曰：「孝昭帝時，魯國三老所獻。」其説不同。

「當不義，則子不可不争於父」。《孟子》云：「父子之間不責善。」荆公謂：「當不義則争之，非責善也。」晁子止《讀書志》乃謂「介甫阿其所好」。蓋子止守景迂之學，以《孟子》爲疑，非篤論也。朱文公於《孟子集注》取荆公之説。

「是何言與」，司馬公解云：「言之不通也。」范太史説，誤以「言之不通也」五字爲經文，古、今文皆無，朱文公集所載《刊誤》亦無之。近世所傳《刊誤》以五字入經文，非也。

《孝經》鄭氏注，陸德明云：「與康成注《五經》不同。」今按康成有「六天」之説，而《孝經注》云：「上帝，天之别名。」故陸澄謂「不與注書相類」。

《荀子》述孔子之言曰：「昔萬乘之國，有争臣四人，則封疆不削；千乘之國，有争臣三人，則社稷不危；百乘之國，有争臣二人，則宗廟不輟。父有争子，不行無禮；士有争友，不爲不義。」與《孝經》稍異。

彭忠肅公以「致敬」「致樂」「致憂」「致哀」「致嚴」裒集格言，爲《五致録》。司馬公《家範》亦以「五致」類事，忠肅之書本於此。

《國史志》云：「《孝經》孔安國傳，古二十二章，有《閨門篇》爲世所疑。鄭氏注今十八章，相承言康成作，《鄭志目録》不載，通儒皆驗其非。開元中，孝明纂諸説自注，以奪二家。然尚不知鄭氏之爲小同。」

王去非云：「學者學乎孝，教者教乎孝，故皆從孝字。」慈湖、蒙齋謂古「孝」字只是「學」字。愚按《古文韻》：「學」字，古《老子》作「斈」；「教」字，郭昭卿《字指》作「斈」。

「不敢毀傷」至「不敢失於臣妾」，言「不敢」者九。《管子》曰：「賢者行於不敢，而立於不能。」《詩》於文王、仲山甫皆曰「小心翼翼」。

「求忠臣必於孝子之門」，《孝經緯》之言也。見《東漢·韋彪傳》注。

劉盛不好讀書，唯讀《孝經》《論語》，曰：「誦此能行足矣，安用多誦而不行乎？」蘇綽戒子威云：「讀《孝經》一卷，足以立身治國，何用多爲？」愚謂：梁元帝之萬卷，不如盛、綽之一言。學不知要，猶不學也。

范太史《孝經説》曰：「能事親則能事神。」真文忠公《勸孝文》曰：「侍郎王公蓋梅溪也。見人禮塔，呼而告之曰：『汝有在家佛，何不供養？』」蓋謂人能奉親，即是奉佛。

「嚴父莫大於配天」。《神宗聖訓》云：「周公宗祀，乃在成王之世。成王以文王爲祖，則明堂非以考配明矣。」自唐代宗用杜鴻漸等議，明堂以考肅宗配上帝，一時誤禮非祀，無豐昵之義。

「孝子之事親終矣」，此言喪祭之終，而孝子之心，昊天罔極，未爲孝之終也。曾子戰兢知免，而易簀得正，猶在其後。信乎終之之難也。

卷八

孟子

《孟子集注序説》引《史記》列傳，以爲「《孟子》之書，孟子自作」。韓子曰：「軻之書非自著。」謂《史記》近是，而《滕文公》首章「道性善」注則曰「門人不能盡記其詞」，又第四章「决汝漢」注曰「記者之誤」。吴伯豐以問朱文公，文公答曰：「前説是，後兩處失之。熟讀七篇，觀其筆勢，如鎔鑄而成，非綴緝所就也。」

趙氏《孟子章指》引《論語》曰：「力行近仁。」誤以《中庸》爲《論語》。無垢《孝經解》誤以「臨深履薄」爲衛武公之詩。致堂《無逸傳》誤以「不解于位」爲《洞酌》。吴才老《書裨傳·臣辯》誤以晉侯重耳爲申生，誠齋《易傳後序》誤以韓宣子爲季札。

《文選》陳孔璋《爲曹洪書》云：「有子勝斐然之志。」注引《墨子》曰：「二三子復於子墨子曰：『告子勝仁。』子墨子曰：『未必然也。告子爲仁，猶跂以爲長，偃以爲廣，不可久也。』」勝蓋告子之名，豈即《孟子》所謂告子歟？

《文選注》引《孟子》曰：「墨子兼愛，摩頂致於踵。」趙岐曰：「致，至也。」今本作「放踵」。注無「致，至也」三字。

《元和郡縣志》：「齊雪宫故趾，在青州臨淄縣東北六里。《晏子春秋》所謂『齊侯見晏子于雪宫』。」

《孟子》「以齊王，由反手也」，趙岐注謂「譏管、晏不勉其君以王業」；「文王望道而未之見」，注謂「殷録未盡，尚有賢臣，道未得至」。王無咎非之曰：「岐名通《孟子》，而實汩之。」

「琴張」，注謂「子張善鼓琴」，蓋未知《左傳》有琴張。

「周公思兼三王，以施四事」，注云：「四事，禹、湯、文、武所行事也。」而伏生《大傳》云：「周公兼思三王之道，以施於春秋冬夏。」其説陋矣。

滕定公、文公，按趙氏注：《古紀》《世本》滕國有考公麇、元公弘，即定公、文公也。《世本》今無傳，此可備參考。

「《志》曰：『喪祭從先祖。』」注引《周禮·小史》「掌邦國之志」。愚謂：「邦國之志」若「《周志》」、「史佚之志」、鄭書、楚書、秦記之類。

《孟子疏》謂：「齊王悦南郭先生吹竽，喜鄒忌鼓琴，安知與衆樂樂。」愚考之《史記》，騶忌以鼓琴見齊威王，非宣王也。唯南郭處士吹竽，乃宣王時，見《韓非·内儲説》。

《説苑》：「景差相鄭，鄭人有冬涉水者，出而脛寒。後景差過之，下陪乘而載之，覆以上衽。叔向聞之曰：『景子爲人國相，豈不固哉！吾聞良吏居之三月而溝渠修，十月而津梁成，六畜且不濡足，而況人乎！』」此即《孟子》所言子産以乘輿濟人之事也。叔向之時，鄭無景差，當以《孟子》爲正。

「曾西」，注以爲曾子之孫，《集注》因之。《經典序録》：「曾申，字子西，曾參之子。子夏以《詩》傳曾申。左丘明作《傳》以授曾申。」曾西之學，於此可考。楚鬬宜申、公子申，皆字子西，則曾西之爲曾申無疑。

郅惲曰：「孟軻以强其君之所不能爲忠，量其君之所不能爲賊。」與今《孟子》語小異。

「謹庠序之教，申之以孝悌之義，頒白者不負戴於道路矣。」愚按《書大傳》云：「歲事既畢，餘子皆入學。十五入小學，十八入大學。距冬至四十五日，始出學，傅農事。上老平明坐於右塾，庶老坐於左塾，餘子畢出，然後歸。夕亦如之。餘子皆入，父之齒隨行，兄之齒雁行。朋友不相逾。輕任并，重任分，頒白不提挈。出入皆如之，此之謂造士。」《漢書·食貨志》云：「春將出民，里胥平旦坐於右塾，鄰長坐於左塾云云。入者必持薪樵，輕重相分，班白不提挈。」孝悌之義，當以是觀之。

「棄禮捐耻」，秦所以敗；「耻尚失所」，晉所以替。耻之於人大矣。

陳蕃諫校獵曰：「齊景公欲觀於海，放乎琅邪。晏子爲陳百姓惡聞旌旗輿馬之音，舉首嚬眉之感，景公爲之不行。」此以《孟子》二章爲一事。

梁惠王「西喪地於秦七百里」。濦水李氏曰：「初，北地郡屬魏，後盡爲秦并，喪於秦不止七百里也。」

《法言·修身篇》引《孟子》曰：「夫有意而不至者有矣，未有無意而至者也。」今《孟子》無此語，其在《外書》歟？

周子静端朝爲學官，小司成襲蓋卿以「守氣不如守約」命題。子静曰：「『氣』不與『約』字對，兩『守』字著略點。晦翁注甚明，豈可破句讀《孟子》？」

《尸子》引孔子曰：「誦詩讀書，與古人居。」《金樓子》曰：「曾生謂：『誦詩讀書，與古人居；讀書誦詩，與古人期。』」《孟子》：「頌其詩，讀其書，不知其人，可乎？」斯言亦有所本。

命不可委，故《孟子》言「立命」；心不可委，故南軒以陶淵明「委心」之言爲非。

仁曰仁術，儒曰儒術，術即道也。申不害以術治韓，晁錯言「術數」，公孫弘謂「智者術之原」，君子始惡乎術矣。故學者當擇術。

致堂曰：「楊朱與老聃同時，墨翟又在前，宗師大禹，而晏嬰學之。以爲楊、墨出於師商，考之不詳甚矣。」朱文公曰：「莊周之學出於老氏，韓子始謂子夏之後有田子方，子方之後流而爲莊周。以其書之稱子方者考之，則子方之學子夏，周之學子方者，皆不可見。」愚謂：觀此二説，則異端之學，非孔門弟子傳流之差也。

《莊子》曰：「爲善無近名，爲惡無近刑，緣督以爲經。」又曰：「將處夫材與不材之間。」此子莫之「執中」也。

楊之學似老，墨之學似佛。楊朱書唯見于《列子》。

董仲舒云：「以仁治人，以義治我。」劉原父云：「仁字從人，義字從我，豈造文之意邪？」愚謂：告子「仁内義外」之説，孟子非之。若以人、我分仁、義，是仁外義内，其流爲「兼愛」「爲我」矣。

《孟子》引費惠公之言，謂小國之君也。春秋時，費爲魯季氏之邑。《史記·楚世家》有鄒、費、郯、邳，蓋戰國時以邑爲國，意者魯季氏之僭歟？

「仁，人心也」「求其放心」，此孟子直指本心處。但禪學有體無用。

「曹交」，注謂曹君之弟。按《左傳》哀公八年，宋滅曹。至孟子時，曹亡久矣。曹交蓋以國爲氏者。

老泉《三子知聖人汙論》誤以「汙」字爲句。趙岐謂「孟子知其言大過，故貶謂之『汙下』」，亦非孟子之意。

《史記·六國表》注，皇甫謐曰：「《孟子》稱禹生石紐，西夷人也。」今無此語。

孟子字未聞。《孔叢子》云「子車」。注：「一作子居。居貧坎軻，故名軻，字子居。亦稱字子輿。」疑皆傅會。《聖證論》云：「《子思書》《孔叢子》有孟子居，即是軻也。《傅子》云『孟子輿』。」

《孟子正義》云：「唐林謹思《續孟子書》二卷，謂《孟子》七篇非軻自著，乃弟子共記其言。」與韓文公之説同。

《正義序》云「孫奭」，《崇文總目》《館閣書目》《讀書志》皆無之。朱文公謂：「邵武士人作，不解名物制度，其書不似疏。」

《吕氏春秋》：「舜行德三年而三苗服。孔子聞之，曰：『通乎德之情，則孟門、太行不爲險矣。故曰：德之速，疾乎以郵傳命。』」此可以證《孟子》引孔子之言。

墨之治喪以薄。《宋書·禮志》引《尸子》：「禹治水，爲《喪法》曰：『桐棺三寸，制喪三日。』」蓋墨家托於禹也。

好樂，好勇，好貨色，齊宣王所以不能用孟子也。文帝好清静，故不能用賈誼；武帝好紛更，故不能用汲黯。

「上有好者，下必甚焉。」光武封一卓茂，而節義之俗成；太宗誅一德儒，而諫争之門闢。信乎如風之偃草也！

「不仁而得天下，未之有也。」秦皇以不仁得之矣，二世而失，猶不得也。

「惟尹躬暨湯，咸有一德，克享天心」，故湯曰「天吏」，尹曰「天民」。

孟子，學伊尹者也。「當今之世，舍我其誰也！」是亦聖之任。

「仁在乎熟之而已矣。」子路，未熟之五穀；管仲，已熟之荑稗；楊、墨，五穀之螟螣。

照乘之珠，和氏之璧，戰國之君以爲寶，故曰「諸侯之寶三」。

爲「天吏」，則可以伐燕，於漢、楚見之。董公未説漢王之前，以强弱角勝負，所謂以燕伐燕也。三軍縞素之後，則爲天吏矣。仁義之言，齊、梁以爲迂闊者，董公一言而漢、楚之興亡決焉，可謂豪傑之士。

弱而不可輕者，民也。古先哲王曰「敬民」，曰「畏民」。石守道謂「湯以七十里亡夏，文王以百里亡商，陳勝以匹夫亡秦」，民可不畏乎？故曰「民爲貴」。太史公以陳涉與湯、武並言，涉豈能爲湯、武哉？蓋楚、漢間豪傑之餘論也。

「善推其所爲」，此心之充拓也；「求其放心」，此心之收斂也。致堂曰：「心無理不該。去而不能推，則視之不見，聽之不聞，痒痾疾痛之不知；存而善推，則潛天地，撫四海，致千歲之日至，知百世之損益。」此言充拓之功也。西山曰：「心一而已，由義理而發，無以害之，可使與天地參；由形氣而發，無以檢之，至於違禽獸不遠。」此言收斂之功也。不闔則無闢，不涵養則不能推廣。

「守孰爲大？守身爲大。」有猷有爲矣，必曰有守；「不虧其義」矣，必曰「不更其守」。何德將《嘆習》曰：「入時愈深，則趨正愈遠。」以守身爲法，以入時爲戒，可謂士矣。

「行一不義，殺一不辜，而得天下皆不爲也。」諸葛武侯謂「漢賊不兩立」，其義正矣。然取劉璋之事，可謂義乎？

「君子可欺以其方，難罔以非其道。」日無再中之理，而新垣平言之；日無漸長之理，而袁充言之。漢文、隋文皆以是改元。漢文悟平之詐，而隋文終受充之欺，此存亡之判與？

「夫道一而已矣。」爲善而雜於利者，非善也；爲儒而雜於異端者，非儒也。

堯「使契爲司徒，教以人倫」，學「所以明人倫」。舜「察於人倫」，「居中國，去人倫，無君子，如之何其可也」。孟子道性善，稱堯、舜，莫大於人倫，此正人心之本原也。

《晏子春秋》曰：「有賢而不知，一不祥；知而不用，二不祥；用而不任，三不祥。」《孟子》謂：「言無實不祥，不祥之實，蔽賢者當之。」蓋古有此言也。

孺子「滄浪」之歌，亦見於《楚辭·漁父》。考之《禹貢》，漢水東爲滄浪之水，則此歌楚聲也。《文子》亦云：「混混之水濁，可以濯吾足乎！泠泠之水清，可以濯吾纓乎！」

「無恒産而有恒心者，惟士爲能。」古之士所以異於民也。蘇秦無二頃田，而奔走游説，豈所謂士哉！水心葉氏云：「周衰，不復取士。孔、孟不以其不取而不教也，孔、孟之徒不以其不取而不學也，道在焉故也。」

「不得志，修身見於世。」上蔡謝子曰：「天下皆亂而己獨治，不害爲太平。」蜀士楊肩吾曰：「天下雖不治平，而吾國未嘗不治且平者，岐周是也。一國雖不治平，而吾家未嘗不治且平者，曾、閔是也。一家雖不治平，而吾身吾心未嘗不治且平者，舜與周公是也。」《文子》亦云：「不憂天下之亂而樂其身治者，可與言道矣。」

《鹽鐵論》引《孟子》曰：「居今之朝，不易其俗，而成千乘之勢，不能一朝居也。」又云：「今之士，今之大夫，皆罪人也。」又云：「王者與人同，而如彼者，居使然也。」與今本不同。

民心之得失，此興亡之大幾也。林少穎云：「民之思漢，則王莽不能脅之使忘；民之忘漢，則先主不能强之使思。」唐與政云：「民心思漢，王郎假之而有餘；民心去漢，孔明扶之而不足。」

《論語》終於《堯曰篇》，《孟子》終於「堯、舜、湯、文、孔子」，而《荀子》亦終於《堯問》，其意一也。

「利與善之間」，君子必審擇而明辨焉，此天理人欲之幾，善惡正邪之分界也，孟子之言公。「不夷不惠，可否之間」，「材與不材之間」，揚、莊之言私。

「若將終身焉」，窮不失義；「若固有之」，達不離道。能處窮，斯能處達。

「養心莫善於寡欲」，注云：「欲，利也。」雖非本指，「廉者招福，濁者速禍」，亦名言也。道家者流，謂「丹經萬卷，不如守一」。愚謂：不如《孟子》之七字。不養其心而言養生，所謂「舍爾靈龜，觀我朵頤」也。

《呂氏春秋・開春論》云：「《神農之教》曰：『士有當年而不耕者，則天下或受其飢矣；女有當年而不績者，則天下或受其寒矣。』故身親耕，妻親績，所以見致民利也。」《管子》引《神農之數》，《文子》亦引《神農之法》，此即許行所爲《神農之言》歟？《漢・藝文志》「農家」有《神農》二十篇，劉向《别録》云：「疑李悝、商君所説。」

孔子、孟子皆不之秦，荀子嘗入秦而譏其無儒。孔子順曰：「秦爲不義，義所不入。」其志如魯仲連。

句容有盜，改置社稷而盜止。下邳多盜，遷社稷於南山之上，盜亦衰息。見陳後山《談叢》。岳州田鼠害稼，雍明遠曰：「迎貓之祭不修也。」命祭之，鼠隨以斃。見《范蜀公集》。《孟子》有「變置社稷」，《禮記》有「八蜡」，孰謂古制不可行于今乎？

「求在我者」，盡性於己；「求在外者」，聽命於天。李成季曰：「與其有求於人，曷若無欲於己？與其使人可賤，不若以賤自安。」呂居仁亦以見人有求爲非。

「宿於畫」，《水經注》云：「澅水出時水，東去臨淄城十八里，所謂澅中也。俗以澅水爲宿留水，以孟子三宿出澅。」或云當作「畫」。《後漢》「耿弇進軍畫中」，《史記》「畫邑人王蠋」，《通鑑》作「晝邑」。

「以刃與政，有以異乎？」邵子之論秦曰：「殺人之多，不必以刃。謂天下之人無生路可趨也。」

「商鞅富强之術，誘三晉之民，力耕於内，而使秦民應敵於外。」使梁王用孟子之言，施仁政於民，秦焉得誘之？仁勝不仁，如春融冰泮，故曰「仁者無敵」。

「蓋大夫王驩」。漢泰山郡蓋縣故城，在沂州沂水縣西北。

趙氏《春秋論》曰：「『五伯者，三王之罪人』，謂其三代而春秋之也，齊桓其作俑也。『今之諸侯，五伯之罪人』，謂其春秋而戰國之也，晉定其作俑也。『今之大夫，今之諸侯之罪人』，謂其戰國而七國之也，晉之韓、趙、魏其作俑也。」

止齋曰：「人多言常平出漢耿中丞，顏師古以壽昌爲權道。豈知常平蓋古法。孟氏言『狗彘食人食而不知檢，塗有餓莩而不知發』，今文作『檢』，班氏《食貨志》作『斂』是也。夫豐歲不斂，饑歲不發，豈所謂無常平乎？」

陳烈讀「求其放心」而悟曰：「我心不曾收，如何記書？」遂閉門静坐，不讀書百餘日，以收放心，然後讀書，遂一覽無遺。前賢之讀書如此。

「若民則無恒産，因無恒心」，《孟子》言戰國之民也。周之盛時，以井牧授田，以鄉遂設教。「攸介攸止，烝我髦士」，士亦田野之秀民也。不惟士有常心，民亦有常心矣。故曰「文武興，而民好善」。

小學

《爾雅》注：「漢武帝時得豹文鼮鼠，孝廉郎終軍知之，賜絹百匹。」《文選》注引《竇氏家傳》以爲竇攸，世祖詔諸侯子弟從攸受《爾雅》。二説不同。

《爾雅》：「西至於邠國，謂之四極。」朱文公曰：「邠國近在秦隴，非絶遠之地。」愚按《説文》引《爾雅》曰：「西至汃國，謂四極。汃，西極之水也。」府巾切。

《爾雅》疏：「案《尸子·廣澤》篇云：『墨子貴兼，孔子貴公，皇子貴衷，田子貴均，列子貴虛，料子貴別，囿其學之相非也數世矣，而已皆弇於私也。天、帝、后、皇、辟、公、弘、廓、閎、傳、介、忳、夏、幠、蒙、贖、昄【一】，皆大也，十有餘名而實一也。若使兼、公、虛、均、衷、平、易、別，囿一實也，則無相非也。』《仁意篇》述太平之事云：『燭於玉燭，飲於醴泉，暢於永風。春爲青陽，夏爲朱明，秋爲白藏，冬爲玄英。四氣和，爲正光，此之謂玉燭。其雨時降，萬物以嘉，高者不少，下者不多，此之謂醴泉。其風春爲發生，夏爲長嬴，秋爲方盛，冬爲安靜，四氣和爲通正，此之謂永風。』」

【一】天帝后皇辟公弘廓閎傳介忳夏幠蒙贖昄　此十七字，翁注本作「天帝皇后辟公弘廓宏溥介純夏幠冢晊昄」。

《爾雅疏》引舍人云：「按《經典序録》，《爾雅》有犍爲文學注二卷。」一云：「犍爲郡文學卒史臣舍人，漢武帝時待詔。」

《白虎通》引《親屬記》，即《爾雅·釋親》也。《通典》：「顔延之曰：『伯叔有父名，則兄弟之子不得稱姪；從母有母名，則姊妹之子不可言甥。且甥姪唯施於姑舅耳。』雷次宗曰：『姪字有女，明不及伯叔；甥字有男，見不及從母。』」劉共父刊《二程先生集》，改「姪」爲「猶子」。朱文公謂：「古人固不謂兄弟之子爲姪，亦無云猶子者，記禮者言「猶己之子」。但云兄之子、弟之子。然從俗稱姪，亦無害於義理也。」

「傅，負版。」郭璞注：「未詳。」即柳子所爲作《蝜蝂傳》者也。《西京賦》「戎葵懷羊」，《爾雅》「瘣懷羊」，璞亦曰「未詳」。

陸璣爲《詩草木疏》，劉杳爲《離騷草木疏》，王方慶有《園庭草木疏》，李文饒有《山居草木記》。君子所以貴乎多識也。然《爾雅》不釋「蘇蔽」，字書不見「栮榿」，學者耻一物之不知，其可忽諸！

「檟，苦荼。」注：「今呼早采者爲荼，晚取者爲茗。一名荈。」《説文》：「茗，荼芽也。」東坡詩：「周詩記苦荼，茗飲出近世。」

《急就篇》注：「牡蒙，一名黄昏。」後山詩「黄昏湯」，疑即此也。

終軍之對鼮鼠，盧若虚之辯鼨鼠，江南進士之問天鷄，劉原父之識六駮，可謂善讀

《爾雅》矣。蔡謨不識彭蜞，人謂讀《爾雅》不熟；田敏不知日及，學之陋也。

唐玄度《十體書》曰：「周宣王太史籀始變古文，著大篆十五篇。秦焚《詩》《書》，唯《易》與史篇得全。逮王莽亂，此篇亡失，建武中獲九篇。章帝時，王育爲作解說，所不通者十有二三。」按《說文》多引王育說，如「天屈西北爲无」，「蒼頡出，見禿人伏禾中，因以制字」。

《說文敘》：「《尉律》試八體。大篆、小篆、刻符、蟲書、摹印、署書、殳書、隸書。亡新使甄豐等改定古文，時有六書。古文、奇字、篆書、佐書、繆篆、鳥蟲書。佐即隸也。《書》正義亦云：「秦有八體，亡新六書。」去大篆、刻符、殳書、署書，加古文、奇字。《藝文志》謂：「漢興，蕭何草律，著其法，曰：『太史試學童，以六體試之。』」古文、奇字、篆書、隸書、繆篆、蟲書。律即《尉律》也。六體非漢興之法，當從《說文敘》改「六」爲「八」。

《急就篇》「長樂無極老復丁」，顏氏解爲「蠲其子孫之役」，非也，即《參同契》所謂「老翁復丁壯」。朱文公詩「自慶樽前老復丁」，《黄庭經》亦有此三字。

董彥遠《除正字謝啓》，敘字學，涉獵該洽。其略云：「殘經不悟於郭亡，闕文徒存於夏有。馬不足一者，既失其全；虎多於六者，自乖其數。書殘武殪，頌亂湯齊。烏舄混淆，魚魯雜糅。增河南之邑爲雒，減漢東之國爲隋。避上則罪不從辛，絶下則對因去口。棗合而棘氏微，足省而疏姓絶。定文於六穗之禾，訓同於導；分序於八寸之策，執異爲宗。丁尾亂真，鈎須失實。書立書肖，而既謬國名；爲卷爲端，而遂乖服制。篆形誤僞，誰正雲興之祁祁；隸體散亡，共守鸞聲之鉞鉞。鎖定銀鐺之名，車改金根之目。知一束二縫之爲來，指二首六身之爲亥。郡章立信，救時惟正於四羊；國史傳疑，考義共惑於三豕。傅會作九禾之秀，離析爲三刀之州。合樂之奏，妄加文武之爲斌；定經之名，誤合日月之爲易。字失部居，改白水真人之兆；書忘形象，作非衣小兒之謡。四十八安取於桑？三十七未足語世。梁父七十二家，名雖具在；《尉律》四十九類，書蓋已亡。誤存舟二間之爲航，安識門五日之爲閏？」學者遍觀異書，而求其事之所出，亦多識之一也。

彦遠有《古文集類叙》云：「孔安國以隸古易科斗，故漢人不識古字。開元又廢漢隸易以今文，故唐人不識隸古。」今按《書序》「爲隸古定」，正義謂：「就古文體而從隸以定之，雖隸而猶古，蓋存古則可慕，爲隸則可識。」非謂隸書爲隸古也。

宋景文公云：「蕭何自題蒼龍、白虎二闕，後世署書由何始。」《説文》：「扁，署也，从『户册』。户册者，署門户之文也。」

夾漈《金石略》云：「《祀巫咸大湫文》，李斯篆。」愚按方氏《跋詛楚文》以爲秦惠文王二十六年，石湖亦謂當惠文王之世，後百餘年東巡泰山刻石，則小篆非出於李斯。

古器銘云「十有三月」「十有四月」「十有九月」，云「正月乙子」，或云「丁子」。呂與叔《考古圖》謂「嗣王逾年未改元，故以月數」。乙子即甲子，丁子即丙子，世質人淳，取其同類。不然，殆不可考。曾子固謂：「古字皆重出，此文作三者，特二字耳。」《毛伯敦》「祝」下一字，劉原父以爲「鄭」，曰「文、武時毛叔鄭也」，而吕與叔以爲「邠」。《簠銘》「中」上一字，歐陽公以爲「張」，曰「宣王時張仲也」，而與叔以爲「弡」。《周姜敦》「伯」下一字，歐陽公以爲「冏」，曰「穆王時伯冏也」，而與叔以爲「百」。古文難考，幾於郢書燕説。

《博古圖》：「《晉姜鼎銘》『用蘄綽綰眉壽』，《伯碩父鼎銘》『用祈丐百禄眉壽綰綽』，《孟姜敦銘》『綰綽眉壽』。」石湖云：「似是古人祝延常語。」愚謂：《漢書》「《安世房中歌》云『克綽永福』」。顔氏注：「綽，緩也，亦謂延長。」

張燕公《謝碑額表》云：「孔篆吴札之墳，秦存展季之壠。」言孔子篆者，始見於此。

《金石録·汲縣太公碑》云：「晉太康二年得竹策之書，其《紀年》曰：『康王六年，齊太公望卒。』參考年數，蓋壽一百一十餘歲。」今按《書·顧命》云「齊侯吕伋」，則成王之末，伋已嗣太公爲齊侯矣。

潏水李氏云：「古印有文曰『祭尊』，非姓名，乃古之鄉官也。《説苑》載鄉官，又有『祭正』，亦猶祭酒也。」

秦《詛楚文》作於惠文王之時，所詛者，楚懷王也。懷王遠屈平，邇靳尚，而受商於之欺，致武關之執，非不幸也。然入秦不反，國人憐之，如悲親戚。積怨深怒，發于陳、項，而秦亡也忽焉。六國之滅，楚最無罪，反爾好還，天人之理也。南公曰：「楚雖三户，亡秦必楚。」吁，秦詛楚邪？楚詛秦邪？

徐楚金《説文繫傳》有《通釋》《部叙》《通論》《祛妄》《類聚》《錯綜》《疑義》《系述》等篇。吕太史謂：「元本斷爛，每行滅去數字，故尤難讀。若得精小學者，以許氏《説文》參繹，恐猶可補也。」今浙東所刊，得於石林葉氏，蘇魏公本也。

《説文》：「飲器象爵者，取其鳴節節足足也。」《宋·符瑞志》：「鳳凰其鳴，雄曰節節，雌曰足足。」然則爵即鳳凰歟？

宣和中，陝右人發地，得木簡于甕，字皆章草。檄云：「永初二年，六月丁未朔，廿日丙寅。」朱文公《答吴斗南書》，謂「東漢討羌檄，日辰與《通鑑長曆》不同」，蓋指此也。今考《通鑑目録》，漢安帝永初二年六月乙未朔。《後漢紀》五月有丙寅，七月有戊辰，恐當以《長曆》爲正。

《漢·西域傳》：「安息國，書革，旁行爲書記。」顔氏注：「今西方胡國及南方林邑，書皆横行，不直下。」《法苑珠林》云：「造書凡有三人：長名曰梵，其書右行；次曰佉盧，其書左行；少者蒼頡，其書下行。」夾漈《六書略》云：「梵書左旋，其勢向右；華書右旋，其勢向左。」

韓文公曰：「凡爲文辭，宜略識字。」杜子美曰：「讀書難字過。」字豈易識哉！李衡《識字説》曰：「讀書須是識字。固有讀書而不識字者，如孔光、張禹、許敬宗、柳宗元，非不讀書，但不識字。孔光不識『進退』字，張禹不識『剛正』字，許敬宗不識『忠孝』字，柳宗元不識『節義』字。」此可爲學者之戒。

周越《書苑》云：「郭忠恕以爲『小篆散而八分生，八分破而隸書出，隸書悖而行書作，行書狂而草書聖』。以此知隸書乃今真書。」趙明誠謂：「誤以八分爲隸，自歐陽公始。」庚肩吾云：「隸書，今之正書。」張懷瓘云：「隸書者，程邈造，字皆真正，亦曰真書。」《千文》云：「杜藁鍾隸。」《王羲之傳》：「尤善隸書。」

康節邵子之父古，字天叟，定律呂聲音，以正天下音及古今文。謂：「天有陰陽，地有剛柔，律有闢翕，呂有唱和。一陰一陽交，而日月星辰備焉；一剛一柔交，而金木水火備焉；一闢一翕，而平上去入備焉；一唱一和，而開發收閉備焉。律感呂而聲生焉，呂應律而音生焉。」《觀物》之書本于此，謂：「闢翕者律天，清濁者呂地。先閉後開者春也，純開者夏也，先開後閉者秋也，冬則閉而無聲。東爲春聲，陽爲夏聲。此見作韻者亦有所至也。銜、凡，冬聲也。」橫渠張子曰：「商、角、徵、羽，皆有主，出於唇、齒、喉、舌，獨宮聲全出於口，以兼五聲也。」夾漈鄭氏曰：「聲爲經，音爲緯。平、上、去、入，四聲也，其體縱故爲經；宮、商、角、徵、羽、半徵、半商，七音也，其體橫，故爲緯。」

七音三十六字母，出於西域，豈所謂「學在四夷」者歟？司馬公以三十六字母總三百八十四聲，爲二十圖。夾漈謂：「梵人長於音，所得從聞入；華人長於文，所得從見入。華則一音該一字，梵則一字或貫數音。」鳩摩羅什曰：「天竺國俗，甚重文制。其宫商體韻，以入管弦爲善。凡覲國王，必有贊德。佛經中偈頌，皆其式也。」

諧聲，六書之一也，聲韻之學尚矣。夾漈謂：「五書有窮，諧聲無窮。五書尚義，諧聲尚聲。」《釋文序録》云：「古人音書，止爲譬況之説，孫炎始爲反語。」《考古編》謂「周顒始有翻切」，非也。

隋陸法言爲《切韻》五卷，後有郭知玄等九人增加。唐孫愐有《唐韻》，今之《廣韻》則本朝景德、祥符重修。今人以三書爲一，或謂《廣韻》爲《唐韻》，非也。鶴山魏氏云：「《唐韻》於二十八删、二十九山之後，繼以三十先、三十一僊。今平聲分上下，以一先、二僊爲下平之首，不知『先』字蓋自『真』字而來。」愚考徐景安《樂書》，凡宫爲上平，商爲下平，角爲入，徵爲上，羽爲去，則唐時平聲已分上下矣。米元章云：「五聲之音，出於五行自然之理。沈隱侯只知四聲，求其宫聲不得，乃分平聲爲二。」然後魏江式曰：「晉吕静放李登《聲類》之法，作《韻集》五卷，宫、商、角、徵、羽各爲一篇。」則韻分爲五，始於吕静，非自沈約始也。約答陸厥曰：「宫商之聲有五，文字之别累萬。以累萬之繁，配五聲之約，高下低昂，非思力所學。」沈存中云：「梵學入中國，其術漸密。」

《潛虛》以「莧」爲「天」，古文也。見《廣韻》，而《集韻》不載。《古文韻》：「莧字，《碧落》文。」

《廣韻》言姓氏甚詳，然「充」字有充虞，見《孟子》。「歸」字有齊歸，見《左傳》。其遺闕多矣。「賁育」，謂孟賁、夏育也，《廣韻》以「賁」爲姓，「古有勇士賁育」，謬矣。

顔魯公在湖州，集文士，摭古今文字爲《韻海鏡源》三百六十卷，以包荒萬彙。其廣如海，自末尋源，照之如鏡。《崇文總目》僅存十六卷，今不傳。

《韓非・五蠹》曰：「蒼頡之作書也，自環者謂之私，背私謂之公。」《説文》云：「自營爲厶。」「背厶爲公。」

宋元憲寶翫《佩觿》三篇。蘇文忠每出，必取聲韻音訓文字置篋中。晁以道晚年日課識十五字。

夾漈謂：「《説文》定五百四十類爲字之母，然母能生而子不能生，誤以子爲母者二百十類。」

吴孫休自制名字，以命其子。武曌、劉龑因之，皆字書所無。《梁四公記》亦然。

《隋志》以《蒼頡》《訓纂》《滂喜》爲《三蒼》，《説文繫傳》以《蒼頡》《爰歷》《博學》爲《三蒼》，并《訓纂》爲四篇。

《急就篇》：「沐浴揃搣寡合同。」《莊子・外物篇》「眦搣可以休老」，亦作「揃摵」。

「不」字，本方久反。凡書之「不」字，皆點入聲。「其」字，本音箕，「夜如何其」。凡書之「其」字，皆點平聲。《攻媿集》。

李瀚《蒙求》，以平聲與上、去、入相間。近世續《蒙求》者不知此。攻媿云。

經說

「六經」始見于《莊子·天運篇》。孔子曰：「治《詩》《書》《禮》《樂》《易》《春秋》六經。」孔子以《禮》《樂》《詩》《書》《易》《春秋》爲六藝，始見于太史公《滑稽列傳》。孔子曰：「六藝於治，一也。」或云「七經」，後漢趙典學孔子七經。蜀秦宓謂：「文翁遣相如東受七經。」或以六經、六緯爲「十二經」。《莊子·天道篇》。或以五經、五緯爲「十經」。《南史·周續之》。或云「九經」。《釋文序録》：「《易》《書》《詩》《周禮》《儀禮》《禮記》《春秋》《孝經》《論語》。」《唐·谷那律傳》「九經庫」，始有「九經」之名。《樂經》既亡，而有「五經」，自漢武立博士始也。邵子定以《易》《書》《詩》《春秋》爲「四經」，猶春夏秋冬、皇帝王伯。

《漢·藝文志》云：「六藝之文，《樂》以和神，仁之表也；《詩》以正言，義之用也；《禮》以明體，故無訓；《書》以廣聽，知之術也；《春秋》以斷事，信之符也。五者蓋五常之道，相須而備，而《易》爲之原。」《白虎通》云：「有五常之道，故曰『五經』。《樂》仁，《書》義，《禮》禮，《易》智，《詩》信也。」二説不同。然「五經」兼五常之道，不可分也。

後漢翟酺曰：「文帝始置一經博士。」考之漢史，文帝時，申公、韓嬰皆以《詩》爲博士，所謂《魯詩》《韓詩》。五經列于學官者，唯《詩》而已。景帝以轅固爲博士，所謂《齊詩》。而餘經未立。武帝建元五年春，初置五經博士。《儒林傳贊》曰：「武帝立五經博士，《書》唯有歐陽，《禮》后，《易》楊，《春秋》公羊而已。」立五經而獨舉其四，蓋《詩》已立於文帝時，今并《詩》爲五也。

《石經》有七。漢熹平則蔡邕，魏正始則邯鄲淳，晉裴頠，唐開成中唐玄度，後蜀孫逢吉等。本朝嘉祐中楊南仲等。中興，高廟御書。後蜀《石經》於高祖、太宗諱皆缺畫，唐之澤深矣。

《唐·儒學傳序》：「文宗定五經，鑱之石，張參等是正訛文。」按《文粹》劉禹錫《國學新修五經壁記》云：「初，大曆中，名儒張參爲司業，始詳定五經，書于論堂東西廂之壁。」《序》以參爲文宗時，誤矣。參所定乃書于壁，非鑱石也。《舊史·紀》云：「開成二年，十月癸卯，宰臣判祭酒鄭覃進《石壁九經》一百六十卷。」《會要》載是年八月覆定《石經》字體官唐玄度《狀》，「今所詳覆，多因司業張參五經字爲準」。《藝文志》：「參有《五經文字》三卷，玄度有《九經字樣》一卷。」文宗時是正訛文乃玄度，非參也。

《皇覽·冢墓記》曰：「漢明帝時，公卿大夫諸儒八十餘人，論五經誤失。符節令宋元上言：『秦昭王與呂不韋好書，皆以書葬。王至尊，不韋久貴，冢皆以黄腸題湊，處地高燥，未壞。臣願發昭王、不韋冢，視未燒《詩》《書》。』」愚謂：「儒以《詩》《禮》發冢」，《莊子》譏假經以文奸者爾。乃欲發冢以求《詩》《書》，漢儒之陋至此！

歐陽文忠公《筆説》云：「安昌侯張禹曰：『書必博見，然後識其真僞。』」當考所出。

艾軒云：「日用是根株，文字是注脚。」此即象山「六經注我」之意，蓋欲學者於踐履實地用工，不但尋行數墨也。

虞溥《厲學》曰：「聖人之道，淡而寡味，故學者不好也。及至期月，所觀彌博，所習彌多，日聞所不聞，日見所不知，然後心開意朗，敬業樂群，忽然不覺大化之陶己，至道之入神也。學者不患才不及，而患志不立。」任子曰：「學所以治己，教所以治人。不勤學無以爲智，不勤教無以爲仁。」愚謂：此皆天下名言，學者宜書以自儆。

《文中子》言：「聖人述史三焉，《書》《詩》《春秋》，三者同出於一。」陸魯望謂：「六籍之中，有經有史。《禮》《詩》《易》爲經，《書》《春秋》實史耳。」舜【二】、皋陶之《賡歌》《五子之歌》皆載於《書》，則《詩》與《書》一也。《文中子》之言當矣。

【二】舜　「舜」，翁注本作「禹」。

王微之云：「觀書每得一義，如得一真珠船。」見陸農師詩注。

古未有板本，好學者患無書。桓譚《新論》謂：「梁子初、楊子林所寫萬卷，至於白首。」南齊沈驎士年過八十，手寫細書，滿數十篋。梁袁峻自寫書，課日五十紙。抱朴子所寫，反覆有字。《金樓子》謂：「細書經、史、《莊》《老》《離騷》等六百三十四卷，在巾箱中。」後魏裴漢借異書，躬自録本，其勤與編蒲緝柳一也。《國史·藝文志》：「唐末益州始有墨板，多術數、字學小書。後唐詔儒臣田敏校九經，鏤本于國子監。國初，廣諸義疏音釋，令孔維、邢昺讎定頒布。」

《春秋》正義云：「傳咸爲《七經詩》，王羲之寫。」今按《藝文類聚》《初學記》載傅咸《周易》《毛詩》《周官》《左傳》《孝經》《論語》詩，皆四言，而闕其一。

鄭康成注二《禮》，引《易説》《書説》《樂説》《春秋説》《禮家説》《孝經説》，皆緯候也。《河》《洛》七緯，合爲八十一篇。《河圖》九篇，《洛書》六篇，又別有三十篇。《七經緯》三十六篇。《易緯》：《稽覽圖》《乾鑿度》《坤靈圖》《通卦驗》《是類謀》《辨終備》。《書緯》：《璇璣鈐》《考靈曜》《刑德放》《帝命驗》《運期授》。《詩緯》：《推度災》《汜歷樞》《含神務》。《禮緯》：《含文嘉》《稽命徵》《斗威儀》。《樂緯》：《動聲儀》《稽耀嘉》《汁圖徵》。《孝經緯》：《援神契》《鉤命決》。《春秋緯》：《演孔圖》《元命包》《文耀鉤》《運斗樞》《感精符》《合誠圖》

《考異郵》《保乾圖》《漢含孳》《佑助期》《握誠圖》《潛潭巴》《説題辭》。又有《尚書中候》《論語讖》，在七緯之外。按李尋有「五經六緯」之言，蓋起於哀平，至光武篤信之，諸儒習爲内學。隋焚其書，今唯《易緯》存焉。正義多引讖緯。歐陽公欲取九經之疏，删去讖緯之文，使學者不爲怪異之言惑亂，然後經義純一。其言不果行。

朱文公謂：「五經疏，《周禮》最好，《詩》《禮記》次之，《書》《易》爲下。」愚考之《隋志》，王弼《易》，孔安國《書》，至齊、梁始列國學，故諸儒之説不若《詩》《禮》之詳實。

司馬文正公曰：「新進後生，口傳耳剽，讀《易》未識卦爻，已謂《十翼》非孔子之言；讀《禮》未知篇數，已謂《周官》爲戰國之書；讀《詩》未盡《周南》《召南》，已謂毛、鄭爲章句之學；讀《春秋》未知十二公，已謂三《傳》可束之高閣。」朱文公曰：「近日學者，病在好高。《論語》未問『學而時習』，便説『一貫』；《孟子》未言『梁惠王問利』，便説『盡心』；《易》未看六十四卦，便讀《繫辭》。此皆躐等之病。」

《宋·符瑞志》云：「孔子齋戒，向北辰而拜，告備于天曰：『《孝經》四卷，《春秋》《河》《洛》凡八十一卷，謹已備矣。』」見《援神契》。是以聖人爲巫史也。緯書謬妄，而沈約取之，無識甚矣。

《家語》：「齊太史子餘嘆美孔子云：『天其素王之乎！』」素，空也，言無位而空王之也。董仲舒《對策》云：「見素王之文。」賈逵《春秋序》云：「立素王之法。」鄭玄《六藝論》云：「自號素王。」盧欽《公羊序》云：「制素王之道。」皆因《家語》之言而失其義，所謂郢書燕説也。《莊子》云：「玄聖素王之道。」祥符中謚孔子爲「玄聖」，後避聖祖名，改至聖。

自漢儒至於慶曆間，談經者守訓故而不鑿。《七經小傳》出而稍尚新奇矣，至《三經義》行，視漢儒之學若土梗。古之講經者，執卷而口説，未嘗有講義也。元豐間，陸農師在經筵始進講義。自時厥後，上而經筵，下而學校，皆爲支離曼衍之詞，説者徒以資口耳，聽者不復相問難，道愈散而習愈薄矣！陸務觀曰：「唐及國初，學者不敢議孔安國、鄭康成，况聖人乎！自慶曆後，諸儒發明經旨，非前人所及，然排《繫辭》，毁《周禮》，疑《孟子》，譏《書》之《胤征》《顧命》，黜《詩》之《序》。不難於議經，况傳注乎！」斯言可以箴談經者之膏肓。

西山先生《大學衍義後序》謂「有進奸言於經幄者」。嘗以問西山之子仁甫，答云：「講《易·乾》之《文言》『知進退存亡』，爲奸言以罔上。」

秦有《誓》而書亡；魯有《頌》而《詩》亡；魯郊禘，秦僭時，而《禮》亡；大夫肆夏，三家雍徹，而《樂》亡。

《藝文志》曰：「古之學者耕且養，三年而通一藝。」蓋劉歆《七略》取《法言》之語。

《法言》曰：「古之學者耕且養，三年通一經。」

卷九

天道

《三五曆紀》：「天去地九萬里。」《淮南子》以爲五億萬里。《春秋元命包》：「陽極於九，周天八十一萬里。」《洛書甄曜度》：「一度千九百三十二里。天地相去十七萬八千五百里。」《孝經援神契》：「周天七衡六間，相去萬九千里八百三十三里三分里之一，合十一萬九千里。從内衡以至中衡，中衡以至外衡，各五萬九千五里。」《關令内傳》：「天地南午北子，相去九千萬里；東卯西酉，亦九千萬里。四隅空相去九千萬里。天去地四十千萬里。天有五億五萬五千五百五十里，地亦如之，各以四海爲脉。」《論衡》：「天行三百六十五度，積凡七十三萬里。天去地六萬餘里。」《靈憲》：「自地至天，一億萬六千二百五十里。垂天之晷，薄地之儀，皆千里而差一寸。」《周髀》：「天離地八萬里。冬至之日，雖在外衡，常出極下地上二萬里。」《周禮疏》：「案考《靈耀》：『從上臨下八萬里，天以圓覆，地以方載。』《河圖括地象》：『西北爲天門，東南爲地户。天門無上，地户無下。極廣長，南北二億三萬一千五百里，東西二億三萬三千里。』《廣雅》：『天圜，南北二億三萬三千五百里七十五步，東西短，減四步。周六億十萬七百里二十五步。從地至天，億一萬六千七百八十七里半。下度地之厚，與天高等。』《天度》云：『東方七宿七十五度，南方七宿百一十二度，西方七宿八十度，北方七宿九十八度四分度之一。四方三百六十五度四分度之一。度二千九百三十二里。二十八宿間相距，積百七萬九百一十三里，徑三十五萬六千九百七十里。』」《月令》正義：「《考靈耀》云：『一度二千九百三十二里千四百六十一分里之三百四十八。周天百七萬一千里，是天圓周之里數也。以圍三徑一言之，直徑三十五萬七千里，此二十八宿周迴直徑之數也。然二十八宿之外，上下東西各有萬五千里，是爲四遊之極，謂之四表。據四表之内，并星宿内總三十八萬七千里。天之中央上下正半之處，一十九萬三千五百里，地在於中，是地去天之數也。』」安定胡先生云：「南樞入地下三十六度，北樞出地上三十六度，狀如倚杵，此天形也。一晝一夜之間，凡行九十餘萬里。人一呼一吸，謂之一息。一息之間，天行八十餘里。人之一晝一夜有一萬三千六百餘息，是故一晝一夜而天行九十餘萬里。」致堂胡氏謂：「天雖對地而名，未易以智識窺。非地有方所可議之比也。」

《河圖括地象》云：「天左動，起於牽牛；地右動，起於畢。」《尸子》云：「天左舒而起牽牛，地右闢而起畢、昴。」《爾雅》注：「牽牛、斗者，日月五星之所終始，故謂之星紀。」

楊倞注《荀子》云：「天無實形，地之上空虛者，盡皆天也。」其說本於張湛《列子注》，謂：「自地而上則皆天矣，故俯仰喘息，未始離天也。」

《黃帝書》曰：「天在地外，水在天外，水浮天而載地。」又曰：「地在太虛之中，大氣舉之。」道書謂：「風澤洞虛，金剛乘天。」佛書謂：「地輪依水輪，水輪依風輪，風輪依虛空，虛空無所依。」「風澤洞虛」者，風爲風輪，所謂大氣舉之也；澤爲水輪，所謂浮天載地也。「金剛乘天」者，道家謂之「剛風」，岐伯謂之「大氣」，葛稚川云「自地而上四千里之外，其氣剛勁」者是也。張湛解《列子·湯問》曰：「太虛無窮，天地有限。」朱文公曰：「天之形雖包於地之外，而其氣常行乎地之中。」則「風輪依虛空」可見矣。

《三禮義宗》：「天有四和。崑崙之四方，其氣和暖，謂之和。天道左轉，一日一夜，轉過一度。日月左行於天而轉，一日一夜，匝於四和。」愚按《周髀》云：「天地四極四和。」注謂：「四和者，謂之極。子午卯酉，得東西南北之中。」《義宗》之說本此。

《白虎通》曰：「日月徑千里。」徐整《長曆》曰：「大星徑百里，中星五十，小星三十。」晉魯勝《正天論》謂：「以冬至之後，立晷測影，準度日月星。案日、月裁徑百里，無千里。星十里，不百里。」未詳其說。

《月令》正義引《前漢·律曆志》二十八宿之度，不載四分度之一。愚謂：天度列爲二十八宿，唯斗有餘分。《續漢志》斗二十六，四分退二。《晉志》斗二十六，分四百五十五。皆有餘分。唐一行謂《太初曆》，「今赤道星度，其遺法也」。《續漢志》黄道度與《前志》不同。賈逵論云：「《五紀論》『日月循黄道，南至牽牛，北至東井，率日日行一度，月行十三度十九分度七』。今史官一以赤道爲度，不與日月行同。」而沈存中謂：「二十八宿度數，皆以赤道爲法，唯黄道度有不全度者。蓋黄道有斜有直，故度數與赤道不等。」蔡伯静亦謂：「曆家欲求日月交會，故以赤道爲起算之法。」《月令》正義引赤道度，其以是歟？《淮南子·天文訓》「箕十一四分一」，與漢、晉《志》不同。

「日右轉，星左轉，約八十年差一度。漢文帝三年甲子冬至，日在斗二十二度。唐興元元年甲子冬至，日在斗九度。九百六十一年差十三度。」見李肇《國史補》。裴胄問董生云：「貞觀三年己丑冬至，日在斗十二度。每六十年餘差一度。」此李淳風之説也。「漢太初元年丁丑冬至，日在斗二十度。至慶曆甲申，《崇天曆》冬至，日在斗五度八十四分。每八十五年退一度。」每年不及者一分差。見《武經總要》。歲差之説不同。賈逵云：「古曆冬至日在建星，即今斗星。《太初曆》冬至日在牽牛初。」何承天云：「堯冬至日在須女十度。《太初曆》冬至在牽牛初四分，《景初曆》在斗二十一。」祖沖之云：「漢初用秦曆，冬至日在牛六度。《太初曆》日在牛初，《四分法》日在斗二十二。晉姜岌以月蝕，知冬至在斗十七，今參以中星，課以蝕望，冬至日在斗十一。通而計之，未盈百載，所差二度。」沈存中云：「《顓帝曆》冬至日宿斗初，今宿斗六度。《堯典》日短星昴，今日短星東壁。」

信都芳曰：「渾天覆觀，以《靈憲》爲文；蓋天仰觀，以《周髀》爲法。」劉智謂：「黄帝爲蓋天，顓頊造渾儀。」《春秋文曜鈎》謂：「帝堯時，羲和立渾儀。」而前朝韓顯符《渾儀法要序》以爲伏羲立渾儀【一】，未詳所出。

《後漢·天文志》：「黄帝始受《河圖》，鬬苞授規日月星辰之象，故星官之書自黄帝始。」鬬苞似是人名氏，當考。

刻之長短，由日出之蚤晚；景之長短，由日行之南北。此語蓋出於方氏《禮記解》。

《觀象賦》，後魏張淵撰。見《後魏書》。《初學記》云宋張鏡，非也。

《大象賦》，《唐志》謂黄冠子李播撰。李台《集解》：「播，淳風之父也。」今本題楊炯撰，畢懷亮注。《館閣書目》題張衡撰，李淳風注。薛士龍書其後曰：「專本巫咸星贊，旁覽不及《隋書》，時君能致之蘭臺，坐卧渾儀之下。其所論著，何止此耶！」愚觀賦之末曰：「有少微之養寂，無進賢之見譽。耻附耳以求達，方卷舌以幽居。」則爲李播撰無疑矣。播仕隋，高祖時棄官爲道士，時未有《隋志》，非「旁覽不及」也。張衡著《靈憲》，楊炯作《渾天賦》，後人因以此賦附之，非也。

《步天歌》，《唐志》謂「王希明丹元子」。今本「司天右拾遺内供奉王希明撰，喬令來注」。《二十八舍歌》《三垣頌》《五行吟》總爲一卷。鄭漁仲曰：「隋有丹元子，

【一】而前朝韓顯符渾儀法要序以爲伏羲立渾儀　「前」，翁注本作「本」。

隱者之流也，不知名氏，作《步天歌》，句中有圖，言下見象。王希明纂漢、晉《志》釋之。」然則王希明、丹元子蓋二人也。

沈約《宋志》：「五星聚者有三：周將伐殷，聚房；齊桓將霸，聚箕；漢高入秦，聚東井。周、漢以王，齊以霸。」襄陵許氏謂：「恒星不見，星隕如雨，齊桓之祥也。沙鹿崩，晉文之祥也。桓將興而天文隳，文欲作而地理決，王道之革也。」

後漢永建初，李郃上書曰：「趙有尹史，見月生齒，齕畢大星，占有兵變。趙君曰：『天下共一畢，知爲何國也？』下史於獄。其後公子牙謀殺君，如史所言。」《天文志》注：《李氏家書》。按太史公《天官書》，「昔之傳天數者，趙尹皋」，又謂「皋、唐、甘、石，因時務論其書傳」。尹史即尹皋也，其占驗僅見於此，《趙世家》不載【二】。

星家有甘、石、巫咸三家。太史公謂「殷商，巫咸」。考之《書》「伊陟贊于巫咸，作《咸乂》四篇」，又曰：「在太戊，巫咸乂王家。」孔安國云：「巫，氏也。」馬融謂「殷之巫也」，鄭康成謂「巫官」，孔穎達云：「咸、賢父子並爲大臣，必不世作巫官，言『巫，氏』是也。」《後漢·天文志》乃云「湯則巫咸」，當以《書》爲正。《史記》正義：「巫咸，吴人，今蘇州常熟縣西海隅山上有巫咸、巫賢冢，併識之，以廣異聞。」郭璞《巫咸山賦序》：「巫咸以鴻術爲帝堯之醫。」此又一巫咸也。

《莊子》言：「傅說乘東維，騎箕尾，而比於列星。」古賦有云：「傅說奉中闈之

【二】從「觀象賦」至「後漢永建初」五條原缺，據翁注本補。

祠。」注云：「傅説一星，在尾北後河中，蓋後宮女巫也。」説爲商良相，豈爲後宮女巫祈子而禱祠哉！此天官之難明者也。

《春秋繁露》云：「天不剛則列星亂其行，君不堅則邪臣亂其官。故爲天者務剛其氣，爲君者務堅其政。」丁鴻《日食封事》：「天不可以不剛，不剛則三光不明；王不可以不强，不强則宰牧縱横。」其言出於此。

元祐末，日食不盡如鈎。元符末，日食正陽之朔。此皆有陰慝見于祲象，志壹之動氣也。

元祐七年，三月望，月食既。王巖叟言：「《漢·曆志》：『月食之既者，率二十三食而復既。』按元豐八年八月望，食之既，今未及二十三食而復既，則是不當既而既也。」愚謂：月食之既，猶儆戒如此，况日食乎！

醫書《素問》之中，亦嘗有「九星」之言【三】。王冰注云：「上古世質人淳，九星垂明。中古道德稍衰，標星藏曜，故星之見者七焉。九星謂天蓬、天内【四】、天衝、天輔、天禽、天心、天任、天柱、天英，此蓋從標而爲始，所謂『九星』者此是也【五】。」《楚辭》劉向《九嘆》云：「訊九鬿音祈。與六神。」注：「九鬿，謂北斗九星也。」《補注》謂：「北斗七星，輔一星，在第六星旁，又招摇一星，在北斗杓端。《北斗經疏》云：『不止於七，而全於九，加輔、弼二星故也。』」與《素問注》不同。《曲禮》「招摇在上」注：

【三】醫書素問之中亦嘗有九星之言　此十三字，翁注本作「素問太始天元册文有九星之言」。

【四】天内　「内」，翁注本作「芮」。

【五】所謂九星者此是也　此八字，翁注本作「遁甲式法今猶用焉」。

「招搖星，在北斗杓端，主指者。」正義引《春秋運斗樞》云：「北斗七星，第一天樞，第二旋，第三機，第四權，第五衡，第六開陽，第七搖光。搖光則招搖也。」《淮南·時則訓》注：「招搖，斗建也。」《楚辭補注》以招搖在七星之外，恐誤。徐整《長曆》曰：「北斗七星間相去九千里，皆在日、月下。其二陰星不見者，相去八千里。」

王介甫云：「雲，陰中之陽；風，陽中之陰。」朱文公云：「緯星，陰中之陽；經星，陽中之陰。」按《素問·天元紀大論》：「天有陰陽，地亦有陰陽。故陽中有陰，陰中有陽。」

顏之推《歸心篇》孔毅父《星説》，皆仿屈子《天問》之意。然《天問》不若《莊子·天運》之簡妙。巫咸招之言，不對之對，過柳子《天對》矣。傅玄《擬天問》，見《太平御覽》。

古詩「黃姑織女時相見」之句，此所云「黃姑」即「河鼓」也。吴音訛而然。

《黃帝風經》曰：「調長祥和，天之善風也。折揚奔厲，天之怒風也。」見《御覽》。

《周官·小祝》：「寧風旱。」漢代田之法能風與旱。此昌黎所以訟風伯也。

《太平御覽》以五色雲列於咎徵。宋景平元年，有雲五色如錦，而徐羨之廢帝。韓魏公五色雲見之事，不見於國史，疑《家傳》之增飾也【六】。

《龍城録》「月落參橫」之語，《容齋隨筆》辨其誤。然古樂府《善哉行》云：

【六】此條原缺，據翁注本補。

「月没參横，北斗闌干。親友在門，忘寢與餐。」《龍城録》語本此，而未嘗考參星見之時也。

《天經》，紹興三十年王及甫上。朱文公謂：「類集古今言天者，極爲該備。」

星始則見於辰，終則伏於戌。自辰至戌，正於午，中於未。《堯典》舉四時之正，以午爲中。《月令》舉十二時之中，以未爲中。以火星論之，以午爲正。故《堯典》言「日永星火，以正仲夏」。以未爲中，故《月令》言「季夏昏火中」。至申爲流，故《詩》曰「七月流火」。以辰爲見，以戌爲伏，故《傳》曰「火見於辰，火伏而蟄者畢」。諸星亦然。《詩·定之方中》亦以十月中於未也。朱子曰：「堯時昏旦星中於午，《月令》差於未，漢、晉以來又差。今比堯時似差及四分之一。」

《後魏·天象志》曰：「班史以日暈五星之屬列《天文志》，薄蝕慧孛之比入《五行説》。七曜一也，而分爲二志。故陸機云『學者所疑』。」

凡星皆出辰没戌，故五星爲五辰，十二舍亦爲十二辰。

弧與建星非二十八宿，而昏明舉之者，由弧星近井，建星近斗。《月令》正義。二十八宿連四方爲名者，唯箕、斗、井、壁四星。《詩》正義。

《唐·天文志》：「咸通中，熒惑、鎮、太白、辰星聚於畢、昴，在趙、魏之分。詔鎮州王景崇被衮冕，軍府稱臣以厭之。」衰世之政，其怪如此，是謂人妖，何以弭變【七】！

《月令》凡二儺，一以季春，一以仲秋。鄭康成謂：「陰氣右行，季春之中，日行歷

【七】此條原缺，據翁注本補。

昴；陽氣左行，仲秋之月，宿直昴、畢。昴有大陵積尸之氣，氣佚則厲鬼隨而出行。於是索室驅疫以逐之。《王居明堂禮》曰：『季春出疫于郊，以禳春氣。仲秋九門磔禳，以發陳氣，禦止疾疫。』」然則民之疾，係乎日星之行度。古者聖君範圍於上，賢相燮理於下，是爲天地之良醫。皇建有極，五福錫民，莫不壽考且寧。儺所以存愛民之意而已。

《唐志》：「測景在浚儀岳臺。」按宋次道《東京記》：「宣德門前天街西第一岳臺坊，今祥符縣西九里有岳臺。」《圖經》云：「昔魏主遥事霍山神，築此臺，禱於其上，因以爲名。」

曆數

《太初曆》「以前曆上元泰初四千六百一十七歲，至於元封七年，復得閼逢攝提格之歲」。孟康注：「此爲甲寅之歲。」《大事記解題》：「按《通鑑目録》《皇極經世》『太初元年，歲次丁丑』。當考。」愚按《大衍曆議》云：「《洪範傳》曰：『曆記始於顓頊上元太始閼蒙攝提格之歲，畢陬之月，朔日己巳立春，七曜俱在營室五度。』秦《顓頊曆》元起乙卯，漢《太初曆》元起丁丑，推而上之，皆不值甲寅，猶以日月五緯復得上元本星度，故命曰閼蒙攝提格之歲，而實非甲寅。」其說可以補《解題》之遺。

《大衍曆議》曰：「《考靈曜》《命曆序》皆有甲寅元，其所起在《四分曆》庚申元後百十四歲。緯所載壬子冬至，則其遺術也。」按《漢志》魯釐公五年，正月辛亥朔旦冬至，《殷曆》以爲壬子。《隋志》：「《春秋緯命曆序》云：『僖公五年正月壬子朔旦冬至。』」然則緯與《殷曆》同。故劉洪曰：「《甲寅曆》於孔子時效。」即《命曆序》所謂「孔子修《春秋》用《殷曆》」也。《晉志》姜岌曰：「考其交會，不與《殷曆》相應。」《春秋分記》曰：「周正皆建子也，今推之曆法，積之氣候，驗之日食，則春秋隱、桓之正皆建丑。莊、閔、僖、文、宣之正，建子及丑者相半。至成、襄、昭、定、哀之正，而後建子，間亦有建亥者。非一代正朔自異尚也，曆亂而不之正也。」

曆有小曆，有大曆。唐曹士蔿《七曜符天曆》，一云《合元萬分曆》，本天竺曆法，以顯慶五年庚申爲曆元，雨水爲歲首，世謂之小曆，行于民間。石晉《調元曆》用之。後周王朴校定大曆，削去符天之學，爲《欽天曆》。

劉昫曰：「曆動而右移，律動而左轉。」

劉洪曰：「曆不差不改，不驗不用。未差無以知其失，未驗無以知其是。失然後改之，是然後用之。」李文簡以爲至論。

蓂莢謂之曆草。田俅子曰：「堯爲天子，蓂莢生於庭，爲帝成曆。」而《大戴·明堂篇》謂：「朱草日生一葉，至十五日生十五葉，十六日一葉落，終而復始。」唐律賦有《朱草合朔》。古有云：「梧桐不生，則九州異。」注謂：「一葉爲一月，有閏十三葉。」平園《閏月表》用梧桐之葉十三。

納甲之法，朱文公謂：「今所傳《京房占法》，見於《火珠林》者，是其遺說。《參同契》借以寓行持進退之候。」虞翻云：「日月垂天，成八卦象：三日暮，震象月出庚；八日，兑象月見丁；十五日，乾象月盈甲壬；十六日旦，巽象月退辛；二十三日，艮象月消丙；三十日，坤象月滅乙。晦夕朔旦，坎象水流戊；日中，離象火就己。」虞與魏伯陽皆會稽人，其傳蓋有所自。漢上朱氏云：「乾納甲、壬，坤納乙、癸，震納庚，巽納辛，坎納戊，離納己，艮納丙，兑納丁。庚、戊、丙三者得於乾，辛、己、丁三者得於坤。始於甲、乙，終於壬、癸，而天地五十五數具焉。」又有：「九天九地之數。乾納甲、壬，坤納乙、癸。自甲至壬，其數九，故曰九天；自乙至癸，其數九，故曰九地。」九天九地之說者【八】，九天之上，六甲子也；九地之下，六癸酉也。

五運六氣，一歲五行主運各七十二日。少陰君火，太陰濕土，少陽相火，陽明燥金，太陽寒水，厥陰風木，而火獨有二。天以六爲節，故氣以六期爲一備。地以五爲制，故運以五歲爲一周。《左氏》載醫和之言曰：「天有六氣，降生五味。」即《素問》五六之數。《易》《洪範》《月令》，其致一也。楊退修謂：「五運六氣，通之者唯王冰。然遷變行度，莫知其始終次序。」程子曰：「氣運之說，堯、舜時十日一雨，五日一風，始用得。」

朱文公嘗問蔡季通：「十二相屬起於何時？首見何書？」又謂：「以二十八宿之象

【八】九天九地之説者　「九天九地之説」原缺，據翁注本補。

言之，唯龍與牛爲合，而他皆不類。至於虎，當在西而反居寅，鷄爲鳥屬，而反居西，又舛之甚者。」《韓文考異》：「《毛穎傳》封卯地謂十二物，未見所從來。」愚按「吉日庚午，既差我馬」，午爲馬之證也；「季冬出土牛」，丑爲牛之證也。蔡邕《月令論》云：「十二辰之會，五時所食者，必家人所畜，丑牛、未羊、戌犬、酉鷄、亥豕而已。其餘虎以下，非食也。」《月令》正義云：「鷄爲木，羊爲火，牛爲土，犬爲金，豕爲水。但陰陽取象多塗，故午爲馬，酉爲鷄，不可一定也。」十二物，見《論衡·物勢篇》。《説文》亦謂巳爲蛇象形。

自帝堯元年甲辰，至宋德祐丙子，凡三千六百三十三年。帝堯而上，六閼逢無紀。致堂云：「有書契以來，凡幾鴻荒幾至德矣。《廣雅》自開闢至獲麟，二百七十六萬歲，分爲十紀，蓋茫誕之説。」劉道原《疑年譜》謂：「大庭至無懷氏，無年而有總數。堯、舜之年，衆説不同。《三統曆》次夏、商、西周，與《汲冢紀年》及《商曆》差異。」況開闢之初乎？王質景文云：「渾淪以前，其略見於釋氏之《長含經》。開闢以後，其詳見於邵氏之《皇極經世》。」

以十一星行曆推人命貴賤，始於唐貞元初都利術士李彌乾。《聿斯經》本梵書。程子謂：「三命是律，五星是曆。」晁氏謂：「泠州鳩曰：『武王伐殷，歲在鶉火，月在天駟，日在析木之津，辰在斗柄，星在天黿。』五星之術，其來尚矣。」

「《定之方中》，公劉之詩，擇地之法也。『我辰安在』，論命之説也。」傳云「不利子商」，則見姓之有五音。《詩·吉日》「維戊」「庚午」，則見支幹之有吉凶。

《五代史·馬重績傳》：「漏刻之法，以中星考晝夜爲一百刻，六十分刻之二十爲一時，時以四刻十分爲正，此自古所用也。」今考《五代會要》，晉天福三年，司天臺奏《漏刻經》云：「晝夜一百刻，分爲十二時，每時有八刻三分之一。六十分爲一刻，一時有八刻二十分。四刻十分爲正前，十分四刻爲正後，二十分中心爲時正。上古以來，皆依此法。」歐陽公作史，於「六十分」之上闕「八刻」二字，不若《會要》之明白。

《數術記遺》云：「世人言『三不能比兩』，乃云『捐悶』與『四維』。」甄鸞注《藝經》曰：「『捐悶』者，周公作。先布本位，以十二時相從。徐援稱『捐悶是奇兩之術』。」《御覽》引《藝經》作「悁悶」。「三不能比兩」者，孔子所造，布十干於其方，戊己在西南。「四維」，東萊子所造，布十二時四維。

桓譚《新論》曰：「老子謂之玄，揚子謂之太玄。」石林謂：「《太玄》皆《老子》緒餘。老氏『道生一，一生二，二生三』，三之爲九，故九而九之爲八十一章。《太玄》以一玄爲三方，自是爲九，而積之爲八十一首。」《金樓子》云：「揚雄有《太玄經》，楊泉有《太元經》。」

《潛虚》，心學也，以元爲首，心法也。人心其神乎，潛天而天，潛地而地。温公之學，子雲之學也。《先天圖》皆自中起，萬化萬事生乎心，豈惟先天哉！《連山》始《艮》，終而始也；《歸藏》先《坤》，闔而闢也。《易》之《乾》，太極之動也；《玄》之中，一陽之初也。皆心之體，一心正而萬事正，謹始之義在其中矣。邵子曰：「《玄》，其見天地之心乎？」愚於《虛》亦云。《虛》之元，即《乾》《坤》之元，即《春秋》之元，一心法之妙也。張文饒《衍義》以養氣釋元，似未盡本旨。

《管子·幼官篇》：「冬十二始寒盡刑，十二小榆賜予，十二中寒收聚，十二中榆大收，十二寒至靜，十二大寒之陰。」注云：「陰陽之數，日辰之名。」盤洲於閏十一月用中榆立閏，蓋出於此。

《國史志》云：「曆爲算本。治曆之善，積算遠，其驗難而差遲；治曆之不善，積算近，其驗易而差亦速。」

曆元始於冬至，卦氣起於《中孚》，《豳詩》於十月「曰爲改歲」。周以十一月爲正，蓋本此。「曰爲改歲」，用周正；「何以卒歲」，乃夏正。

校勘記

卷十

地理

《三禮義宗》引《禹受地記》，王逸注《離騷》引《禹大傳》，豈即太史公所謂《禹本紀》者歟？

《鹽鐵論》大夫曰：「鄒子推終始之運，謂中國天下八十分之一，名赤縣神州。而分爲九州，絶陵陸不通，乃爲一州。有大瀛海圜其外，所謂八極而天下際焉。故秦欲達九州，方瀛海，朝萬國。」文學曰：「鄒衍怪説，熒惑諸侯。秦欲達瀛海而失其州縣。」愚謂：秦皇窮兵胡、粤，流毒天下，鄒衍迂誕之説實啓之。異端之害如此。

《管子》曰：「齊之水道躁而復，故其民貪粗而好勇。楚之水淖弱而清，故其民輕果而賊。越之水濁重而洎，故其民愚疾而垢。秦之水泔最而稽，淤滯而雜，故其民貪戾罔而好事。齊、晉之水枯旱而運，淤滯而雜，故其民諂諛而葆詐，巧佞而好利。燕之水萃下而弱，沉滯而雜，故其民愚戇而好貞，輕疾而易死。宋之水輕勁而清，故其民間易而好正。是以聖人之化世也，其解在水。故水一則人心正，水清則民心易。」此即《漢志》所謂

「繫水土之風氣」也。杜牧亦云：「山東之地，程其水土，與河南等，常重十三，故其人沈鷙多材力，重許可，能辛苦。」

太史公、班孟堅謂「禹釃二渠以引其河」，一貝丘，一漯川。李垂《導河書》曰：「東爲漯川者，乃今泉源赤河。北出貝丘者，乃今王莽故瀆。而漢塞宣房所行二渠，蓋獨漯川，其一則漢決之，起觀城，入蒲臺，所謂武河者也。」晁補之《河議》曰：「二渠於《禹貢》無見。禹時河入海，蓋在碣石。」《地理志》：「碣石在北平驪城縣西南。」計勃海北距碣石五百餘里。而河入勃海，蓋漢元光三年河徙東郡所更注也。而言禹時河入勃海，何哉？

蔡氏《禹貢傳》曰：「鳥鼠，《地志》在隴西郡首陽縣西南，今渭州渭源縣西也。」此以唐之州縣言。若本朝輿地，當云「今熙州渭源堡」。又曰：「朱圉，《地志》在天水郡冀縣南，今秦州大潭縣也。」按《九域志》，建隆三年，秦州置大潭縣。熙寧七年，以大潭隸岷州。今爲西和州，當云「今西和州大潭縣」。朱文公《詩傳》曰：「秦德公徙雍，今京兆府興平縣。」按《輿地廣記》，鳳翔府天興縣，故雍縣，秦德公所都也。興平乃章邯爲雍王所都之廢丘也。當云：「雍，今鳳翔府天興縣。」

《吕氏春秋》：「禹南至九陽之山，羽人、裸民之處，不死之鄉。」此屈子《遠遊》所謂「仍羽人於丹丘兮，留不死之舊鄉。朝濯髮於湯谷兮，夕晞余身於九陽」。

朱文公謂：「漢之潯陽縣在江北，今之江州，非古九江地。」其説明矣。然漢柴桑縣屬豫章郡，而莽以豫章郡爲九江，柴桑縣爲九江亭，則九江之名，其誤久矣。以九江爲洞庭，本於《水經》，而胡、晁、曾氏因之。

《國語注》「姑蔑，今太湖」，當作「大末」。「甬句東，今句章東，海口外洲」，當作「浹口」。蓋傳寫之誤。唐盧潘引《地理志》「浙江出黟縣南率山，東入海」，今《漢志》云「蠻夷中」。

《戰國策》：「田單爲棧道木閣，迎齊王與后於城陽山中。」非但蜀有棧閣也。

楚「北有甘魚之口」，鮑氏注「疑爲濟陰高魚」，非也。《左氏·昭十三年傳》「次于魚陂」，注云：「竟陵縣城西北有甘魚陂。」

《大事記解題》：「沈黎郡、汶山郡，《地理志》不載。按《輿地廣記》，漢武帝置郡，既而罷之。」愚按《黄霸傳》「入穀沈黎郡」，《後漢·莋都夷傳》：「武帝所開，以爲莋都縣。元鼎六年，以爲沈黎郡。至天漢四年，并蜀爲西部，置兩都尉，一居旄牛，主徼外夷，一居青衣，主漢人。」《冉駹夷傳》：「武帝所開，元鼎六年以爲汶山郡。至地節三年，省并蜀郡，爲北部都尉。靈帝時，復分蜀郡北部爲汶山郡。」《宣帝紀》：「地節三年十二月，省汶山郡并蜀。」

荀卿爲蘭陵令。縣在漢屬東海郡，今沂州承縣。誠齋《延陵懷古》有《蘭陵令》一章，蓋誤以南蘭陵爲楚之蘭陵也。古靈詩亦誤【一】。

【一】古靈詩亦誤　「詩」原作「字」，據翁注本改。

文中子父曰「銅川府君」。隆爲銅川令。阮氏注：「上黨有銅鞮縣。」龔氏注：「隋初置銅川縣，今忻州秀容是。」愚考《隋・地理志》：「定襄郡秀容縣，開皇初，置新興郡、銅川縣，十八年置忻州。」龔注是也。

《中説》「同州府君」，龔氏本作「司州」，注云：「宋武置司州於虎牢，西魏始改華州爲同。」

子夏居西河，在汾州。文中子之教，興於河汾。

《漢・地理志》言風俗，多取太史公《貨殖傳》。然太史公語尤奇峻，可以參觀。

《地理志》：「《禹貢》桐柏大復山在平氏東南，淮水所出，東南至淮陵入海。」《禹貢集解》云：「淮陵，晉猶存，不知何代廢省。今其地當在楚州界。」愚考《宋・州郡志》：「淮陵郡本淮陵縣。」漢屬臨淮，後漢屬下邳，晉永寧元年爲淮陵國。《輿地廣記》：「泗州招信縣，本淮陵縣，漢屬臨淮郡。宋曰睢陵，置濟陰郡。」今按漢、晉有淮陵、睢陵二縣，宋濟陰郡有睢陵縣，而淮陵郡無淮陵縣。蓋宋之睢陵，即漢之淮陵也。《廣記》：漢睢陵故城，在淮陽軍下邳縣。《寰宇記》：「古淮陵城在招信縣西北二十五里。」然則《禹貢解》以淮陵在楚州，非也。

《志》謂：「齊俗彌侈，織作冰紈綺繡純麗之物，號爲冠帶衣履天下。」「臨淄有服官」。《説苑》：「《墨子》曰：『錦繡絺紵，亂君之所造。其本皆興於齊景公喜奢而忘儉。幸有晏子以儉鐫之，然猶幾不能勝。』」齊俗之侈，蓋自景公始。

琅邪郡靈門縣壺山，浯水所出。音吾。元次山名浯溪，亦有所本，非自造此字也。

《溝洫志》「史起引漳水溉鄴」，出《吕氏春秋·先識覽》，以「賢令」爲「聖令」，「舄鹵」爲「斥鹵」。

《史記·貨殖傳》：「南陽西通武關、鄖關。」正義云：「《地理志》宛西通武關，而無鄖關。『鄖』當爲『洵』。洵水上有關，在金州洵陽縣。」愚按《漢志》，漢中郡長利縣有鄖關。長利，今商州上津縣。武關在商洛縣，正義失之。

古公事獯鬻，而商不與，晉拜戎不暇，而周不知。封建之效也。唐以幽、鎮扞契丹，及幽、鎮亡，而契丹之患始熾，方鎮之效也。郡縣削弱，則夷狄之禍烈矣。

《九域志》：「滄州有漢武臺。」《唐·太宗紀》：「貞觀十九年，伐高麗，班師，次漢武臺，刻石紀功。」臺餘基三成，燕、齊之士爲漢武求仙之處。

李太白《蜀道難》云：「蠶叢及魚鳧，開國何茫然。爾來四萬八千歲，不與秦塞通人煙。」其説本揚雄《蜀記》。愚謂：岷、嶓載于《禹貢》，庸、蜀見于《牧誓》，非至秦始通也。

《水經》引天下之水百三十七，江、河在焉。酈氏注引枝流一千二百五十二。《通典》謂：「晉郭璞注三卷，後魏酈道元注四十卷，皆不詳撰者名氏，不知何代之書。」云

『濟水過壽張』，則前漢壽良縣，光武更名；『又東北過臨濟』，則狄縣，安帝更名；『荷水過湖陸』，則湖陵縣，章帝更名；『汾水過永安』，則彘縣，順帝更名，故知順帝以後纂序也。」愚按《經》云「武侯壘」，又云「魏興安陽縣」，注謂「諸葛武侯所居。魏分漢中，立魏興郡」。又「改信都從長樂」，則晉太康五年也，然則非後漢人所撰。《隋志》云「郭璞注」，而不著撰人，《舊唐志》云「郭璞撰」。愚謂：所載及魏、晉，疑出於璞也。《新唐志》始以爲桑欽，而又云「一作郭璞撰」，蓋疑之也。《經》云「河水又北薄骨律鎮城」，注云「赫連果城也」，乃後魏所置，其酈氏附益歟？按《前漢·儒林傳》：「古文《尚書》，塗惲授河南桑欽君長。」晁氏《讀書志》謂「欽，成帝時人」，意者欽爲此書，而後人附益，「如《山海經》禹、益所記，有長沙、零陵、桂陽、諸暨之名；《本草》神農所述，有豫章、朱崖、趙國、常山、奉高、真定、臨淄、馮翊之稱；《爾雅》作於周公，而云『張仲孝友』；《蒼頡篇》造於李斯，而云『漢兼天下』」，皆非本文」，顔之推嘗論之矣。《通典》又謂「景純注解疏略，多迂怪」。今郭注不傳。

《三輔黃圖》所載「靈金内府」及「天祿閣青藜杖」，皆王嘉《拾遺記》譎誕之説。程泰之謂《黃圖》「蓋唐人增續成之」。《水經注》引《黃圖》，今本所無。

《殷芸小説》云：「諸葛武侯躬耕於南陽。」南陽是襄陽墟名，非南陽郡也。

《素問》：「天不足西北，左寒而右涼；地不滿東南，右熱而左温。」

《漢袁良碑》云：「帝御九龍殿，引對飲宴。」《集古録跋》謂：「九龍殿名，惟見於此。」愚按張平子《東京賦》曰：「九龍之内，寔曰嘉德。」注：「九龍，本周時殿名。門上有三銅柱，柱有三龍相糾繞，故曰九龍。嘉德殿在九龍門内。」非但見於此碑也。武后在洛陽，不歸長安。此《通鑑》所載也。張柬之等舉兵，至后所寢長生殿，又遷后於上陽宫，皆在洛陽。程泰之《雍録》乃謂長安宫殿，誤矣。

馮衍賦云：「皋陶釣於雷澤兮，賴虞舜而後親。」未詳所出。《水經注》引《墨子》曰：「舜漁濩澤。」今《墨子・尚賢篇》曰：「舜漁雷澤，堯得之服澤之陽。」「服」字疑即「濩」字。

《漢・王嘉傳》：「爲南陵丞。」顔注：「南陵，縣名，屬宣城。」按漢無宣城郡南陵縣，宣城縣屬丹陽郡。南陵屬京兆，文帝七年置。顔注不考《地理志》，何邪？

《禹貢》：「冀州，治梁及岐。」先儒皆以爲雍州之山。晁氏謂：「冀州之吕梁、狐岐山也。」蔡氏《集傳》從之。朱文公曰：「梁山證據不甚明白。」

《賈誼書》曰：「所爲建武關、函谷、臨晉關者，大抵爲備山東諸侯也。」武關在商州商洛，以限南諸侯；函谷在陝州靈寶，以限北諸侯；臨晉在同州朝邑，以限東諸侯。

鮑明遠《登大雷岸與妹書》云：「棧石星飯，結荷水宿，旅客貧辛，波路壯闊。」其詞奇麗超絶，翰墨畦逕，可以諷誦。明遠妹令暉有文才，能詩，見鍾嶸《詩品》。大雷在舒州望江縣，《水經注》所謂「大雷口」也。晉有大雷戍，陳置大雷郡。庾亮《報温嶠書》：「無過雷池一步。」「積雨爲池，謂之雷池。東入于江，爲大雷口。」《元和郡縣志》云。

余仕于吴郡，嘗見長洲宰，其圃扁曰「茂苑」，蓋取諸《吴都賦》。余曰：「長洲非此地也。」問其故，余曰：「吴王濞都廣陵。《漢·郡國志》：『廣陵郡東陽縣有長洲澤，吴王濞太倉在此。』東陽，今盱眙縣，故枚乘説吴王云『長洲之苑』，服虔以爲『吴苑』，韋昭以爲長洲在吴東，蓋謂廣陵之吴也。」曰：「它有所據乎？」曰：「隋虞綽撰《長洲玉鏡》，蓋煬帝在江都所作也。長洲之名縣，始於唐武后時。」《元和郡縣志》：「苑在長洲縣西南七十里。」未足據也，當從《郡國志》。

殺胡林，在欒城縣。唐屬趙州，後屬真定府。《紀異録》云：「林内射殺一狐，因以名之。」《續通典》云：「唐天后時襲突厥，群胡死於此，故以名之。」

隋牛弘封奇章公，僧孺其後也。奇章，巴州之縣，梁普通六年置，取縣東八里奇章山爲名。隋唐《志》、《通典》、《九域志》、《輿地廣記》皆云「其章」，誤也。《續通典》作「奇章」。

諸子

《漢志》：「《曾子》十八篇。」今世所傳，視漢亡八篇矣。十篇見於《大戴禮》。景迂云：「世知讀《曾子》者，殆未見其人也。」朱文公云：「所記雖或甚疏，亦必切於日用躬行之實。」

太史公序《曆書》曰：「律居陰而治陽，曆居陽而治陰。律、曆更相治，間不容翲忽。」出《曾子·天圓章》。《曾子》云：「其間不容髮。」

《通鑑》載「子思言苟變於衛侯」，在安王三十五年【二】。《大事記》云：「去孔子没百有三年。子思逮事孔子，未必至是時尚存。」薛常州亦云：「子思之年，毋乃過於壽考乎？」

《家語》：「《荀子》謂：『孔子觀於魯桓公之廟，有欹器焉。』」《韓詩外傳》《説苑》皆云「觀於周廟，有欹器焉」。《晉·杜預傳》云：「周廟欹器，至漢東京，猶在御坐。」當以周廟爲是。

《皇覽·記陰謀》：「黄帝《金人器銘》，武王問尚父曰：『五帝之誡，可得聞乎？』尚父曰：『黄帝之戒曰：吾之居民上也，摇摇恐夕不至朝，故爲金人，三封其口，曰：古之慎言。』」按《漢·藝文志》「道家」有《黄帝銘》六篇。蔡邕《銘論》：「黄帝有《巾机》之法。」《皇覽》撰集於魏文帝時，漢《七略》之書猶存。《金人銘》蓋六篇之一也。

胡文定銘龜山楊公曰：「孰能識車中之狀，意欲施之。」《韓詩外傳》云：「孔子出

【二】在安王三十五年　「三」，翁注本作「二」。

衛之東門，逆姑布子卿，曰：『二三子引車避。有人將來，必相我者也。』孔子下步。姑布子卿曰：『羸乎若喪家之狗。』子貢以告，孔子曰：『丘何敢乎？』子貢曰：『何足辭也？』子曰：『汝獨不見夫喪家之狗歟？既斂而椁，布器而祭。顧望無人，意欲施之。上無明王，下無賢方伯，王道衰，政教失，强陵弱，衆暴寡，百姓縱心，莫之綱紀。是人固以丘爲欲當之者也，丘何敢乎？』」文定蓋用此以比二程。

荀卿《非十二子》，《韓詩外傳》引之，止云十子，而無子思、孟子。愚謂：荀卿非子思、孟子，蓋其門人如韓非、李斯之流托其師説，以毁聖賢。當以《韓詩》爲正。

荀卿曰：「盗名不如盗貨。田仲、史鰌，不如盗也。」陳仲子猶可議，直哉史魚，以爲盗名，可乎？《非十二子》史鰌與子思、孟軻皆在焉，豈有法仲尼而非三子者乎？

《楚辭·漁父》：「吾聞之：新沐者必彈冠，新浴者必振衣。安能以身之察察，受物之汶汶者乎！」《荀子》曰：「新浴者振其衣，新沐者彈其冠，人之情也。其誰能以己之潐潐，受人之掝掝者哉！」荀卿適楚，在屈原後，豈用《楚辭》語歟？抑二子皆述古語也？

《荀子》曰：「非其人而教之，賫盗糧借賊兵也。」獨不知李斯、韓非乎？

《成相》曰：「禹傅土，平天下，躬親爲民行勞苦。得益、皋陶、横革、直成爲輔。」注云：「横革、直成未聞。」韓侍郎云：「此論益、皋陶之功，横而不順者革之，直者成之也。」愚嘗考《吕氏春秋》云：「得陶、化益、真窺、横革、之交五人佐禹，故功績銘乎金石，著於盤盂。」陶，即皋陶也；化益，即伯益也；真窺，即直成也，「真」與「直」字相類。横革，即横革也，皆禹輔佐之名。之交，未詳。《世本》「化益作井」，宋衷云「伯益」。

《王霸篇》：「罫牢天下而制之。」《馬融傳》注作「皋牢，猶牢籠也」。孟子三見齊王不言事，曰：「我先攻其邪心。」楊倞注云：「以正色攻去邪心，乃可與言也。」此《莊子》所謂「正容以悟之，使人之意也消」。

《荀子》曰：「千人萬人之情，一人之情是也。」《阿房宫賦》之語本此。

《勸學篇》「青出之藍」作「青取之於藍」，「聖心循焉」作「備焉」，「玉在山而木潤」作「草木潤」，「君子如嚮矣」作「如響矣」。《賦篇》「請占之五泰」作「五帝」。監本未必是，建本未必非，餘不勝紀。今監本乃唐與政台州所刊，熙寧舊本亦未爲善，當竢詳考。「五泰」注云：「五泰，五帝也。」監本改爲「五帝」而删注文。

河間獻王之言，惟見於《説苑》，謂：「堯存心於天下，加志於窮民，痛萬姓之罹罪，憂衆生之不遂也。有一民饑，則曰此我饑之也。有一人寒，則曰此我寒之也。一民有罪，則曰此我陷之也。仁昭而義立，德博而化廣，故不賞而民勸，不罰而民治。先恕而後教，是堯道也。」又曰：「禹稱：『民無食，則我不能使也；功成而不利於人，則我不能勸也。』故疏河以導之，鑿江通於九派，灑五湖而定東海，民亦勞矣，然而不怨苦者，利歸於民也。」又曰：「湯稱：『學聖王之道，譬如日焉；靜居獨思，譬如火焉。』夫捨學聖王之道，若捨日之光。獨思，若火之明也，可以見小，未可用大知，惟學問可以廣明德慧也。」又曰：「《管子》稱：『倉廩實，知禮節；衣食足，知榮辱。』夫穀者，禮義所以行，而人心所以安也。《尚書》『五福』，以富爲始。子貢問爲政，孔子曰：『富之。既富，乃教之。』此治國之本也。」司馬公爲《獻王贊》，謂：「用其德，施其志，帝王之治復還，其必賢於文、景遠矣。」

《法言序》舊在卷後，司馬公《集注》始寘之篇首。《詩》《書》之序亦然。

老泉《太玄論》曰：「疑而問，問而辯，問辯之道也。揚雄之《法言》，辯乎其不足問也，問乎其不足疑也。求聞於後世，而不待其有得，君子無取焉。」東坡亦謂《太玄》《法言》「琱蟲而變其音節，謂之經，可乎」？

《法言》末篇稱「漢公」，斯言之玷，過於《美新》矣。司馬公雖曲爲之辯，然不能滌莽大夫之羞也。

「五兩之綸，半通之銅。」注云：「半通，閼。」今按仲長統《昌言》曰：「身無半通青綸之命。」注：「《十三州志》曰：『有秩、嗇夫，得假半章印。』」半通，半章也。

「美靈根」，「閉朋牖」，《太玄》之心學也。

《中說》前述云：「隋文帝坐太極殿，召見，因奏太平之策十有二焉。」按《唐會要》：「武德元年五月，改隋大興殿爲太極殿。」隋無此名。

「《詩》失於齊、魯」，當從龔氏本云「《論》失於齊、魯」，謂《論語》也。上文已言「齊、韓、毛、鄭，《詩》之末也」，不當重出。

「封禪，秦、漢之侈心。」此河汾篤論也。房、魏學于河汾，而議封禪之禮，不以爲非，安在其爲守師説乎？梁有許懋，而唐無人焉，曾謂房、魏不如懋乎！

龔氏注《中説》，引古語云：「上士閉心，中士閉口，下士閉門。」愚按《楚辭·橘頌》云：「閉心自謹終不過失兮。」王逸注：「閉心，捐欲也。」

《中説》於文取陸機，於史取陳壽。自魏、晉而下言之也。

「記註興而史道誣矣」，「註」當作「注」。「記注」，謂漢、晉以後起居注之類，虚美隱惡，史無直筆，故曰「誣」。阮逸謂若裴松之注《三國志》，恐非。

「張玄素問禮」，注云：「史傳未見。」玄素，蒲州人，《唐書》有傳。注以爲未見，非也。

「戎狄之德，黎民懷之，三才其舍諸？」此叔恬之言也。元魏之君，唯稱孝文，然治家無法，佳兵不已，再傳而遂亂，安在其黎民懷之也！

「文中子遊馬頰之谷，遂至牛首之谿。」龔氏本云：「子遊黄頰之谷，遂至白牛之溪。」注云：「王績嘗題詩黄頰山壁。」愚按《負苓者傳》「文中子講道於白牛之溪」，當從龔本。

仲長子光，《中説》稱之。王無功爲傳云：「著《獨遊頌》及《河渚先生傳》以自喻。文中子比之虞仲、夷逸。」又爲祭文云：「明道若昧，進道若退。鳥飛知還，龍亢靡悔。藏用以密，養正以蒙。不見其始，孰知其終。」

無功《答馮子華書》曰：「吾家三兄生於隋末，傷世擾亂，有道無位，作《汾亭》之操，蓋孔氏《龜山》之流也。吾嘗親受其調，頗謂曲盡。近得裴生琴，更習其操，洋洋乎覺聲品相得。」又曰：「吾往見薛收《白牛溪賦》，韻趣高奇，詞義曠遠，嵯峨蕭瑟，真不可言。壯哉邈乎，揚、班之儔也！高人姚義常謂吾曰：『薛生此文，不可多得。登太行，俯滄溟，高深極矣。』」可附《中説》注。

李百藥曰「分四聲八病」，按《詩苑類格》沈約曰：「詩病有八：平頭、上尾、蜂腰、鶴膝、大韻、小韻、旁紐、正紐。唯上尾、鶴膝最忌，餘病亦通。」

杜淹《文中子世家》：「二子，長福郊，少福畤。」龔氏本載前述長子福獎。劉禹錫撰《王質碑》云：「文中子生福祚，福祚生勉，勉生怡，怡生潛。」質，潛之季子，爲諫議大夫、給事中，終宣歙觀察使，《唐書》有傳。福畤之子，見於《文藝傳》者勔、勮、勃、助、劼、勸。「太原府君召三子而教焉」，龔氏注云：「文中子三子，福獎、福祚、福畤。」福獎疑即福郊也。書此以補《世家》之闕。

王無功《遊北山賦序》云：「余周人也，本家于祁。永嘉之際，扈遷江左，地實儒素，人多高烈。穆公銜建元之恥，歸于洛陽；同州悲永安之事，退居河曲。始則晉陽之開國，終乃安康之受田。」其賦云：「白牛溪裏，岡巒四峙，信兹山之奥域，昔吾兄之所止。許由避地，張超成市。察俗删詩，依經正史。組帶青衿，鏘鏘儗儗。階庭禮樂，生徒杞梓。山似尼丘，泉疑泗涘。」又注云：「此溪之集，門人常以百數。河南董恒、南陽程元、中山賈瓊、河南薛收、太山姚義、太原温彦博、京兆杜淹等十餘人，稱爲俊穎。而姚義慷慨，同儕方之仲由。薛收以理達方莊周。門人多至公輔，而文中之道未行。」然無功不及房、杜、魏，何哉？鄭毅夫論《中説》之妄，謂：「李德林卒於開皇十二年，通時年八九歲，未有門人，而有『德林請見，歸而有憂色，援琴鼓《蕩》之什，門人皆霑襟』。關子明太和中見魏孝文，如存于開皇間，亦一百二三十歲矣，而有問禮於子明。是二者，其妄不疑。」晁氏《讀書志》謂：「薛道衡仁壽二年出襄州，通仁壽四年始到長安，其書有『内史薛公見子於長安』，用此推之，則以房、杜爲門人，抑又可知也。」

《世説》，其言清以浮，有天下分裂之象。《中説》，其言閎以實，有天下將治之象。

張巨山《讀管子》曰：「讀《心術》《白心》《内業》諸篇，知其功業之所本，然後知世之知《管子》者殊淺也。書多古字，如『況』作『兄』，『釋』作『澤』，此類甚衆。召忽曰：『百歲之後，吾君下世，犯吾君命而廢吾所立，奪吾糾也，雖得天下，吾不生也，兄與我齊國之政也。』而注乃謂召忽謂管仲爲兄。『澤命不渝』，而注乃以爲『澤恩之命』。甚陋，不可遍舉。」愚謂：《管子》乃尹知章注，今本云房玄齡，非也。

《地員篇》云：「管仲之正天下也，其施七尺，施者，大尺之名。瀆田悉徙，五種無不宜。其立后而手實。」謂立君以主之，手常握此地之實數。「手實」之名，始見於此。吕惠卿因以行手實之法。蘇文忠論管仲之無後，利不可與民争也，蓋有激云。

傅子謂：「《管子書》過半是後之好事者所加，《輕重篇》尤鄙俗。」《古史》謂：「多申、韓之言，以智欺其民，以術傾鄰國。有不貲之寶，石璧菁茅之謀，使管仲信然，何以霸哉！」

管仲曰：「決獄折中，臣不如賓胥無，請立爲大理。」《吕氏春秋》云：「臣不若弦章。」按《説苑》，弦章在景公時，當以《管子》爲正。

黄帝六相，一曰蚩尤。《通鑑外紀》改爲風后。

《弟子職》，《漢志》附于《孝經》。朱子謂：「疑是作内政時，士之子常爲士，因作此以教之。」

晁景迂云：「王弼注《老子》，知『佳兵者不祥之器』，至於『戰勝以喪禮處之』，非《老子》之言，不知『常善救人，故無棄人；常善救物，故無棄物』，獨得諸河上公，而古本無有也。傅奕能辯之。」

《老子》曰：「治人事天，莫若嗇。夫唯嗇是謂早復，早復謂之重積德。」司馬公謂：「不遠而復，不離於德，可以修身。」朱文公謂：「能嗇則不遠而復，重積德者，先已有所積，復養以嗇，是又加積之也。」王弼注本作「早服」，而注云：「早服，常也。」亦當爲「復」。

方伯謩，文公高第也。其言曰：「老子之言，蓋有所激者。生於衰周，不得不然。世或黜之，以爲申、韓慘刻，原於《道德》，亦過矣。」又曰：「釋氏，固夷也，至於立志堅決，吾亦有取焉。」似與師説背馳。

「生之徒，十有三」，《韓非解老》云：「四肢與九竅。」

首章以「有」「無」字下斷句，自王介甫始。朱文公謂：「名可名，有名、無名皆一義。常無欲，是説無欲。」

「惟無以天下爲者，可以有天下。」此即舜、禹有天下而不與之意。湯、武之征伐，非利天下也。無利天下之心，而與天下同其利，然後可以得天下。

「谷神」一章，養生者宗焉。《春秋繁露》謂：「養生之大者，在愛氣閑欲以平意。平意以静神，静神以養氣。古之道士有言曰：『將欲無陵，固守一德。』此言神無離形，則氣多内充。」董子亦有得於此。

文子者，老子弟子也。序曰：「亦曰計然，姓辛，名研，字文子。」其書稱平王問道，老子與孔子同時。又云范蠡師之，去平王之時遠矣。序謂周平王時人，非也。其言曰「玉在山而草木潤，珠生淵而岸不枯」，《荀子》取之：「譬若積薪燎，後者處上」，汲黯取之：「再實之木，其根必傷」，明德后取之：「用兵有五，有義兵，有應兵，有忿兵，有貪兵，有驕兵。義兵王，應兵勝，忿兵敗，貪兵死，驕兵滅」，魏相取之：「臨河欲魚，不如歸而織網」，董仲舒取之：「孔子無黔突，墨子無暖席」，班固、杜甫、韓愈取之：「心欲小，志欲大；智欲圓，行欲方」，孫思邈取之：「德均則衆者勝寡，力敵則智者制愚」，陸抗取之：「欲治之主不世出」，王吉取之：「寸而度之，至丈必差；銖而解之，至石必過。石稱丈量，徑而寡失」，枚乘取之：「山有猛獸，林木爲之不斬；園有螫蟲，葵藿爲之不採；國有賢臣，折衝千里」，鄭昌取之：「文之所加者深，則權之所服者大；德之所施者博，則威之所制者廣」，班固《刑法志》取之：「人之將疾，必先厭魚肉之味；國之將亡，必先惡忠臣之語」，《越絶》《劉子》取之：「乳犬之噬虎，伏鷄之搏狸」，何休注《公羊》取之。又曰：「士有一定之論，女有不易之行。」「同言而信，信在言前；同令而行，誠在令外。」「狡兔得而獵犬烹，高鳥盡而良弓藏。」皆見此書。其見於《列》《莊》《淮南子》者，不可縷數。

《文子》曰：「虚無因循，常後而不先。譬若積薪燎，後者處上。」汲長孺學黄老言，故用《文子》之語。顔注云：「積薪之言出《曾子》。」當考。

《戰國策》云：「不聞老萊子之教孔子事君乎？示之其齒之堅也，六十而盡相靡也。」《孔叢子》云：「老萊子謂子思曰：『子不見夫齒乎？雖堅剛，卒盡相摩。舌柔順，終以不弊。』」《漢・藝文志》：「老萊子與孔子同時。」當從《國策》。

壺丘子林，列子之師也。《呂氏春秋》云：「子產相鄭，往見壺丘子林，與其弟子坐，必以年。」然則與子產同時。

列子以仕衛爲「嫁於衛」，從一而終，之死靡它，是之謂正。「狐父之盜」。《史記》正義：「《括地志》：狐父亭在宋州碭山縣東南三十里。」《列子》言「西方之聖人」「西極之化人」，佛已聞於中國矣。

東坡欲去《莊子・盜跖》《漁父篇》。而邵子《觀物外篇》謂：「《盜跖》言事之無可奈何者，雖聖人亦莫如之何；《漁父》言事之不可强者，雖聖人亦不可强。」

五峰云：「《莊子》之書，世人狹隘執泥者，取其大略，不爲無益。若篤行君子，句句而求，字字而論，則其中無真實妙義，不可推而行也。」愚謂：此讀《莊子》之法。伊川一生不曾看《莊》《列》。

《韓詩外傳》：「楚成王讀書於殿上，而輪扁在下，作而問曰：『不審主君所讀何書也？』」與《莊子》同而小異。《漢・古今人表》作「輪邊」。

《大宗師》曰：「道可傳而不可受。」屈子《遠遊》曰：「道可受兮不可傳。」敢問其所以異？曰：「《莊子》所謂傳，傳以心也；屈子所謂受，受以心也。目擊而存，不言而喻，耳受而口傳之，離道遠矣。」

朱文公謂《庚桑楚》一篇皆是禪。

《天運篇》：「孔子見老聃歸，三日不談。弟子問曰：『夫子見老聃，亦將何規哉？』孔子曰：『吾乃今於是乎見龍。龍合而成體，散而成章，乘乎雲氣，而養乎陰陽。予口張而不能嗋，予又何規老聃哉！』」《太平御覽》引《莊子》曰。云云。孔子曰：「吾與汝處於魯之時，人用意如飛鴻者，吾走狗而逐之；用意如井魚者，吾爲鈎繳以投之。吾今見龍云云，余口張不能噏，舌出不能縮，又何規哉！」與今本異。

初寮謂：「《莊子》之言風，其辭若與風俱鳴於衆竅，掩卷而坐，猶覺寥寥之逼耳。」

《齊物論》：「女以妄聽之奚。」張文潛銘商瑤曰：「造物則奚。」句法本此。

「飾小説以干縣令。」疏云：「縣，高也。謂求高名令聞。」有進士程文用此，犯聖祖名。

謂惠子曰：「儒、墨、楊、秉四，與夫子爲五。」《列子釋文》：「公孫龍，字子秉。」秉，謂公孫龍也。

「魯鷄固能矣」，注云：「大鷄也，今蜀鷄。」《爾雅》：「鷄大者蜀。」韓文公《守戒》曰：「魯鷄之不期，蜀鷄之不支。」是以蜀鷄爲小也。未詳。

荆公曰：「古之善事親者，非事其親之謂也，事其心而已矣。」「事其心」，出《人間世》。

吕吉甫曰：「『聖人之所以駴天下，神人未嘗過而問焉。』蓋孔氏與老氏同生於衰周，莊子與孟子俱遊於梁惠，其書之言，未嘗相及，以此而已。」

「以恬養知」者，主静而識益明；「以知養恬」者，致知而本益固。

向秀注《莊子》，而郭象竊之；郗紹作《晉中興書》，而何法盛竊之。二事相類。

「支離疏鼓筴播精」，《文選》注作「播糈」。

郭象注曰：「聖人之在天下，煖然若陽春之自和，故蒙澤者不謝；淒乎若秋霜之自降，故凋落者不怨。」李太白云：「草不謝榮於春風，木不怨落於秋天。」其語本此。注又曰：「世有假寐而夢經百年者，則無以明今之百年非假寐之夢者也。」邯鄲枕、南柯守之説，皆原此意。幽求子曰：「當其夢時，睹山念木，或志在舟楫，因舟念水，因水念魚。」東坡《夢齋銘》意出於此。

《莊子》稱「墨翟禽滑釐聞其風而悦之」，則滑釐，墨者也。《史記·儒林傳》謂：「田子方、段干木、吴起、禽滑釐之屬，皆受業於子夏之倫，爲王者師。」豈滑釐逃儒而入於墨，亦若吴起之言兵歟？《説苑》載禽滑釐問墨子。

庖丁解牛，行其所無事也。《管子》云：「屠牛坦朝解九牛，而刀可以莫鐵，則刃游間也。」賈誼《疏》云：「解十二牛。」《胡子知言》云：「一目全牛萬隙開。」横渠詩語也。

王坦之著《廢莊論》，而其論多用《莊》語。胡文定《春秋綱領》有取於《莊子》

之言，其可廢乎？

豫且事有二。《説苑》：「吴王欲從民飲。伍子胥曰：『昔白龍下清泠之淵，化爲魚，豫且射，中目。白龍不化，豫且不射。』」張平子《東京賦》所謂「白龍魚服，見困豫且」者也。《史記·龜策傳》褚先生曰：「宋元王二年，江使神龜使於河，至於泉陽，漁者豫且舉網，得而囚之，置之籠中。夜半，龜來見夢於宋元王。」《莊子》所謂「神龜能見夢於元君，而不能避余且之網」者也。

郭象注云：「喜懼戰於胸中，固已結冰炭於五藏矣。」韓文公《聽穎師琴詩》「無以冰炭置我腸」，本於此。

《齊物論》，非欲齊物也，蓋謂物論之難齊也。是非毁譽，一付於物，而我無與焉，則物論齊矣。邵子詩謂「齊物到頭争」，恐誤。張文潛曰：「莊周患夫彼是之無窮，而物論之不齊也，而托之於天籟。其言曰：『吹萬不同，而使其自已也。』此言自以爲至矣，而周固自未離夫萬之一也，曷足以爲是非之定哉？雖然，如周者，亦略税駕矣。」

莊子逸篇

陸德明《序録》曰：「莊生宏才命世，辭趣華深，正言若反，故莫能暢其弘致【三】。後人增足，漸失其真，故郭子玄云：『一曲之才，妄竄奇説，若《閼弈》《意修》之旨，《危言》《游鳧》《子胥》之篇，凡諸巧雜，十分有二。』《漢書·藝文志》『《莊子》五

【三】故莫能暢其弘致　「弘」原作「私」，據翁注本及相關文獻改。

十二篇』，即司馬彪、孟氏所注是也。言多詭誕，或似《山海經》，或類占夢書，故注者以意去取。其《内篇》衆家並同，自餘或有《外》而無《雜》，唯子玄所注，特會莊生之旨。」北齊杜弼注《莊子·惠施篇》，今無此篇，即逸篇也。

閼奕之隸，與殷翼之孫、遏氏之子，三士相與謀，致人於造物，共之元天之上。元天者，其高四見列星。司馬彪曰：「元天，山名。」

游鳬問雄黄曰：「今逐疫出魅，擊鼓呼噪，何也？」雄黄曰：「黔首多疾，黄帝氏立巫咸，使黔首沐浴齋戒，以通九竅；鳴鼓振鐸，以動其心；勞形趨步，以發陰陽之氣；飲酒茹葱，以通五藏。夫擊鼓呼噪，逐疫出魅鬼，黔首不知，以爲魅祟也。」

插桃枝於户，連灰其下，童子入不畏，而鬼畏之，是鬼智不如童子也。

童子夜嘯，鬼數若齒。

小巫見大巫，拔茅而棄，此其所以終身弗如。

尹儒學御三年而無所得，夜夢受秋駕。明日往朝師，師曰：「今將教子以秋駕。」司馬彪曰：「秋駕，法駕也。」

空閲一作「門」。來風，桐乳致巢，此以其能苦其性者。司馬彪曰：「門户孔空，風善從之。桐子似乳，著其葉而生，其葉似箕，鳥喜巢其中也。」

紼謳所生，必於斥苦。司馬彪曰：「斥疏緩也。苦，用力也。引紼所以有謳歌者，爲人用力不齊，故促急之也。」

庚市子肩之毀王也。

孔子病，子貢出卜。孔子曰：「汝待也。吾坐席不敢先，居處若齊，食飲若祭，吾卜之久矣。」

老子見孔子從弟子五人，問曰：「前爲誰？」對曰：「子路，勇且多力。其次子貢，爲智。曾子爲孝。顔回爲仁。子張爲武【四】。」老子嘆曰：「吾聞南方有鳥，名爲鳳。鳳之所居也，積石千里【五】，河水出下，鳳鳥居止。天爲生食，其樹名瓊枝，高百仞，以璆琳琅玕爲實。天又爲生離珠，一人三頭，遞起以伺琅玕。鳳鳥之文，戴聖嬰仁，右智左賢。」

善卷，堯聞其得道之士，乃北面而師事之。蒲衣八歲，而舜師之。

廉者不食不義之食，不嗽不義之水。

仲尼讀《春秋》，老聃踞竈觚而聽。觚，竈額也。

羊溝之鷄，三歲爲株。相者視之，則非良鷄也。然而數以勝人者，以狸膏塗其頭。羊溝，鬬鷄處。株，魁帥也。鷄畏狸也。

惠子始與莊子相見，而問乎莊子曰：「今日自以爲見鳳凰，而徒遭燕雀耳。」坐者俱笑。

【四】子張爲武　「爲」字原缺，據翁注本補。

【五】積石千里　「里」字原缺，據翁注本補。

豫樟初生，可抓而絶。

鵲上高城之垝，而巢於高榆之顛。城壞巢折，淩風而起。故君子之居世者，得時則義行，失時則鵲起。

金鐵蒙以大緤，載六驥之上，則致千里。

孔子舍於沙丘，見主人曰：「辯士也。」子路曰：「夫子何以識之？」曰：「其口窮踦，其鼻空大，其服博，其睫流，其舉足也高，其踐地也深，鹿與而牛舍。」

青鵄愛子忘親。司馬彪曰：「鵄鳥專愛其子，而忘其母也。」

聲氏之牛，夜亡而遇夔，止而問焉：「我有四足，動而不善，子一足而超踊，何以然？」夔曰：「以吾一足王於子矣。」

市上之人有善戴尊者，累十尊而行。人有與之更者，行道未半，而以其尊顛。酒尊也。

亡羊而得牛，斷指而得頭。

羌人死，燔而揚其灰。

子張見魯哀公不禮士也，托僕夫而去，曰：「臣聞君好士，故不遠千里而見。君之禮士也，有似葉公子高之好龍：室彫文盡寫以龍，於是天龍下之，窺頭於牖，拖尾於堂。葉公見之，棄而還走，失其魂魄，五色無主。是葉公非不好龍也，好夫似龍而非龍也。今君非不好士也，好夫似士而非士者也。」

流脉並作，則爲驚怖。陽氣獨上，則爲癲病。

以十鈞射者，見天而不見雲。以七鈞射者，見鵠而不見鶴。以五鈞射者，見鶴而不見雀。

函牛之鼎沸，蟻不得措一足焉。喻聖主之法明，奸至不敢蹈之。

趙簡子出田，鄭龍爲右。有一野人，簡子曰：「龍下射彼，使無驚吾馬。」三命鄭龍，鄭龍不對。簡子怒。鄭龍曰：「昔吾先君伐衛克曹【六】，退爲踐土之盟，不戮一人。君今一朝田【七】，而曰『必爲我殺人』，是虎狼殺人，故將救之。」簡子愀焉曰：「不愛其身以活人者，可無從乎？」還車輟田，曰：「人之田也得獸，今吾田也得士。」

梁君出獵，見白雁群集。梁君下車，彀弩一作「弓」。欲射之。道有行者不止，白雁群駭。梁君怒，欲射行者。其御公孫龍下車撫其心。梁君忿然作色而怒曰：「龍不與其君，而顧與他人，何也？」公孫龍對曰：「昔者齊景公之時，「齊」一作「宋」。天旱三年，卜之曰：『必以人祠乃雨。』景公下堂頓首曰：『吾所以求雨者，爲民也。今必使吾以人祠乃且雨，寡人將自當之。』言未卒，而天大雨。方千里者何爲？有德於天而惠施於民也。今主君以白雁之故而欲射殺人，無異於虎狼。」梁君援其手與上車，歸入郭門，呼萬歲曰：「樂哉，今日獵也！人獵皆得禽獸，吾獵獨得善言而歸。」

人而不學，命之曰視皮。一作「肉」。學而不行，命之曰輒囊。輒，繫者也，一作「撮」。

【六】昔吾先君伐衛克曹　「克」原作「免」，據翁注本改。

【七】君今一朝田　「君」原作「吾」，據清嘉慶本改。

秋禽之肥，易牙和之，非不美也，彭祖以爲傷壽，故不食之。

祝牧謂其妻曰：「天下有道，我戴子佩；天下無道，我負子戴。」

易姓而王，封於泰山、禪於梁父者，七十有二代。其有形兆垠堮勒石，凡千八百餘處。

槐之生也，入季春，五日而兔目，十日而鼠耳，更旬而始規，二旬而葉成。鴟爲鸇，鸇爲布穀，布穀爲鴟，此物變也。

盧敖見若士深目鳶肩。

禮若亢鋸之柄。亢，舉也。禮有所斷割，猶舉鋸之柄以斷物也。

叔文相莒，三年歸，其母自績。謂母曰：「文相莒三年，有馬千駟，今母猶績，文之所得事，皆將棄之已。」母曰：「吾聞君子不學詩書射御，必有博塞之心；小人不好田作，必有竊盗之心；婦人不好紡績織紝，必有淫泆之行。好學爲福也，猶飛鳥之有羽翼也。」

漢《七略》所録，若《齊論》之《問王》《知道》，《孟子》之《外書》四篇，今皆亡傳。《莊子》逸篇十有九，《淮南鴻烈》多襲其語。唐世司馬彪注猶存。《後漢書》《文選》《世説》注、《藝文類聚》《太平御覽》間見之，斷圭碎璧，亦足爲篋櫝之珍。博識君子，或有取焉。

《太平御覽》引《蘇子》曰：「蘭以芳自燒，膏以明自焫，翠以羽殃身，蚌以珠致破。」蘇秦能爲此言，而不能保其身。《漢書》楚老父之言，本於此。《文子》引《老子》曰：

「鳴鐸以聲自毁，膏燭以明自煎。」

《尸子》曰：「孝己事親，一夜而五起，視衣厚薄、枕之高下也。」又曰：「蒲衣生八年，舜讓以天下。周王太子晉生八年，而服師曠。」《漢書》稱孝己，《莊子》稱蒲衣子，其事見此。太子晉事見《周書》。

鄒陽曰：「里名勝母，曾子不入。」《尸子》謂：「孔子至於勝母，暮矣而不宿；過於盗泉，渴矣而不飲，惡其名也。」

《尸子》曰：「舜兼愛百姓，務利天下。其田也，荷彼耒耜，耕彼南畒，與四海俱有其利。雷澤也，旱則爲耕者鑿瀆，儉則爲獵者表虎。故有光若日月，天下歸之若父母。」《文心雕龍》：「舜之祠田云：荷此長耜，耕彼南畒，四海俱有。」謂之「祠田」，豈它有所據乎？

程子，見《家語》。子華子，見《莊子》。近有《子華子》之書，謂程本字子華，即孔子傾蓋而語者。後序謂鬼谷子之師。水心銘鞏仲至，所謂《程子》，即此書也。朱文公謂：「詞艱而理淺，近世巧於模擬者所爲，决非先秦古書。」

《韓子·内儲説》謂叔向讒萇弘。按《左傳》哀三年「周人殺萇弘」，叔向之没久矣。

《韓子》曰：「殷之法，刑棄灰於街者。子貢以爲重，問之仲尼。仲尼曰：『知治之道也。』」以商鞅之法爲殷法，又托于仲尼，法家侮聖言至此。

《五蠹》曰：「周去秦爲從，期年而舉；衛離魏爲衡，半歲而亡。是周滅於從，衛亡於衡也。」按《史記》，赧王倍秦，與諸侯約從。衛爲衡之事，未詳。

《説疑》曰：「有扈氏有失度，讙兜氏有孤男，三苗有成駒，桀有侯侈，紂有崇侯虎，晉有優施，此六人者，亡國之臣也。」崇侯、優施事甚著。《古今人表》桀時有雅侈，餘皆闕。《吕氏春秋》云：「夏桀染於羊辛、岐踵戎，殷紂染於崇侯、惡來，周厲王染於虢公長父、榮夷終，幽王染於虢公鼓、祭公敦，此四王者，所染不當。」《古今人表》桀時有干辛。榮夷終即榮夷公，虢公鼓即虢石父。《墨子》云：「夏桀染於干辛、推哆。」

《韓子》曰：「商君教秦孝公燔《詩》《書》而明法令。」愚按《史記·商君傳》不言燔《詩》《書》，蓋《詩》《書》之道廢，與李斯之焚之無異也。

又云：「吴起教楚悼王損不急之枝官。」注：「謂非要急，若樹之枝也。養樹者必披落其枝，爲政者亦損其閑冗。」宋景文詩：「何言漢樸學，正似楚枝官。」「枝官」二字，前未有用者。

又云：「儒服帶劍者衆，而耕戰之士寡；堅白無厚之詞章，而憲令之法息。」愚謂：「堅白」，公孫龍之言也；「無厚」，鄧析之言也。

「漁者持鱣，婦人拾蠶，利之所在，皆爲賁、諸。」吕太史《西漢手筆》曰：「利之所激，深宮之女皆儀、秦也。」文法本此。

「叔瞻、宮之奇，亦虞、鄭之扁鵲也。」後魏崔浩謂：「王猛之經國，苻堅之管仲也；慕容恪之輔少主，慕容暐之霍光也；劉裕之平逆亂，司馬德宗之曹操也。」筆墨畦逕，皆有自來。

「必恃自直之箭，百世無矢；恃自圜之木，千世無輪。」劉夢得用此語。「恃」字作「俟」。

鉅、孱之費金璧，西門豹之納璽，戰國之時，官邪賂章，毀譽決於左右之口，於此可見。若阿、即墨之斷者，幾何人哉？趙之郭開，齊之后勝，皆受秦間金。魏信陵之以毀廢，亦以萬金爲間。三國遂墟矣。

「人主以二目視一國，一國以萬目視人主。」此名言也。鄭長者之書，見《漢・藝文志》。

「吏者，民之本綱也。聖人治吏不治民。」斯言不可以韓非廢。

《韓子》謂：「趙襄子賞有功者五人，高赫爲賞首。仲尼聞之曰：『善賞哉襄子！賞一人而天下爲人臣者莫敢失禮。』」事在孔子後，孔鮒已辨其妄。然傳記若此者衆。《説苑》：「周威公問於甯子曰：『取士有道乎？』甯子曰：『楚平王有士，曰楚傒胥、丘負客，出亡之晉，晉人用之，是爲城濮之戰。』」城濮在楚成王時，以爲平王，謬矣。甯子，甯越。又曰：「晉平公好樂，多賦斂，治城郭。有咎犯者，見門大夫以樂見，平公内之。對曰：『臣不能爲樂，臣善隱。』」又曰：「石乞侍坐於屈建，屈建曰：『白公其爲亂乎？』」又曰：「介子推行年十五而相荆，仲尼聞之，使人往視。」又曰：「晉靈公造九層臺，荀息聞之，上書求見，曰：『臣能累十二博棋，加九鷄子其上。』」按犯、建、子推、息四人事蹟，皆在前。劉子政博極群書，何述紀之誤也？《新序》楚共王逐申侯，晉文公遇樂武子，葉公諸梁問樂王鮒，皆不同時。

《韓子》云：「趙襄子召延陵生，令將軍車騎先至晉陽。」《戰國策》云「延陵王」，誤也。鮑氏改「王」爲「君」，亦未之考。

《韓子》云：「吴起欲攻秦小亭，置一石赤黍東門外，令人能徙此於西門外者，賜之上田宅。人争徙之。乃下令曰：『明日攻秦，能先登者，仕之大夫，賜之上田宅。』於是攻之，一朝而拔。」《吕氏春秋》云：「吴起治西河，欲諭其信於民，夜日置表於南門之外，令於邑中曰：『明日有人能僨南門之外表者，仕長大夫。』明日日晏矣，莫有僨表者。民相謂曰：『此必不信。』有一人曰：『試往僨表，不得賞則已，何傷？』往僨表，來謁吴起。起自見而出，仕之長大夫。自是之後，民信吴起之賞罰。」愚按商鞅入秦，在吴起死後二十一年，徙木予金，其祖吴起之遺智歟？

《説文》：「古者宿沙初作煮海鹽。」《魯連子》曰：「古善漁者宿沙瞿子，使漁于山，則雖十宿沙子不得一魚焉。」又曰：「宿沙瞿子善煮鹽，使煮漬沙，雖十宿沙，不能得也。」

《鶡冠子·博選篇》用《戰國策》郭隗之言，《王鈇篇》用《齊語》管子之言，不但用賈生《服賦》而已。柳子之辯，其知言哉！

《戰國策》鄭璞之説，亦見《尹文子》。

諺云：「不聰不明，不能爲王；不瞽不聾，不能爲公。」見《慎子》。

《吴子》曰：「承桑氏之君，修德廢武，以滅其國。」柳子《佩韋賦》：「桑弘和而却武兮，涣宗覆而國舉。」桑，謂承桑氏也。一本改「桑」字爲「乘」，誤。

程子曰：「韓信多多益辦，是分數明。」按《孫子》：「治衆如治寡，分數是也。」杜牧注謂：「韓信多多益辦。」

漢景帝後二年詔曰：「雕文刻鏤，傷農事者也；錦繡纂組，害女紅者也。農事傷，則飢之本也；女紅害，則寒之原也。夫飢寒並至，而能亡爲非者，寡矣。」本李克對魏文侯之言。見《説苑》。《藝文志》「儒家」：「《李克》七篇。」

《韓子》謂：「鐘鼎之銘，皆番吾之迹，華山之博也。」蔡邕謂「唯郭有道無愧」。昌黎猶不免諛。白樂天《立碑詩》曰：「豈獨賢者嗤，仍傳後代疑。」

《鬼谷子·午合篇》：「伊尹五就桀，五就湯，然後合於湯。呂尚三入殷朝，三就文王，然後合於文王。」《孫子・用間篇》當參考。伊、呂聖人之耦，豈詭遇求獲者？此戰國辯士之誣聖賢也。伊尹三聘而起，太公辟紂海濱，當取信於《孟子》。

尹知章序《鬼谷子》曰：「蘇秦、張儀往事之，受捭闔之術十有二章，復受《轉丸》《胠篋》三章。然秦、儀用之，裁得温言、酒食、貨財之賜。秦也，儀也，知道未足行，復往見，其言：『所受於師，行之，少有口吻之驗耳。未有傾河填海移山之力，豈可更聞至要，使弟子深見其閫奥乎？』先生曰：『爲子陳言至道。』齋戒擇日而往見，先生乃正席而坐，嚴顔而言，告二子以全身之道。」《文心雕龍》云：「《轉丸》騁其巧辭，《飛鉗》伏其精術。」程子曰：「秦、儀學於鬼谷，其術先揣摩，然後捭闔，捭闔既動，然後用鈎鉗。」

蒯通善爲長短説，主父偃學長短從横術，邊通學短長。《史記索隱》云：「《戰國策》亦名《長短書》。」

鬻熊爲周文王師，著書二十二篇，諸子之最先者，今存十四篇。《列子・天瑞篇》引「運轉無已，天地密移」，《力命篇》引語文王曰「自長非所增，自短非所損」。《賈誼書》引文王、武王、成王問，皆今書所無。

《呂氏春秋》曰：「老聃貴柔，孔子貴仁，墨翟貴廉，關尹貴清，子列子貴虚，陳駢貴齊，陽朱貴己，孫臏貴勢，王廖貴先，兒良貴後。」《荀子》曰：「慎子有見於後，無見於先；老子有見於詘，無見於信；墨子有見於齊，無見於畸；宋子有見於少，無見於多。」

墨子有見於齊，兼愛也；陽朱貴己，爲我也。《吕氏》以孔子列於老氏之後，秦無儒故也。

迂齋云：「《梓人傳》規模從《吕氏春秋》來。」愚按《吕氏·分職篇》云：「使衆能，與衆賢，功名大立於世，不予佐之者，而予其主，其主使之也。譬之若爲宫室，必任巧匠，奚故？曰：『匠不巧則宫室不善。』夫國，重物也，其不善也，豈特宫室哉！巧匠爲宫室，爲圓必以規，爲方必以矩，爲平直必以準繩，功已就，不知規矩繩墨而賞匠巧也。巧匠之宫室已成，不知巧匠，而皆曰：『善。此某君某王之宫室也。』」柳子立意，本於此。

劉向《論起昌陵疏》：「自古及今，未有不亡之國也。」本於《吕氏春秋》。《説苑》：「晉太史屠餘見晉平公之驕，以其國法歸周。周威公見而問焉，曰：『天下之國孰先亡？』對曰：『晉先亡。』居三年，晉果亡。」愚謂：平公後三年，晉未亡也。是時兩周未分，亦無周威公。《吕氏春秋》「晉太史屠黍見晉公之驕」，高誘注以爲「晉出公」，當從《吕覽》。然晉政在大夫久矣，非以驕亡也。屠黍不可謂知幾。

《孔叢子》「公孫龍臧三耳」，《吕氏春秋》作「藏三牙」。

賈誼疏「壹動而五業附」，《新書》云「五美附」。見《五美篇》。「業」字當作「美」。《六韜》曰：「冠雖弊，禮加之於首；履雖新，法踐之於地。」賈誼之言本此。《韓非子》亦云：「冠雖穿弊，必戴於頭；履雖五采，必踐之於地。」「黄帝曰：日中必彗，操刀必割。」顏注此語見《六韜》。「主上之操也」，語出《尉繚子》。

《淮南·詮言訓》曰：「禹決江河，因水也；后稷播種樹穀，因地也；湯、武平暴亂，因時也。故天下可得而不可取也，霸王可受而不可求也。」張夫人諫苻堅之言，本於此。

《賈誼書》云：「德渥澤洽，調和大暢，則天清澈，地富熅，物時熟。」吳斗南謂：「漢《郊祀歌》『后土富媼，昭明三光』，『媼』當作『熅』。」

《鹽鐵論》文學曰：「臧文仲治魯，勝盜而自矜。子貢曰：『民將欺，而況民盜乎？』」文仲、子貢不同時，斯言誤矣。

仲長子《昌言》曰：「北方寒，其人壽；南方暑，其人夭。此寒暑之方，驗於人也。約之蠶也，寒而餓之則引日多，溫而飽之則用日少。此寒溫飢飽之爲修短，驗於物者也。」論養生者，盍於此觀之？韓子蒼《醫説》用此意。《物理論》曰：「道家則尚冷，以草木用冷生。醫家則尚溫，以血脉以煗通。」

《淮南子》曰：「春貸秋賦，民皆欣；春賦秋貸，衆皆怨。得失同，喜怒爲別，其時異也。爲魚德者，非挈而入淵；爲蝯賜者，非負而緣木，縱之其所而已。」亦見《文子》。此柳子《種樹傳》之意。

《文子》：「聾蟲雖愚，不害其所愛。」注云：「鱉聾無耳。」《淮南子》曰：「任馬不觸木，猘狗不自投於河，雖聾蟲而不自陷，又況人乎！」又曰：「馬，聾蟲也。」注云：

「喻無知。」孝皇問王季海曰：「聾字何以從龍從耳？」對曰：「《山海經》龍聽以角不以耳。」《山海經》檢此語，未見。

《傅子》曰：「人之學者，猶渴而飲河海也。大飲則大盈，小飲則小盈。」伊川謂：「如群飲於河，各充其量。」

《抱朴子·論仙篇》：「按董仲舒所撰《李少君家録》。」仲舒儒者，豈肯爲方士家録？蓋依托也。

又按《漢禁中起居注》，即《西京雜記》所謂「葛洪家有《漢武帝禁中起居注》一卷，《漢武故事》二卷」。《通典》云：「漢武帝有《禁中起居注》，馬后撰《明帝起居注》，則漢起居似在宫中爲女史之任。」荀悦《申鑒》曰：「先帝故事有《起居注》，動静之節，必書焉。」

《祛惑篇》有古强者云：「孔子常勸我讀《易》，云：『此良書也，丘竊好之，韋編三絶，鐵擿三折。』今乃大悟。」《史記·世家》「韋編三絶」「鐵擿」，見於此。「擿」，一作「撾」。此方士寓言也。

魏李蕭遠《運命論》：「張良受黃石之符，誦《三略》之説。」言《三略》者，始見于此。漢光武詔引《黄石公記》，未有《三略》之名。《含神霧》云：「風后爲黄帝師，又爲禹師。化爲老子，授張良書。」今有《素書》六篇，謂黄石公圯上授子房，世人多以《三略》爲是。荆公詩云「素書一卷天與之」。

《太平御覽》引《鄒子》曰：「朱買臣孜孜修學，不知雨之流粟。」此《鄒子》之書，非戰國之鄒子也。

《慎子》曰：「禮從俗，政從上，使從君。國有貴賤之禮，無賢不肖之禮。」見《初學記》。《曲禮》曰：「禮從宜，使從俗。」言事不可常也，謂禮從俗則非。

《尸子》曰：「鄭簡公謂子産曰：『飲酒之不樂，鐘鼓之不鳴，寡人之任也。國家之不乂，朝廷之不治，與諸侯交之不得志，子之任也。子無入寡人之樂，寡人無入子之朝。』自是已來，子産治鄭，城門不閉，國無盜賊，道無餓人。孔子曰：『若鄭簡公之好樂，雖抱鐘而朝可也。』」愚謂：爲邦必「放鄭聲」，此孔子之言也，豈有抱鐘而朝之言哉！程子謂「未有心蠱而能用管仲」者，於鄭簡公亦云。

《論衡》，蓋蔡中郎所秘玩，而劉氏《史通》譏之曰：「充《自紀》述其父祖不肖，爲州閭所鄙，而答以瞽頑舜神、鯀惡禹聖，盛矜於己而厚辱其先，何異證父攘羊，學子名母，名教之罪人也。」葛文康公亦曰：「充刺孟子，猶之可也，至詆訾孔子以繫而不食之言爲鄙，以從佛肸、公山之召爲濁，又非其脱驂舊館而惜車於鯉，又謂道不行於中國，豈能行於九夷？若充者，豈足以語聖人之趣哉！」即二説觀之，此書非小疵也。吕南公謂：「充飾小辯以驚俗，蔡邕欲獨傳之，何其謬哉！」

《家語》「問舜冠」，謂魯哀公問孔子，《尚書大傳》以爲成王問周公。

《子思子》曰：「東户季子之時，道上雁行而不拾遺，餘糧宿諸畝首。」「餘糧棲畝」，本於此。

劉邵《人物志》曰：「《易》以《咸》爲德，以《謙》爲道。《老子》以『無』爲德，以『虚』爲道。」愚謂：《咸》言「虚」而不言「無」，與老氏異。

宋咸注《法言》云：「天地不常泰，亦不常否；聖人不常出，亦不常絶。」

或問「賢」，曰：「顔淵、黔婁、四皓、韋玄成。」王介甫曰：「出乎顔淵，則聖人矣；出乎韋玄成，則衆人矣。」

「奔車之上無仲尼，覆舟之下無伯夷。」此《韓非》語也。余襄公《謹箴》用之。

杜牧《注孫子序》云：「孫武著書數十萬言，魏武削其繁剩，筆其精切，凡十三篇。因注解之。」考之《史記》本傳，闔廬曰：「子之十三篇，吾盡觀之矣。」非筆削爲十三篇也。

《莊子》楚狂之歌，所謂「迷陽」，人皆不曉。胡明仲云：「荆、楚有草，叢生修條，四時發穎。春夏之交，花亦繁麗。條之腴者，大如巨擘，剥而食之，其味甘美，野人呼爲迷陽。其膚多刺，故曰『無傷吾行，無傷吾足』。」

卷十一

考史

《戰國策》：「張儀説秦王曰：『世有三亡，而天下得之。』」姚氏云：「《韓非子》第一篇《初見秦》文與此同。」鮑氏失於考證。呂成公《麗澤集》文取此篇。

「鄒忌不如徐公美。」《新序》云：「齊有田巴先生，行修於外，王聞其賢，聘之，將問政焉。田巴改製新衣，拂飭冠帶，顧謂其妾，妾曰：『佼。』將出門，問其從者，從者曰：『佼。』過於淄水，自照視，醜惡甚焉。遂見齊王。齊王問政，對曰：『今者大王召臣，臣問妾，妾愛臣，諛臣曰「佼」；問從者，從者畏臣，諛臣曰「佼」。臣至臨淄水而觀，然後知醜惡也。今王察之，齊國治矣。』」與鄒忌之言略同。洪景盧謂：《孟子》所書齊景公問晏子，與《管子·内言·戒篇》相似，蓋傳記若是者多矣。

「齊負郭之民有狐咺者，正議閔王，斮之檀衢。」按《呂氏春秋·貴直論》：「狐援説齊湣王曰：『殷之鼎陳於周之廷，其社蓋於周之屏，其干戚之音在人之遊。亡國之音不得至於廟，亡國之社不得見於天，亡國之器陳於廷，所以爲戒。王必勉之！其無使齊之大呂陳之廷，無使太公之社蓋之屏，無使齊音充人之遊。』齊王不受。狐援出而哭國五日，其辭曰：『先出也，衣絺紵；後出也，滿囹圄。吾今見民之洋洋然東走，而不知所處。』齊王問吏曰：『哭國之法若何？』吏曰：『斮。』王曰：『行法。』狐援乃言曰：『有人自南方來，鮒入而鯢居，使人之朝爲草而國爲墟。殷有比干，吴有子胥，齊有狐援。已不用若言，又斮之東閭。每斮者，以吾參夫二子者乎！』」《漢·古今人表》作「狐爰」，注：「即狐咺也。」愚謂：殺諍臣者必亡，狐援其洩冶之類乎！

齊威王封即墨大夫。燕取齊七十餘城，唯莒、即墨不下。田單以即墨破燕。齊王建將入秦，即墨大夫入見，畫臨晉、武關之策，建不聽而亡。吁，何即墨之多君子也！建能聽即墨大夫之謀，則齊可以勝秦矣。國未嘗無士也。

《太平御覽》引《戰國策》曰：「吴子問孫武曰：『敵人保山據險，擅利而處，糧食又足，挑之則不出，乘間則侵掠，爲之奈何？』武曰：『分兵守要，謹備勿懈。潛探其情，密候其怠。以利誘之，禁其牧採。久無所得，自然變改。待離其故，奪其所愛。』」今本無之。

「樂間入趙，燕王以書謝焉。」《新序》以爲惠王遺樂毅書。《新序》樂毅書：「君子絶交無惡言，去臣無惡聲。」

戰國有兩公孫弘，一在齊，爲孟嘗君見秦昭王；一在中山，言司馬憙招大國之威求相。與漢平津侯爲三。《韓子》云：「公孫弘斷髮而爲越王騎。」是又一人也。

《禹貢》正義：鄭康成云「《戰國策》：『碣石在九門』」。姚宏云：「《戰國策》遺逸，如司馬正引『馬犯謂周君』、徐廣引『韓兵入西周』、李善引『呂不韋言周三十七王』、歐陽詢引『蘇秦謂元戎以鐵爲矢』、《史記正義》引『九門本有宮室而居』，今本所無。」

晏元獻論秦穆公以由余爲賢，用其謀伐戎：「夫臣節有死無貳，戎使由余觀秦，終竭謀慮，滅其舊疆，豈鍾儀操南音，樂毅不謀燕國之意哉！秦穆之致由余而闢戎土也，失君君臣臣之訓矣。」元獻之論有補世教，故録之。

唐太宗問褚遂良曰「舜造漆器，禹雕其俎」，其事見《韓子》。由余對秦穆公曰：「舜作食器，流漆墨其上，國之不服者十三。禹作祭器，墨染其外，朱畫其内，國之不服者三十三。」

薛士龍曰：「齊威之霸，不在阿、即墨之斷，而在毀譽者之刑。」今按毀譽者乃佞臣周破胡。見《列女傳》。

《大事記》「魏以田文爲相」，《解題》曰：「田文與孟嘗君姓名適同而在前。《呂氏春秋・審分覽》作『商文』，所載『吳起問答』，與《史記》略同。」《西山讀書乙記》謂：「田文，游俠之宗主，以主少國疑自任，未知其可也。」誤以爲孟嘗君。

王逸云：「屈原爲三閭大夫。三閭之職，掌王族三姓，曰昭、屈、景。屈原序其譜屬，率其賢良，以厲國士。」漢興，徙楚昭、屈、景於長陵，以强幹弱支，則三姓至漢初猶盛也。《莊子》曰：「昭、景也，著戴也；甲氏也，著封也，非一也。」説云：「昭、景、甲三者，皆楚同宗也。」甲氏，其即屈氏歟？秦欲與楚懷王會武關，昭睢、屈平皆諫王無行。襄王自齊歸，齊求東地五百里，昭常請守之，景鯉請西索救於秦，東地復全。三閭之賢者，忠于宗國，所以長久。

《陳軫傳》「卞莊子刺虎」，《戰國策》作「管莊子」，《索隱》引《戰國策》作「館莊子」：「館，謂逆旅舍。其人字莊子。」

晉、楚之争霸在鄭，秦之争天下在韓、魏。林少穎謂：「六國卒并於秦，出於范睢遠交近攻之策。」取韓、魏以執天下之樞也。其遠交也，二十年不加兵於楚，四十年不加兵於齊。其近攻也，今年伐韓，明年伐魏，更出迭入無寧歲。韓、魏折而入於秦，四國所以相繼而亡也。秦取六國，謂之蠶食，蓋蠶之食葉，自近及遠。《古史》云：「范睢自爲身謀，未見有益於秦。」愚謂：此策不爲無益，然韓不用韓玘，魏不廢信陵，則國不亡。

周赧王卒于乙巳，明年丙午，秦遷西周公，而東周君猶存也。壬子，秦遷東周君，而周遂不祀。作史者當自丙午至壬子，繫周統于七國之上，乃得《春秋》存陳之義。《大事記》周赧後即繫秦，朱子以爲未當，《綱目》以七國如楚、漢並書之。

七國，齊、魏、趙、韓皆大夫篡，楚爲黄，秦爲吕，唯燕爲舊國，召公之澤遠矣。惠王不用樂毅，太子丹乃用荆軻，其能國乎？

老泉謂：「秦之憂在六國，蜀最僻最小，最先取；楚最强，最後取。非其憂在蜀也。」愚謂：取蜀則楚在掌中矣，白起所以再戰而燒夷陵也。

魯仲連書「富比乎陶、衛」，延篤注《戰國策》云：「陶朱、公子荆。」王邵云：「魏冉封陶，商君封衛。」今按：商君封於商，非封衛也。

李文叔《書戰國策》曰：「爲是説者非難，而載是説者爲不易得。使秦、漢而後，復有爲是説者，必無能載之者矣。」愚觀董晉之答回紇、語李懷光、譚忠之説劉總，詞氣雄健，有先秦風，韓、杜二公之筆力，足以發之也。《董晉行狀》《燕將録》。

秦昭王五十一年滅周，是歲漢高祖生於豐沛。天道之倚伏，可畏哉！《史記》：「昭王五十一年，赧王卒。」皇甫謐曰：「高祖生。」

秦莊襄王元年，滅東周。三年，始皇立，而柏翳之秦亦滅。二世元年，廢衛君，是歲諸侯之起者五國，三年而秦亡。然則滅人之國，乃所以自滅也。

秦皇欲以一至萬，新莽推三萬六千歲曆紀，宋明帝給三百年期，其愚一也。漢世祖曰：「日復一日，安敢遠期十歲乎？」真帝王之言哉！

魏公子退讓，而口不忍獻五城；尹翁歸不私，而不敢見其邑子。是以君子正容以悟之，使人之意也消。

箝語燔書，秦欲愚其民而不能愚陳涉；指鹿束蒲，高欲愚其君而不能愚子嬰。

韋昭《洞曆記》：「紂無道，比干知極諫必死，作《秣馬金闕歌》。」古歌尚質，必無「秣馬金闕」之語，蓋依托也。

賈生《過秦》曰：「秦孝公據殽、函之固。」春秋時，殽、桃林，晉地，非秦有也。

史記正誤 《索隱》《正義》《史剡》《通鑑考異》《古史》《大事記解題》所考正者，皆不著

《五帝本紀》列黃帝、顓、辛、堯、舜，謂孔子所告宰予，「儒者或不傳」。及「《春秋》《國語》，發明《五德》《繫姓》章矣【二】。《書》缺有間，乃時見於他說。」五峰胡氏曰：「仲尼繫《易》，歷叙制器致用，兼濟生民者，獨稱犧、農、黃帝、堯、舜氏，蓋以是爲五帝也，而顓、辛無聞焉。太史公所載，特形容之虛語爾。」朱文公曰：「《易大傳》，孔聖之言；八卦，文字之祖。何故遺而不録？」

「舜年二十以孝聞，年三十堯舉之，年五十攝行天子事，年六十一代堯踐帝位。踐帝位三十九年。」《書》正義曰：「舜年六十二爲天子。《大禹謨》『朕宅帝位三十有三載』，乃求禪禹。《孟子》云：『舜薦禹於天，十七年。』是在位五十年明矣。《史記》皆謬。」

【二】發明五德繫姓章矣　「德」，翁注本作「帝」。

《夏本紀》：「太康崩，弟仲康立。仲康崩，子相立。相崩，子少康立。」《左傳》正義曰：「太康失邦，及少康紹國，尚有百載，乃滅有窮。《本紀》不言羿、浞之事，是遷説之疏。」

《殷本紀》：「祖乙遷於邢。」《書》正義曰：「鄭玄云：『祖乙去相，居耿，而國爲水所毁，於是修德以禦之，不復徙也。』」

「小辛立，殷復衰。百姓思盤庚，乃作《盤庚》三篇。」與《書序》違，非也。

「太甲既立三年，伊尹放之於桐宫。居桐宫三年，悔過反善，伊尹乃迎而授之政。」謂太甲歸亳之歲已爲即位六年，遷説妄也。

「祖己嘉武丁之以祥雉爲德，立其廟爲高宗，遂作《高宗肜日》及《訓》。」與《書序》相違。

「帝陽甲之時，殷衰。自中丁以來，廢適而更立諸弟子。弟子或争相代立，比九世亂。」《皇王大紀》曰：「以其世考之，自沃丁至陽甲，立弟者九世。中丁之名，誤也。」

太戊爲太甲之孫。《三代表》云：太戊，小甲弟。則亦是沃丁弟，太甲子。《書》正義謂「《本紀》《世表》必有一誤」。

《周本紀》：「不窋末年，夏氏政亂，去稷不務，不窋以失其官而奔戎狄之間。」《周語》云：「不窋自竄于戎狄之間。」韋昭云：「不窋去夏而遷於豳。」《詩》正義：「案

《公劉》之篇，公劉避亂適豳。公劉者，不窋之孫。」

「古公有長子曰大伯，次曰虞仲。大姜生季歷。」《左傳》正義曰：「如《史記》之文，似王季與大伯别母，遷言疏繆。大伯、虞仲辟季歷，適荆蠻，若有適庶，不須相辟。知其皆同母也。」

「詩人道西伯，蓋受命之年稱王而斷虞、芮之訟。」歐陽公以爲妄説。五峰胡氏曰：「詩人言文王受命，指其至誠動天，得天人之助耳。」李子思曰：「以虞、芮質成之年，爲文王興王業之初則可，而謂文王於是自稱王則不可。」朱文公謂：「《武成》有『惟九年大統未集』之説，若以在位五十年推之，不知九年當從何處數起？」亦未見史遷全不是，歐公全是，不若兩存之。劉道原曰：「遷不見《古文尚書》，以文王受命七年而崩。孔安國見《武成》篇，故《泰誓傳》曰：『周自虞、芮質厥成，諸侯並附，以爲受命之年，至九年文王卒。』劉歆《三統曆》以爲九年。」

「武王祭于畢，觀兵盟津。」歐陽公曰：「《伯夷傳》又載父死不葬之説，皆不可爲信。」程子曰：「觀兵必無此理。今日天命絶，則紂是獨夫，豈容更待三年？」林氏曰：「漢儒以『觀政』轉爲『觀兵』，而爲周師再舉之説。」

「武王追思先聖，乃襃封神農之後於焦，封黄帝之後於薊，封帝堯之後於祝，封帝舜之後於陳。」《禮記》正義曰：「追思先聖乃封之，與《樂記》『未及下車』義反，當以《記》爲正。」

「襄王母早死，後母曰惠后，生叔帶。」《左傳》曰：「母弟，俱是惠后所生。」正義曰：「《史記》謬也。」

「周、召二相行政，號曰共和。」吕成公曰：「《古史》案《汲冢紀年》：『共伯和干王位，故謚共和。』《左傳》：『王子朝告諸侯曰：「諸侯釋位，以間王政，宣王有志而後效官。」』推是而言，則厲、宣之間，諸侯有去其位而代王爲政者。《莊子》曰：『共伯得之於丘首。』」

「舜封棄於邰，號曰后稷。」《詩》正義曰：「稷之功成，實在堯世，其封於邰，必是堯之封，故箋、傳皆以爲堯。《本紀》以后稷之號亦起舜時，其言不可信也。」

「武王伐紂，卜龜兆，不吉，群公皆懼，惟太公强之。」《書》正義曰：「太公《六韜》云：『卜戰，龜兆焦，筮又不吉。太公曰：「枯骨朽蓍，不逾人矣。」』彼言『不吉』者，《六韜》之書，後人所作。《史記》又采用《六韜》，好事者妄矜太公，非實事也。」

「穆王即位，春秋已五十矣。立五十五年」。《書》正義曰：「孔傳云『穆王即位過四十矣』，不知出何書？遷若在孔後，或當各有所據。」

《秦本紀》：「晉獻公虜虞君與其大夫百里奚，以爲秦穆公夫人媵於秦。百里奚亡秦走宛，楚鄙人執之。穆公以五羖羊皮贖之。」范太史曰：「《商鞅傳》又載趙良之言曰：『五羖大夫，荆之鄙人也。自鬻於秦客，被褐食牛。期年，穆公知之，舉之牛口之下，而加之百姓之上。』《史記》所傳，自相矛盾如此。」朱文公曰：「按《左氏》，媵秦穆姬者，乃井伯，非百里奚也。」

「賜襄公岐以西之地。襄公生文公。於是文公遂收周餘民有之，地至岐，岐以東獻之周。」《詩》正義曰：「鄭氏《詩譜》言『横有周西都宗周畿内八百里之地』，則是全得西畿，與《本紀》異。案：終南之山在岐之東南，大夫之戒襄公，已引終南爲喻，則襄公亦得岐東，非唯自岐以西也。如《本紀》之言，文公獻岐東於周，則秦之東境終不過岐。而春秋之時，秦境東至於河，明襄公救周即得之矣。《本紀》之言不可信也。」

《吕后本紀》，夾漈鄭氏曰：「遷遺惠而紀吕，無亦獎盗乎？」

《樂書》：「得神馬渥洼水中，爲《太一之歌》。後伐大宛，得千里馬，爲歌。中尉汲黯進曰云云，丞相公孫弘曰：『黯誹謗聖制。』」説齋唐氏曰：「按《漢書·武帝紀》：『元鼎四年秋，馬生渥洼水中，作《天馬之歌》。』『太初四年春，貳師將軍廣利斬大宛王首，獲汗血馬來，作《西極天馬之歌》。』而元狩二年春三月，丞相弘薨，則先元鼎四年已八年矣。《汲黯傳》：渾邪王降之歲，汲黯坐法免官，隱田園者數年。至更立五銖錢，復起爲淮陽太守，居淮陽十歲而卒。按：《武紀》昆邪之降在元狩二年，而行五銖錢在五年，又十歲，則元封四年也。其去太初四年尚六年，則汲黯之卒亦久矣。今《樂書》乃云得大宛馬而作《天馬之歌》，汲黯嘗有言而公孫弘又從而譖之，不亦厚誣古人哉！况黯在武帝時，始爲謁者，遷滎陽令，稱疾歸，乃召爲中大夫，又出爲東海太守，又召爲主爵都尉，又公孫弘請徙爲右内史，數歲而免官，又數歲而起爲淮陽太守，則未嘗爲中尉也。假使黯之言在馬生渥洼之年，則弘之死固已久矣。《漢書·司馬遷傳》言《史記》十篇『有録無書』，而注言《樂書》亦亡，則此非遷之作明矣。使遷在當時而乖舛如此，不亦繆乎！」

《天官書》：「東宫蒼龍，南宫朱鳥，西宫咸池，北宫玄武」。吴氏曰：「蒼龍、朱鳥、玄武，各總其方七宿而言。咸池，别一星名。《晉·天文志》所謂『天潢南三星曰咸池，魚囿』者是已，豈所以總西方七宿哉？又列參、白虎於昴、畢之後，何其類例之駁也。」

《十二諸侯年表》：「敬王四十一年，孔子卒。」「四十三年，敬王崩。」《周本紀》：「敬王崩，子元王立。八年，崩，子定王立。」《六國年表》「定王元年」，「《左傳》盡此」。《左傳》正義曰：「杜《世族譜》云：『敬王三十九年，魯哀公十四年，獲麟之歲也。四十二年而敬王崩，敬王子元王十年，《春秋》之傳終矣。』與《史記》不同。《史記》世代年月，事多舛錯，故班固以文多抵牾。案《世本》『敬王崩，貞王介立。貞王崩，元王赤立』，宋忠注引《太史公書》云『元王仁生貞王介』，與《世本》不相應，不知誰是，則宋忠不能定也。《帝王世紀》敬王三十九年，《春秋經》終。四十四年，敬王崩，子貞定王立。貞定王崩，子元王立。是《世本》與《史記》參差不同。書籍久遠，事多紕繆，杜違《史記》，亦何怪焉？」

《吳世家》以光爲諸樊之子，僚爲夷昧之子。《左傳》正義曰：「《世本》云：『夷昧及僚，夷昧生光。』服虔云：『夷昧生光而廢之。僚者，夷昧之庶兄。夷昧卒，僚代立，故光曰「我王嗣也」。』是用《公羊》爲説也。杜言『光，吳王諸樊子』，用《史記》爲説也。班固云：『遷采《世本》爲《史記》，而今之《世本》與遷言不同。』《世本》多誤，不足依馮，故杜以《史記》爲正。」

《傳》言大伯端委，仲雍斷髮。《史記》云：二人皆「文身斷髮，示不可用。」文身斷髮，自辟害耳，遠適荆蠻，則周人不知其處，何以須「示不可用」也？皆遷之謬。石林葉氏曰：「以《春秋傳》考之，斷髮文身蓋仲雍，大伯無與焉。」

「越王滅吳，誅太宰嚭。」《通鑑外紀》曰：「《左傳》哀二十四年『閏月，哀公如越，季孫懼，因太宰嚭而納賂焉』，在吳亡後二年也。嚭入越亦用事，安得吳亡即誅哉！」

《宋世家》：「武王克殷，微子肉袒面縛，左牽羊，右把茅。」《書》正義曰：「面縛，縛手於後，故口銜其璧，又安得『左牽羊，右把茅』也？」

《燕世家》：「成王既幼，周公攝政，當因踐阼，召公疑之，作《君奭》。」《書》正義曰：「此篇是致政之後言留輔成王之意，其文甚明，遷妄爲説爾。」

《衛世家》：「莊公娶齊女爲夫人，而無子。又娶陳女爲夫人，生子，早死。陳女女娣生完，完母死，莊公命夫人齊女子之。」《詩》正義曰：「禮，諸侯不再娶，且莊姜仍在。《左傳》唯言『又娶於陳』，不言『爲夫人』。《左傳》言莊姜以爲己子，云『完母死』，亦非也。」

武公殺兄篡國。吕成公曰：「武公在位五十五年，《國語》又稱『武公年九十有五，猶箴儆于國』，計其初即位，其齒蓋已四十餘矣。使果弑共伯而篡立，則共伯見弑之時，其齒又加長於武公，安得謂之蚤死乎？髦者，子事父母之飾，諸侯既小斂，則脱之。《史記》謂釐侯已葬而共伯自殺，則是時共伯已脱髦矣，《詩》安得猶謂之『髧彼兩髦』乎？是共伯未嘗有見弑之事，武公未嘗有篡弑之惡也。」

「初，宣公愛夫人夷姜。」《左傳》正義曰：「烝淫而謂之夫人，謬也。」

《鄭桓公世家》云「宣王庶弟」，《年表》云「宣王母弟」。《詩》正義曰：「《世家》《年表》自乖異。」

「虢、鄶果獻十邑，桓公竟國之。」《詩》正義曰：「《詩譜》『武公卒取十邑』，如《世家》，則桓公皆自取十邑。馬遷見《國語》有『史伯爲桓公謀取十邑』之文，不知桓身未得，故傳會爲此説耳。《外傳》云『皆子、男之國，虢、鄶爲大』，則八邑各爲其國，非虢、鄶之地，無由得獻之桓公也。」《左傳》正義曰：「案《鄭語》，桓公始謀，未取之也；武公始國，非桓公也；全滅虢、鄶，非獻邑也。遷之言皆謬。」

《齊世家》：「胡公始徙都薄姑。周夷王之時，獻公因徙薄姑都，治臨淄。」《詩》正義曰：「《詩・烝民》云『仲山甫徂齊』，傳曰：『古者諸侯逼隘，則王者遷其邑而定其居，蓋去薄姑，遷於臨淄。』以爲宣王之時始遷臨淄，與《世家》異。毛公在遷之前，其言當有據。」

「頃公十一年，晉初置六卿，賞鞌之功。頃公朝晉，欲尊王晉景公，景公不敢當。」《晉世家》：「景公十二年，齊頃公如晉，欲上尊景公爲王。景公讓不敢。」《左傳》正義曰：「此時天子雖微，諸侯並盛，晉文不敢請隧，楚莊不敢問鼎。又齊弱於晉所較不多，豈爲一戰而勝，便即以王相許？準時度勢，理必不然。『齊侯朝于晉，將授玉。』遷之意所以有此説者，當讀此《傳》『將授玉』以爲『將授王』，遂飾成爲此謬辭耳。」

《魯世家》：哀公奔越，「國人迎哀公復歸，卒於有山氏」。《左傳》正義曰：「《傳》稱國人施罪於有山氏，不得復歸，而卒於其家也。遷妄耳。」

《齊世家》：「周西伯昌與吕尚陰謀修德，以傾商政，其事多兵權與奇計，故後世之言兵及周之陰權，皆宗太公爲本謀。」石林葉氏曰：「其説蓋出《六韜》。夫太公，賢者也。其所用，王術也；其所事，聖人也；則出處必有義，而致君必有道。自墨翟以太公於文王爲忤合，而孫武謂之用間，且以嘗爲文、武將兵，故尚權詐者多並緣自見。」説齋唐氏曰：「三分有二而猶事商，在衆人必以爲失時；三后協心而後道洽，在常情必以爲無功。

二聖人信之篤，守之固，至誠惻怛之心，寬厚和平之政，浹於斯民，固結而不可解。此豈矯拂而僞爲？亦出於自然而已。彼太史公曾不知此，乃曰：『周西伯昌囚羑里，歸與吕尚陰謀修德，以傾商政。』又曰：『周公聞伯禽報政遲，乃嘆曰：「魯後世其北面事齊矣！」』此特戰國變詐之謀，後世苟簡之説，殆非文王之事、周公之言也。遷不能辨其是否，又從而筆之於書，使後人懷欲得之心，務速成之功者，藉此以爲口實，其害豈小哉！」

《晉世家》：鄂侯郤立六年，當魯隱五年，卒，子哀侯光立。《詩》正義曰：「案《左傳》隱五年：『曲沃莊伯伐翼，翼侯奔隨。秋，王命虢公伐曲沃，而立哀侯于翼。』六年：『翼九宗五正頃父之子嘉父逆晉侯于隨，納諸鄂，晉人謂之鄂侯。』則哀侯之立，鄂侯未卒，《世家》言卒，非也。」

「獻公使士蔿盡殺諸公子，而城聚都之，命曰絳。」《詩》正義曰：「案《左傳》『士蔿使群公子盡殺游氏之族，乃城聚而處之』，則城聚以處群公子，非晉都也，言命聚曰絳，非也。」

「天子使王子虎命晉侯爲伯，周作《晉文侯命》。」夾漈鄭氏曰：「于時去文侯十有五世，而誤以文侯爲重耳。」

「申生母，齊桓女也；同母女弟爲秦穆夫人。夷吾母，重耳母女弟也。」《左傳》正義曰：「案《傳》，申生之母本是武公之妾。武公末年，齊桓始立，不得爲齊桓女也。虢射，惠公之舅；狐偃，文公之舅。二母不得爲姊妹也。皆遷之妄。」

「夢天謂武王曰：『余命女生子，名虞。』」《左傳》正義曰：「『邑姜方震而夢』，明是邑姜夢矣，安得以爲武王夢也？薄姬之夢龍據其心，燕姞之夢蘭爲己子，彼皆夢發於母，此何以夢發於父？是遷之妄。」

《陳世家》：「桓公鮑卒。弟佗，其母蔡女，故蔡人爲佗殺五父及桓公太子免而立佗，是爲厲公。」「太子免之三弟，長者名躍，中曰林，少曰杵臼，與蔡人共殺厲公而立躍，是爲利公。」《詩》正義曰：「案《左傳》桓五年：『文公子佗殺太子免而代之。』則是佗自殺免，非蔡人爲佗殺免也。六年：『蔡人殺陳佗』。莊二十二年《傳》曰：『陳厲公，蔡出也，故蔡人殺五父而立之。』五父與佗一人，不得云『爲佗殺五父』也。六年，殺佗；十二年，陳侯躍卒，則厲公即是躍。躍既爲厲公，則無復利公矣。既誤以佗爲厲公，又妄稱躍爲利公。《世家》言『佗死而躍立，立五月而卒』，然則躍亦以桓六年卒矣。而《春秋》躍卒在桓十二年，非徒五月，皆《史記》之謬。」《左傳》正義曰：「束皙言『遷分一人以爲兩人，以無爲有』，謂此事也。」

「舜居嬀汭，其後因姓嬀氏。」《左傳》正義曰：「《世本》：『舜姓姚氏。』虞思，猶姓姚也。至胡公，周乃賜姓爲嬀。謂胡公之前已姓嬀，妄也。」

《楚世家》：「高陽生稱，稱生卷章，卷章生重黎，高辛氏之火正，能光融天下，帝嚳命曰祝融。」《詩》正義曰：「《楚語》稱『顓頊命南正重司天以屬神，命火正黎司地以屬民』，則黎爲火正，高陽時也。言高辛者，以重黎是顓頊命之，歷及高辛，仍爲此職，故二文不同也。黎實祝融，重爲南正，而《楚世家》同以重黎爲祝融，謬也。」「《世家》又云：『帝嚳誅重黎，而以其弟吳回爲重黎後，復居火正，爲祝融。』《鄭語》以『八姓爲黎後』者，以吳回繫黎之後，復居黎職，故本之黎也。《左傳》『少皞氏有子曰重，顓頊氏有子曰黎』，《史記》以重黎爲一人，又言『以吳回爲重黎』，皆謬。」

「蚡冒卒，弟熊達立，是爲楚武王。」《左傳》正義曰：「杜注：蚡冒，楚武王父。」不從《史記》。劉炫以《世家》規杜云：「蚡冒是兄，不得爲父。」

「莊王即位三年，伍舉入諫曰：『願進隱。』」愚按莊王時有嬖人伍參，其子伍舉在康王時。康王，莊王之孫。《吕氏春秋·審應覽》云：「荆莊王立三年，不聽而好讔。成公賈入諫曰：『願與君王讔。』」《新序》云「士慶」，然則非伍舉也。

《燕世家》：「孟軻謂齊王曰：『今伐燕，此文、武之時，不可失也。』」朱文公曰：「或問：勸齊伐燕，有諸？《史記》蓋傳聞此說之誤。」

《三代世表》：稷、契皆爲帝嚳之子，堯亦帝嚳之子。《左傳》正義曰：「《世族譜》取《史記》之説，又從而譏之：『案鯀則舜之五世從祖父也，而及舜共爲堯臣。堯則舜之三從高祖，而妻其女。此《史記》之可疑者。』」

《杞世家》：其殷後，則初封武庚於殷墟，復以叛而誅之，更命微子爲殷後。《詩》正義曰：「《書序》《微子之命》，是宋爲殷後，成王始命之。《樂記》武王投殷之後於宋，其實武王之時，始封於宋，未爲殷後也。成王命爲殷後，當爵爲公，地方百里。《史記》以爲成王之時始封微子於宋，與《樂記》又乖。」

《管蔡世家》「武王同母兄弟十人」，蔡叔，周公弟也。《左傳》正義曰：「僖二十四年《傳》，富辰言文之昭十六國，蔡在魯上，明以長幼爲次。賈逵等皆言『蔡叔，周公兄』，故杜從之。」

聃季載，杜云「毛叔聃」，又不數叔振鐸者，杜以振鐸非周公同母，故不數之。或杜別有所見，不以《管蔡世家》爲説。

《魏世家》：「三十六年，惠王卒。」《左傳後序》曰：「《古書紀年篇》『魏惠王三十六年改元，從一年始，至十六年而稱惠成王卒』，即惠王也。疑《史記》誤分惠成之世以爲後王年也。」朱文公曰：「惠、襄、哀之年，見於《竹書》明甚，《史記》蓋失其實。邵子《皇極》之書乃從《史記》而不取《竹書》。」

太史公曰：「天方令秦平海内，其業未成，魏雖得阿衡之佐，曷益乎？」《史通》曰：「論成敗者，當以人事爲主，必推命而言，則其理悖矣。」

《趙世家》：「趙朔娶晉成公姊爲夫人。」《左傳》正義曰：「案《傳》，趙衰適妻是文公之女，若朔妻成公之姊，則亦文公之女。父之從母不可以爲妻，且文公之卒距此四十六年，莊姬此時尚少，不得爲成公姊。賈、服先儒皆以爲成公之女，故杜從之。」

屠岸賈誅趙氏，殺趙朔、趙同、趙括。又云：公孫杵臼取他兒代武死，程嬰匿武於山中，居十五年。《左傳》正義曰：「欒書將下軍，則於時朔已死矣，不得與同、括俱死也。晉君明，諸臣强，無容有屠岸賈輒厠其間，如此專恣。」呂成公曰：「《史記》失於傳聞之差。是時晉室正盛，而云『索莊姬子於宮中』，晉宮中自有紀綱，不容如此。趙嬰已亡【二】，而云『與同、括同時死』。」以二者考之，見其誤。

《孔子世家》，王文公曰：「仲尼之才，帝王可也，何特公侯哉！仲尼之道，世天下可也，何特世其家哉！處之《世家》，仲尼之道不從而大；置之《列傳》，仲尼之道不從而小，而遷也自亂其例。」淇水李氏曰：「欲尊大聖人而反小之，其所以稱夫子者，識會稽之骨，辨墳羊之怪，道楛矢之異，測桓、釐之災。斯以爲聖而已矣，何其陋也！」《皇王大紀》曰：「遷載孔子言行，不得其真者尤多。」

《伯夷傳》，朱文公曰：「孔子謂：『求仁得仁，又何怨？』《傳》但見伯夷滿身是怨。」致堂胡氏曰：「叩馬之諫，孔氏未嘗及也。」程子曰：「《史記》所載諫詞皆非也。武王伐商，即位已十一年矣，安得父死不葬之語？」

【二】趙嬰已亡　「嬰」，翁注本作「朔」。

《仲尼弟子傳》：「子貢一出，存魯、亂齊、破吴、强晉而霸越。」《通鑑外紀》曰：「戰國之時，齊、魯交兵者數矣，一不被伐，安能存哉？田氏弱齊，一當吴兵，安能亂哉？吴不備越而亡勝齊，安能破哉？四卿擅權，晉以衰弱，修兵休卒，安能强哉？越從吴伐齊，滅吴乃强，此安能伯哉？十年之中，魯、齊、晉未嘗有變，吴、越不爲是而存亡，遷之言華而少實哉！」

「有若狀似孔子，共立爲師。」宋景文公曰：「此鄒、魯間野人語耳。觀《孟子》書，則始嘗謀之，後弗克舉，安有撤坐之論乎？」

「宰予與田常作亂。」龜山楊氏曰：「田常爲亂於齊，齊君蓋弗勝也。宰予附田常，則誰得而殺之？使其爲齊君而死，則予何罪焉？當是時，有闞止，字子我，死於田常之亂，是必傳之者誤而爲宰我也。」

《孟子列傳》：「梁惠王謀欲攻趙，孟軻稱大王去邠。」葛氏曰：「於《孟子》無所見，但有對滕文公之語。」

《刺客傳》說齋唐氏曰：「諸侯棄甲兵之讎，爲盟會之禮，乃於登壇之後，奮匕首而劫國君，賊天下之禮者，非沫乎？君臣之義，有死無隕，專諸感公子光之豢養，而親剸刃於王僚，賊天下之義者，非諸乎？父母全而生之，子全而歸之，政纔終母之年，遂殺身以爲仲子，賊天下之仁者，非政乎？樊將軍以困窮歸燕丹，軻說取其首以濟入秦之詐，賊天下之信者，非軻乎？以賊禮、賊義、賊仁、賊信之人，並列於《傳》，又從而嗟嘆其志，不亦繆哉！豫子以不忘舊君，殺身而不悔，『抗節致忠，行出乎列士』，乃引而寘諸四子之間，不亦薰蕕之共器乎？」

《張叔傳》：「未嘗言案人。」吕成公曰：「景帝誅晁錯，時丞相青翟、中尉嘉、廷尉歐劾奏錯之大逆無道。錯當要斬，父母妻子同産無少長皆棄市。廷尉歐，即張歐也，安得爲不案人哉？則歐固謹於細而略於大也。」

《商君傳》：「趙良曰：『五羖大夫相秦六七年，而東伐鄭，三置晉君。』」吕成公曰：「秦穆納晉惠在僖九年，納晉文在僖二十四年，相距十九年。」

《司馬相如傳贊》：「揚雄以爲勸百而風一。」江氏瑑曰：「雄後於遷甚久，遷得引雄辭，何哉？蓋後人以《漢書贊》附益之。」

《滑稽傳》，韓、魏處戰國之時，而云其君陪楚莊王葬馬。《史通》謂「以後爲先」。《貨殖傳》「子贛廢著鬻財」，《史通》曰：「太史公述《儒林》，則不取游、夏之文學；著《循吏》，則不言冉、季之政事；至於《貨殖》爲傳，獨以子貢居先。成人之美，不其缺如。」

《酷吏·周陽由傳》：「與汲黯俱爲忮，司馬安之文惡，俱在二千石列，同車未嘗敢均茵伏。」《漢書》作「馮」。吕成公曰：「吾觀汲黯，廷折公孫弘，質張湯，揖衛青，所謂『眼高四海空無人』者也。彼周陽由孤豚腐鼠，何足以辱同車，而反謂黯不敢均茵馮？班固之陋至此。」愚按班史實本於《史記》。

《自序》：「桀、紂失其道而湯、武作，周失其道而《春秋》作，秦失其政而陳涉發迹。」夾漈鄭氏曰：「湯、武仗大義，平殘賊，《易》謂順天應人，烏可與陳涉同日而並議哉！」

「獵儒、墨之遺文，明禮義之統紀，絕惠王利端，作《孟子荀卿傳》。」鄭氏曰：「孟子距楊、墨，荀卿亦非墨子，儒、墨固異矣，豈嘗獵其遺文哉？」

「仁者有乎，義者有取焉，作《游俠傳》。」鄭氏曰：「游俠之徒，未足爲煦煦孑孑之萬一，況能當仁義之重名乎？」

太史公論六家之要指，西山真氏曰：「列儒者於陰陽、墨、名、法、道家之間，是謂儒者特六家之一爾。而不知儒者之道，無所不該。五家之所長，儒者皆有之；其短者，吾道之所棄也。談之學本於黃、老，故其論如此。」

《封禪書》，《皇王大紀》曰：「自史遷載管仲言，上古封禪之君七十有二，後世人主希慕之，以爲太平盛典。然登不徧於四岳，封非十有二山。入懷宴安，不行五載一巡守之制；出崇泰侈，無納言計功行賞之實。鐫文告成，明示得意，而非所以教諸侯德也。泥金檢玉，遂其侈心，而非所以教諸侯禮也。心與天道相反，事與聖人相悖，故太平之典方舉，而天災人禍隨至者多矣。梁許懋曰：『燧人之前，世質民淳，安得泥金檢玉？結繩而治，安得鐫文告成？』是故考《舜典》，可以知後世封禪之失；稽懋言，可以知史遷著書之謬。」

《魯世家》「開金縢書」，吕子進曰：「考之於《書》，啓金縢之書在周公未薨前，而無揃蚤事。此蓋一事，傳之者不同耳。」

《張釋之傳》：「事孝文帝，十歲不得調。」「張廷尉事景帝歲餘，爲淮南王相。」洪氏曰：「《漢·百官公卿表》：文帝即位三年，釋之爲廷尉。至十年，書廷尉昌、廷尉嘉又二人，凡歷十三年，景帝乃立，而張歐爲廷尉。則是釋之未嘗十年不調，及未嘗以廷尉事景帝也。」

《匈奴傳》：「夏道衰，公劉變于西戎。其後三百有餘歲，戎狄攻大王亶父。」王氏逨曰：「自后稷三傳而得公劉，自亶父三傳而武王滅商，則公劉在夏之中衰，而亶父宜在商之季世，不啻五六百年。而曰三百歲，未知何所據？」

「秦穆公得由余，西戎服於秦。」「後百有餘年，晉悼公使魏絳和戎翟。」以《左氏》考之，魯文公三年，秦始霸西戎。《史記》差一年。襄公四年，晉魏絳和戎，裁五十餘歲。

《田敬仲世家》：「齊人歌之曰：『嫗乎！采芑。歸乎！田成子。』」《史通》曰：「田常見存，而遽呼以謚，此之不實，昭然可見。」蘇氏曰：「田常之時，安知其爲成子而稱之。」

《周本紀》：「秦取九鼎寶器，而遷西周君於憚狐。」《秦始皇本紀》：「還，過彭城，齋戒禱祠，欲出周鼎泗水。使千人没水求之，弗得。」潏水李氏曰：「是時泗水在彭城，宋之分，九鼎何緣而至宋？夫取九鼎者，秦昭襄王也。始皇乃莊襄之子也，世數年歲相去不遠。始皇東遊過彭城，於泗水欲出周鼎，竟不得。兩説抵牾如此。」

《宋世家》：「襄公之時，其大夫正考父美之，故追道契、湯、高宗，殷所以興，作《商頌》。」曹氏曰：「自戴公至襄公，凡一百五十有一年，正考甫既佐戴公，而能至于襄公之時作《頌》，何其壽耶？」朱氏曰：「太史公蓋本《韓詩》之説。《頌》皆天子之事，非宋所有。其辭古奥，亦不類周世之文。」

《殷本紀》曰：微子數諫紂，不聽，乃與太師、少師謀，遂去。比干强諫而死，箕子佯狂爲奴，而後太師、少師挾其祭樂器，以奔于周。武王乘此東伐。劉氏度曰：「以《書》考之，太師即箕子也，少師即比干也。若已殺比干，囚箕子，則所謂太師、少師奔周者，又何人也？」《宋世家》曰：「箕子不忍彰君之惡，乃佯狂爲奴。比干見箕子諫不聽，乃直諫而死。微子曰：『義可以去矣。』於是太師勸微子，遂行。及武王伐商，微子遂持其祭器，造于軍門，肉袒面縛，以降于周。」今以《論語》考之，微子則先去，箕子奴次之，比干死又次之。聖人之言固有次第，且微子已行矣，則武王伐商之際，何反歸于國，以自取面縛之辱也？蔡氏沈曰：「按《左傳》，微子適周，乃在克商之後。所謂去者，特去其位而逃遯於外耳。」

《伯夷傳》：「『天道無親，常與善人。』若伯夷者，可謂善人非邪？」程子曰：「天道甚大，安可以一人之故，妄意窺測？如曰顔何爲而夭？跖何爲而壽？皆指一人計較天理，非知天也。」

「秦廢太后，逐穰侯。」朱文公曰：「《經世書》只言秦奪太后權，蓋實不曾廢。」

《孔子世家》：「匡人拘孔子益急，孔子使從者爲甯武子臣於衛，然後得去。」致堂胡氏曰：「穆公末，武子之子相已與孫良夫將兵侵齊，武子非老則卒矣。穆公卒，歷定公、獻公，凡三十七年。至靈公三十八年，而孔子來。使有兩武子則可，若猶俞也，其年當百有五六十矣，何子長之疏也？」

「三年不蜚不鳴」，《楚世家》謂伍舉進隱於莊王，《滑稽傳》謂淳于髡説齊威王。此一事而兩見，然莊王時嬖人伍參，見《左氏傳》，舉，其子也。《新序》以爲士慶，《呂氏春秋》以爲成公賈，不言伍舉。

卷十二

考史

「三皇之書，伏羲有《易》，神農有《本草》，黄帝有《素問》。《易》以卜筮存，《本草》《素問》以方技存，其天乎！」新安王晦叔云。程子曰：「《素問》必出於戰國之末。」「三皇象春，五帝象夏，三王象秋，五伯象冬。」見于《王莽傳》，蓋古之遺言也，與邵子《觀物》同。

司馬公詩曰：「虞舜在倦勤，薦禹爲天子。豈有復南巡，迢迢度湘水。」張文潛詩曰：「重瞳陟方時，二妃蓋老人。安肯泣路傍，灑淚留叢筠。」二詩可以祛千載之惑。

《天官書》云：「熟五斗米頃。」李商隱《李賀小傳》「如炊五斗黍許時」，本於此。

「趙使樂乘代廉頗，頗怒，攻樂乘」；「使趙葱、顔聚代李牧，牧不受命」，此非爲將之法，頗、牧特戰國之將爾。《易》之《師》曰：「行險而順。」

太史公傳周陽由云：「與汲黯俱爲忮。」黯之正直，所謂仁者有勇，剛毅近仁者也，謂之「忮」，可乎？周陽由蝮鷙之靡爾，其可與黯並言乎？汲、鄭同傳猶不可，而以由與黠俱，是鸞梟接翼也。

賈生《弔屈原》曰「謂跖、蹻廉」，注：「楚之大盜曰莊蹻。」《韓非子》：「楚莊王欲伐越，杜子諫曰：『莊蹻爲盜於境内，而吏不能禁，此政之亂也。』」蹻蓋在莊王時。《漢·西南夷傳》：「莊蹻者，楚莊王苗裔也，以其衆王滇。」此又一莊蹻也。名氏與盜同，何哉？

《淮南·人間訓》曰：「秦皇利越之犀角、象齒、翡翠、珠璣，乃使尉屠睢發卒五十萬，爲五軍：一軍塞鐔城之嶺，一軍守九嶷之塞，一軍處番禺之都，一軍守南野之界，一軍結餘干之水，三年不解甲弛弩。使監禄轉餉，又以卒鑿渠而通糧道，以與越人戰。殺西嘔君譯吁宋，而越人皆入叢薄中，與禽獸處，莫肯爲秦虜【一】。置桀駿以爲將，而夜攻秦人，大破之，殺尉屠睢，伏尸流血數十萬，乃發適戍以備之。於是陳勝起於大澤。」秦擊越之事，詳見于此。《大事記》在始皇三十三年，《解題》不引《鴻烈書》，録此以補遺。淮南王諫伐閩越，其言略同。

太史公述《楚漢春秋》，其不載於書者，《正義》云：「項羽歌，美人和之。《楚漢春秋》云：『歌曰：漢兵已略地，四方楚歌聲。大王意氣盡，賤妾何聊生？』」是時已爲五言矣。五言始於《五子之歌》《行露》。

《楚漢春秋》曰：「高帝初封侯者，皆賜丹書鐵券，曰：『使黄河如帶，太山如礪，漢

【一】莫肯爲秦虜　「虜」字原缺，據翁注本補。

有宗廟，爾無絶世。』」下二句不同。

又曰：「惠帝崩，吕太后欲爲高墳，使從未央宫而見之。諸將諫，不許。東陽侯垂泣曰：『陛下見惠帝冢，悲哀流涕無已，是傷生也。臣竊哀之。』太后乃止。」東陽侯，張相如也。又曰：「下蔡亭長詈淮南王曰：『封汝爵爲千乘，東南盡日所出，尚未足黔徒群盗所邪！而反，何也？』」謂英布，《史》《漢》不載。

漢大啓九國，燕、代、齊、趙、梁、楚、荆吴、淮南、淮陽，皆同姓也。長沙異姓不與焉。《漢表》削淮陽而列長沙，當從《史記》。

「斷而敢行，鬼神避之。」「見末而知本，觀指而睹歸。」「秋霜降者草花落，水摇動者萬物作。」此戰國諸子之言而趙高誦之爾，高非能爲此言也。

《樂書》「作十九章」，《索隱》云：《安世房中樂》。今考之《漢志》，《安世房中歌》十七章，《郊祀歌》十九章。《索隱》誤。

《御覽》載淳于髡《十酒説》曰：「羅襦排門，翠笄窺牖。」蓋好事者因《滑稽傳》而廣之，非戰國時語也。

《鄒陽書》：「齊用越人蒙。」《漢書》云：「越人子臧。」其事未詳。

《李斯傳》注：「辯士隱姓名，遺秦將章邯書曰云云。此書在《善文》中。」《隋志》：「《善文》五十卷，杜預撰。」

《滑稽傳》：「齊使淳于髡獻鵠於楚。」《説苑》云：「魏文侯使舍人毋擇獻鵠於齊。」《魯連子》云：「展無所爲魯君使，遺齊君鴻。」《韓詩外傳》云：「齊使使獻鴻於楚。」其事皆同，而四書所載異。

《項羽紀》説者曰：「人言楚人沭猴而冠耳。」《法言》以爲蔡生，《漢書》以爲韓生。

漢高祖起布衣，滅秦、楚，自後世處之，必夸大功業，以爲軼堯、舜，駕湯、武矣。其赦令曰：「兵不得休八年，萬民與苦甚。今天下事畢，其赦天下殊死以下。」言甚簡而無自矜之意。此所以詒厥子孫，享四百年之祚歟？

「王者莫高於周文，伯者莫高於齊桓，皆待賢人而成名。」此高帝之詔也。宣帝曰：「漢家自有制度，本以霸、王道雜之。」蓋已見於此詔矣。劉向稱賈誼，「雖古之伊、管，未能遠過」。伊、管豈可並言哉？林少穎論之曰：「王、霸之無辨，漢世爲尤甚。擬人之非倫，漢儒爲尤甚。尊王絀霸，言道義不言功利，一董仲舒而已。」

班固叙武帝名臣，李延年、桑弘羊亦與焉。若儒雅，則列董仲舒於公孫弘、兒寬之間。汲黯之直，豈卜式之儔哉！史筆之褒貶，萬世之榮辱，而薰蕕渾殽如此，謂之比良遷、董，可乎？

「『爲吕氏右袒，爲劉氏左袒。』軍中皆左袒。」按《儀禮·鄉射》疏云：「凡事無問吉凶，皆袒左。是以士喪禮及大射皆袒左，唯有受刑袒右。故《覲禮》乃云『右肉袒』，注云『刑宜施於右』是也。」以此考之，周勃誅吕氏之計，已定爲吕氏者有刑，故以右袒令之，非以覘人心之從違也。

「與父老約」爲句，下云「法三章耳」。唐高祖入京師，約法十二條，蓋仿此語而失之。

淮陰侯羞與樊噲伍，然噲亦未易輕：諫留居秦宮，鴻門譙項羽，排闥入見，一狗屠能之，漢廷諸公不及也。

吴斗南爲《漢書刊誤補遺》，朱文公答書曰：「劉氏所斷句，如《項羽傳》『由是始爲諸侯上將軍』，《儒林傳》『出入不悖所聞』，皆與《史記》合。『爲原廟渭北』，見一書『廟』『渭』之間有『於』字。劉氏所疑亦有誤，如《溝洫志》『於楚』字，本文屬下句，下文有『於齊』『於蜀』字，皆是句首，而劉誤讀，屬之上句。」《通鑑》不書符瑞，高帝赤帝子之事，失於删削，《綱目》因之。文公《語録》以此事爲虚。

《文章緣起》有漢惠帝《四皓碑》，今考《高士傳》：「高車山上有四皓碑及祠，漢惠帝所立。」

武帝年十二，而决廷尉獄防年之疑；明帝年十二，而辨陳留吏墾田之牘。其英明略同，而武帝之事，史策不著，僅見於《通典·刑法·雜議》。

《武帝紀》元朔三年詔曰：「夫刑罰所以防奸也，内長文所以見愛也。」或云：「古寫本無注，《漢書》作『而肆赦所以見愛也』。」

魏丁儀《周成漢昭論》云：「成王秀而獲實，其美在終；昭帝苗而未秀，其得在始。必不得已，與夫始者。」

《食貨志》：「李悝爲魏文侯作盡地力之教。」《貨殖傳》云：「當魏文侯時，李克務盡地力。」以《藝文》考之，《李克》七篇在「儒家」，子夏弟子，爲魏文侯相。《李悝》三十二篇在「法家」。相魏文侯，富國强兵。盡地力者，悝也，非克也。《貨殖傳》誤。《史記正義》云：「劉向《别録》亦云『李悝』。」

賈誼《賦》「見細德之險微」，顔注云：「見苛細之人，險阨之證。」則「微」當作「徵」。見險證而去，色斯舉矣，見幾而作。

《史通》述傅玄之言曰：「孟堅《漢書》實命世奇作，及與陳宗、尹敏、杜撫、馬嚴撰中興紀傳，其文曾不足觀。豈拘於時乎？不然，何不類之甚也！」

陸澄注班史，多引《史記》，此缺一言，彼摘半句，皆采摘成句，標爲異説。今其書不傳。前輩謂班之於馬，時有遺失，如「毚肩」之不言「生」；「有以起自布衣」，而去「也夫」二字；垓下之戰，《史》載甚詳，而孟堅略不及。

《梁書・劉之遴傳》云：「古本《漢書》，《外戚》次《帝紀》下，諸王悉次《外戚》下，在陳、項《傳》前。」《新唐書・列傳》蓋仿此。

《匡衡傳》注：「今有《西京雜記》，其書淺俗，出於里巷，多妄説。」段成式云：「庾信作詩，用《西京雜記》事，自追改曰：『此吴均語，恐不足用。』」今按《南史》，蕭賁著《西京雜記》六十卷。然則依托爲書，不止吴均也。

《刑法志》：「獄刑號爲平矣。」《酷吏傳序》：「號爲罔漏吞舟之魚。」《王温舒傳》：「廣平聲爲道不拾遺。」曰「號」曰「聲」，謂名然而實否也，書法婉而直。

《平當傳》云：「漢興，唯韋、平父子至宰相。」愚謂：周勃、亞夫父子爲相，事業過韋、平遠甚，班孟堅其忘諸乎？

《藝文志》：「于長《天下忠臣》九篇。」劉向《别録》云：「傳天下忠臣。」愚謂：《忠臣傳》當在史記之録，而列于陰陽家，何也？《七略》劉歆所爲，班固因之。歆，漢之賊臣，其抑忠臣也則宜。

董公之名不聞，魯兩生之氏不著。仁義之説，如山川出雲，時雨既降，而不有其功；禮樂之言，如鳳翔千仞，非燕爵之網所能羅【二】。古之逸民也。

陳萬年爲三公，而教其子以諂；范滂、姜叙之母一婦人，而勵其子以義。一漢風俗，以是觀之。

一梁以折七國之鋒，一琅邪以續典午之緒，封建可以支變故。安平之功，以畫邑之王

【二】非燕爵之網所能羅　「爵」，翁注本作「雀」。

蠲;南陽之興,以東郡之翟義。節行可以回人心。

辛慶忌之救朱雲,張萬福之拜陽城,服儒衣冠者亦可媿矣。

《功臣表》:「靡有孑遺,秏矣。」孟康曰:「秏,音毛。」顏師古曰:「今俗語猶謂『無』爲『秏』。」《馮衍傳》「飢者毛食」,注:「案《衍集》『毛』字作『无』。今俗語猶然,或古亦通乎?」

衛綰「以戲車爲郎」,《鹽鐵論》賢良曰:「戲車鼎躍,咸出補史。累功積日,或至卿相。」鼎躍,東方朔所謂「鼎官」,鄒陽所謂「鼎士」也。

《武紀》:元狩二年秋,匈奴昆邪王降,「置五屬國以處之」。注不載五屬國之名。《表》云「三年」。考之《地理志》,屬國都尉,安定治三水,上郡治龜茲,天水治勇士,五原治蒲澤,張掖治日勒。此武帝初置也。若金城、西河、北地屬國,置於宣帝時,不在五屬國之數。

張良,張仲三十代孫,張老十七代孫。《張氏譜》云。仲見《詩》,老見《春秋》《禮記》。

《史通》云:「司馬相如始以《自叙》爲傳,然其所叙,但記自少及長,立身行事而已。」今考之本傳,未見其爲《自叙》。又云:「相如《自叙》,記其客遊臨邛,以《春秋》所諱,持爲美談。」恐未必然。意者《相如集》載本傳,如賈誼《新書》末篇,故以爲《自叙》歟?

桓譚《新論》：「漢百姓賦斂，一歲爲四十餘萬萬。吏俸用其半，餘二十萬萬藏於都内，爲禁錢。少府所領園地作務八十三萬萬，以給宮室供養諸賞賜。」漢財用之數，大略見此。

何武曰：「衛青在位，淮南寢謀。」李尋曰：「淮南王作謀之時，其所難者，獨有汲黯。」今人多以淮南寢謀稱黯而不及青，才能不若節義也。「汲黯在朝，淮南寢謀。」其語見吴步騭疏。

西漢末，郭欽、蔣詡、栗融、禽慶、蘇章、曹竟不仕於莽。見《龔鮑傳》。孔休、蔡勳、劉宣與卓茂、龔勝、鮑宣同志，不仕莽時。見《卓茂傳》。王皓、王嘉並棄官。見《李業傳》。《漢史》不能表而揚之爲「清節傳」，而僅附見其名氏。然諸君子清風肅然，立懦夫之志於百世之下，不待傳而彰。

《論衡》：「孝明之世，讀《蘇武傳》，見武官名曰『栘中監』，以問百官，百官莫知。」又云：「司馬長卿爲《封禪書》，文約不具。子長紀黄帝至孝武，揚子雲録宣帝至哀、平，陳平仲紀光武，班孟堅頌孝明。漢家功德頗可觀見。」今子雲書不傳，平仲未詳其人，孟堅頌亦亡。

荀爽《對策》曰：「今臣僭君服，下食上珍，宜略依古禮尊卑之差，及董仲舒制度之别。」注引仲舒《對策》。愚謂：制度之别，必有其書，非但「正法度」「别上下」之對也。《春秋繁露》有《度制篇》。

董仲舒三年不窺園。法真歷年不窺園。趙昱歷年潛思，不窺園門。桓榮十五年不窺家園。何休不窺園者十七年。

號萬石者五家：漢石奮及四子皆二千石，號萬石君；馮揚爲弘農太守，八子皆爲二千石，亦號萬石君；嚴延年兄弟五人至大官，母號萬石嚴嫗；秦襲爲潁川太守，群從同時爲二千石者五人，號萬石秦氏；唐張文瓘爲侍中，四子皆至三品，號萬石張家。

漢丞相再入二人，周勃、孔光。御史大夫再入三人，孔光、何武、王崇。後漢太尉再入二人，劉矩、馬日磾；三入一人，胡廣。司徒再入二人，魯恭、胡廣。司空三入一人，牟融。唐宰相再入五十七人，長孫无忌至裴樞；三入十二人，武承嗣至鄭畋；四入三人，韋巨源、姚元之、韋安石；五入三人，蕭瑀、裴度、崔胤。

《宋·禮志》云：「漢文以人情季薄，國喪革三年之紀；光武以中興崇儉，七廟有共堂之制；魏祖以侈惑宜矯，終斂去襲稱之數；晉武以丘郊不異，二至并南北之祀。豈三代之典不存哉？取其應時之變而已。」愚謂：四事唯喪紀、廟制，先儒議其失。

揚雄《河東賦》：「羲和司日，顔倫奉輿。」注云：「倫，古善御者。」愚嘗考《韓詩外傳》：「孔子云：美哉，顔无父之御也！馬知後有輿而輕之，知上有人而愛之。至於顔倫，少衰矣。馬知後有輿而輕之，知上有人而敬之。」此顔倫善御之事也。書此以補

《漢注》之闕。

秦亡於嬰，而莽立嬰以嗣平，速漢之亡也。

張竦《答陳遵》曰：「學我者易持，效子者難將。」陳無已爲《秦少游字序》云：「行者難工，處者易持。」呂成公《書趙忠定父行實後》云：「處者易持，出者難工。」皆本張竦之意。

楊盈川《隰川令志》云：「代恭王之子郢客爲侯。」周益公刊《文苑英華校正》，以爲楚元王子郢客爲侯，今云代恭之子，未詳。愚按《漢書·王子侯表》：「土軍侯郢客，代共王子。」此盈川所用也。

「嚴延年劾奏霍光『擅廢立，無人臣禮，不道』。奏雖寢，朝廷肅焉。」呂成公曰：「大哉，延年之奏也。自夷、齊之後，一人而已。」沙隨程氏謂：「延年女羅紨爲昌邑王賀妻，生子女持轡。惟漢人風俗之厚，故不以爲嫌。」王元石曰：「宣帝時，有大議論三：延年以不道劾光，夏侯勝言武帝不宜立廟樂，有司謚故太子曰『戾』。皆後世所不能及。」劉應起時可奏疏謂：「當使近習畏輔相，輔相畏臺諫。若申屠嘉能使近習畏之，若嚴延年能使輔相畏之。」

鼂錯對策，首云：「平陽侯臣窋等所舉賢良方正、太子家令臣錯。」自言所舉之人及其官爵無所隱。漢制猶古也。自後史無所紀，唯唐張九齡對策，首云：「嗣魯王道堅所舉，道侔伊、呂科，行秘書省校書郎張九齡。」自糊名易書之法密，不復見此矣。道堅，魯王靈夔之孫，本傳稱其「方嚴有禮法」，是以能舉九齡。而秉史筆者不書於《傳》，僅見《九齡集》。

皇甫謐《高士傳》云：「成公者，成帝時自隱姓名，常誦經，不交世利，時人號曰成公。成帝時出遊，問之，成公不屈節。上曰：『朕能富貴人，能殺人，子何逆朕哉？』成公曰：『陛下能貴人，臣能不受陛下之官；陛下能富人，臣能不受陛下之禄；陛下能殺人，臣能不犯陛下之法。』上不能折，使郎二人就受《政事》十二篇。」班史逸其事。孟堅譏太史公之「退處士」，而不爲逸民立傳，是以有目睫之論。

《高帝紀》：「群臣曰：『帝起細微，撥亂世反之正，平定天下，爲漢太祖，功最高。』上尊號曰高皇帝。」此謚議之始也。崔駰《章帝謚議》，見《太平御覽》。

歐陽子曰：「始爲朋黨之論者，甚於作俑。」愚考漢史，蕭望之、周堪、劉更生同心謀議，弘恭、石顯奏望之、堪、更生朋黨，欲專擅權勢。「朋黨」二字，始見于此，遂爲萬世之禍，可謂「一言喪邦」。

何武爲沛郡太守，决富家翁之子之訟，奪女財以與子，謂翁之思慮弘遠。乖崖斷杭民子婿之事，其意類此。事見《風俗通》。

《古今人表》許繇、巢父爲二人。譙周《古史考》：「許由夏常居巢，故一號巢父。」則巢、許爲一人。應休璉又謂之山父。

《儒林傳》「毛莫如少路」，宋景文公引蕭該《音義》：「案《風俗通·姓氏篇》：『混沌氏，太昊之良佐。漢有屯莫如，爲常山太守。』案，此莫如姓非毛，應作『屯』字，音徒本反。」愚按《溝洫志》云：「自塞宣房後，河復北決於館陶，分爲屯氏河。」顔師古注：「屯，音大門反。」而隋室分析州縣，誤以爲毛氏河，乃置毛州，失之甚矣。以此證之，則毛、屯之相混久矣。屯之爲氏，於此可考。《廣韻》云：「《後蜀録》有法部尚書屯度。」徒渾切，與蕭該音不同。

王式以《詩》授褚少孫。《褚氏家傳》云：「即《續史記》褚先生。」沛人，爲博士。

田何子裝，《釋文序録》作「子莊」。《高士傳》云「字莊」。

《樓護傳》云：「論議常依名節。」東萊謂：「居五侯之門而論名節，猶爲盜跖之徒而稱夷、齊也。」陳群爲曹操掾，而《傳》云「雅杖名義」，其能免樓護之譏乎？

《魏志》：「建安二十年，始置名號侯。」裴松之謂：「今之虚封，蓋自此始。」按《漢·樊噲傳》：「賜爵封號賢成君。」顔注云：「楚、漢之際，權設寵榮，假其位號，或得邑地，或空受爵。」則虚封非始於建安也。

《崇文總目》：「《史雋》十卷。」《漢雋》之名，本於此。

壺關三老茂，《漢武故事》以爲鄭茂。顔師古曰：「荀悦《漢紀》云『令狐茂。』」今《漢紀》本脱「令狐茂」三字。《御覽》：「《上黨郡記》：『令狐徵君隱城東山中。』」

《張敞集》：「朱登爲東海相，遺敞蟹，報書曰：『蘧伯玉受孔氏之賜，必以及鄉人。敞謹分斯貺于三老尊行者，曷敢獨享之？』」其言有儒者風味。

宣帝以刑餘爲周、召，非獨弘、石也。平恩侯亦刑餘，而魏相因以奏事。戚宦之禍漢，自宣帝始也。

《宣紀》：「神爵三年，益吏百石以下奉十五。」《通典》引應劭曰：「張敞、蕭望之言：『倉廩實而知禮節，衣食足而知榮辱。今小吏奉率不足，常有憂父母妻子之心，雖欲絜身爲廉，其勢不能。可以什率增天下吏奉。』宣帝乃益天下吏奉什二。」與《漢紀》不同。

《黄霸傳》「鶡雀」，顏氏注：「當爲『鳻』。」徐楚金考《説文》，當爲「鴇」。

《皇極經世書》：「惠帝崩，立無名子爲帝。」王陵争非劉氏而王，而宫中已有非劉氏而帝者矣。

賈捐之上書罷朱崖。杜佑云：「捐之，誼之孫，高見實類其祖。」

漢之劉歆，魏之元韶，賣宗國以徼利，而身亦不免。小人可以戒矣！

張文潛《文帝論》謂：「絳侯之迹，異於韓、彭者無幾，文帝所以裁之者，乃所以深報之也。」其説太過。賈誼「體貌大臣而厲其節」，乃正論也。

揚雄自比孟子，而《校獵賦》乃曰「群公常伯，楊朱、墨翟之徒」。學孟子而尊楊、墨，與《法言》背馳矣。

樓護之執吕寬，小人之不義者也，不當傳於《游俠》。《法言》獨稱「朱家之不德」，以爲「長者」。樓護，朱家之罪人也。

讓，美德也，然當審其是非。趙充國不歸功於二將軍，君子以爲是；顔真卿歸功於賀蘭進明，君子以爲非。

劉道原曰：「歷代國史，其流出於《春秋》。劉歆叙《七略》，王儉撰《七志》，《史記》以下，皆附《春秋》。荀勗分四部，史記、舊事入丙部。阮孝緒《士録·記傳録》記史傳，由是經與史分。」

《漢名臣奏》：「丞相薛宣奏：漢興以來，深考古義，惟萬變之備，於是制宫室出入之儀。故司馬殿省門闥至五六重，周衛擊刁斗，近臣侍側尚不得著鉤帶入房。」《太平御覽》。

匈奴遺漢文帝書曰：「天所立匈奴大單于。」又曰：「天地所生日月所置匈奴大單于。」突厥致書隋文帝曰：「從天生大突厥天下賢聖天子、伊利俱盧設莫何沙鉢略可汗。」

西山先生稱：「天台劉深父每舉史傳數百千言。漢許后《上成帝書》，於班史爲隱僻處，學者多不道。一日，對客誦『奈何妾薄命，端遇竟寧前』及『設爲屏風張某所』等語，無一字差。」前輩讀史精熟如此。

李靖曰：「張良所學，《六韜》《三略》是也。韓信所學，《穰苴》《孫武》是也。」光武詔報臧宮、馬武，引《黄石公記》。《隋志》有《三略》三卷。《館閣書目》云：「恐後人依托爲之。」近世有《素書》一卷，六章：曰原始，曰正道，曰本德宗道，曰求人之志，曰遵義，曰安樂。晁公武云：「厖亂無統，蓋采諸書成之。」謂晉有盜發張良冢者，於玉枕中獲此書，亦依托也。《初學記》又引《黄石公陰謀秘法》。

董仲舒在建元初對策，願「興太學，置明師，以養天下之士，數考問以盡其材」。《傳》謂「立學校之官，自仲舒發之」。考之《武帝紀》，建元五年置五經博士，此所謂學校之官也。元朔五年，始有禮官勸學之詔，於是丞相弘請爲博士置弟子員。《儒林傳》所載其著功令也，詳於取而略於教，不過開禄利之塗而已。明經而志青紫，教子而擬籯金，孰知古者爲己之學哉！儻以仲舒爲相，使正誼明道之學行於時，則學者興於禮義，庶幾三代之風，豈止「彬彬多文學之士」乎！

韓信無行，不得推擇爲吏；陳湯無節，不爲州里所稱；主父偃學從横，諸儒排儐不容；李陵降匈奴，隴西士大夫以爲愧。秦、漢之後，鄉黨清議猶嚴也，是以禮官勸學，則曰「崇鄉里之化」。

卷十三

考史

翟公巽謂：「范蔚宗書語近詞冗，事多注見。其自叙云『比方班氏，非但不愧』，今叢陋乃爾，豈筆削未定，遂傳之耶？乃删取精要，總合傳注，作《東漢通史》五十卷。」其書未見。

致堂論馬援曰：「光武非簡賢者，必以其女爲太子妃，逆防未然，故不授以重任。」按《馬后紀》，入太子宮在援卒之後，「防未然」之説非也。

吕成公謂：「馬援還書，王昶戒子，舉可法可戒者以教之，其心固善。不知所教者本不欲其言人之過，言未脱口而已自言人之過，何其反也？」

《東觀漢記》光武詔曰：「明設丹青之信，廣開束手之路。」《公孫述傳》：「帝與述書，陳言禍福，以明丹青之信。」二句見《文選注》。

明帝爲太子，諫光武曰：「有禹、湯之明，而失黄、老養性之福。」夫禹、湯之道，堯、舜之道也。不以聖人之道養性而取諸黄、老，謂之「學通《尚書》」，可乎？以無逸之心，明立政之體，君道盡矣，何羨乎黄、老！

「謝承父嬰爲尚書侍郎，每讀高祖及光武之後將相名臣策文通訓，條在南宫，秘於省閣，唯臺郎升複道取急，因得開覽。」謝承《後漢書》，見《文選注》。漢尚書作詔文。見《周禮注》。尚書郎，乃今中書舍人。見《通典》。

鍾離意謂「成湯遭旱，以六事自責」，本於《荀子》。黄瓊謂「魯僖遇旱，以六事自讓」，本於《春秋考異郵》。

郅惲上書王莽云：「取之以天，還之以天。」莽猶能赦之，此祖伊之得全於殷紂之世也。

魯丕《對策》，見袁宏《紀》，而范史不載。

《文苑傳》自東漢始，而文始卑矣。

漢政歸尚書，魏、晉政歸中書，後魏政歸門下，於是三省分矣。

爲杜密之居鄉，猶效陳孟公、杜季良也。爲劉勝之居鄉，猶效張伯松、龍伯高也。制行者宜知所擇。

東漢有佛書，而諸臣論議無述其言者，唯襄楷云「浮屠不三宿桑下」。

《班固傳》：《西都賦》云「招白閒，下雙鵠。揄文竿，出比目」，二句爲對。白閒，猶黄閒也。注云：「弓弩之屬。」《御覽》引《風俗通》：「白鷳，古弓名。」《文選》以

「閒」爲「鵬」。非禽名也。

《東都賦》「正予樂」，依讖文，改樂爲《大予》。《文選》李善注亦引《大予》，五臣乃解爲「正樂」。今本作「雅樂」，亦誤。蓋五臣本改爲「雅」。

「范氏施御」，注引《括地圖》曰：「夏德盛，二龍降之。禹使范氏御之，以行程南方。」按《左傳》范宣子曰：「昔匄之祖，在夏爲御龍氏。」《括地圖》之説本於此。然蔡墨謂「劉累學擾龍於豢龍氏，以事孔甲，賜氏曰御龍」，非禹也。

《文選·放歌行》注引崔元始《正論》：「永寧詔曰：『鐘鳴漏盡，洛陽城中不得有行者。』」永寧，漢安帝年號。元始，崔寔字也。《後漢紀》不載此詔。

崔寔《四民月令》，朱文公謂：「見當時風俗及其治家整齊，即以嚴致平之意。」

崔寔《政論》云：「諺曰：『一歲再赦，好兒喑啞。』」唐太宗之言，蓋出於此。「兒」與「人」同，如以「可人」爲「可兒」。

剛者必仁，佞者必不仁。龐萌爲人遜順，而光武以托孤期之，不唯失於知人，其惑於佞甚矣，子陵所以鴻飛冥冥也。「懷仁輔義」之言，豈特規侯霸哉！

東漢三公，無出楊震、李固之右，而始進以鄧、梁，君子以爲疵。故《易》之《漸》曰：「進以正。」

《曲禮》《少儀》之教廢，幼不肯事長，不肖不肯事賢。東都之季，風化何其美也！

魏昭請於郭泰，願在左右，供給灑掃。荀爽謁李膺，因爲其御。范滂之歸，鄉人殷陶、黄穆侍衛於旁，應對賓客。闕里氣象，不過是矣。

中平二年，昆陽令愍繇役之害，結單言府，收其舊直，臨時募顧，不煩居民。太守、丞爲之立約。見於《都鄉正街彈碑》。此募役之始也。

孔子曰：「故者，毋失其爲故也。」蘇章借故人以立威，其流弊遂爲于禁、源懷，忠厚之俗不復見。若章者，難與並爲仁矣。

精廬，見《姜肱傳》，乃講授之地，即劉淑、包咸、檀敷《傳》所謂精舍也。《文選》任彦升《表》用「精廬」，李善注引王阜事，五臣謂寺觀，謬矣。

孔北海答王修教曰：「掾清身潔己，歷試諸難，謀而鮮過，惠訓不倦。余嘉乃勳，應乃懿德，用升爾于王庭，其可辭乎！」文辭温雅，有典誥之風，漢郡國之條教如此。然「歷試諸難」，恐不可用。

孝女叔先雄，《水經注》以爲光終，符縣人。又引《益部耆舊傳》：「符有光洛，疑即「終」字。僰道有張帛。」

劉贛父《東漢刊誤》謂：《列傳》第七十九注最淺陋。章懷注書，分與諸臣，疑其將終篇，故特草草耳。今觀《南匈奴論》「棄蔑天公」，注引《前書》云：「『老禿翁何爲首鼠兩端』，禿翁，即天翁也。」其謬甚矣。

《曹娥碑》云：「盱能撫節按歌，婆娑樂神。以五月時迎伍君。」《傳》云「迎婆娑神」，誤也。

蔡邕文今存九十篇，而銘墓居其半，曰碑，曰銘，曰神誥，曰哀讚，其實一也。自云爲《郭有道碑》獨無愧辭，則其它可知矣。其頌胡廣、黄瓊，幾於老、韓同傳，若繼成漢史，豈有南、董之筆？

《周舉傳》：「太原舊俗，以介子推焚骸，有龍忌之禁，一月寒食。」按《淮南·要略》云：「操舍開塞，各有龍忌。」注：「中國以鬼神之亡日忌，北胡、南越皆謂之請龍。」郭伋爲并州牧，有童兒騎竹馬。《史通》云：「晉陽無竹，事不可信。」

《光武紀》：建武二十三年，「陳留太守玉況爲大司徒【二】」。二十七年，薨。《虞延傳》注引《謝承書》曰：「况，章和元年爲司徒。」《謝承書》誤也。

漢詔令，人主自親其文。光武詔曰：「司徒，堯也；赤眉，桀也。」明帝詔曰：「方今上無天子，下無方伯。」豈代言者所爲哉？

習鑿齒《漢晉春秋》以蜀漢爲正。朱文公謂「晉史自帝魏，後賢盍更張」，然晉人已有此論。

三國鼎峙，司馬公《通鑑》以魏爲正統，本陳壽。朱子《綱目》以蜀漢爲正統。本習鑿齒。然稽於天文，則熒惑守心，魏文帝殂，而吴、蜀無它。此黄權對魏明帝之言也，若可

【二】陳留太守玉況爲大司徒　「玉」原作「王」，據翁注本改。

以魏爲正矣。月犯心大星，王者惡之，漢昭烈殂，而魏、吴無它。權將何辭以對？

邵公濟《謁武侯廟文》云：「公昔高卧，隱然一龍。鬼蜮亂世，其誰可從？惟明將軍，漢氏之宗。相挽以起，意氣所同。欲持尺箠，盡逐奸雄。天未悔禍，世豈能容？惟史臣壽，奸言非公。惟大夫周，誤國非忠。廟食故里，羞此南充。置公左右，不堪僕童。我實鄙之，築公之宫。《春秋》之法，孰敢不恭？俾千萬年，仰其高風。」陳壽、譙周皆巴郡人，今果州。陸務觀《籌筆驛》詩：「運籌陳迹故依然，想見旌旗駐道邊。一等人間管城子，不堪譙叟作降牋。」公濟之文，蓋果州作。

君子小人之夭壽，可以占世道之否泰。諸葛孔明止五十四，法孝直纔四十五，龐士元僅三十六；而年過七十者，乃奉書乞降之譙周也。天果厭漢德哉？

諸葛武侯曰：「勢利之交，難以經遠。士之相知，温不增華，寒不改葉，貫四時而不衰，歷夷險而益固。」《太平御覽》引《要覽》云。

武侯不用魏延之計，非短於將略也，在《易·師》之「上六」曰：「小人勿用。」

三國魏有篡弑，吴有廢立，皆受制强臣。蜀漢未亡之前，庸主尸位而國無内憂，昭烈、武侯之規摹遠矣。

《水經注》引武侯《與步騭書》曰：「僕前軍在五丈原，原在武功西十里。馬冢在武功東十餘里，有高勢，攻之不便，是以留耳。」武侯《表》云：「臣遣虎步監孟琰據武功水東，司馬懿因水長攻琰營，臣作竹橋，越水射之，橋成馳去。」此可以裨《武侯傳》之闕。晦翁欲傳末略載瞻及子尚死節事，以見善善及子孫之義。南軒不以爲然，以爲瞻任兼將相而不能極諫以去黄皓。諫而不聽，又不能奉身而退，以冀主之一悟，可謂不克肖矣。兵敗身死，雖能不降，僅勝於賣國者耳。以其猶能如此，故書子瞻嗣爵，以微見善善之長，以其智不足稱，故不詳其事，不足法也。此論甚精。

昭烈謂「武侯之才，十倍曹丕」，以丕之盛，終身不敢議蜀也。司馬懿畏蜀如虎，非武侯之敵。《史通》云：「陸機《晉史》虚張拒葛之鋒。」又云：「蜀老猶存，知葛亮之多枉。」然則武侯事蹟湮没多矣。

八陣圖，薛士龍曰：「圖之可見者三：一在沔陽之高平舊壘，一在新都之八陣鄉，一在魚復永安宫南江灘水上。」蔡季通曰：「一在魚復，石磧迄今如故。一在廣都，土壘今殘破不可考。」

君子其潛如龍，非迅雷烈風不起；其翔如鳳，非醴泉甘露不食。司馬德操、諸葛孔明俱隱於耕稼，而仕止殊；魏玄成、徐洪客俱隱於黄冠，而出處異。如用之，易地則皆然。

鄧艾取蜀，行險以徼幸。閻伯才《陰平橋》詩云：「魚貫羸師堪坐縛，爾時可嘆蜀無人。」

張文潛《梁父吟》曰：「永安受詔堪垂涕，手挈庸兒是天意。渭上空張復漢旂，蜀民已哭歸師至。堂堂八陣竟何爲，長安不見漢官儀。鄧艾老翁誇至計，譙周鼠子辨興衰。」其言悲壯感慨，蜀漢始終，盡於此矣。説齋云：「人心思漢，王郎假之而有餘；人心去漢，孔明扶之而不足。」

舜、禹有天下而不與焉。魏文喜躍於爲嗣之初，大饗於憂服之中，不但以位爲樂而已。其篡漢也，哆然自以爲舜、禹，可以欺天下乎？曹植拜先君墓，與友人宴於松柏之下，爲詩云「樂至憂復來」，又云「可不極娱情」，其末流至於阮籍。禮法之亡，自魏文兄弟始。

晉傅玄曰：「魏武好法術，而天下貴刑名；魏文慕通達，而天下賤守節。」然則放曠之風，魏文實倡之。程子謂：東漢之士，知名節而不知節之以禮，遂至苦節。苦節既極，故魏、晉之士變而爲曠蕩。愚謂：東都之季，或附曹，群忘漢，荃蕙化爲茅矣，苦節之士安在哉？傅玄之言得之。

《律》章句，馬、鄭諸儒十有餘家，魏明帝詔但用鄭氏章句。范蜀公曰：「《律》之例有八：以、准、皆、各、其、及、即、若。若《春秋》之凡。」宋莒公曰：「應從而違，堪供而闕，此六經之亞文也。」

魏以不仁得國，而司馬氏父子世執其柄。然節義之臣，齧巨奸之鋩，若王淩以壽春欲誅懿而不克，文欽、毌丘儉以淮南欲誅師而不遂，諸葛誕又以壽春欲誅昭而不成，千載猶有生氣，魏爲有臣矣。鄭漁仲謂：「《晉史》黨晉，凡忠於魏者爲叛臣；《齊史》黨齊，凡忠於宋者爲逆黨。」《史通》亦云：「古之書事也，令亂臣賊子懼；今之書事也，使忠臣義士羞。」

「學如牛毛，成如麟角。」出蔣子《萬機論》。

司馬孚自謂「魏貞士」。孚，上不如魯叔肸，下不如朱全昱，謂之「正」，可乎？

魏文帝詔曰：「三世長者知被服，五世長者知飲食。」言被服、飲食難曉也。俗語有所本。

管幼安如郭林宗，天子不得臣，諸侯不得友。蘇文定贊之曰：「少非漢人，老非魏人，何以命之？天之逸民。」

《江表傳》：「群臣以孫權未郊祀，奏議曰：『周文、武郊酆、鄗，非必中土。』權曰：『文王未爲天子，立郊于酆，見何經典？』復奏曰：『《漢·郊祀志》匡衡奏言：文王郊於酆。』權曰：『文王德性謙讓，處諸侯之位，明未郊也。俗儒臆説，非典籍正義，不可用。』」權之識見高於群臣矣，漢儒不及也。

孫權破關羽，而昭烈復漢之志不遂。權稱臣於曹操，稱説天命，英雄之氣安在哉？故朱子曰：「權亦漢賊也。」

《諸葛恪傳》注：虞喜《志林》曰「況長寧以爲君子臨事而懼，好謀而成」。又曰：「往聞長寧之甄文偉。」亦見《通鑑》。文偉，謂費禕也；長寧，未詳其人，蓋蜀人也。《廣韻》引何氏《姓苑》，有況姓，廬江人。

嚴畯之遜呂蒙，有鄭子皮之風；陸遜之薦淳于式，有晉祁奚之風。吴安得不興乎？

孫堅與策，皆以輕敵隕其身。權出合肥之圍，亦幸而免。

孫休之遺李衡，有漢高帝之度；其討孫琳，有叔孫昭子之斷。吴之賢君也。

孫峻薦諸葛恪可付大事，而恪終死於峻之手。《易》曰：「比之无首，无所終也。」漢昭烈托孤於孔明，而權乃托孤於恪，劉、孫之優劣，於此可見。

吴築涂塘，晉兵出涂中。涂音除，即六合瓦梁堰，水曰滁河。南唐於滁水上立清流關。或以涂塘音塗，誤也。《元和郡縣志》：「滁州，即涂中。」

楚「莫敖狃於蒲騷之役，將自用也」。諸葛恪東關之勝，亦以此敗，其失在於自用。

《史通》云：「《晉史》所采多小書，若《語林》《世説》《搜神記》《幽明録》是也。曹、干兩《紀》，孫、檀二《陽秋》，皆不之取。其中所載美事，遺略甚多。」曹嘉之、干寶《晉紀》，孫盛、檀道鸞《晉陽秋》。又云：「唐修《晉書》，作者皆詞人，遠棄史、班，近宗徐、庾。」晁子止亦謂：「《晉史》叢冗最甚。」

李華云：「干寶著論，近王化根源。」謂《晉紀論》以民情風教，國家安危之本。

放翁《豐城劍賦》謂：「吴亡而氣猶見，其應晉室之南遷。」愚謂：豐城二劍事，出雷次宗《豫章記》所謂孔章者，即雷焕也，蓋次宗之族。此劉知幾所云莊子鮒魚之對，賈生服鳥之辭，「施於寓言則可，求諸實録則否」。而唐史官之撰《晉史》者取之，後人因而信之，誤矣。顔師古注《漢書》，凡撰述方志、新異穿鑿者，皆不録。注史猶不取，況作史乎？《豫章記》見《藝文類聚》。

晉元帝爲牛氏子，其説始于沈約，而魏收《島夷傳》因之，唐貞觀史官修《晉書》亦取焉。王劭謂沈約喜造奇説，以誣前代。劉知幾亦以爲非，而致堂乃謂元帝冒姓司馬，過矣。

《演蕃露》云：「晉郭展爲太僕，留心於養生，而厩馬充多。潘尼爲《太僕箴》，叙列其事，皆推養生而致之於馬。」今按郭展事見《晉諸公贊》。潘尼爲《乘輿箴》，見《晉書》，非《太僕箴》也，蓋誤以二事爲一。

《后妃傳贊》「持尺威帝」，《庾亮傳論》「牙尺垂訓，帝深念於負芒」。按殷芸《小説》：「晉成帝時，庾后臨朝，諸庾誅南頓王宗。帝問南頓何在？答曰：『黨峻作賊，已誅。』帝知非黨，曰：『言舅作賊，當復云何？』庾后以牙尺打帝頭，云：『兒何以作爾語！』帝無言，惟張目熟視諸庾，甚懼。」

阮嗣宗《蘇門歌》曰：「日没不周西，月出丹淵中。陽精蔽不見，陰光代爲雄。亭亭在須臾，厭厭將復隆。富貴俯仰間，貧賤何必終？」其有感於師、昭之際乎？然勸進之作，焉能逭《春秋》之誅？

「反鏡索照」，出夏侯湛《抵疑》。湛贊閔子騫云：「聖既擬天，賢亦希聖。」前已有此語矣【二】。

東坡謂劉壯輿曰：「陶威公忠義之節，横秋霜而貫白日，《晉史》書折翼事，豈有是乎？」陳忠肅亦曰：「陶公被誣，以晉之刑政，不行於庾元規也。元規以筆札啗王隱，折翼化鶴之事，隱與杜延業共爲之也。」

庾翼謂「天公憒憒」。李文饒曰：「昔秦時金策【三】，謂之天醉，豈天之常醉哉？」吁！爲天者亦難矣。《詩》云：「民今方殆，視天夢夢。既克有定，靡人不勝。有皇上帝，伊誰云憎？」是之謂知天。「天醉」，見張衡《西京賦》、庾信《哀江南賦》。

何曾、荀顗之孝，論者比之曾、閔。夫以孝事君則忠，不忠於魏，又不忠於晉，非孝也。顗之罪，浮於曾。曾之驕奢，禍止及家；顗之奸諛，禍及天下。

山濤欲釋吴以爲外懼，又言不宜去州郡武備，其深識遠慮，非清談之流也。顏延之於七賢，不取山、王，然戎何足以比濤，猶碈之於玉也。

康節邵子《西晉吟》：「有刀難剖公閭腹，無木可梟元海頭。禍在夕陽亭一句，上東門嘯浪悠悠。」考之《晉史》，賈充納女以壬辰，劉曜陷長安以丙子，相去纔四十五年。奸臣、孽女之敗國家，吁，可畏哉！近世賈妃之册以壬辰，而宋之禍亦以丙子，悲夫！

江默云：「唐、虞、三代，有疑赦而無大赦。漢、唐有大赦而無郊赦。故大赦始於春秋，而郊赦始於五代。」愚謂晉王彪之答簡文云：「中興以來，郊祀往往有赦，常謂非

【二】前已有此語矣　「前」，翁注本作「周子前」。

【三】昔秦時金策　「時」，翁注本作「得」。

宜。」則郊赦東晉有之，非始於五代也。

《通鑑》：「秦兵既盛，謝玄入，問計於謝安，安夷然答曰：『已別有旨。』既而寂然。玄不敢復言，乃令張玄重請。安遂命駕出遊山墅，與玄圍棋賭墅。」《綱目》刪「玄不敢復言，乃令張玄重請」二句，則圍棋爲張玄乎？謝玄乎？《世説》注引《續晉陽秋》曰：「與兄子玄圍棋。」然二玄當如《漢書》叙臣勝、臣夏侯勝，以姓別之。

王導之孫謐，授璽于桓玄；謝安之孫澹，持册于劉裕。此朱子所以嘆嗣守之難也。無忝乃祖，一陶淵明而已。

桓玄篡逆，卞承之謂宗廟「祭不及祖，知楚德之不長」。亂臣賊子祭及其祖，可以長世乎？斯言不當汙簡牘。

《晉史·忠義傳》可削者三人：韋忠不見裴頠，辭張華之辟，初節亦足稱矣，而仕於劉聰，爲之討羌而死，非爲晉死也，謂之忠義，可乎？王育仕於劉淵，劉敏元仕於劉曜，舍順從逆，皆失節者也，忠義安在哉？唐之修《晉史》也，許敬宗、李義府與秉筆焉，是惡知蘭艾鸞梟之辨？

陶淵明《讀史》述夷齊云：「天人革命，絶景窮居。」述箕子云：「矧伊代謝，觸物皆非。」先儒謂「食薇飲水」之言，「銜木填海」之喻，至深痛切，讀者不之察爾。顔延年《誄淵明》曰「有晉徵士」，與《通鑑綱目》所書同一意。《南史》立傳，非也。

「策扶老以流憩」，謂扶老藤也。見《後漢·蔡順傳》注。淵明《與子儼等疏》，「潁川韓元長」謂韓融，韶子，《後漢》有傳。「濟北氾稚春」謂氾毓。《晉書》有傳。集云「范稚春」，誤。《南史》「氾幼春」，蓋避唐諱「治」字之嫌。

朱文公曰：「陶公栗里，前賢題咏，獨顔魯公一篇，令人感慨。」今考魯公詩云：「張良思報韓，龔勝耻事新。狙擊苦不就，舍生悲拖紳。嗚呼陶淵明，奕葉爲晉臣。自以公相後，每懷宗國屯。題詩庚子歲，自謂羲皇人。手持《山海經》，頭戴漉酒巾。興與孤雲遠，辯隨還鳥泯。」見《廬山記》，集不載。

樂廣客蛇影，與《風俗通》所載杜宣事同。

蒼蠅傳赦，《異苑》以爲晉明帝，與《苻堅載記》同。

嵇康，魏人。司馬昭惡其「非湯、武」，而死於非辜，未嘗一日事晉也。《晉史》有傳，康之羞也。後有良史，宜列於《魏書》。

司馬師引二敗以爲己過，司馬昭怒王儀「責在元帥」之言。昭之惡，甚於師。劉殷失節於劉聰，而戒子孫曰：「事君當務幾諫。」大節已虧，其言之是非不足論也。

干寶論晉之「創業立本，固異於先代」。後之作史者不能爲此言也，可謂直矣。

焚石勒之幣，江左君臣之志壯矣。僭號之國十六，而晉敗其一，苻堅。滅其三，李勢、慕容超、姚泓。不可以清談議晉。

晉簡文咏庾闡詩云：「志士痛朝危，忠臣憂主辱。」東魏静帝咏謝靈運詩曰：「韓亡子房奮，秦帝魯連耻。本自江海人，忠義動君子。」至今使人流涕。

祖逖曰：「晉室之亂，非上無道而下怨叛也，晉之德澤淺矣。」姚弋仲曰：「亟自歸於晉。」王猛曰：「勿以晉爲圖。」人心知義，非後世所及也。

南豐《記王右軍墨池》云：「愛人之善，雖一能不以廢。」愚謂：右軍所長，不止翰墨。其勸殷浩内外協和，然後國家可安；其止浩北伐，謂力争武功，非所當作；其遺謝萬書，謂隨事行藏【四】，與士卒同甘苦；謂謝安虚談廢務，浮文妨要，非當世所宜。言論風旨，可著廊廟，江左第一流也。不可以藝掩其德，謂之「一能」，過矣。

「慕容恪尚在，憂方大耳。」如「得臣猶在，憂未歇也」。覘國者以人爲輕重。

《宣帝紀論》：「竊鐘掩耳，以衆人爲不聞。」出《淮南子》。

楊盛不改義熙年號，其志如陶靖節，孰謂夷無人哉？盛，武都王。

袁宏以伏滔比肩爲辱，似知耻矣，而失節於桓温之九錫，耻安在哉？

《謝邈傳》：「孝武多賜侍臣文詔，辭義有不雅者，邈輒焚毀之。」《通鑑》云：「帝好爲手詔詩章，以賜侍臣。或文詞率爾，徐邈應時收斂，還省刊削，皆使可觀，經帝重覽，然後出之。」此一事也，《晉書》以爲謝邈，《通鑑》以爲徐邈，必有一誤。

【四】謂隨事行藏　「謂」字原缺，據翁注本補。

晉之伐吴，杜預曰：「孫皓或怖而生計，則明年之計，或無所及。」隋之伐陳，文帝投柹於江，曰：「使彼懼而知改，吾又何求？」隋文之識，若優於預矣。以時考之，吴猶有死守之臣，杜預所以詭形而不敢露；陳不聞力戰之將，隋文所以衡行而無所忌。預之言近乎實，文帝之言非其誠也。

《文心雕龍》謂：「江左篇製，溺乎玄風。」《續晉陽秋》曰：「正始中，王、何好莊、老；至過江，佛理尤盛。郭璞五言，始會合道家之言而韻之，許詢、孫綽轉相祖尚，而《詩》《騷》之體盡矣。」愚謂：東晉玄虚之習，詩體一變，觀蘭亭所賦可見矣。

梁武帝敕群臣，自太初終齊，撰《通史》六百二十卷。元魏濟陰王暉業起上古終宋，著《科録》二百七十卷，其書亡傳。《高氏小史》自天地未分至唐文宗，爲百二十卷，今雖存而傳者鮮。自書契以來，未有如《通鑑》者。

宋周朗有「櫝帶寶，笥著衣」之論，司馬文正公有「耳視目食」之説，皆足以儆世迷。

魏之篡漢，晉之篡魏，山陽、陳留猶獲考終，亂賊之心猶未肆也。宋之篡晉，逾年而弑零陵，不知天道報施，還自及也。齊、梁以後，皆襲其迹，自劉裕始。

徐羨之、傅亮、謝晦之死，猶晉之里克、衛之寧喜也，文帝不失爲叔孫昭子。

宋文帝、魏太武，佳兵者也，皆不克令終，「不祥」「好還」之戒昭昭矣。

葉少蘊云：「齊武帝欲爲裴后立石志墓中，王儉以爲非古。或以爲宋元嘉中，顔延之爲王球作志，墓有銘自宋始。唐封演援宋得《司馬越女冢銘》，隋得《王戎墓銘》，爲自晉始，亦非是。今世有崔子玉書《張衡墓銘》，則墓有銘，自東漢有之。」周益公謂：銘墓三代有之。唐開元四年，偃師耕者得比干墓銅槃。東漢志墓，初猶用磚，久方刻石。

張融風止詭越，齊高帝曰：「此人不可無一，不可有二。」程致道贊米元章云：「是千載人，不可無一。」

南豐序《齊書》曰：「蕭子顯之文，喜自馳騁，其更改破析、刻雕藻繢之變尤多，而其文益下。」愚謂：子顯以齊宗室仕於梁而作《齊史》，虚美隱惡，其能直筆乎？

梁武帝曰「應天從人」，致堂謂：「《易》之《革》曰『順天應人』，未聞『應天』也。爲是言者，不知天之爲天矣。」愚按梁武之父名順之，故不云「順天」，避諱也。後人「應天」之語，蓋襲其誤。蕭道成之篡奪，順之爲爪距，豈知祚移其子乎？

梁武帝時錢陌減，始有足陌之名。唐末以八十爲陌，漢隱帝時王章又減三錢，始有省陌之名。

後魏葛榮陷冀州，賈景興稱疾不拜，每捫膝曰：「吾不負汝。」僞楚之僭，喻汝礪捫其膝曰：「此豈易屈者哉！」以「捫膝」自號，蓋本於此。

宇文泰弑君之罪，甚於高歡之逐君，乃以周公自擬，亦一莽也。

北齊魏長賢曰：「王室板蕩，彝倫攸斁。大臣持禄而莫諫，小臣畏罪而不言，虚痛朝危，空哀主辱。匪躬之故，徒聞其語；有犯無隱，未見其人。嫠不恤緯，而憂宗周之亡；女不懷歸，而悲太子之少。况委質有年，安可自同於匹庶？」其言凛然，可以立懦夫之志。作史者以魏收之族與之同傳，蘭艾混殽甚矣。長賢，徵之父也。

高洋之惡，浮于石虎、苻生，一楊愔安能救生民之溺乎？

執笏，始于宇文周保定四年。紫緋緑袍，始于隋大業六年。

蕭方等，梁元帝子，爲《三十國春秋》，以晉爲主，附列劉淵以下二十九國。《通鑑》晉元興三年，引方等論，《綱目》但云「蕭方」，誤削「等」字。

晉之簒魏以賈充，其亡亦以充；隋之平陳以楊素，其亡亦以素。立太子妃，易太子，亡之兆也。玄感之於素，猶李敬業之於勣也。煬、武之立，素、勣之力也，其子欲撲其燎，可乎？

祖君彦檄「光武不隔於反支」，乃明帝事，見王符《潛夫論》。反支日，用月朔爲正。戌亥朔一日，申酉朔二日，午未朔三日，辰巳朔四日，寅卯朔五日，子丑朔六日。

《北史》：李繪「六歲求入學，家人以偶年俗忌，不許」。偶年之忌見於此。

梁武帝策錦被事，劉峻以疏十餘事而見忌。又問栗事，沈約以少三事而爲悦。君之於臣，争名記誦之末。「燕泥」「庭草」，於隋煬何譏焉？

李仲信垕爲《南北史世説》，朱文公謂：《南北史》凡《通鑑》所不取者，皆小説也。

隋萬寶常聽樂，泣曰：「樂聲淫厲而哀，天下不久將盡。」隋之不久，不待聽樂而知也。師尚父曰：「以不仁得之，以不仁守之，必及其世。」使隋用寶常之言，復三代之樂，其能久乎？寶常之先見，不逮房玄齡。

徐楚金云：「隨文帝惡『隨』字爲走，乃去『之』成『隋』字。隋，裂肉也，其不祥大焉。殊不知『隨』從『辵』，辵，安步也。而妄去之，豈非不學之故？」

陳無淮，無荆、襄，無蜀，而立國三十二年，江左猶有人也。

魏節閔帝陽瘖避禍，至于八年，終身爲范粲可也。「天何言哉！」之言一出諸口，遂以不免。程子曰：「節或移於晚，守或失於終。」

「寧爲袁粲死，不作褚淵生」，宋石頭城之謡也。「寧爲王淩死，不爲賈充生」，宋沈攸之之言也。「悲君感義死，不作負恩生」，陳魯廣達之留名也。「與其含耻而存，孰若蹈道而死」，秦郭質之移檄也。「與其屈辱而生，不若守節而死」，燕賈堅之固守也。「寧爲南鬼，不爲北臣」，則有齊新野之劉思忠【五】。「寧爲趙鬼，不爲賊臣」，則有趙仇池之田崧。「寧爲國家鬼，不爲賊將」，則有魏樊城之龐德。「寧爲國家鬼，不爲羌賊臣」，則有晉河南之辛恭靖。之人也，英風勁氣，如嚴霜烈日，千載如生。其視叛臣要利者，猶犬彘也。

韋孝寬知兵而不知義。尉遲迥之討楊堅，所以存周也。孝寬受周厚恩，乃黨堅而滅

【五】則有齊新野之劉思忠 「忠」，翁注本作「忌」。

迴。堅之簒也，孝寬實成之，難以逭《春秋》之誅矣。

楊堅以后父簒國，亦一莽也。「以不仁得之，以不仁守之，必及其世」，堅之謂矣。莽、堅之女，皆節婦也，爲其父者，亦少愧哉！

顔見遠死節於蕭齊，其孫之儀盡忠於宇文周，常山、平原之節義，有自來矣。

卷十四

考史

唐府兵之數，《兵志》云：「十道置府六百三十四，而關内二百六十一。」《百官志》：「凡六百三十三。」陸贄云：「府兵八百所，而關中五百。」杜牧云：「折衝果毅府五百七十四。」《舊志》《六典》云：「天下之府五百九十四。」《會要》云：「關内置府二百六十一，又置折衝府二百八十，通計舊府六百三十二。」《通典》云：「五百七十四。」《理道要訣》云：「五百九十三。」《鄴侯家傳》云：「諸道共六百三十府。」今以《地理志》考之，十道共有府五百六十六，關内二百七十三，餘九道二百九十三。參以《志》《傳》，差互不齊。神宗問：「何處言府兵最備？」王文公對曰：「《李鄴侯傳》言之詳備。」然府數與諸書亦不同。

了齋云：「顔回配饗先聖，其初但爲立像，至開元中，始與十哲合爲一座。」按《唐志》：開元八年，「詔十哲爲坐像」。《集古録》：「李陽冰《縉雲孔子廟記》云『换夫子之容貌，增侍立者九人』，蓋獨顔回配坐，而閔損等九人爲立像。陽冰修廟在肅宗上元二年，其不用開元之詔，何也？」

《魏徵傳》：「帝謂群臣曰：『此徵勸我行仁義，既效矣。』」《新史》潤色之語也。《貞觀政要》云【一】：「太宗謂群臣曰：『貞觀初，人皆異論，云當今必不可行帝道、王道，唯魏徵勸我。既從其言，不過數載，遂得華夏安寧，遠戎賓服。突厥自古已來，常爲中國勍敵，今酋長並帶刀宿衛，部落皆襲衣冠。使我遂至於此，皆魏徵之力。』」《新史》於《闕賓傳》又云：「惟魏徵勸我修文德，安中夏。」以《通鑑》考之，與《政要》所載同一事。或謂太宗以既效自滿，非也。

鄭毅夫謂：「唐太宗功業雄卓，然所爲文章纖靡浮麗，嫣然婦人小兒嘻笑之聲，不與其功業稱。甚矣，淫辭之溺人也。」神宗聖訓亦云：「唐太宗英主，乃學庾信爲文。」《溫泉銘》《小山賦》之類可見。

《新史》論張公謹之抵龜，曰：「投機之會，間不容穟。」鄭伯克段于鄢，《春秋》所以紀人倫之大變也，曾是以爲投機乎？晉欒書將弒厲公，召士匄、韓厥二人，皆辭。太宗臨湖之變，問李靖、李勣二人，皆辭。靖、勣賢於公謹遠矣。

唐太宗贈堯君素蒲州刺史詔曰：「雖桀犬吠堯，乖倒戈之志，而疾風勁草，表歲寒之心。」我藝祖贈韓通中書令制曰：「易姓受命，王者所以侚至公；臨難不苟，人臣所以明大節。」大哉王言！表忠義以厲臣節，英主之識遠矣。歐陽公《五代史》不爲韓通立傳，劉原父譏之曰：「如此是第二等文字。」通附傳在《建隆實録》。齊武帝使沈約撰《宋書》，疑立

【一】貞觀政要云　「貞」原作「正」，避唐諱，據翁注本改。下同，徑改，不再出校。

《袁粲傳》，審之於帝，帝曰：「袁粲自是宋室忠臣。」惜乎歐陽子念不及此。

賢臣久於位，則其道行，房喬以之成貞觀之治。奸臣久於位，則其欲肆，林甫以之成天寶之亂。

《唐史發潛》謂：武氏之起，袁天綱言其貴不可言。李淳風云：「當有女主王天下，已在宫中。」此必武氏僭竊之後，奸佞之徒神其事，言天之所啓，非由人事也。愚謂：《左氏》載陳敬仲、畢萬之筮，太史公載趙簡子之夢，皆此類。

佩魚始於唐永徽二年，以李爲鯉也。武后天授元年，改佩龜，以玄武爲龜也。

治平末年，始鬻度牒。考之《唐史》，肅宗時，裴冕建言度僧道士，收貲濟軍興。此鬻牒之始也。

鍾紹京爲宰相，而稱義男於楊思勗之父。史不載也【二】，而石刻傳于後世，人皆見之，惡之不可掩如是。臧堅以刑人之唁爲辱，此何人哉！林甫、國忠因力士以相，其原見于此。李揆當國，以子姓事輔國，不耻也，紹京何責焉？

《鄭薰傳》云：「宦人用階請蔭子，薰却之不肯叙。」亦庶幾有守矣。《文苑英華》有薰所撰《仇士良神道碑》云：「孰稱全德，其仇公乎？」其叙甘露之事，謂「克殲巨孽，乃建殊庸」，以七松處士而秉此筆，乃得佳傳於《新史》，豈作史者未之考歟？碑云：「大中五年，念功録舊，詔詞臣撰述，不敢虚美。」以元惡爲忠賢，猶曰不虚美乎？宣宗所

【二】史不載也　「載」字原缺，據翁注本補。

褒表者若此，唐之不競，有以哉！宣宗召韋澳，問：「内侍權勢何如？」對曰：「陛下威斷，非前朝比。」上閉目摇手曰：「尚畏之在。」士良之立碑，其亦畏昏椓之黨歟？

席豫未嘗草書，曰：「細猶不謹，而况巨耶？」然豫爲黜陟使，言安禄山公直無私，其迷國之罪大矣，安在其能謹哉！《唐史》立傳褒之，未有著其罪者，何小人之多幸也？席建侯，即豫也。《唐史》避代宗諱稱字。孔光黨王莽，則不言温室樹不足以爲謹；席豫黨禄山，則未嘗草書不足以爲謹。

《容齋續筆》辯嚴武無欲殺杜甫之説。愚按《新史·嚴武傳》多取《雲溪友議》，宜其失實也。

《通鑑》載李德裕對杜悰稱「小子聞御史大夫之命，驚喜泣下」。致堂謂：「德裕豈有是哉！杜悰，李宗閔之黨，故造此語以陋文饒，史掇取之。以文饒爲人大概觀焉，無此事必矣。」愚按此事出張固所撰《幽閑鼓吹》，雜説不足信也。

《李泌傳》：「加集賢殿、崇文館大學士。泌建言：『學士加「大」，始中宗時。及張説爲之，固辭乃以學士知院事。』至崔圓復爲大學士，亦引泌爲辭而止。」愚按崔圓相肅宗，在泌前。《會要》：貞元四年五月，泌奏「張説懇辭『大』字，衆稱達禮。至德二年，崔圓爲相，加集賢大學士，因循成例。望削去『大』字」。此乃泌引圓爲辭，《傳》誤矣。

韋濟試理人策第一。致堂謂：「濟被識擢，不聞以循良稱，是實不副言矣。」愚考《通鑑》開元二十二年，相州刺史韋濟薦方士張果。蓋逢君之惡者，不但實不副言也。少陵《贈韋左丞》詩，即濟也。

《舊史·敬宗紀》「李翺求知制誥，面數宰相李逢吉過」。愚謂：翺爲韓文公之友，此逢吉所深忌也，面數其過，可謂直矣。求知制誥，乃誣善之辭。荆公嘗辯之曰：「世之淺者，以利心量君子。」

《老學庵筆記》云：「舊制，兩省中書在門下之上，元豐易之。」愚觀李文簡《歷代宰相表》云：「中書、門下，班序各因其時。代宗以前，中書在上；憲宗以後，門下在上。大曆十四年，崔祐甫與楊炎皆自門下遷中書，不知何時升改。」放翁所記，蓋未考此。

《李靖兵法》世無全書，略見於《通典》。今《問對》出阮逸，因杜氏所載附益之。

《唐六典》太子令書畫「諾」，本朝至道初改爲「準」。此東宮畫諾也。陸龜蒙《説鳳尾諾》云：「東宫曰『令』，諸王曰『教』，其事行則曰『諾』，猶天子肯臣下之奏曰『可』也。」晉元帝爲琅邪王，批鳳尾諾，南齊江夏王學鳳尾諾，則諸王亦畫諾矣。《後漢書》云「南陽宗資主畫諾」，梁江州刺史陳伯之目不識書，「得文牒辭訟，惟作大諾」，則郡守、刺史亦畫諾矣。

《唐六典》《開元禮》宣示中外，未有明詔施行，見《吕温集》。南豐謂《六典》：

「本原設官因革之詳，上及唐虞，以至開元。其文不煩，其實甚備，可謂善於述作者。」

《李德裕傳》：「韋弘質建言，宰相不可兼治錢穀。」嘉祐六年《制策》：胡武平撰。「錢穀，大計也。韋賢之言不宜兼於宰相。」蓋「弘」字避諱，誤以「質」爲「賢」。

劉秩爲祭酒，上疏曰：「士不知方，時無賢才，臣之罪也。」元稹守同州，《旱災自咎》詩曰：「上羞朝廷寄，下愧閭里民。」秩、稹可謂知所職矣。其言不可以人廢。

《唐宗室表》宰相十一人：林甫、回、程、石、福、勉、夷簡、宗閔、適之、峴、知柔。《傳》止云九人，蓋不數福、宗閔。宗室爲狀頭有李肱。

唐制舉之名，多至八十有六，凡七十六科，至宰相者七十二人。本朝制科四十人，至宰相者，富弼一人而已。中興復制科，止得李垕一人。

唐宏詞之論，其傳于今者，唯韓文公《顔子不貳過》。制舉之策，其書于史者，唯劉蕡一篇。不在乎科目之得失也。

李泌，父承休，聚書二萬餘卷。誡子孫不許出門，有求讀者，別院供饌。見《鄴侯家傳》。鄴侯家多書，有自來矣。

《藝文志》：「員俶《太玄幽贊》十卷。開元四年，京兆府童子進書，召試，直弘文館。」《李泌傳》云：「開元十六年，員俶九歲升坐，詞辯注射，帝異之。」年歲皆不同。蓋《泌傳》所載，本《鄴侯家傳》，當以《志》爲正。

韋應物，史逸其傳。沈作喆爲《應物傳》，叙其家世云：「夐之孫待價，仕隋爲左僕射，封扶陽公。」蓋據林寶《姓纂》。《唐書》韋待價乃挺之子，武后時拜文昌右相。豈二人同名歟？當考。

劉闢亂于蜀，其嫂庾氏棄絶不爲親。白樂天爲詩《贈樊著作》，與陽城元稹、孔戡並稱，欲其著書編爲一家言。而《唐史》於庾氏無述焉，故表而出之。

《唐六典》記南内龍池，程泰之《雍録》謂「諂辭皆出李林甫，而非張九齡所得知也」。愚按《九齡集》有《龍池聖德頌》，則夸詡符瑞，雖賢者不免。

鄭餘慶採士庶吉凶書疏之式，雜以當時家人之禮，爲《書儀》兩卷。後唐劉岳等增損其書，司馬公《書儀》本於此。

唐開元之任將，以久任而兆亂，其權顓也。我藝祖之任將，以久任而成功，其權分也。《柳氏家學録》謂：貞觀故事，邊將連帥三年一易，收其兵權。然用得其人，御得其道，不在於數易也。

忌日行香始於唐，崔蠡奏罷之。本朝宋景文公奏云：「求於非福，則是諂祭；懺於無罪，則是誣親。」其言不行。

誠齋《易傳》云：「文宗陷於宦寺之險，而未能出。惟裴度可以出之，然度自陷於程異、元稹浸潤之内。」愚謂：稹在穆宗時，異在憲宗時，非文宗事也。

顔魯公爲《郭汾陽家廟碑》云：「端一之操，不以險夷概其懷；堅明之姿，不以雪霜易其令。」斯言也，魯公亦允蹈之。

楊綰《贈官制》云：「歷官有素絲之節，庇家無匹帛之餘。」史臣謂：「當時秉筆者無愧色。」

唐時午日，揚州江心鑄鏡供進。又千秋節，進鏡。濡水李氏收其一，乃方鏡，背鼻有篆文「五日」字，面徑八寸，重五十兩。盛露囊，千秋節戚里皆進。《華山記》云：「弘農鄧紹八月曉入華山，見童子執五綵囊，盛柏露食之。」又《荆楚風土記》：「以五綵結眼明囊。相傳赤松子以囊盛柏露，飲之而長生。」皆八月中事。

《舊史·德宗紀》：「貞元六年，岐州無憂王寺有佛指骨寸餘，先是取來禁中供養，二月乙亥，詔送還本寺。」此迎佛骨之始也。《韓愈傳》云：「鳳翔法門寺有護國真身塔，内有釋迦文佛指骨一節。」寺名與前不同。貞元、元和、咸通，迎佛骨者三。

蕭穎士《與韋述書》，欲依魯史編年，著《歷代通典》，起漢元十月，終義寧二年，約而删之，勒成百卷。於《左氏》取其文，《穀梁》師其簡，《公羊》得其覈，綜三《傳》之能事，標一字以舉凡。然其書今無傳焉，略見於本傳，而不著《通典》之名。

楊文莊公徽之好言唐朝士族，閲《諱行録》，悉能記之。按《館閣書目》：《諱行録》一卷，以四聲編登科進士族系、名字、行第、官秩及父祖諱、主司名氏。起興元元年，盡大中七年。宋敏求續爲《後録》五卷。

《温彦博傳》「我見其不逮再稘矣」，出《説文》引《虞書》「稘，三百有六旬」。《李密傳》「敫庾之藏，有時而儩」，出《詩》「王赫斯怒」。鄭箋：「斯音賜，盡也。」《新史》尚奇類此。

馬總《通曆》所載「公子曰」「先生曰」者，皆虞世南《帝王略論》。《略論》五卷，起太昊，訖隋，假公子答問。

李翺爲史官，請作行狀者，指事説實，直載其詞。然我朝名公秉筆，亦有誤者。歐陽公爲《范文正碑》云：「至日大會前殿，上將率百官爲太后壽。公上疏，其事遂已。」其後老泉編《太常因革禮》，有已行之明驗，質之歐公。公曰：「諫而不從，碑誤也。」東坡爲《張文定銘》云：「神宗問：『元昊初臣，何以待之？』公曰：『臣時爲學士，誓詔封册，皆臣所草。』」李微之考《國史》，誓詔在慶曆四年十月，封册在十二月。明年二月，文定始爲學士。封册乃宋景文撰。朱文公爲《張忠獻行狀》，其後語門人云：「向只憑欽夫寫來事實，後看《光堯實録》，其中多有不相應處。」以三事觀之，罔羅舊聞，可不審哉！

唐配帝皆一后，唯睿宗二后。昭成，明皇之母，開元四年升祔。此失禮之始也。

龍朔改左右散騎常侍曰左右侍極，《職源》誤以左史爲左侍極，而近世制詞多踵其誤。

石林序盧鴻一《草堂圖》云：「《唐舊史》鴻一，蓋二名，與《中嶽劉真人碑》所書合。《新史》刪去『一』字，不知何據。當以《舊史》爲正。」愚按南齊張融曰：「昔有鴻飛天首，積遠難明，越人以爲鳧，楚人以爲乙。人自楚、越，鴻常一耳。」「鴻一」之義取於此。

《考古編》以《通鑑》貞觀十三年房玄齡「請解機務」，「詔斷表」，爲今「斷來章」之祖。愚按《晉·山濤傳》：「手詔曰：『便當攝職，令斷章表。』」此斷表之始，非昉于唐也。

韓、柳方駕，而其行殊；元、白齊名，而其操異。管、華、嵇、阮亦然。唐亦有蔡京，咸通三年嶺南節度使，以貪虐誅。京始末見《雲溪友議》。此奸臣名氏之同者。吳有桓彝，晉亦有桓彝，此忠臣名氏之同者。若兩曾參、兩毛遂，則賢否分矣。兩毛遂，見《西京雜記》，員半千詩用之。

顏魯公爲刑部尚書，有舉家食粥之帖。蓋自元載制祿，厚外官而薄京官，京官不能自給，常從外官乞貸。楊綰既相，奏加京官俸。魯公以綰薦，自湖州召還，意者俸雖加而猶薄歟？

李康《運命論》曰：「以一人治天下，不以天下奉一人。」《大寶箴》用之。

李方玄曰「沈約年八十，手寫簿書」，本杜牧所作《方玄墓志》。本朝建隆詔亦云：

「沈約爲吏，手寫簿書。」愚按《理道要訣》云：「宋光禄大夫傅隆，年過七十，手寫籍書。梁尚書令沈約，位已崇高，議請寶重。」蓋誤以傅隆爲沈約也。

孝宗問周益公云：「唐孫樵讀《開元録》雜報數事，内有宣政門宰相與百僚廷諍，十刻罷。遍檢新、舊《唐史》及諸書，並不載。」益公奏：「《太平御覽總目》内有《開元録》一書。祖宗朝此本尚存，近世偶不傳耳，容臣博加詢訪。」

蕭遘與其子三兒生日詩曰：「吾家九葉相，盡繼明時出。」《唐史》云：「自瑀逮遘，凡八葉宰相。」此云九葉，《宰相世系表》：梁貞陽侯之後有鄴，相宣宗。

姚崇十事，見《開元升平源》，《通鑑》不取。

王起廣《五位圖》，《舊史》云《五運圖》。

李白上《宣唐鴻猷》一篇，即本傳所謂「召見金鑾殿，奏頌一篇」者也。今《集》中闕。

「緋衣小兒」之謡，《朝野僉載》謂裴炎也，而張權輿以讒裴度。

韓文公子昶，雖有「金根車」之譏，而昶子綰、衮皆擢第，衮爲狀元。君子之澤遠矣。

孔戣爲華州刺史，奏罷明州歲貢淡菜、蛤蚶之屬。見《昌黎集》。元稹爲越州，復奏罷之。見《白樂天集》。蓋嘗罷於元和，而復貢於長慶也。

畢炕，天寶末爲廣平太守，拒安禄山，城陷，覆其家。《唐史》附于父《構傳》，蓋取韓文公所撰《畢坰志》。然炕之名不書於《忠義傳》，故文公謂「廣平死節，而子不荷其澤」。愚謂：廣平之節如此，河北二十四郡，不止一顔平原也。《通鑑》亦不書其事。

廣德元年十一月，太常博士柳伉上疏，請斬程元振。於是削元振官爵，放歸田里。東坡謂：「及其有事且急也，雖代宗之庸，程元振之用事，柳伉之賤且疏，而一言以入之，不終朝而去其腹心之疾。」愚按《登科記》：「伉，乾元元年進士。」《翰林院故事》載：寶應已後，伉自校書郎充學士，出鄠縣尉，改太常博士，兵部員外，諫議大夫，皆充學士。《新唐史·程元振傳》云「太常博士、翰林待詔柳伉上疏」，以《翰林故事》考之，伉是時爲學士，非待詔也。伉以博士在禁林，職近而親，不可謂「賤且疏」。《唐史》不爲伉立傳，故詳著其事，俾覽者知詞臣之獻替，不獨陸贄、李絳也。

東坡謂：「學韓退之不至，爲皇甫湜；學湜不至，爲孫樵。」朱新仲曰：「樵乃過湜，如《書何易于》《襃城驛壁》《何將軍邊事》《復佛寺奏》，皆謹嚴得史法，有補治道。」

林寶《元和姓纂》十卷，「自皇族之外，各依四聲類集，每韻之内，以大姓爲首」。鄧名世謂：稍能是正數十條，而齊、秦之屬，亦所未暇。至「鉏丘」「茅夷」，指爲複姓，又不勝其謬。鄭樵謂寶不知自姓所由來。

劉允濟曰：「班生受金，陳壽求米。」受金事未詳。

劉知幾領史事，言「五不可」，曰：「孫盛取嫉權門，王劭見讎貴族。」《文粹》云：「王韶直書，見讎貴族。」「宋王韶之爲《晉史》，序王珣貨殖，王廞作亂。珣子弘、廞子華並貴，韶之懼爲所陷，深附結徐羨之、傅亮等。」當從《文粹》爲王韶。《新史》誤以「韶」爲「劭」。韶之，弑君之賊也，身爲梟獍，而秉史筆，其誰服之！《傳》曰：「無瑕可以戮人。」

李晟每戰，必錦裘繡帽自表，而晟以勝；宋殷孝祖每戰，常以鼓蓋自隨，而孝祖以敗。兵豈有定法哉！

閩俗比中州，化於善也。蔡人過夷貊，化於惡也。

漢黨錮以節義，群而不黨之君子也；唐朋黨以權利，比而不周之小人也。漢之君子，受黨之名，故其俗清；唐之小人，行黨之實，故其俗弊。

奸臣唯恐其君之好學近儒，非獨仇士良也。吴張布之排韋昭、盛沖，李宗閔之排鄭覃、殷侑，亦士良之術。

杜佑《理道要訣》，朱文公謂非古是今之書。

魏鄭公曰：「重君子也，敬而遠之；輕小人也，狎而近之。」武帝之於汲黯、衛青、公孫弘，明皇之於姚崇、宋璟、李林甫，可見矣。《中庸》之尊賢，必以修身爲本。「善言不可離口，善藥不可離手」，孟詵之言也。《觀物外篇》取之。

張文潛云：「節度之强，不起於河北之繼襲，而起於節度之有功。」愚考方鎮之强，始於僕固懷恩用賊黨田承嗣、李懷仙、李寶臣分帥河北，非有功之將也。

司空圖《房太尉》詩曰：「物望傾心久，匈渠破膽頻。」注謂禄山初見分鎮詔書，拊膺嘆曰：「吾不得天下矣！」琯建遣諸王爲都統節度，而賀蘭進明讒於肅宗。以司空表聖之言觀之，則琯建此議，可以破逆胡之膽。《新唐書》采野史稗説，而不載此語，唯程致道著論發揚之。晉以琅邪立江左之業，我宋以康王建中興之基，琯可謂善謀矣。

《通鑑》：劉蕡「不得仕於朝，終於使府御史」。《唐鑑》云：「終於柳州司户。」以《新史》考之，當從《唐鑑》。宦人深嫉蕡，誣以罪，貶柳州司户。

顔真卿、鄭畋以興復爲己任，倡義討賊，其志壯矣。真卿權移於賀蘭進明，畋見襲於李昌言，功不克就。故才與誠合，斯可以任天下之重。

常衮與禮官議：「禮，爲君斬衰三年。漢文帝權制三十六日。我太宗遺詔亦三十六日，群臣不忍，既葬而除，略盡四月。高宗如漢故事。玄宗以來，始變天子喪爲二十七日。」世多以短喪議漢文帝，而不知二十七日之制自玄宗始也。

韓偓自書《裴郡君祭文》，首書「甲戌歲」，銜書「前翰林學士承旨、銀青光禄大夫、行尚書户部侍郎、知制誥、昌黎縣開國男、食邑三百户韓某」。是歲朱氏篡唐已八年，爲乾化四年，猶書唐故官，而不用梁年號。慶曆中，詔官其四世孫奕。

僕固懷恩叛唐，李日月爲朱泚將，而其母皆知逆順之理，良心不可泯也。

李光弼與韋陟論戰守，曰：「辨朝廷之禮，我不如公；若夫軍旅，則公不如我。」陟無以應。古者治軍，有軍禮焉，楚得臣以無禮敗，晉文公以有禮勝。禮莫大於君臣之分，光弼命召不至，愧恨以没，蓋以禮與軍旅爲二物也。

《唐鑑》曰：「人君觀史，宰相監修，欲其直筆，不亦難乎？房、魏爲相，總史事，其父彦謙、長賢，皆得佳傳，况不如房、魏者乎？」

獨孤及《福州新學碑銘》云：「閩中無儒家流，成公至而俗易，成公，李椅也，在大曆八年。家有洙、泗，户有鄒、魯。」常衮，建中初爲閩人設鄉校，李椅在其前。

王福畤爲博士，執許敬宗之謚不改，無忝河汾之學矣。

許敬宗謚繆，而更曰恭；陳執中謚榮靈，而更曰恭。二事相類。

武德初，以隋張衡死非其罪，謚曰忠，是獎弒君之賊也。高祖相封德彝，宜其以逆爲忠也。漢大綱正，見於戮丁公；唐無三綱，見於贈張衡。

《朝野雜記》曰：「西漢户口至盛之時，率以十户爲四十八口有奇，東漢户口率以十户爲五十二口，可準周之下農夫。唐人户口至盛之時，率以十户爲五十八口有奇，可準周之中次。」其説本程沙隨。

歐陽子書「唐六臣」於唐亡之後，貶其惡也；朱子書「晉處士」於晉亡之後，表其節也。一字之懲勸深矣。

《五代史》：「周世宗嘗夜讀書，見唐元稹《均田圖》，嘆曰：『此致治之本也。』詔頒其圖法，使吏民先習知之，期以一歲大均天下之田。」考之《會要》，世宗見元稹在同州時所上《均田表》，因製素爲圖，賜諸道。《崔頌傳》云：「世宗讀唐元稹《均田疏》，命頌寫爲圖，賜近臣，遣使均諸道租賦。」史謂「元稹圖」，誤也。《稹集》有《同州奏均田》。《續通曆》云：「唐同州刺史元稹奏均租賦，帝覽文集而善之，寫其辭爲圖以賜。」

歐陽子之論篤矣，而「不以天參人」之説，或議其失；司馬公之學粹矣，而「王霸無異道」之説，或指其疵。信乎，立言之難也！

歐陽子謂「五代禮壞，寒食野祭而焚紙錢」，按紙錢始於開元二十六年，王璵爲祠祭使，祈禱或焚紙錢，類巫覡，非自五代始也。古不墓祭，漢明帝以後有上陵之禮，蔡邕議以爲「禮有煩而不可省者」。《舊唐書》開元二十年，寒食上墓，編入五禮，永爲常式。寒食野祭，蓋起於此。朱文公謂：「漢祭河，用寓龍寓馬，以木爲之，已是紙錢之漸。《唐》范傳正謂『唯顔魯公、張司業家祭不用紙錢』。」本朝錢鄧州不燒楮鏹，吕南公爲文頌之。

《兔園策府》三十卷，唐蔣王惲令僚佐杜嗣先仿應科目策，自設問對，引經史爲訓注。惲，太宗子，故用梁王兔園名其書。馮道《兔園策》，謂此也。

天子之廢置出於士卒，自唐明宗始也。明宗以此得之，而反爾之報，在其後人。

後唐天成元年，吏部侍郎劉岳奏罷告身綾軸錢。本朝復納綾紙錢，淳熙元年始免。周顯德六年，始去符契，專以印章爲驗。

歐陽子、司馬公之貶馮道，《春秋》之法也。我朝太宗謂范質欠世宗一死，所以立萬世爲臣者之訓。

唐後主不肯和親而亡，石晉父事契丹而興。晉之興也，乃其所以亡也。桑維翰之興晉，即所以亡晉也。

朱温之兄全昱，楊涉之子凝式，人心之公是非，在其家者如此，况天下千萬人之心乎！

梁太祖幸河北，至内黄，顧李珽曰：「何謂内黄？」珽曰：「河南有外黄、下黄，故此名内黄。」曰：「外黄、下黄何在？」珽曰：「秦有外黄都尉，今在雍丘。下黄爲北齊所廢，今在陳留。」按《五代通録》李珽曰：「河南有外黄、小黄。」《漢·地理志》：陳留有外黄、小黄縣。《五代史記》改「小黄」爲「下黄」，誤也。當從《通鑑》。

卷十五

考史

《孟子》曰：「天下可運於掌。」又曰：「以齊王由反手也。」豈儒者之空言哉！自唐肅宗之後，紀綱不立，叛兵逐帥，叛將脅君，習以爲常。極于五季，君如逆旅，民墜塗炭。我藝祖受天明命，澡宇宙而新之。一階一級，全歸伏事之儀，發於聖訓，著於令甲。於是上下之分定，朝廷之體尊，數百年陵犯之習，片言而革。至若餓狼餧虎，肉視吾民而咀啖之，藝祖用儒臣爲郡守，以收節度之權；選文臣爲縣令，以去鎮將之貪。一詔令之下，而四海之内改視易聽。「運掌」「反手」之言，於是驗矣。

高宗之詔曰：「廷尉，天下之平也。高柔不以明帝喜怒而毁法，游肇不以宣武敕命而曲筆，况可觀望臣庶而容心者乎？曹劌謂『小大之獄，雖不能察，必以情。爲忠之屬也，可以一戰』，不其然乎？布告中外，爲吾士師者，各務仁平，濟以哀矜。天高聽卑，福善禍淫，莫遂爾情，罰及爾身。置此座右，永以爲訓。」大哉王言，幾於典誥矣！

崔伯易《感山賦》：「以皇祐之版書，較景德之圖録，雖增田三十四萬餘頃，反減賦七十一萬餘斛。」會計有録，非以增賦也。陳君舉奏疏云：「自建隆至景德四十五年，南征北伐，未嘗無事，而金銀錢帛、糧草雜物七千一百四十八萬，計在州郡不會。」藏富於州縣，所以培護本根也。

真文忠公言本朝治體，曰：「立國不以力勝仁，理財不以利傷義，御民不以權易信，用人不以才勝德。恩結乎人心，富藏乎天下。君民相孚而猜忌不作，材智不足而忠信有餘。」

袁機仲言於孝宗曰：「威權在下則主勢弱，故大臣逐臺諫以蔽人主之聰明；威權在上則主勢强，故大臣結臺諫以遏天下之公議。」機仲之言未盡也。臺諫爲宰相私人，權在下則助其搏噬，以張其威；權在上則共爲蔽蒙，以掩其奸。劉時可應起謂：「臺諫之議論，廟堂之風旨，頗或參同。夾袋之欲汰，白簡之所收，率多暗合。」此猶婉而言之也。開慶初，邊事孔棘，御史有疏云：「虜雖强，而必亡之勢已見。」咸淳初，召洪君疇長臺端，御史自造謗詩，以尼其來。罔上誣善至此，豈但參同暗合而已哉！是以天子之耳目，勿用憸人，其惟端士。

漢高帝三章之約，我藝祖陳橋之誓，所謂「若時雨降，民大悦」者也。

周益公云：「《續通鑑長編》多采近世士大夫所著，如曾子宣《日記》之偏，王定國《甲申録》之妄，咸有取焉。」然李微之《舊聞證誤》「執政不坐奏事」，以王定國《聞見録》爲證，與王沂公《筆録》不同。修《長編》時，未見定國書，故專用《筆録》。然則《長編》所采摭，猶有遺也。

晁景迂謂：「今賦役幾十倍於漢。」林勳謂：「租增唐七倍，又加夏税錢，通計無慮十倍。」李微之謂：「布縷之征三，穀粟之征三，力役之征四，蓋用其十矣。」

止齋謂：本朝名節自范文正公，議論文章自歐陽子，道學自周子。三君子皆萃於東南，殆有天意。

《兩朝國史》，非寇準而是丁謂，托之神宗聖訓，蓋蒲宗孟之筆也。王允謂「不可令佞臣執筆」，諒哉！

紹興重修《哲宗實録》，獨元祐八年事皆無存者，至參取《玉牒》《日曆》諸書以足之，僅得成書。中興後事，紹興八年至二十五年最爲疏略。鶴山謂：「小人爲不善，於傳世詒後之書，必遏絶之，自唐許、李至近世，莫不然。」

李常寧曰：「天下至大，宗社至重，百年成之而不足，一日壞之而有餘。」元祐中對策。劉行簡曰：「天下之治，衆君子成之而不足，一小人敗之而有餘。」紹興中奏疏。皆至論也。

太祖在位十七年，四行郊禮。太宗二十有三年，五講郊禮。真宗東封西祀，率三年一行。仁宗後，三歲一郊爲定制。

《元城語録》藝祖造薰籠事，周益公謂：誤以元豐後官制爲藝祖時官制。

呂正獻公書坐右曰：「不善加己，直爲受之。」本後漢張霸戒子之語。呂居仁《雜録》曰：「少年毋輕議人，毋輕説事。」本魏李秉《家誡》。

呂氏《童蒙訓》云：「前輩有《編類國朝名臣行狀墓志》，取其行事之善者，别録出之，以自警戒，亦樂取諸人以爲善之義。」朱文公亦云：「籍溪胡先生教諸生於功課餘暇，以片紙書古人懿行或詩文銘贊之有補於人者，粘置壁間，俾往來誦之，咸令精熟。」此二事可以爲法。

周元公生于道州，二程子生于明道元、二間，天所以續斯道之緒也。元祐之黨，劉元城謂止七十八人，後來附益者非也。慶元之黨，黄勉齋謂本非黨者甚多，群小欲擠之，借此以爲名耳。

歐陽公爲《周君墓表》云：「篤行君子，孝於其親，友於其兄弟。」而《集》缺其名與字。周益公考之《春陵志》，乃周堯卿，字子俞。《東都事略》有傳，其行事與墓表合，而字子餘。未知《事略》據何書而立傳也。荆公爲《征君墓表》云「淮之南有善士三人」，杜嬰、徐仲堅，而征君之名字，《集》亦缺焉。三人皆居真之揚子，當求郡志而補之。二表皆載於《文鑑》。

宗廟樂有舞。建隆初，竇儼定太廟四舞，僖祖曰《大善》，順祖曰《大寧》，翼祖曰《大順》，宣祖曰《大慶》。列聖皆以「大」爲名。中興後，自僖祖《基命》至欽宗《端慶》，以原廟殿名爲舞名，禮官之失也。

《長編》宣和五年，求石晉故疆，不思營、平、灤三州，乃劉仁恭遺虜，虜不肯割。按《五代史》，劉仁恭無割地遺虜之事。《四夷附録》云：「契丹當莊宗、明宗時，攻陷營、平二州。」唐無灤州。《武經總要》：「石晉割賂燕、薊、易、定，帥王都驅其民入契丹，因以烏灤河爲名以居之。」按賈耽説，西北渡灤河，至盧龍鎮。」《唐・賈循傳》：「張守珪北伐，次灤河。」《薛訥傳》：「師至灤河。」

仁宗時制科十五人：天聖，何泳、富弼；景祐，蘇紳、吴育、張方平、田況；慶曆，錢明逸、彦遠；皇祐，吴奎；嘉祐，夏噩、陳舜俞、錢藻、蘇軾、轍、王介。東坡詩「先帝親收十五人」，注者多誤。

乾道元年，《郊赦文》云：「前事俱捐，弗念乎薄物細故；烝民咸乂，靡分乎爾界此疆。」洪文惠所草也。朱文公《與陳正獻書》曰：「卑辭厚禮，乞憐於仇讎之戎狄。幸而得之，肆然以令於天下，曰：『凡前日之薄物細故，吾既捐之矣。』孰有大於祖宗陵廟之讎者，而忍以薄物細故捐之哉！」

孝皇獨運萬幾，頗以近習察大臣。《中庸或問》「敬大臣」之説，《大事記》「大臣從臣」之説，皆以寓箴諷之意。《文鑑》所取，如徐鼎臣《君臣論》、文潞公《晁錯論》、蘇明允《任相論》、秦少游《石慶論》之類，皆諫書也。

真文忠公奏疏曰：「乾道、淳熙間，有位于朝者，以饋遺及門爲耻；受任于外者，以苞苴入都爲羞。」然朱文公封事，言浙中風俗之弊，甚者「以金珠爲脯醢，以契券爲詩文」，則此習猶未革也。

高宗廟號未定，有議爲「光宗」「寧宗」者，見周益公《思陵録》。其後兩朝用之。高宗陵名，嘗擬「永阜」，其後孝宗用之。

淳熙皇太子參決庶務手詔，洪景盧所草也。禮部太常官堂白手詔，用貞觀、天禧事，皆非所宜。

胡文定言「崇寧以來，奄寺用王承宗故事而建節旄」，「宗」字誤，當云「承休」。《五代史》：蜀王衍以宦者王承休爲天雄軍節度使。致堂《原亂賦》「建承宗之旄纛」，亦誤。

李微之問勉齋云：「南軒賜章服，兩爲胡忠簡繳還，而不聞引避；東萊除職，既遭陳叔進行詞醜詆，乃復受之而不辭。皆所未曉。」勉齋答云：「先輩非後學所敢輕議，然辭受合尚嚴，今當嚴者反寬，是以不免爲具眼者勘破，學者所當戒也。」

微之又云：「東萊之學甚正，而優柔細密之中，似有和光同塵之弊；象山之學雖偏，而猛厲粗略之外，却無枉尺直尋之意。」

《演蕃露》：「明道二年，奉安莊獻神御於慈孝寺彰德殿，則莊獻不入景靈。」按景靈宮建于祥符五年，以奉聖祖。其爲原廟，自元豐五年始。前此帝后館御寓佛、老之祠者多矣，非止莊獻也。

攻媿《跋曹子方書》以爲祐陵時上書論時事，靖康至樞筦。愚謂：有兩曹輔，其一字子方，與蘇、黄游；若論事爲樞筦者，字載德。龜山爲銘，合爲一人，非也。又《淮海樓記》考《國史傳》，秦少游調定海主簿，而《文集》無一語及之。愚謂：少游爲蔡州教授時，選人七階未改，主簿乃初階，非歷此官也。

《律疏》與《刑統》不同，《疏》依律生文，《刑統》參用後敕，雖引《疏》義，頗有增損。天聖中，孫奭校定《律文》及《疏》爲《音義》。

江休復《雜志》：「駕頭，初即祚所坐。王原叔曰：『此坐傳四世矣。』」按《國史·輿服志》：「駕頭，七寶牀也，覆以緋羅繡帕，内臣馬上捧之。」嘉祐六年，幸睦親宅，内侍墮馬，駕頭壞。遂以閤門祇候、内侍各二員，挾駕頭左右，次扇筤，又以皇城親從兵二十人從其後。

景祐二年，郊赦，梁適上疏，論「朱全忠唐之賊臣，今録其後，不可以爲勸」。仁皇是其言，記姓名禁中。石介亦論「赦書不當求朱梁、劉漢後」，遂罷不召。其言一也，而黜陟異焉，豈遇不遇有命乎？

乾道中，張説、王之奇簽書樞密院事，辭免，降詔，直學士院周必大奏：「唐元和間，白居易在翰林，奉宣草嚴綬江陵節度使、孟元陽右羽林統軍制，皆奏請裁量，未敢便撰。元祐中，師臣避免拜之禮，執政辭遷秩之命，蘇軾當撰答詔，言其不可，卒如所請。今除用執政，非節度統軍、免拜遷秩比，二人辭免不允詔書，臣未敢具草。」紹熙中，譙熙載自遥郡觀察使除正任，辭免，降詔，倪思封還詞頭，亦引蘇軾論「不當撰，辭免不允詔」者凡三。嘉定中，師睪知臨安府，辭免，蔡幼學當草詔，奏曰：「不允必有褒語，臣無詞以草。」淳祐中，別之傑參知政事，尤焴不草答詔。此禁林繳奏故事也。唐末，韋貽範起復，命韓偓草制，偓曰：「腕可斷，麻不可草。」上疏論之。明日，百官至而麻不出。此非盛世事，故前輩不以爲故實。

蔣希魯居姑蘇，延盧仲甫秉後圃。希魯曰：「亭沼粗適，恨林木未就。」仲甫曰：「亭沼譬爵位，時來則有之；林木譬名節，非素修弗成。」

歐陽公《辨尹師魯志》曰：「若作古文自師魯始，則前有穆修、鄭條輩，及有先達甚多，不敢斷自師魯始也。」條之名不著，《館閣書目》有《鄭條集》一卷。條，蜀人，自號金斗先生，名其文《金斗集》。

祁寬問和靜尹先生曰：「伊川謂歐陽永叔如何？」先生曰：「前輩不言人短，每見人論前輩，則曰：『汝輩且取它長處。』」吕成公《與朱文公書》曰：「孟子論孟施舍、北宫黝曰：『二子之勇，未知其孰賢，然而孟施舍守約也。』所以委曲如此者，以其似曾子、子夏而已。若使正言聖門先達，其敢輕剖判乎？」文公答曰：「和静之言，當表而出之。」

劉應起時可，淳祐初爲太學博士，言定大計曰：「謀之而臧，則文子文孫，宜君宜王；謀之不臧，則生天王家，以爲大慼。」」此人所難言也。

建炎，李綱去而潛善、伯彦相。紹興，趙鼎、張浚去而檜相。檜死，其黨迭爲相。隆興至淳熙，萬幾獨運而大臣充位。慶元後，政在侂胄。嘉定後，政在彌遠。端平訖景定，更一相則曰更化，然奸臣弄權之日常多。陽淑消而陰慝長，危亡之證，所由來漸矣。陰凝冰堅，極於似道。邵子謂「禍在夕陽亭一語」，遂與西晉同轍，哀哉！

蘇紳、梁適，謂之「草頭木脚」，其害在士大夫。薛極、胡榘，謂之「草頭古，天下苦」，其害在民。

《朝野雜記》載開禧貪濁之事詳矣，繼其後者又甚焉。當時謂「侍從之臣無論思，有獻納」，它可知矣。以陰召陰，極於「天下無邦」。

仁宗閱審刑奏案，有「次公」，而梁適對以「黄霸、蓋寬饒字」。高宗閱刑部奏案，有「生人婦」，而湯思退對以「見《魏志·杜畿傳》」。皆簡上知，至輔相。然以記問取人，則許敬宗賢於竇德玄矣。

四瀆，濟水獨絶。朱全忠篡唐，降昭宣帝爲濟陰王。嘉定末濟王之封，豈權臣亦取濟水之絶乎？又蕭衍篡齊，降和帝爲巴陵王，而濟王亦降封巴陵公，非令典也。爲大臣者，不知則不學，知之則何以示後？

紹興建儲，欲更名暐，周益公謂與唐昭宗同，而亟改之。景定建儲更名，乃與蜀漢後主太子同。咸淳末，命嗣君之名，又與唐中宗同，而當時無言者。

范正獻公曰：「後世人君觀史，而宰相監修，欲其直筆，不亦難乎！」其論正矣。然自唐奸臣爲《時政記》，而史益誣，近世尤甚。余嘗觀《寶慶日曆》，欺誣之言，所謂以一手掩天下之目，所恃人心公議不泯爾。

葛文康勝仲《與王黼書》曰：「天下無事則宰相安，宰相生事則天下危。」

胡文定公自登第逮休致【一】，凡四十年，實歷不登六載。朱文公五十年間，歷事四朝，仕於外者僅九考，立於朝者四十日。道義重而爵位輕，所以立言不朽。

邵公濟築室犍爲之西山，《告家廟文》曰：「少時得大父平生之言于汝潁大夫士，曰：『世行亂，蜀安，可避居焉。』大父學通天人，足以前知矣。宣和國亂，先人載家使蜀，免焉。」大父，康節；先人，伯温也。

梁世榮録南軒語云：「温公作相，夫人聞其終夜長吁，問之。曰：『某所奏盗賊，某所又奏某事，吾爲宰相，使天下如此，所以長吁也。』」按《温公集》，張夫人終於元豐五年，此記録之誤也。

乾道壬辰，黄定《對策》謂：「以大有爲之時，爲改過之日月。」又云：「雖有無我之量，而累於自喜；雖有知人之明，而累於自恃。」又云：「欲比迹太宗，而操其所不用之術。顧眄周行，類不適用，則曰腐儒，曰好名，曰是黨耳。於是始有棄文尚武、親内疏外

【一】胡文定公自登第逮休致　「逮」原作「逯」，據翁注本改。

之心。何不因群情之所共違，而察一己之獨嚮？」其言皆剴切。孝皇擢之第一，有以見容直之盛德，而秉史筆者未之紀焉。

徐景説霖以《書》義冠南宮。上書言時宰奸深之狀曰：「不與天下之公議争，而與陛下之明德爲仇。每潛沮其發見之端，周防其增益之漸，使陛下之明德，不得滋長廣充，以窺見其奸而或覺之也。其先也奪陛下之心，其次奪士大夫之心，而其甚也奪豪傑之心。」景説由是著直聲。

唐及國初，策題甚簡，蓋舉子寫題於試卷故也。慶曆後不復寫題，寖失之繁。今有數千言者，問乎其不足疑。

《嘉祐制策》曰：「治當先内，或曰：『何以爲京師？』」此晉謝安之言也。「命秩之差，虚實之相養」，此唐陸贄之言也。二蘇公之對，不能無所遺。

龜山志游執中曰：「常以晝驗之妻子，以觀其行之篤與否也；夜考之夢寐，以卜其志之定與未也。」

紹興、隆興，主和者皆小人；開禧，主戰者皆小人。

吕文靖爲相，非無一疵可議；子爲名相，而揚其父之美。史直翁爲相，非無一善可稱；子爲權臣，而掩其父之美。《易》曰：「有子考無咎。」

嘉定癸未，禮闈策士云：「發德音，下明制。」寧皇遺詔，下謂之「遺誥」，蓋避時宰家諱也。蔣良貴簽判安吉州，時水災後修城，郡守趙希觀屬良貴作《記》，用「浩浩」字，希觀欲改，良貴不可，曰：「以宗室而避宰相父名，此非藝祖皇帝所望於金支玉葉也。」聞者壯之。

胡文定父子奏疏，以《春秋》之義扶世道，正人心，可以立懦夫之志。此義不明，人欲橫流，始也不知邪正，終也不知逆順。

唐内殿《無逸圖》代以山水，開元、天寶治亂所以分也。仁宗寶元初，圖農家耕織於延春閣。哲宗元符間，亦更以山水，勤怠判焉。徽宗宣取秘書省圖畫進覽，陳師錫奏曰：「六經載道，諸子談理，歷代史籍，祖宗圖書，天人之蘊，性命之妙，治亂安危之機，善惡邪正之迹在焉。以此爲圖，天地在心，流出萬物；以此爲畫，日月在目，光宅四海。觀心於此，則天地沖氣生焉；注目於此，則日月祥光麗焉。心以道觀則正，目以德視則明。」噫，使徽宗能寘其言於坐右，則必能鑒成敗、别淑慝矣。以規爲瑱，聽之藐藐，而畫學設焉。《黍離》《麥秀》之風景，其可畫乎？

紹興間，李誼言：「《漢·循吏傳》六人，而五人出于宣帝；《酷吏傳》十二人，而八人出于武帝。《唐·循吏傳》十五人，而出于武德、貞觀之時者半；《酷吏傳》十二人，而出于武后之時者亦半。吏治視上之趨嚮。」

富文忠公使虜還，遷翰林學士、樞密副使，皆力辭，願思夷狄輕侮之耻，坐薪嘗膽，不忘修政。嘉定初，講解使還，中書議表賀，又有以和戎爲二府功，欲差次遷秩。倪文節公思曰：「澶淵之役，捷而班師，天子下詔罪己，中書樞密待罪。今屈己盟戎，奈何君相反以爲慶？」乃止。

延平先生論治道，必以明天理、正人心、崇節義、厲廉耻爲先。

王時雍、徐秉哲等爲賣國牙郎，而不忍以宋宗族交與虜人者，開封捉事使臣竇鑒也。李鄴以越守降虜，而袖石擊虜僞守者，親事官唐琦也。

朱文公謂蔡季通曰：「身勞而心安者爲之，利少而義多者爲之。」出《荀子·修身篇》。李誠之嘗語真希元曰：「『篤信好學，守死善道』，此吾輩八字箴。」

元祐中，李常寧對策曰：「天下至大，宗社至重。百年成之不足，一日壞之有餘。」擢爲第一。景定中，有擢倫魁者，其破題云：「運一心之乾，開三才之泰，可以觀世道之消長矣。」

先儒論本朝治體云：「文治可觀而武績未振，名勝相望而幹略未優。」然考之史策，宋與契丹八十一戰，其一勝者，張齊賢太原之役也，非儒乎？一韓一范使西賊骨寒膽破者，儒也。宗汝霖、李伯紀不見沮於耿、汪、黄三奸，則中原可復，讎耻可雪。采石却敵，乃眇然幅巾緩帶一參贊之功。儒豈無益於國哉？搢紳不知兵，介胄不知義，而天下之禍變極矣。

元祐諸賢不和，是以爲紹聖小人所乘。元符、建中韓、曾不和，是以爲崇寧小人所陷。紹興趙、張不和，是以爲秦氏所擠。古之建官曰三公，公則無私矣；曰三孤，孤則無朋矣。無私無朋，所以和也。

蔡京之惡極矣，曾布、張商英是以竊君子之名。

止齋曰：「國初以科舉誘致偏方之士，而聚之中都。由是家不尚譜牒，身不重鄉貫。」

《夬》「揚于王庭」，以正小人之罪；「孚號，有厲」，以危小人之復。元祐諸賢，似未知「其危乃光」之義。

胡文定公曰：「宰相時來則爲，不可擅爲己有。」余謂：宰相非久居之地也。仁以爲己任，死而後已，元祐司馬公是也；夸者死權，紹興之秦、紹定之史是也。

陳恕定茶法，以中等爲可行。張方平論鹽法，以再榷爲不可。

王仲山以撫州降，仲嶷以袁州降，禹玉之子也。綦叔厚行責詞云：「昔唐天寶之亂，河北列郡並陷，獨常山、平原能爲國守者，蓋杲卿、真卿二顏在焉。爾等頃以家聲，屢塵仕版，未聞虧失，浸預使令，爲郡江西，惟兄及弟。力誠不支，死猶有説，臨川先降，宜春繼屈，魯、衛之政，若循一途。雖爾無耻，不媿當時之公議；顧亦何施面目，見爾先人於地下哉！」秦檜，仲山之婿。

虞公以玉失國，楚子常以佩喪邦。近歲襄陽之事，亦起於権場之玉帶。

淳祐甲辰，宰相起復，太學諸生黄愷伯等上書曰：「彌遠奔喪而後起復，嵩之起復而後奔喪。」徐仁伯元杰兼説書，對經幄，其言當帝心。臺諫劉晉之、王瓚、胡清獻、龔基先聯章論仁伯，上震怒，夜出御筆，逐四人。遂寢起復之命，而相范、杜。明年，仁伯卒，人以爲毒也。然其事竟不明白。庸齋趙茂實志之，徐景説銘之。

自荆舒之學行，爲之徒者，請禁讀史書。其後經筵不讀《國風》，而《湯誓》《泰誓》亦不進講。人君不知危亡之事，其效可睹矣。

小人之毀君子，亦多術矣。唐左拾遺侯昌業上疏，極言時病，而田令孜之黨僞作諫疏，有「明祈五道，暗祝冥官」「於殿内立揭諦道場」。本朝鄒浩諫立劉后，而章厚之黨僞作諫疏，有「取他人之子」之語。其誣善醜正，不謀而同；然不可泯者，千萬世之清議也。

鄧志宏肅謂崇寧以來，蔡京群天下學者，納之黌舍，校其文藝，等爲三品。飲食之給，因而有差。旌别人才，止付於魚肉銖兩間。學者不以爲羞，且逐逐然貪之。部使者以學宫成壞爲州縣殿最。學校之興，雖自崇寧，而學校之廢，政由崇寧。蓋設教之意，專以禄養爲輕重，則率教之士，豈復顧義哉？崇寧學校之事，概見於此。昔之所謂率教者猶若此，今之所謂率教者又可見矣。

大觀八行，因《周禮》之六行，附以六德之忠、和。奸臣不學如此。

真文忠公《自箴》曰：「學未若臨邛之邃，量未若南海之寬，制行劣於莆田之懿，居貧媿於義烏之安。」臨邛，魏鶴山了翁；南海，崔菊坡與之；莆田，陳宓；義烏，徐僑。

上蔡先生初造程子，程子以客肅之，辭曰：「爲求師而來，願執弟子禮。」程子受之，館于門側。上漏旁穿，天大風雪，宵無燭，晝無炭，市飯不得温，程子弗問，謝處安焉。如是逾月，豁然有省，然後程子與之語。

吕子約曰：「讀《明道行狀》，可以觀聖賢氣象。」

譙天授定之學，得於蜀曩氏夷族；袁道潔溉之學，得於富順監賣香薛翁。故曰：「學無常師。」

卷十六

考史

漢河渠考

美哉禹功，萬世永賴。云何漢世，河決爲害？蓋自戰國，壅川壑鄰，決通堤防，重以暴秦。水失其行，故瀆遂改，碣石九河，皆淪于海。微禹其魚，遺黎之思，披圖案諜，用綴軼遺。

孝文十二年，河決酸棗東，潰金堤。

陳留郡酸棗縣，今屬開封府。秦拔魏置縣。地多酸棗，因以爲名。金堤河堤在東郡白馬界。《括地志》：「一名千里堤，在滑州白馬縣東五里。」《郡縣志》：「在酸棗縣南二十三里。」《輿地廣記》：酸棗縣有金堤，「漢文時河決金堤，即此」。王尊爲東郡太守，請以身塡金堤。程子曰：「漢火德，多水災；唐土德，少河患。」

孝武元光三年，河水徙，從頓丘東南流入勃海，復決濮陽瓠子，注鉅野，通淮、泗，鄃居河北。鄃音輸。《後漢》注：音俞。

東郡頓丘縣，今澶州開德府濮陽、清豐兩縣。漢勃海郡，在勃海之濱。今滄、棣、霸、濱諸州之地。《水經注》：「《禹貢》曰：『夾右碣石，入于河。』《山海經》：『碣石之山，繩水出焉，東流注于河。』河之入海，舊在碣石，今川流所導，非禹瀆也。周定王五年，河徙故瀆。班固曰：『商竭，周移。』」瓠子，今開德府濮陽縣西有瓠子口。瓠子，河名也。濟州鉅野縣東北有大野澤，即鉅野也。《禹貢》：「大野既豬。」清河郡鄃縣，《通典》：鄃故城在德州平原縣西南。大名府夏津縣，本鄃縣。程氏曰：周時河徙砱礫，至漢又改向頓丘東南流。

元封二年，自泰山還至瓠子，自臨塞決河，築宣防宮。

《水經》：「瓠子河出東郡濮陽縣北河。」注：「縣北十里爲瓠河口，亦謂瓠子堰、宣房堰。」《括地志》：「故龍淵宮，俗名瓠子宮，亦名宣房宮，在濮陽縣北十里。」決河，在鄄城以南，濮陽以北，廣百步，深五丈。《通典》：「秦始皇二十二年，攻魏，決河，灌其都。決處遂大，不可復補。」漢王横云。《九域志》：「濮州雷澤縣有瓠子河。」澶州濮陽縣有瓠子口。萬里沙在萊州掖縣。濟州東阿縣有魚山，一名吾山。《瓠子歌》曰：「吾山平鉅野溢。」東阿，今屬鄆州。

導河北行二渠，復禹舊迹。

《河渠書》：「禹乃厮二渠以引其河，北載之高地，過降水，至于大陸，播爲九河，同爲逆河，入于勃海。」孟康曰：「二渠：其一出貝丘西南，南折者也，其一則漯川也。」臣瓚曰：「河入海乃在碣石，元光二年更注勃海，禹時不注也。」貝丘，貝州清陽縣。熙寧四年省入清河縣。漯水，出東郡東武陽，省入大名府莘縣、澶州朝城縣。至千乘青州千乘縣。入海。降水故瀆，在冀州南宮縣東南六里。《大事記》：「周威烈王十三年，晉河岸傾，壅龍門，至于底柱。」春秋後河患見史傳始於此。

自塞宣房後，河復北決於館陶，分爲屯氏河。

《地理志》：「魏郡館陶縣河水別出爲屯氏河，東北至章武入海。」館陶，今屬大名府。《通典》：「魏州貴鄉縣有屯氏河，大河故瀆，俗曰王莽河。章武縣，滄州魯城縣，周省入清池縣。」《九域志》：「大名府館陶縣、夏津縣有屯氏河。南樂縣有大河故瀆。」

元帝永光五年，河決清河靈鳴犢口，而屯氏河絕。

清河之靈縣鳴犢河口。《地理志》：「清河郡靈縣，河水別出爲鳴犢河，東北至蓨，入屯氏河。」靈縣，隋省入博州博平縣。蓨，音條，縣屬德州，後屬冀州。

成帝建始四年，河決東郡金堤，河堤成，以五年爲河平元年。三年，河復決平原，流入濟南、千乘。

平原，德棣州。濟南，齊淄州。千乘故城，在淄州高苑縣北。

鴻嘉四年，勃海、清河、信都河水溢。李尋等言：「議者常欲求索九河故迹而穿之，今因其自決，可且勿塞，以觀水勢。」

信都，冀州信都縣，禹導河，北過降水，即此。亦曰枯降渠，西南自南宮縣界入。《禹貢》「九河既道」。《爾雅》：「一曰徒駭，二曰太史，三曰馬頰，四曰覆鬴，五曰胡蘇，六曰簡絜，七曰鉤盤，八曰鬲津，其一河之經流。」先儒不知「河之經流」，遂分簡絜爲二。徒駭，《寰宇記》：在滄州清池。許商云：在成平。馬頰，《郡縣志》：在德州安德。《寰宇記》：在棣州滴河北。《輿地記》：即篤馬河也。覆鬴，《通典》：在德州安德。胡蘇，《寰宇記》：在滄州饒安、臨津、無棣三縣。許商云：在東光。簡絜，《輿地記》：在臨津。鉤盤，《通典》《寰宇記》：在滄州樂陵東南，從德州平昌來。《輿地記》：在樂陵。鬲津，《寰宇記》：在樂陵東，西北流入饒安。《通典》：在饒安。許商云：在鬲縣。《輿地記》：在無棣。太史，不知所在。漢世近古，止得其三，唐人遂得其六，歐陽忞《輿地記》又得其一。或新河載以舊名，或一地互爲兩説，皆似是而非，無所依據。鄭氏以爲齊桓塞其八流以自廣。夫曲防，齊之所禁，塞河非桓公所爲也。程氏以爲九河之地，已淪於海，謂今滄州之地，北與平州接境，相去五百餘里，禹之九河當在其地。酈道元亦謂：「九河、碣石，苞淪於海。」篤馬河在平原縣，今德州。欒史以爲馬頰，誤矣。

平當使領河堤，奏：「按經義治水，有決河深川，無堤防壅塞之文。」

程子曰：「河北見鯀堤，無禹堤。鯀堙洪水，故無功，禹則導之而已。」

賈讓言：「禹鑿龍門，辟伊闕，析厎柱，破碣石。」

《水經》：「河水南過河東北屈縣唐慈州吉昌。西，注：「《呂氏春秋》曰：『龍門未闢，呂梁未發，河出孟門，大溢逆流，名曰鴻水。』大禹疏通，謂之孟門。孟門即龍門之上口也。」河水又南過皮氏縣河中府龍門。西，又南出龍門口。」注：「大禹導河積石，疏決梁山，即《經》所謂龍門也。」「崩浪萬尋，懸流萬丈，迄于下口。《慎子》曰：下龍門，非駟馬之迅也。」潏水李氏曰：「同州韓城北有安國嶺，東臨大河，有禹廟，在山斷河出處。禹鑿龍門，起於唐張仁愿所築東受降城之東，自北而南，至此山盡。兩岸石壁峭立，大河盤束於山峽間，至此山開岸闊，豁然奔放，聲如萬雷。」《通典》：「絳州龍門縣，今屬河中府。有龍門山，即大禹所鑿。《三秦記》云：『魚鼈上之即爲龍，否則點額而還。』」黄河北去縣二十五里，乃龍門口。《輿地記》：「同州韓城縣有龍門山。顔氏曰：『龍門山，其東在今龍門縣北，其西在今韓城縣北，而河從其中下流。』」《水經注》：「砥柱，山名。禹治洪水，破山以通河，河水分流，包山而過，山見水中，若柱然，故曰砥柱。三穿既決，水流疏分，亦謂之三門山。」伊闕、碣石，見前。

淇口以東。

《通典》：「淇水出共山，東至衛州衛縣界入河，謂之淇水口。」

新莽始建國三年，河決魏郡，泛清河以東數郡。

魏郡，相州大名府。清河，恩州。

明帝永平十三年，王景修汴渠成。

詔曰：「自汴渠決敗，六十餘歲。平帝時。今既築堤理渠，絶水立門，河、汴分流，復其舊迹。」《郡縣志》：「汴渠在河南府河陰縣漢滎陽縣，唐屬孟州。南二百五十步，亦

【一】亦名蒗蕩渠　「蒗」原作「莨」，據翁注本改。

【二】今礫溪口是也　「今」原作「砱」，據翁注本改。

名蒗蕩渠【一】。禹塞滎澤，開渠以通淮、泗。漢命王景修渠。」《漢書》有滎陽漕渠，如淳曰：「今礫溪口是也【二】。」《水經注》：「王景即滎水故瀆東注浚儀，謂之浚儀渠。」

章帝建初三年，罷虖沱、石臼河。

虖沱，出代州繁畤縣東南，流經五臺山北，東南流過定州入海。鄧訓治虖沱、石臼河，從都慮至羊腸倉。石臼河在定州唐昌縣東北。本漢苦陘縣，今省入安喜縣。《通典》：「嵐州宜芳縣，即漢汾陽縣。積粟所在，謂之羊腸倉，石磴縈委，若羊腸焉。」《水經注》：「按《郡國志》，常山南行唐縣有石臼谷。」

《張騫傳》：「天子案古圖書，名河所出山曰昆侖。」

漢武帝以于闐山出玉，因名河所出曰崑崙。《博雅》曰：「崑崙虛，赤水出其東南陬，河水出其東北陬，洋水出其西北陬，弱水出其西南陬。河水入東海，三水入南海。」《後漢書》注云：「崑崙山在肅州酒泉縣西南。山有崑崙之體，故名之。」朱文公曰：「二書之語似得其實。《水經》言崑崙去嵩高五萬里，恐不能若是之遠。」《通典》：「今吐蕃中河，從西南數千里向東北流，見與積石山下河相連。聘使涉歷，無不言之。吐蕃自云：『崑崙山在國中西南，則河之所出也。』《尚書》云：『織皮崑崙、析支、渠搜，西戎即敘。』《後漢書》云：『西羌在漢金城郡之西南，濱于賜支。』《續漢書》：『河關縣，屬金城郡，今積石軍。西可千餘里，有羌，謂之賜支，蓋析支也。』然則析支在積石之西，是河之上流明矣。崑崙在吐蕃中，當亦非謬。」《楚辭注》：「《爾雅》：『河出崑崙虚，色白，所渠并千七百一川，色黄。百里一小曲，千里一曲一直。』」《離騷》：「邅吾道夫崑崙。」《九歌》：「登崑崙兮四望。」

靈帝光和六年，金城河溢。

金城郡，今蘭會西寧湟州積石軍。

歷代田制考

秦廢井田，開阡陌。周顯王十九年。

《通典》曰：「按周制，步百爲畝，畝百給一夫。商鞅佐秦，以一夫力餘，地利不盡，於是改制，二百四十步爲畝，百畝給一夫。又以秦地曠而人寡，晉地狹而人稠，誘三晉人發秦地利，優其田宅，復及子孫，而使秦人應敵於外。大率百人，則五十人爲農，五十人習戰。兵强國富，職此之由。」朱文公《開阡陌辯》曰：「説者之意，皆以『開』爲『開置』之『開』，言秦廢井田而始置阡陌也。按阡陌者，舊説以爲田間之道，蓋因田之疆畔，制其廣狹，辨其横從，以通人物之往來，即《周禮》所謂遂上之徑，溝上之畛，洫上之涂，澮上之道也。然《風俗通》云：『南北曰阡，東西曰陌。』又云：『河南以東西爲阡，南北爲陌。』二説不同。今以《遂人》田畝夫家之數考之，當以後説爲正。蓋陌之爲言百也，遂、洫從而徑、涂亦從，則遂間百畝，洫間百夫，而徑、涂爲陌矣。阡之爲言千也，溝、澮横，而畛、道亦横，則溝間千畝，澮間千夫，而畛、道爲阡矣。阡陌之名，由此而得。至於萬夫有川，而川上之路周於其外，與夫《匠人》井田之制，遂、溝、洫、澮亦皆四周，則阡陌之名，疑亦因横從而命之也。然遂廣二尺，溝四尺，洫八尺，澮二尋，則丈有六尺矣。徑容牛馬，畛容大車，涂容乘車，一軌道，二軌路，三軌則幾二丈矣。此其水陸占地不得爲田者頗多，所以正經界，止侵争，時畜洩，備水旱，爲永久之計。商君以急刻之心，行苟且之政，但見田爲阡陌所束，而耕者限於百畝，則病其人力之不盡；但見阡陌之占地太廣，而不得爲田者多，則病其地利之有遺。又當世衰法壞之時，歸授之際，必有煩擾欺隱之奸，而阡陌之地切近民田，又必有陰據自私而税不入於公上者，是以盡開阡陌，悉除禁限，而聽民兼并買賣以盡人力，墾闢棄地，悉爲田疇，不使有尺寸之遺以盡地利，使民有田即爲永業，而不復歸授，以絶煩擾欺隱之奸；使地皆爲田，田皆出税，以覈陰據自私之幸。此其爲計，正猶楊炎疾浮户之弊，破租庸以爲兩税，蓋一時之害雖除，而千古聖賢傳授精微之意於此盡矣。故《秦紀》《鞅傳》皆云：『爲田開阡陌封疆，而賦税平。』蔡澤亦曰：『決裂阡陌，以静生民之業，而一其俗。』所謂『開』者，乃破壞剗削之意，而非創置建立之名。所謂『阡陌』，乃三代井田之舊，而非秦之所置矣。所謂『賦税平』者，以無欺隱竊據之奸也。所謂『静生民之業』者，以無歸授取予之煩也。」《大事記解題》曰：「決裂云者，唐、虞、三代井田之制，分畫堅明，封表深固，非大用力以決裂之，不能遽掃滅其迹也。秦始皇三十一年，使黔首自實田。使井田不廢，何患田之不實乎！」

漢董仲舒請限民名田。

名田，占田也。各爲立限，不使富者過制，貧弱之家可足也。武帝時，賈人有市籍及家屬，皆無得名田。胡氏曰：「限田終不能行者，以人主自爲兼并，無以使民興於廉也。」

趙過教民爲代田。

「代，易也。」《周官·大司徒》：「不易、一易、再易之地，有三等。」《公羊傳》注：「司空謹别田之高下善惡，分爲三品。上田一歲一墾，中田二歲一墾，下田三歲一墾。」《左傳》：「晉作爰田。」《晉語》云：「作轅田。」轅，易也。《漢·地理志》：「秦商君制轅田。」「轅」與「爰」同，易也。《食貨志》：「歲耕種者爲不易上田，休一歲者爲一易中田，休二歲者爲再易下田。三歲更耕之，自爰其處。」《鹽鐵論》御史曰：「古者制田，百步爲畝，民井田而耕，什而藉一。先帝哀憐百姓之愁苦，衣食不足，制田二百四十步而一畝，率三十而税一。」

師丹建言限名田。

王嘉奏曰：「詔書罷苑，而以賜董賢二千餘頃。均田之制，從此墮壞。」

新莽更名天下田曰王田，不得買賣。

建武十五年，詔州郡檢覈墾田户口。

《通典》曰：「自秦孝公隳經界，立阡陌，雖獲一時之利，而兼并逾僭興矣。阡陌既弊，又爲隱覈。隱覈之法，憑乎簿書；簿書既廣，必藉衆功。藉衆功，則政由群吏；政由群吏，則人無所信矣。」

後魏孝文太和九年，詔均田：「男夫十五以上，受露田四十畝。婦人二十畝。」

劉氏恕曰：「後魏均田制度，似今世佃官田及絶户田出租税，非如三代井田也。魏、齊、周、隋兵革不息，農民少而曠土多，故均田之制存。至唐承平日久，丁口滋衆，官無閑田，不復給授，故田制爲空文。《唐志》云『口分、世業之田壞而爲兼并』，似指以爲井田之比，失之遠矣。」

北齊河清三年，令民一夫受露田八十畝，婦人四十畝。

隋文帝開皇十二年，京輔三河地少人衆，發使四出，均天下之田。其狹鄉每丁纔至二十畝。

唐武德七年，初定均田。丁、中之民，給田一頃。篤疾減十之六，寡妻妾減七。皆以什之二爲世業，八爲口分。

范氏曰：「唐初定均田，有給田之制，蓋由有在官之田也。其後給田之制不復見，蓋官田益少矣。」林氏勳曰：「周制步百爲畝，百畝僅得唐之四十餘畝。唐之口分，人八十畝，幾倍於古。蓋貞觀之盛，户不及三百萬，永徽唯增十五萬。若周則王畿千里，已有三百萬家之田，列國不與焉。是以唐制受田倍於周，而地亦足以容之。狹鄉雖裁其半，猶可以當成周之制。然按一時户口而不爲異日計，則後守法難矣。」既無振貧之術，乃許之賣田，後魏以來弊法也。是以啓兼并之漸。永徽中，洛多豪右，占田逾制，賈敦頤舉没三千餘頃，賦貧民。

開元九年，宇文融爲勸農使，括逃户及籍外田。

陸贄論兼并之家，私斂重於公税，請爲占田條限。

後周世宗以元稹《均田圖》賜諸道，詔艾穎等分行諸州，均定田租。《會要》云：「見元稹在同州時所上《均田表》，因製素爲圖。」

今按元稹《同州奏均田》曰：「因農務稍暇，令百姓自通手實狀，又令里正書手等傍爲穩審，並不遣官吏擅到村鄉，略無欺隱。除去逃荒，其餘頃畝，取兩税元額，通計七縣沃瘠，一例作分抽税。」蘇氏曰：「三代之君，開井田，畫溝洫，謹步畝，嚴版圖，因口之衆寡以授田，因田之厚薄以制賦。經界既定，仁政自成，下及隋、唐，風流已遠。然其授民田有口分、世業，皆取之於官。其斂民財有租、庸、調，皆計之於口。其後變爲兩税，户無主客，以見居爲簿，人無丁中，以貧富爲差。貧者急於售田，則田多而税少；富者利於避役，則田少而税多。僥倖一興，税役皆弊。嘉祐中，薛向、孫琳始議方田，量步畝，審肥瘠，以定賦税之入。熙寧中，吕惠卿復建手實，抉私隱，崇告訐，以實貧富之等。元豐中，李琮追究逃絶，均虚數，虐編户，以補失陷之税。此三者，皆爲國斂怨，所得不補所失。昔宇文融括諸道客户，州縣觀望，虚張其數，以實户爲客，雖得户八十餘萬，歲得錢數百萬，而百姓困弊，實召天寶之亂。均税之害，何以異此！」張子曰：「治天下不由井地，終無由得平。周道止是均平。」南唐烈祖分遣使者按行民田，以肥瘠定其税。

歷代漕運考

漢

渭渠。

渭水，出熙州狄道縣東北，至華州華陰入河。劉仲馮曰：「今渭汭至長安僅三百里，固無九百餘里，而云『穿渠起長安，旁南山至河』，中間隔灞、滻數大川，無緣山成渠之理。此説可疑，今亦無其迹。」《西都賦》：「通溝大漕，潰渭洞河。」

褒斜道，故道。

褒水通沔，在興元府褒城縣。出衙領山，至南鄭入沔。斜水通渭，在京兆府武功縣。出衙領山，北流至郿入渭。故道，今鳳州梁泉縣。

河内。

懷、衛二州之地。

東冶，零陵、桂陽嶠道。

東冶，福州閩縣。零陵郡，南臨源嶺。永州。桂陽郡，臘嶺。郴州。

沮下辨。

沮縣，漢屬武都，隋爲興州順政。沔水發源於此，一名沮水。今沔州。下辨縣，漢下辨道屬武都，西魏改同谷，唐爲成州同谷。《續志》：「下辨東三十餘里有峽，中當水泉，生大石，障塞流水，至春夏輒溢。虞詡使人燒石，以水溉之，石皆裂，因鐫去石，遂無汜溺之患。」

斜谷。

《郡國志》：「右扶風武功縣有斜谷。」注：「褒斜谷，在長安西南。南口褒，北口斜，長百七十里，其水南流。」武功，今鳳翔府郿縣。

魏

陳項、壽春。

《通典》：「潁州，魏汝陰郡，鄧艾屯田於此。」陳項，陳州宛丘、項城縣。壽春，見前。《晉志》：「修廣淮陽、百尺二渠，上引河流，下通淮潁。」《通典》：陳州宛丘縣有百尺堰。《隋志》潁川郡北舞縣有百尺溝。《郡縣志》：百尺堰在潁州汝陰縣西北一百里。

晋

湍、淯水，楊口。

《漢・地理志》：「湍水出魯陽縣魯山，東北至定陵入汝。魯陽，汝州魯山縣。定陵故城在蔡州郾城縣西北。淯水出酈縣西北，南入漢。」酈故城在鄧州臨湍縣。《通典》：「復州沔陽縣，漢雲杜縣。杜預爲荆州刺史，開楊口達巴陵徑千餘里。内避長江之險，通零、桂之漕，即此也。」零陵、桂陽。

石門。

《水經注》：「滎瀆水受河水，有石門，謂爲滎口石門。」

千金堨。

永嘉元年，修千金堨於許昌，以通運。《水經注》：「河南縣城東十五里，有千金堨。《洛陽記》曰：千金堨，舊堰穀水，魏時更修，積石爲堨。開溝渠五所，謂之五龍渠，渠上立堨。堨是都水使者陳協造。水歷堨東注，謂之千金渠。」許昌許州，今潁昌府許田鎮。劉曜攻石生于金墉，決千金堨以灌之。

隋

蒲，陝，衛，汴，黎陽，汾，晋，渭水，廣通渠，大興城，潼關。

蒲州。河中府。汴州。開封府。黎陽。今濬州。汾州。唐爲慈州。晋州。平陽。京兆府萬年縣，隋改爲大興縣。廣通渠，在華州，置廣通倉。《隋紀》：「幸霸水，觀漕渠。」潼關，在華州華陰縣。渭水，在萬年縣北五十里，東流二百四十里至華陰縣，東北流三十五里，自永豐倉入河，謂之渭口。

山陽瀆。

楚州山陽縣。今淮安州。

砥柱。

陝州硤石縣，今省入陝縣。有底柱山，俗名三門山，在縣東北五十里。河水分流包山，山見水中若柱然。又以禹治洪水，山陵當水者破之，三穿既決，河出其間，有似於門，故亦謂三門。唐太宗勒銘。

通濟渠，穀、洛水，板渚，邗溝。

《通典》：「汴渠在河南府河陰縣南二百五十步，今名通濟渠。隋煬帝開導，西通河、洛，南達江、淮。河陰後屬孟州。汴州有通濟渠，隋煬帝開引黃河水以通江、淮漕運，兼引汴水，即浪宕與「莨蕩」同。渠也。」《隋志》在浚儀縣。《九域志》：「汴水，古通濟渠也，在開封縣。」《周語》「穀、洛鬬」，注云：「洛在王城之南，穀在王城之北，東入于瀍。至靈王時，穀水盛，出於王城之西，而南流合於洛水。」《山海經》：「澗水西北流，注于穀水。」《通典》：「穀水本澗水，經苑中入于洛。」板渚，《水經》：「河水又東合汜水，又東逕板城北。」注云：「有津，謂之板城渚口。」在孟州汜水。《左傳》：「吴城邗，溝通江、淮。」注云：「於邗江築城穿溝，東北通射陽湖，西北至末口入淮，通糧道也，今廣陵韓江是。」隋開邗溝，自山陽至揚子入江，渠廣四十步，自楚州寶應縣北流入淮。

永濟渠。《國史志》：「大名府永濟縣有永濟渠。」今省爲鎮，入臨清縣。

東萊海口。東萊郡萊州，西至海二十九里，北至海五十里，東南至海二百五十里。

唐

三門，河陰，柏崖，集津倉，鹽倉。含嘉倉，太原倉。裴耀卿於三門東西置倉，開山十八里爲陸運以避其險，卒泝河而入渭。三門山見前「砥柱」。《地理志》：「河南府河陰縣，開元二十二年置，領河陰倉。會昌三年屬孟州。河清縣，咸亨四年置柏崖縣，尋省，有柏崖倉。陝州平陸縣，三門西有鹽倉，東有集津倉。陝縣有太原倉。」《六典》：「東都曰含嘉倉。自含嘉倉轉運，以實京之太倉。自洛至陝運於陸，自陝至京運於水。」楊慎名爲含嘉倉出納使。劉晏移書曰：「陝郊見三門、集津遺迹。」曾子固曰：「宋興，承周制，置集津之運，轉關中之粟以給大梁。」李泌自集津至三門，鑿山開車道，以避底柱之險。《九域志》：「陝州平陸縣三門集津鎮。」

滻水，望春樓，廣運潭。

《地理志》：「京兆府萬年縣有南望春宫，臨滻水，西岸有北望春宫，宫東有廣運潭。華州華陰縣有漕渠，自苑西引渭水，因石渠，會灞、滻，經廣運潭至縣入渭。天寶三載韋堅開。」《會要》：「自華陰永豐倉以通河、渭。」望春樓，在禁苑東南高原之上。姚南仲曰：「王者必據高明，燭幽隱，所以因龍首而建望春。」

上津，扶風，洋川。

商州上津縣。漢長利縣。扶風郡鳳翔府。自襄陽取上津路抵扶風，德宗治上津道置館。洋川郡洋州。泝江、漢而上至洋川，陸運至扶風。汴水堙，廢漕運，自江、漢抵梁、洋。梁州興元府。

汴水，梁公堰。

劉晏疏浚汴水，見宇文愷梁公堰。《通典》：「汴口堰，在河陰縣西二十里，又名梁公堰。隋開皇七年，使梁睿增築漢古堰，遏河入汴。」《會要》：「開元二年，李傑奏汴州東有梁公堰，堰破漕梗，發汴、鄭丁夫浚之，省功速就，刻石水濱紀其績。」

甬橋，渦口，蔡水。

甬橋，在宿州符離縣。渦口，在濠州鍾離縣九十里。杜佑以漢運路出浚儀十里入琵琶溝，絶蔡河，至陳州而合。李勉治蔡渠引東南饋。《通典》：「汴州浚儀縣有蔡水。」《九域志》祥符縣有蔡河。建隆元年，浚蔡河，設斗門。二年，導閔水，自新鄭與蔡水合，貫京師，南歷陳、潁，達壽春，以通淮右之漕。以西南爲閔河，東南爲蔡河。開寶六年，改閔河爲惠民河。與蔡河一水。李泌曰：「江、淮漕運，自淮入汴，以甬橋爲咽喉。」

金、商運路。

《通典》：金州，去西京九百九十一里。商州，去西京三百里。

渭橋，東渭橋。

渭橋，《三輔故事》：「秦昭王作，長三百八十步。」《郡縣志》：「中渭橋，在咸陽縣東南二十二里。」渭水南，去縣三里東渭橋，在萬年縣東。《後漢》注：「渭橋本名橫橋，在咸陽縣東南。」

揚子院，淮陰，項城，潁，溵。

揚州揚子縣，今屬真州。廣明元年，高駢奏改揚子院爲發運使。淮陰縣，楚州。項城縣，陳州。潁水出陽城縣陽乾山，東至下蔡，入淮。溵水，《唐志》：「陳州溵水縣，今改商水縣。水出潁川陽城少室山，東入潁。」

後周

汴水埇橋，見前。泗上。

《漢志》有兩泗水，其一自乘氏至睢陵入淮，又一水卞縣至方與入沛。泗上，今招信軍相對泗口也。

五丈河。

五丈河，開寶六年改爲廣濟河。自都城北歷曹、濟及鄆，其廣五丈，以通東方之漕。建隆二年，浚五丈河，命陳承昭於京城之西，夾汴河造斗門，自滎陽鑿渠百餘里，引京、索二水通城壕，入斗門，架流于汴，東匯于五丈河，以便東北漕運。以京、索河爲源。《禹貢》之菏澤。《九域志》在祥符縣、東明縣。

蔡水。見前。

蔡河貫京師，兼閔水、洧水、溵水以通陳、潁之漕，蓋古琵琶溝也。元祐四年，知陳州胡宗愈議古八丈溝可開浚，分蔡河之水自爲一支，由潁、壽入淮。楊侃《皇畿賦》：「天設二渠，曰蔡曰汴。通江會海，縈畿帶甸。千倉是興，萬庾是建。」

原武。

原武縣屬鄭州。

兩漢崇儒考

漢高祖十二年，過魯，以太牢祠孔子。

《史記·世家》：「孔子葬魯城北泗上，弟子及魯人往從冢而家者百有餘室，因命曰孔里。魯世世相傳以歲時奉祠孔子冢，而諸儒亦講禮鄉飲大射於孔子冢。孔子冢大一頃。故所居堂弟子內，後世因廟藏孔子衣冠琴車書，至於漢二百餘年不絕。

高皇帝過魯，以太牢祠焉。諸侯卿相至，常先謁然後從政。」《皇覽》曰：「孔子冢去城一里，冢塋百畝，冢南北廣十步，東西十三步，高一丈二尺。冢前以瓴甓爲祠壇，方六尺，與地平。本無祠堂，冢塋中樹以百數，皆異種，魯人世世無能名其樹者。民傳言，孔子弟子異國人，各持其方樹來種之。」《水經注》云：「《從征記》曰：『洙、泗二水，交於魯城東北十七里。闕里背洙泗牆，南北一百二十步，東西六十步，四門各有石閫，北門去洙水百餘步。』《孔叢》曰：『夫子墓塋方一里。』」魯人藏孔子所乘車於廟中，是顏路所請者也。獻帝時，廟遇火燒之。《儒林傳》：「高帝誅項籍，舉兵圍魯。魯中諸儒尚講誦習禮樂，弦歌之音不絕。豈非聖人之道化，好禮樂之國哉！」

武帝建元五年，置五經博士。元朔五年，爲博士置弟子。

晉灼曰：「西京無太學。」公孫弘曰：「請因舊官而興焉。其肄習之地，則太常也。傳授之師，則五經博士也。」《三輔黃圖》：「漢太學，在長安西北七里。」《關中記》：「在安門之東，杜門之西。」何武歌太學下，王咸舉幡太學下，則有太學矣。或曰：晉灼以漢初言，《黃圖》記武帝時。

宣帝甘露三年，詔諸儒講五經同異於石渠閣。

《三輔故事》：「石渠閣，在未央宮殿北，藏秘書之府。」《黃圖》云：「蕭何造，其下礲石爲渠以導水。所藏入關所得秦之圖籍。」

成帝綏和元年，封孔吉爲殷紹嘉侯。匡衡、梅福以爲宜封孔子世爲湯後。劉向説上宜興辟廱，設庠序。未作而罷。

平帝元始元年，封孔均爲褒成侯。

《漢表》：殷紹嘉侯在沛郡，褒成侯在瑕丘。今兖州瑕丘縣。《後漢·孔僖傳》：「平帝時，封孔均，追謚孔子爲褒成宣尼公。建武十三年，復封均子志爲褒成侯，子損嗣。永元四年，徙封褒亭侯。」

世祖建武五年，初起太學，帝還，視之。十九年，又幸太學。中元元年，起辟廱。

明帝永平二年，臨辟雍，行大射養老禮。十五年，至魯，詣孔子宅。

章帝建初四年，詔諸儒會白虎觀，議五經同異。元和二年，至魯，祠孔子及七十二弟子於闕里，作六代之樂，大會孔氏男子六十二人。

安帝延光三年，祀孔子及七十二子於闕里，還幸太學。

《洛陽記》：「太學在洛陽城故開陽門外，去宮八里。講堂長十丈，廣三丈。」《述征記》：「在國子學東二百步。」《漢官儀》：「辟雍去明堂三百步，車駕臨辟雍，從北門入。三月、九月於中行大射禮。」永平四年、八年，和帝永元十四年，順帝陽嘉元年、二年，靈帝熹平六年，並臨辟雍。「孔子宅，在兖州曲阜縣，故魯城中歸德門内，闕里之中，背洙面泗，夔相圃之東北也。」梅福曰：「今仲尼之廟，不出闕里。」永平二年，郡縣學校行鄉飲，祀孔子，猶未立廟也。梁天監四年，初立孔子廟。唐武德二年，始詔國子學立廟。貞觀四年，詔州縣學皆作孔子廟。北宮白虎門，於門立觀。

順帝永建六年，修繕太學，凡造二百四十房，千八百五十室。

《水經注》：「漢置太學於國子堂東。石經東有一碑，陽嘉八年立，文云：『建武二十七年，造太學，年積毀壞。永建六年九月，詔修太學，用作工徒十一萬二千人。陽嘉元年，作畢。碑南面刻頌。』」獻帝初平四年【三】，太學行禮，幸永福城門臨觀其儀。光和五年，幸太學。

靈帝熹平四年，詔諸儒正五經文字，刻石立太學門外。

《水經注》：「光和六年，刻石鏤碑，載五經，立於太學講堂前東側。蔡邕自書丹於碑。《洛陽記》：高一丈許，廣四尺。」

魏文帝黃初二年，封孔羨爲宗聖侯。

晉封二十三世孫震爲奉聖亭侯。後魏延興三年，封二十七世孫乘爲崇聖大夫。太和十九年，孝文幸魯，親祠孔子廟，改封二十八世孫珍爲崇聖侯。北齊封三十一世孫爲恭聖侯。周武帝改封鄒國公。隋文帝仍舊封，煬帝改封紹聖侯。唐貞觀十一年，封裔孫德倫爲褒聖侯。開元二十七年，以孔子後爲文宣公。宋太平興國二年，孔

【三】獻帝初平四年　「獻」原作「靈」，據翁注本改。

宣襲封文宣公。至和二年，祖無擇言不可以祖謚加後嗣，詔封宗愿爲衍聖公，今世襲。後魏太和十六年，謚孔子曰文聖尼父。唐貞觀二年，升孔子爲先聖；十一年，尊爲宣父。武后封隆道公。開元二十七年，謚爲文宣王。宋祥符元年，幸曲阜，謁文宣王廟，謚玄聖文宣王；五年，改謚至聖。

卷十七

評文

汪彦章曰：「左氏、屈原始以文章自爲一家，而稍與經分。」《離騷》曰：「閨中既以邃遠兮，哲王又不寤。」以楚君之闇，而猶曰「哲王」，蓋屈子以堯、舜之耿介，湯、禹之祗敬望其君，不敢謂之不明也。太史公《列傳》曰：「王之不明，豈足福哉！」此非屈子之意。

夾漈《草木略》，以蘭、蕙爲一物，皆今之零陵香也。然《離騷》「滋蘭」「樹蕙」，《招魂》「轉蕙」「氾蘭」，是爲二草，不可合爲一。

江離，《史記索隱》引《吴録》曰：「臨海海水中生，正青似亂髮。」《廣志》爲「赤葉紅華」。今芎藭苗曰江離，緑葉白華，又不同。《藥對》以爲麋蕪，一名江蘺。芎藭、藁本、江離、麋蕪並相似，非是一物也。《淮南子》云：「亂人者若芎藭與藁本。」顔師古曰：「郭璞云：江離似水薺，今無識之者，然非麋蕪也，《藥對》誤耳。」楚辭《補注》《集注》皆缺，《讀詩記》：「董氏曰：『《古今注》謂「勺藥，可離」，《唐本草》「可離，江離」，然則勺藥，江離也。』」

屈原，楚人，而《涉江》曰：「哀南夷之莫吾知。」是以楚俗爲夷也。陰邪之類，讒害君子，變於夷矣。

「忠湛湛而願進兮，妒披離而鄣之」，壅蔽之患也。元帝似之，故周堪、劉更生不能決一石顯。「聲有隱而相感兮，物有純而不可爲」，偏聽之害也。德宗似之，故陸贄、陽城不能攻一延齡。

宋玉《釣賦》：「宋玉與登徒子偕受釣於玄淵。」《淮南子》作「蜎蠉」。《七略》：蜎子名淵，楚人。唐人避諱，改「淵」爲「泉」，《古文苑》又誤爲「洲」。宋玉《對問》「陽春白雪」，《集》云「陵陽白雪」，見《文選·琴賦》注。

劉勰《辨騷》：班固以爲「羿、澆、二姚，與《左氏》不合」。洪慶善曰：「《離騷》用羿、澆等事，正與《左氏》合。孟堅所云，謂劉安説耳。」

《藝文類聚·鑒誡類》多格言法語，如曹植《矯志詩》曰：「道遠知驥，世僞知賢。」荀爽《女誡》曰：「七歲之男，王母不抱。七歲之女，王父不持。親非父母，不與同車。親非兄弟，不與同筵。非禮不動，非義不行。」程曉《女典》曰：「麗色妖容，高才美辭，此乃蘭形棘心，玉曜瓦質。」姚信《誡子》曰：「古人行善者，非名之務，非人之爲，險易不虧，終始如一。」諸葛武侯《誡子》曰：「非學無以廣才，非志無以成學。」顏延之《庭誥》曰：「性明者欲簡，嗜繁者氣昏。」卞蘭《座右銘》曰：「求高反墜，務厚更貧。閉情塞欲，老氏所珍。周廟之銘，仲尼是遵。無謂幽冥，處獨若群。不爲福先，不與禍鄰。」司馬德操《誡子》曰：「論德則吾薄，説居則吾貧。勿以薄而志不壯，貧而行不高。」王修《誡子》曰：「時過不可還，若年大不可少也。言思乃出，行詳乃動。」羊祜《誡子》曰：「恭爲德首，謹爲行基。無傳不經之談，無聽毀譽之語。」徐勉《與子書》曰：「見賢思齊，不宜忽略以棄日。非徒棄日，乃是棄身。」王粲《安身論》曰：「君子不妄動也，必適於道；不徒語也，必經於理；不苟求也，必造於義；不虚行也，必由於正。憂患之接，必生於自私，而興於有欲。自私者不能成其私，有欲者不能濟其欲。」凡此，皆可爲治心齊家之法。若馬援、王昶之誡，張茂先之詩，崔子玉之銘，見於史傳、《文選》者，不復紀。

《文心雕龍》謂英華出於情性：「賈生俊發，則文潔而體清；子政簡易，則趣昭而事博；子雲沈寂，則志隱而味深；平子淹通，則慮周而藻密。」

李善注《文選》，詳且博矣，然猶有遺缺。嘗觀《楊荆州誄》「謂督勳勞」，不引《左氏》「謂督不忘」；「執友之心」，不引《曲禮》「執友稱其仁」。「謂督不忘」，即《微子之命》「曰篤不忘」也。古字「督」與「篤」通用，以「督」爲「察」，非也。

瓊，赤玉也。《雪賦》「林挺瓊樹」，注以爲誤。

韓文公《曹王皋碑》云：「王親教之搏力、勾卒、嬴越之法。」《考異》謂：「《秦紀》《越語》《世家》皆無『摶力勾卒』之文。」愚按《左傳》哀十七年：三月，「越子爲左右句卒」。注云：「鈎伍相著，別爲左右屯。」此即謂勾卒也。摶力，必秦法，未見所出，《新唐書》作「團」。

「十抽一推」，或謂「推」當爲「椎」，未冠之稱。按《史記·秦始皇紀》：王翦「什推二人從軍」，《索隱》云「什中唯擇二人」，文公語出於此，不必改爲「椎」。

《原道》：「佛者曰：孔子，吾師之弟子也。」蓋用佛書「三聖弟子」之説，謂老子、仲尼、顔子也。《緯文瑣語》云。

曹子建《詰咎文》：假天帝之命，以詰風伯雨師。韓文公《訟風伯》，蓋本於此。

《送窮文》「小黠大癡」，按《張敏集·奇士劉披賦》：「古語有之，小癡爲大黠，小黠爲大癡。」

《歐陽生哀辭》：「閩人舉進士繇詹始。」史因之。黄璞《閩川名士傳》：其前有薛令之、林藻。考之《登科記》，信然。歐陽詹之行，獲稱於昌黎，而見毁於黄璞記太原伎。黄介、喻良能爲文以辨。

「太行之陽有盤谷」，在孟州濟源縣。

韓、柳並稱而道不同。韓作《師説》，而柳不肯爲師；韓闢佛，而柳謂佛與聖人合；韓謂史有人禍天刑，而柳謂刑禍非所恐。柳以封禪爲非，而韓以封泰山、鏤玉牒勸憲宗。

柳文多有非子厚之文者。《馬退山茅亭記》，見於《獨孤及集》；《百官請復尊號表》六首，皆崔元翰作；貞元五年，子厚方十七歲。《爲裴令公舉裴冕表》，邵説作；冕大曆四年薨，八年，子厚始生。《請聽政第三表》，《文苑英華》乃林逢；《第四表》云「兩河之寇盗雖除，百姓之瘡痍未合」，乃穆宗、敬宗時事；《代裴行立謝移鎮表》，行立移鎮在後，亦他人之文；《柳州謝上表》，其一乃李吉甫《郴州謝上表》也。《舜禹之事》《謗譽》《咸宜》三篇，晏元獻云：「恐是博士韋籌作。」《愈膏肓疾賦》，晏公亦云：「膚淺不類柳文。」宋景文公謂：《集外文》一卷，其中多後人妄取他人之文，冒柳州之名者。然非特《外集》也，劉夢得《答子厚書》曰：「獲新文二篇，且戲余曰：將子爲巨衡，以揣其鈞石銖黍。」此書不見於集。《食蝦蟆詩》，韓文公有答，今亦不傳，則遺文散軼多矣。

《答元饒州論春秋》，又《論政理》，按《鄱陽志》，元藇也。艾軒《策問》以爲元次山。次山不與子厚同時，亦未嘗爲饒州。

《平淮夷雅》「其佐多賢」，出《説苑》：「『渙其群，元吉』者，其佐多賢矣。」

《饒娥碑》，按魏仲兕大曆間樂平令。作《饒孝女碣》，旌其里閭，不言娥死。子厚失於傳聞，而史承其誤。

《游黄溪記》仿太史公《西南夷傳》；皇甫湜《悲汝南子桑》仿《莊子·天運》，皆奇作也。

《王參元書》云：「家有積貨，士之好廉名者，皆畏忌，不敢道足下之善。」嘗考李商隱《樊南四六》，有《代王茂元遺表》云：「與弟季參元，俱以詞場就貢，久而不調。」茂元，栖曜之子也。商隱《志王仲元》云：「第五兄參元教之學。」

沈亞之《送韓静略序》曰：「文之病煩久矣。聞之韓祭酒之言曰：『善藝樹者，必壅以美壤，以時沃灌。』」祭酒即文公也。白樂天《老戒》詩「我有白頭戒，聞於韓侍郎」，皆文公緒言也。

《驢九錫》封廬山公，《鷄九錫》封浚鷄山子。《毛穎傳》本於此。

劉夢得文不及詩，《祭韓退之文》乃謂：「子長在筆，予長在論。持矛舉楯，卒莫能困。」可笑不自量也。

鄭亞《會昌一品集序》云：「周勃、霍光雖有勳伐，而不知儒術；枚皋、嚴忌善爲文章，而不至巖廊。」歐陽公曰：「劉、柳無稱於事業，姚、宋不見於文章。」其言簡而明，非唐人所及也。

魏鄭公《砥柱銘》：「挂冠莫顧，過門不息。」《淮南子》云：「禹之趨時，冠挂而不顧，履遺而不取。」《鹽鐵論》云：「簪墮不掇，冠挂不顧。」

梁簡文《誡子當陽公書》曰：「立身之道，與文章異。立身先須謹重，文章且須放蕩。」斯言非也。文中子謂「文士之行可見」，放蕩其文，豈能謹重其行乎？

又《大同哀辭》曰：「陳蕃所憩之家，久記玄録之歲；華歆所聞之語，已定北陵之期。」按《搜神記》陳仲舉宿黃申家，《列異傳》華子魚宿人門外，皆因所宿之家生子，而夜有扣門者言所與歲數。

庾信《馬射賦》云：「落花與芝蓋齊飛【二】，楊柳共春旗一色。」王勃倣其語，江左卑弱之風也。

岑文本《擬劇秦美新》，雖不作可也。班孟堅《典引》師其意，南豐《說非異》師其辭。

李善精於《文選》，爲注解，因以講授，謂之「文選學」。少陵有詩云「續兒誦《文選》」，又訓其子「熟精《文選》理」，蓋選學自成一家。江南進士試《天鷄弄和風詩》，以《爾雅》「天鷄」有二，問之主司。其精如此。故曰：「《文選》爛，秀才半。」熙、豐之後，士以穿鑿談經，而選學廢矣。

元次山《惡圓》曰：「寧方爲皂，不圓爲卿。」范文正《靈烏賦》曰：「寧鳴而死，不默而生。」其言可以立懦。

李義山賦怪物，言佞魖、讒䰱、貪魃，曲盡小人之情狀，螭魅之夏鼎也。

白樂天云：「壽於顏回，飽於伯夷，樂於榮啓期，健於衛叔寶。」達人之言也。

劉夢得《口兵戒》：「可以多食，勿以多言。」本《鬼谷子》：「口可以食，不可以言。」

【二】落花與芝蓋齊飛　「花」原作「霞」，據翁注本改。

《文選·安陸王碑》云：「弈思之微，秋、儲無以競巧。」弈秋，見《孟子》。儲字未詳，蓋亦善弈之人，注謂「儲蓄精思」，非也。

秦少游、張文潛學於東坡，東坡以爲「秦得吾工，張得吾易」。

荆公《潭州新學詩》「仲庶氏吴」，本《詩》「摯仲氏任」。吕太史《釣臺記》「姓是州曰嚴」，本柳子厚《愚溪詩序》「姓是溪曰冉溪」。子厚之語，又出於《水經注》「豫章以木氏郡」。司馬公《保業》云「懷璽未煖」，本元次山《出規》「豈無印綬，懷之未煖」。

張文潛《送李端叔序》：「梟鴟不鳴，要非祥也；豺狼不噬，要非仁也。」本於唐吕向上疏：「鴟梟不鳴，未爲瑞鳥；猛虎雖伏，豈齊仁獸？」

晁無咎《求志賦》：「訊黄石以吉凶兮，棋十二而星羅；曰由小基大兮，何有顛沛？」謂《靈棋經》也。《異苑》云：「十二棋卜，出自張文成，受法於黄石公，行師用兵，萬不失一，東方朔密以占衆事。」

荆公爲《外祖母墓表》云：「女婦居不識廳屏，笑言不聞鄰里，是職然也。」唐岐陽公主不識刺史廳屏，見杜牧之文。薛巽妻崔氏言笑不聞于鄰，見柳子厚文。荆公爲文，字字不苟如此，讀者不知其用事。

《大樂十二均圖》，楊次公作也，編於《老蘇集》；《蠶對織婦文》，宋元憲作也，編於

《米元章集》；《三先生論事録序》，陳同甫作也，編於《朱文公集》。皆誤。

丘宗卿謂：「場屋之文，如校人之魚，與濠上之得意異矣。」慈湖謂：「文士之文，止可謂之巧言。」

景德二年，命王欽若、楊億修歷代君臣事迹。六年上之，凡千卷，詔題曰《册府元龜》。周益公記《文苑英華》云：「太宗詔修三大書：曰《太平御覽》，曰《册府元龜》，曰《文苑英華》，各一千卷。」今按《御覽》修於太平興國二年，《英華》修於七年，皆太宗時。若《元龜》乃真宗時修，益公考之未詳也。《太宗實録》：雍熙三年十二月，宋白等進《文苑英華》，有表，有答詔，當載于首卷。真宗景德四年八月，詔館閣分校。又以前編次未允，令擇古賢文章，重加編録。芟繁補闕，换易之，卷數如舊。祥符二年，命覆校。皆當備載於纂修事始之後。太宗修三大書，其一乃《太平廣記》五百卷。

班孟堅《兩都賦序》，迂齋謂「唐説齋《中興賦序》得此意」。按《中興賦序》云：「雖詞有工拙，學有博陋，氣有强弱，思有淺深，要皆變化馳騖，不失古人之法度。」蓋用「道有夷隆，學有粗密」之意，然所取乃律賦，非《兩都》比也。

澹庵云：「韓安國不能《几賦》，罰酒三升；王子敬詩不成，亦飲三觥。一詩一賦，豈足以盡豪傑之士？」

「天下不可以無此人，亦不可以無此書，而後足以當君子之論。」又曰：「天下大勢之所趨，天地鬼神不能易，而易之者人也。」此龍川科舉之文，列於古之作者而無愧。

《集古録跋》謂《樂毅論》與《文選》所載時時不同，《文章正宗》謂崔寔《政論》列於《選》。今考《文選》無此二篇，皆筆誤也。

誠齋爲《章燾墓銘》云：「今日士師，非禾絹士師也。」《宋明帝紀》：「胡母顥專權，奏無不可。時人語曰：『禾絹閉眼諾，胡母大張槖。』禾絹，謂上也。」蓋謂秦檜顓政，士師非主上之士師也。

南豐序《禮閣新儀》則指新法，記襄州長渠則指水利，《兵間詩》則指徐德占，《論交詩》則指吕吉甫。此孫仲益之言也。

宋景文云：「賈生思周鬼神，不能救鄧通之譖。」考之《漢史》，無鄧通譖賈生之事，蓋誤。景文謂：因撰《唐書》，盡見前世論著，乃悟文章之難。

張説爲《廣州宋璟頌》曰：「犦牛牲兮菌鷄卜，神降福兮公壽考。」東坡《韓文公碑》用此四字。

周益公《雜志》辨楮幣，謂「俗人創二字，通上下皆用，猶紙錢也」。按范淳父爲《郭子臯志》，言交子云：「紙幣之設，本與錢相權。」元祐間已有此語矣。

東坡得文法於《檀弓》，後山得文法於《伯夷傳》。

楊植《許由廟碣》云：「堯而許之，日而月之。」獨孤及《仙掌銘》云「月而日之，星而辰之」，同一句法。

《文心雕龍》云：「《論語》已前，經無『論』字。」晁子止云：「不知《書》有『論道經邦』。」

和凝爲文，以多爲富，有集百餘卷，自鏤板行于世，識者多非之。此顔之推所謂「詅癡符」也。詅，力正反。楊綰有論著，未始示人，可以爲法。《易》曰：「白賁无咎。」

崔駰《西巡頌表》曰：「唐、虞之世，樵夫牧豎，擊轅中韶，感於和也。」《班固集》：「擊轅相杵，亦足樂也。」曹子建書「擊轅之歌，有應風雅」，柳子厚云「擊轅拊缶」，宋景文云「壤翁轅童」，皆本於崔、班。

劉夢得《嘆牛》云：「員能霸吴屬鏤賜，斯既帝秦五刑具。長平威振杜郵死，垓下敵禽鍾室誅。」《儆舟》云：「越子膝行吴君忽，晉宣尸居魏臣怠。白公厲劍子西哂，李園養士春申易。」文法倣《漢書》蒯通等《傳贊》。《唐書·奸臣傳贊》亦然。

張文潛《論文詩》曰：「文以意爲車，意以文爲馬。理强意乃勝，氣盛文如駕。理維當即止，妄説即虚假。氣如决江河，勢順乃傾寫。」

山谷《與王觀復書》曰：「劉勰嘗論文章之難云：『意翻空而易奇，文徵實而難工。』此語亦是沈、謝輩爲儒林宗主時，好作奇語，故後生立論如此。好作奇語，自是文章病。但當以理爲主，理得而辭順，文章自然出群拔萃。」張文潛《答李推官書》可以參觀。《文鑑》取此二書。

迂齋《太學策問》言宣和事云：「夷門之植，植於燕雲。」夷門在大梁。用《樂毅書》文法。

柳下惠見飴曰「可以養老」，盜跖見飴曰「可以黏牡」，見物同而用之異。出《淮南子》。牡，門户籥牡。《左氏博議》用此。《吕氏春秋》：「仁人得飴，以養疾侍老也；跖、蹻得飴，以開閉取楗也。」

司馬公序顔太初醇之文曰：「觀其《後車》詩，則不忘鑒戒矣。觀其《逸黨》詩，則禮義不壞矣。觀其《哭友人》詩，則酷吏愧心矣。觀其《同州題名記》，則守長知弊政矣。觀其《望仙驛記》，則守長不事厨傳矣。」《文鑑》唯載《逸黨》《許希》二詩。

絜齋先生爲樓，名以「是亦」，曰：「直不高大爾，是亦樓也。」以至山石花木、衣服飲食、貨財隸役，亦莫不然。「至於宦情亦薄，曰：『直不高顯爾，是亦仕也。』凡身外之物，皆可以寡求而易足，惟此身與天地並廣大高明，我固有之，朝夕磨厲，必欲追古人而與俱。若徒儕於凡庸，而曰『是亦人爾』，則吾所不敢也。」

鄧志宏《與胡丞公書》曰：「熙、豐間，如司馬温公與王荆公之所争者，曰是與非。崇寧間，陳了翁與蔡長沙之所争者，曰治與亂。靖康間，李丞相與耿門下之所争者，又不特是非、治亂、安危而已，其存亡所繫乎？」

唐、五代之際，以文紀事者多用故事，而作史者因而舛誤。回鶻烏介可汗走保黑車子族，李德裕《紀聖功碑》云：「烏介并丁令以圖安，依康居而求活。」所謂康居，用《漢書》郅支事也。而《舊史》云：「烏介依康居求活。」北漢鄭珙卒于契丹，王保衡《晉陽見聞録》：「虜俗雖不飲酒，如韋曜者，亦加灌注。」韋曜，即吴孫皓時韋昭也。而路振《九國志》云：「高祖鎮河東，命韋曜北使。曜不能飲酒，虜人强之。」此殆類癡人説夢也。

卷十八

評詩

陶淵明詩：「羲農去我久，舉世少復真。汲汲魯中叟，彌縫使其淳。」又曰：「此中有真意，欲辯已忘言。」東坡云：「淵明欲仕則仕，不以求之爲嫌；欲隱則隱，不以去之爲高。飢則扣門而求食，飽則具鷄黍以迎客。古今賢之，貴其真也。」葛魯卿爲贊，羅端良爲記，皆發此意。蕭統疵其《閑情》，杜子美譏其《責子》，王摩詰議其乞食，何傷於日月乎？《述酒》一篇之意，惟韓子蒼知之。

《咏貧士》詩云：「昔在黄子廉，彈冠佐名州。一朝辭吏歸，清貧略難儔。」愚按《風俗通》曰：「潁川黄子廉，每飲馬輒投錢於水。」其清可見矣。《吴志·黄蓋傳》：「故南陽太守黄子廉之後。」

《古辭》：「鷄鳴高樹巔，狗吠深宫中。」陶淵明《歸田園》詩二句效此，唯改「高」爲「桑」，「宫」爲「巷」。

少陵《和嚴武軍城早秋》詩：「已收滴博雲間戍，更奪蓬婆雪外城。」的博嶺在維州，見《韋臯傳》。蓬婆山在柘州。見《元和郡縣志》。

《飲中八仙》，其名氏皆見于《唐史》，唯焦遂事蹟僅見于《甘澤謡》。

《石壕吏》，蓋陜州陜縣石壕鎮也。見《九域志》《輿地廣記》。本崤縣，唐改爲硤石，熙寧六年省爲鎮。

《新安吏》「僕射如父兄」，《汝墳》之詩曰：「雖則如燬，父母孔邇。」此詩近之。山谷所謂「論詩未覺《國風》遠」。

少陵善房次律，而《悲陳陶》一詩不爲之隱；昌黎善柳子厚，而《永貞行》一詩不爲之諱。公議之不可掩也如是。

《贈嚴閣老詩》：「扈聖登黄閣，明公獨妙年。」《舊史·嚴武傳》：「遷給事中，時年三十二。」給事中屬門下省，開元曰黄門省，故云黄閣。少陵爲左拾遺，亦東省之屬，故云「官曹可接聯」。近世用此詩爲宰輔事，誤矣。《通鑑》：「王涯謂給事中鄭肅、韓佽曰：『二閣老不用封敕。』」此唐人稱給事中爲閣老也。

《公安送李晉肅入蜀》，蓋即李賀之父。

王無功《三月三日賦》：「聚三都之麗人。」「長安水邊多麗人」，語本此。

「土門壁甚堅，杏園度亦難。」土門口在鎮州獲鹿縣，即井陘關也。郭子儀自杏園渡河，圍衛州。董秦爲濮州刺史，移鎮杏園渡。地蓋在衛州汲縣，非長安曲江池之杏園也。

《杜位宅守歲》，按《李林甫傳》，杜位，林甫諸婿也。「四十明朝過」，《年譜》謂：天寶十載，時林甫在相位，盍簪列炬之盛，其炙手之徒歟？又《寄杜位》詩：「近聞寬法離新州，想見懷歸尚百憂。逐客雖皆萬里去，悲君已是十年流。」其流貶蓋以林甫故。

《示獠奴阿段》，《北史》：「獠無名字，以長幼次第呼之。丈夫稱阿謩、阿段，婦人稱阿夷、阿等之類，皆語之次第稱謂也。」

李尚書之芳，考諸《唐史》：之芳，蔣王惲之曾孫。「廣德初，詔兼御史大夫，使吐蕃，被留二歲乃得歸。拜禮部尚書。」故少陵詩有「奉使失張騫。史閣行人在」之句。

楊綰謚文正，比部郎中蘇端持異議。《雨過蘇端》，豈即斯人歟？然少陵稱其「文章有神交有道」，而端終爲憸人，豈晚謬乎？

《可嘆行》云：「丈夫正色動引經，豐城客子王季友。群書萬卷常暗誦，《孝經》一通看在手。豫章太守高帝孫，引爲賓客敬頗久。」季友，肅、代間詩人也。殷璠謂其詩放蕩，愛奇務險，然而白首短褐。錢起有《贈季友赴洪州幕下詩》云：「列郡皆用武，南征所從誰？諸侯重才略，見子如瓊枝。」此即豫章賓客之事也。少陵謂「王也論道阻江湖」，期以「致君堯舜」，季友不但工詩而已。太守，宗室。少陵謂：「邦人思之比父母」。鮑欽止云：「江西觀察使李勉，時季友兼監察御史，爲副使。」

《出瞿唐峽》詩：「五雲高太甲，六月曠摶扶。」注不解「五雲」之義。嘗觀王勃

《益州夫子廟碑》云：「帝車南指，遁七曜於中階；華蓋西臨，藏五雲於太甲。」《酉陽雜俎》謂：「燕公讀碑，自『帝車』至『太甲』四句悉不解。訪之一公，一公言：北斗建午，七曜在南方。有是之祥，無位聖人當出。『華蓋』以下，卒不可悉。」愚謂：老杜讀書破萬卷，必自有所據，或入蜀見此碑而用其語也。《晉·天文志》：「華蓋杠旁六星曰六甲，分陰陽而配節候。」太甲恐是六甲一星之名，然未有考證。以一行之邃於星曆，張燕公、段柯古之殫見洽聞，而猶未知焉，姑闕疑以俟博識。

《贈閭丘師太常博士均之孫》謂：「鳳藏丹霄暮，龍去白水渾。」蓋稱均之文也。考之《舊史》，成都閭丘均，景龍中爲安樂公主所薦，起家拜太常博士。公主誅，貶循州司倉。進不以道，其文不足觀也已。

「終始任安義」之句，蕭使君之賢可見矣。少陵自注其事，足以砥薄俗，惜其名不傳也。

「陳倉石鼓又已訛」，按陳倉，在唐爲鳳翔寶鷄縣。石鼓，在天興縣南，乃雍縣也。魏太武自東平趣鄒山，見始皇石刻，使人排而仆之。「嶧山之碑野火焚」，蓋此時也。

《遣興》云「門户有旌節」，注引楊國忠以劍南旌節導駕。二字出《周禮》，少陵豈用《新唐史》語哉！

《金華山》詩：「上有蔚藍天，垂光抱瓊臺。」放翁云：「蔚藍乃隱語天名。」按

《度人經》作「鬱繿」。

《成都》詩：「初月出不高，衆星尚争光。」謂肅宗初立，盜賊未息也。胡文定《通鑑舉要補遺序》：「日轂冥濛，衆星争耀。」語本於此。

鮮于京兆，仲通也；張太常、學士，均、垍也。所美非美然，昌黎之於于頔、李實類此。杜、韓二公晚節所守，如孤松勁柏，學者不必師法其少作也。

《野望詩》：「西山白雪三奇戍，南浦清江萬里橋。」按《唐·地理志》，彭州導江縣有三奇戍。《韋皋傳》：「遣大將陳洎等出三奇。」《西南備邊録》所謂三奇營也。一本作「三年」，趙氏本作「三城」，當從舊本「三奇」爲是。滈水李氏云：「老杜讀書多，不曾盡見其所讀之書，則不能盡注。其間又用方言，如『岸漑』『土銼』，乃黔蜀人語，須是博問多讀。」

《八哀詩》，將相、宗室之外，名士有三焉：蘇源明不污僞爵，其最優乎；李邕細行弗飭，次也；鄭虔大節已虧，下矣。

「借問懸車守，何如儉德臨？」「不過行儉德，盜賊本王臣。」明皇以侈致亂，故少陵以儉爲救時之砭劑。

《別李義》詩「丈人嗣王業」，又云「道國繼德業」「丈人領宗卿」。按《唐書·宗室表、傳》：「道孝王元慶次子詢之子微，嗣王，終宗正卿。」李義，蓋微之子也。

《送顧八分文學》，趙氏《金石録》以爲前太子文學、翰林院待詔顧誡奢。《醉歌行》云「東吴顧文學」，即誡奢也。注謂顧況，誤。

《李潮八分小篆歌》：「潮也奄有二子成三人。」《金石録》云：潮書唯《慧義寺彌勒像碑》與《彭元曜志》，「其筆法亦不絶工，非韓、蔡比也」。

《鄭駙馬宅宴洞中》，今考少陵作《皇甫德儀碑》云：「有女臨晉公主，出降代國長公子滎陽潛曜。」又云：「忝鄭莊之賓客，遊竇主之山林。」鄭潛曜，見《孝友傳》。

《橋陵詩》：「石門霧露白，玉殿莓苔青。」《舊史》鄭顥夢爲聯句，與此同。

《得房公池鵝》詩：「鳳凰池上應回首，爲報籠隨王右軍。」宋元憲以鵝贈梅聖俞，聖俞以詩謝曰：「昔居鳳池上，曾食鳳池萍。乞與江湖客，從教養素翎。」宋得詩不悦。聖俞之意，本於少陵。

陶靖節之《讀山海經》，猶屈子之賦《遠遊》也。「精衛銜微木，將以填滄海。刑天舞干戚，猛志故常在。」悲痛之深，可爲流涕。

真文忠公曰：「杜牧之、王介甫賦息嬀、留侯等作，足以訂千古是非。」

《文選》注：「五言自李陵始。」《文心雕龍》云：「《召南·行露》，始肇半章；孺子《滄浪》，亦有全曲；《暇豫》優歌，遠見春秋；《邪徑》童謡，近在成世。則五言久矣。」

《古詩十九首》，或云枚乘，疑不能明也。《驅馬上東門》《遊戲宛與洛》，辭兼東都，非盡是乘作。《文心雕龍》云：「《孤竹》一篇，傅毅之詞。」

鶴山云：「《禮》於生子曰詩負，於祝嘏曰詩懷。詩之爲言，承也。情動於中，而言以承之，故曰詩。」

《列女傳》：《式微》，二人之作。聯句始此。皮日休云：「柏梁七言，聯句興焉。」《文心雕龍》云：「聯句共韻，柏梁餘製。」

《左傳》有《虞殯》，《莊子》有「紼謳」，挽歌非始于田横之客。

韋孟在鄒詩曰：「我既罨逝，心存我舊，夢我瀆上，立于王朝。其夢如何？夢争王室。其争如何？夢王我弼。」吕成公曰：「孟既致爲臣而歸，拳拳之意猶如此。」

《吴語》：「越王告吴王曰：『民生於地上，寓也。』」老萊子曰：「人生於天地之間，寄也。寄者固歸。」《古詩》「人生忽如寄」，本於此。

東方朔有八言、七言。考之《風》《雅》：「尚之以瓊華乎而」，七言也；「我不敢效我友自逸」，八言也。

《雕龍》云：「張衡《怨篇》，清典可味。」《御覽》載衡《怨詩》曰：「秋蘭，嘉美人也。猗猗秋蘭，植彼中阿。有馥其芳，有黄其葩。雖曰幽深，厥美彌嘉。之子之遠，我勞如何？」

陳思王《靈芝篇》曰：「伯瑜年七十，綵衣以娱親。」今人但知老萊子之事，而不知伯瑜。

陸務觀云：「古詩有倡有和，有雜擬、追和之類，而無和韻者。唐始有用韻，謂同用此韻。後有依韻，然不以次。最後有次韻，自元、白至皮、陸，其體乃成。」《詩苑類格》謂回文出於竇滔妻所作。《文心雕龍》云：「回文所興，則道原爲始。」又傅咸有回文反覆詩，温嶠有回文詩，皆在竇妻前。皮日休曰：「傅咸反覆興焉，温嶠回文興焉。」

左思《白髮賦》：「星星白髮，生於鬢垂。」詩用「星星」字，出於此。

韓子蒼曰：「《柏梁》作而詩之體壞，《河梁》作而詩之意乖。」

李義山謂昌黎文「若元氣」，荆公謂少陵詩「與元氣侔」。唯韓、杜足以當之。

山谷云：「學老杜詩，所謂刻鵠不成猶類鶩也。」後山謂：「山谷得法於少陵。」朱文公云：「李、杜、韓、柳，初亦學《選》詩，然杜、韓變多，而柳、李變少。變不可學，而不變可學。」

朱文公編《小學》書，其《答劉子澄》謂：「《古樂府》及杜子美詩可取者多，令其喜諷咏，易入心，最爲有益。」今本《樂府》及詩皆不取，豈修改而删之歟？子澄著《訓蒙新書》《外書》。

韓文公《城南聯句》「禮鼠拱而立」，出《關尹子》「聖人師拱鼠制禮」。《遠遊聯句》「開弓射鵰吸」，《古文尚書》「驩兜」字也。《管子》云：「鵰然若謞之静。」即「驩」字。又《雨中聯句》「高居限參拜」，《戰國策》：「頓弱曰：臣之義不參拜。」二字本此。

送廣帥詩「上日馬人來」，《唐書·環王傳》：「西屠夷，蓋馬援還，留不去者，才十户。隋末孳衍至三百，皆姓馬，俗以其寓，故號『馬留人』，與林邑分唐南境。」《演蕃露》引《傳燈録》「中印度，乃在西域」，其説誤矣。

《抱朴子》曰：「俗士多云：『今月不如古月之朗。』」李太白詩有《古朗月行》，又《把酒問月》云：「今人不見古時月，今月曾經照古人。」

王胄以「庭草」一句，爲隋煬所忌。《初學記》載胄《雨晴》詩「風度蟬聲遠，雲開雁路長」，亦佳句也。

「忍過事堪喜」，杜牧之《遣興》詩也。吕居仁《官箴》引此，誤以爲少陵。俗言「忍事敵災星」，司空表聖詩也。

韋處厚《盛山十二詩》，韓文公爲序，今見于《唐詩紀事》。十二詩，謂《隱月岫》《流杯渠》《竹嵓》《繡衣石榻》《宿雲亭》《梅谿》《桃塢》《胡盧沼》《茶嶺》《盤石磴》《琵琶臺》《上士瓶泉》也。

伊川曰：「凡人家法，須月爲一會以合族。古人有『花樹韋家宗會法』，可取也。」「宗會法」，今不傳，岑參有《韋員外家花樹歌》：「君家兄弟不可當，列卿太史尚書郎。朝回花底常會客，花撲玉缸春酒香。」韋員外，失其名，此詩見一門華鄂之盛。

《墨子》謂「西施之沈，其美也」，豈亦如隋之於張麗華乎？「一舸逐鴟夷」，特見於杜牧詩，未必然也。

張碧，字太碧；黄居難，字樂地，慕太白、樂天也。亦李赤之類歟？

陸魯望《雜諷》云：「紅蠶緣枯桑」「童麋來觸犀」「歌鵯慘于冰」「赤舌可燒城」，皆用《太玄》語。又《南征詩》「繞帳生犀一萬株」，宋元憲詩「帳犀森别校」「犀株衛帳并兒勇」，景文詩「合宴傳飧帳繞犀」，皆用此。

毛澤民詩「不須買絲繡平原，不用黄金鑄子期」，本李賀、貫休詩。

李義山咏《賈生》云：「可憐夜半虚前席，不問蒼生問鬼神。」馬子才咏《文帝》云：「可憐一覺登天夢，不夢商巖夢櫂郎。」雖同一律，皆有新意。

唐以詩取士，錢起之《鼓瑟》、李肱之《霓裳》是也，故詩人多。韓文公薦劉述古，謂舉於禮部者，其詩無與爲比。錢起名在第六，《豹鳥賦》。

羅昭諫《咏松》曰：「陵遷谷變須高節，莫向人間作大夫。」其志亦可悲矣。「唐六臣」，彼何人哉！昭諫説錢鏐舉兵討梁，見《通鑑》，其忠義可見，睞奴事朱温之杜荀鶴猶糞土也。

《宋書・樂志》，《陌上桑》曰「楚辭鈔」，以《九歌・山鬼》篇增損爲之。東坡因《歸去來》爲詞，亦此類也。

詩一字至七字，張南史《花》《竹》《草》是也。一字至十字，文與可《竹》《石》是也。

「一叢深色花，十户中人賦。」白樂天謂牡丹也。「豈知兩片雲，戴却數鄉税。」鄭雲叟謂珠翠也。侈靡之蠹甚矣。

韓文公詩「離家已五千」，注引沈休文《安陸王碑》「平塗不過七百」，而不知「弼成五服，至于五千」，本《書》語也，奚以汎引爲。

唐彦謙詩：「啗螯譏《爾雅》，賣餅斥《公羊》。」事出《晉書》《魏志》。

白樂天《迂叟》詩：「初時被目爲迂叟，近日蒙呼作隱人。」又云：「自哂此迂叟，少迂老更迂。」則迂叟之名，不獨司馬公也。

「堯韭舜榮」，梁元帝《玄覽賦》始用之。李群玉《蒲澗寺》詩：「澗有堯時韭，山餘禹代糧。」

致堂云：「古樂府者，詩之旁行也；詞曲者，古樂府之末造也。」陸務觀云：「倚聲製詞，起於唐之季世。」

寒山子詩，如施家兩兒，事出《列子》；羊公鶴，事出《世説》。如子張、卜商，如侏儒、方朔，涉獵廣博，非但釋子語也。對偶之工者：青蠅、白鶴，黄籍、白丁，青蚨、黄絹，黄口、白頭，七札、五行，緑熊席、青鳳裘。而《楚辭》尤超出筆墨畦徑，曰：「有人兮山陘，雲卷兮霞纓。秉芳兮欲寄，路漫兮難征。心惆悵兮狐疑，蹇獨立兮忠貞。」

司空表聖云：「戴容州叔倫。謂：詩家之景，如藍田日暖，良玉生煙，可望而不可置於眉睫之前也。」李義山「玉生煙」之句，蓋本於此。

《古詩》「何能待來兹」，「兹，年也」。《左傳》「今兹」，注云：「此歲。」《吕氏春秋》：「今兹美禾，來兹美麥。」

梁元帝《賦得蘭澤多芳草》詩。古詩爲題見於此。

韓文公云：「六字常語一字難。」《文心雕龍》謂：「善爲文者，富於萬篇，貧於一字。」

王儉四言，頗有子建、淵明餘風。其《侍太子九日玄圃宴》云：「秋日在房，鴻雁來翔。寥寥清景，藹藹微霜。草木摇落，幽蘭獨芳。眷言淄苑，尚想濠梁。既暢旨酒，亦飽徽猷。有來斯悦，無遠不柔。」

劉苞《九日》詩：「曲終高宴罷，景落樹陰移。」陸務觀：「夕陽頻見樹陰移。」吴會，謂吴、會稽二郡也。石湖辯之甚詳。魏文帝《雜詩》：「適與飄風會。」又曰：

「行行至吴會。」

應璩《百一詩》：「室廣致凝陰，臺高來積陽。」出《吕氏春秋》。

李虚己初與曾致堯倡酬，致堯謂曰：「子之詩雖工，而音韻猶啞。」虚己初未悟，既而得沈休文所謂「前有浮聲，後須切響」，遂精於格律。

詩言志。「秀幹終成棟，精鋼不作鉤」，包孝肅之志也；「人心正畏暑，水面獨摇風」，豐清敏之志也。

張文饒曰：「處心不可著，著則偏；作事不可盡，盡則窮。先天之學，止是此二語，天之道也。」愚謂：邵子詩「夏去休言暑，冬來始講寒」，則心不著矣。「美酒飲教微醉後，好花看到半開時」，則事不盡矣。

杜正獻公詩：「因念古聖賢，名爲千古垂。何嘗廣居室，儉爲後人師。亞聖樂簞食，寢丘無立錐。文終防勢奪，景威耻家爲。文園四壁立，鄭公小殿移。」陳正獻公詩：「遺汝子孫清白在，不須厦屋太渠渠。」二賢相之清風，可以媿木妖之習。

雁湖注荆公詩，於《明妃曲》「漢恩自淺胡自深，人間樂在相知心」，則引范元長之語，以致其譏。《日出堂上飲》之詩「爲客當酌酒，何預主人謀」，則引鄭氏《考槃》之誤，以寓其貶。《君難托》之詩曰「世事反覆那得知，讒言入耳須臾離」，則明君臣始終之義，以返諸正。愚按楊元素謂：介甫詩「今人未可輕商鞅，商鞅能令政必行」，今睹其行事，已頗類之矣。言，心聲也，其可掩乎？

東坡文章好譏刺，文與可戒以詩云：「北客若來休問事，西湖雖好莫吟詩。」晚年，郭功父寄詩云：「莫向沙邊弄明月，夜深無數採珠人。」饒德操、黎介然、汪信民寓宿州，作詩有略詆及時事者，吕滎陽聞之，作《麥熟》《繰絲》等四詩以諷止之。自此不復有前作。

後山云：「蘇公之門有客四人：黄魯直、秦少游、晁无咎，則長公之客也；張文潛，則少公之客也。」魯直詩云：「晁子智囊可以括四海，張子筆端可以回萬牛。」文潛詩云：「長公波濤萬頃陂，少公巉秀千尋麓。黄郎蕭蕭日下鶴，陳子峭峭霜中竹。秦文倩麗舒桃李，晁論峥嶸走珠玉。」可以見一時文獻之盛。

「衣上六花非所好，畝間盈尺是吾心。」「何由更得齊民暖，恨不偏於宿麥深。」《雪詩》無出晏元獻、韓持國之右。

晏元獻詩：「二龍驂夏服，雙鶴記堯年。」宋元憲詩：「軒野龍催馭，堯宫鶴厭寒。」劉敬叔《異苑》：「太康二年冬，大寒，南州人見二白鶴於橋下，曰：『今兹寒，不減堯崩年。』」故山陵挽章用之。

《符瑞圖》：「日二黄人守者，外國人來降。」宋景文云：「青帝回風還習習，黄人捧日故遲遲。」翟公巽云：「青女霜如失，黄人日故遲。」

司馬公《早朝》詩「太白明如李」，出《漢·天文志》「熒惑逾歲星，居其東北半寸所如連李」。又《即事》云「雨不成遊布路歸」，出《左傳》「自朝布路而罷」。今《集》中皆注云「恐誤」，蓋未考也。

「更無柳絮隨風起，惟有葵花向日傾」，見司馬公之心；「浮雲世事改，孤月此心明」，見東坡公之心。

東坡《次韻朱公掞初夏》詩：「諫苑君方續承業，醉鄉我欲訪無功。」隋樂運，字承業，録夏殷以來諫争事，名《諫苑》，文帝覽而嘉焉。注謂：《南史》李承業作《諫苑》，誤矣。

《答王定國》詩：「謹勿怨謗讒，乃我得道資。淤泥生蓮花，糞壤出菌芝。賴此善知識，使我枯生荑。」此尹和静所謂「困窮拂鬱能堅人之志而熟人之仁」也。《詩》曰：「它山之石，可以攻玉。」

「浮雲世事改，孤月此心明」，坡公晚年所造深矣。

夏均父詩：「欒城去聲色，老坡但稱快。嗚呼二法門，近古絶倫輩。」嘗觀欒城爲《歐陽公碑》云：「公之於文，雍容俯仰，不大聲色而義理自勝。」欒城評品文章至佳者，獨云「不帶聲色」，蓋得於公也。歐陽公《與梅聖俞書》云：「快哉，快哉！老夫當避路，放他出一頭地。」東坡看人文字，於所酷愛者但稱快而已，亦得於公也。

陸務觀記東坡詩「翠欲流」，謂「蜀語鮮翠，猶言鮮明也」。愚按嵇叔夜《琴賦》云「新衣翠粲」，李周翰注：「翠粲，鮮色。」李善注引《子虛賦》：「翕呷翠粲。」張揖曰：「翠粲，衣聲。」《漢書》作「萃蔡」。萃音翠。班倢伃賦「紛綷縩兮紈素聲」，其義一也。以鮮明爲翠，乃古語。

後山云：「少好詩，老而不厭。及一見黄豫章，盡焚其稾而學焉。豫章以謂譬之弈焉，弟子高師一著，僅能及之，争先則後之。」此可爲學文之法。

東坡與歐陽晦夫詩三首。晦夫，名闢，桂州人。梅聖俞有詩送之云：「我家無梧桐，安可久留鳳？」東坡南遷至合浦，晦夫時爲石康令，出其詩稾數十幅，事見《桂林志》。注坡詩者以爲文忠之族，非也。

《夏小正》：「九月榮鞠。」東坡詩云：「黄花候秋節，遠自《夏小正》。」注止引《月令》，非也。司馬公《春帖子》「候雁來歸北，寒魚陟負冰」，亦用《夏小正》。

山谷詩晚歲所得尤深，鶴山稱其「以草木文章發帝杼機，以花竹和氣驗人安樂」。《題蘇若蘭回文錦詩圖》云：「亦有英靈蘇蕙手，只無悔過竇連波。」連波，竇滔字也。《武后記》云：「因述若蘭之多才，復美連波之悔過。」

《物理論》云：「虚無之談，無異春蛙秋蟬，聒耳而已。」山谷《演雅》「春蛙夏蜩更嘈雜」，本於此。

《題王黄州墨迹》：「掘地與斷木，智不如機舂。聖人懷餘巧，故爲萬物宗。」注不言所出。嘗觀孔融《肉刑論》云：「賢者所制，或逾聖人。水碓之巧，勝於斷木掘地。」此詩意本於此。機舂，即水碓也。

《立春》詩「看鏡道如咫」，出《汲冢周書》：「王子曰：遠人來驩，視道如尺。」

《呈吉老縣丞》詩：「鮭鱺今無種，蒲盧教未形。」注云：「鮭鱺，此兩姓，今無人。」按《太玄·難》上九云：「角鮭鱺，終以直，其有犯。」二字與「解豸」同。亦見王充《論衡》，云「一角之羊也」，注誤矣。

「八百老彭嗟杖晚」，出《莊子釋文》：「彭祖至七百歲，猶曰悔不壽，恨杖晚而唾遠。」「醇朴乃器師」，二字出《荀子》。

《江西道院賦》「堂密有美樅」，出《爾雅》注：「《尸子》謂松柏之鼠，不知堂密之有美樅。」

後山挽司馬公云：「輟耕扶日月，起廢極吹噓。」與老杜「桑麻深雨露，燕雀半生成」相似。生成、吹噓，字若輕而實重。

張文潛《咏孔光》云：「試問不言温室木，何如休望董賢車。」仲彌性《咏韋執誼不看嶺南圖》云：「政恐崖州如有北，却應未肯受讒夫。」二詩誅奸諛之蕭斧也。

朱雲爲槐里令，上書求見而即得對，成帝時言路猶未塞也。張文潛詩曰：「直言請劍斬安昌，勿謂朱游只素狂。君看漢家文景業，張侯能以一言亡。」

南豐《麻姑山》詩送南城羅尉，仿《廬山高》而不逮，絶唱寡和也。

唐子西「佳月明作哲，好風聖之清」，本於李誠之「山如仁者静，風似聖之清」。朱新仲「無人馬爲二，對飲月成三」，本於秦少游「身與杖藜爲二，影將明月成三」。陸務觀「誰其云者兩黄鵠，何以報之雙玉盤」，本於新仲「何以報之青玉案，我姑酌彼黄金罍」。葉少藴「逸人舊住子午谷，詩客獨尋丁卯橋」，務觀用之。程致道「明知計出柏馬下，正擬身全木雁中」，敖器之用之。

或問崔德符作詩之要，曰：「但多讀而勿使，斯爲善。」張芸叟云：「年逾耳順，方敢言詩。」「未窺六甲，先製五言」者，觀此可以戒。

曾文昭公《河間》詩云：「南北車書久混同，河間今有楚人風。獨慚太守非何武，已見州閭出兩龔。」謂彦和兄弟也。《童蒙訓》以爲曾子宣作，恐誤。

徐師川以諫議召，程致道在西垣，封還除書，言與中貴人唱和「魚須」之句，爲人所傳。朱文公《語録》云：「師川游廬山，遇宦者鄭諶，與之詩。」後村謂：「徐集不載『魚須』之篇。」愚考集中有《次韻鄭本然居士》云：「頗知鶴脛緣詩瘦，早棄魚須伴我閑。」本然居士，豈即鄭諶歟？魚須，笏也。

朱新仲《咏顔魯公》云：「千五百年如烈日，二十四州唯一人。」又《咏昭君》

云：「當時夫死若求歸，凜然義動單于府。不知出此肯隨俗，顔色如花心糞土。」

《本草》：「菊，一名傅延年。」朱新仲詩：「三徑誰從陶靖節？重陽惟有傅延年。」前未有用者。

梁文靖公克家。《梅花》詩云：「九鼎燮調終有待，百花羞澀敢言芳。」用王沂公之意，亦魁天下，位宰相。然梁公之句，失於雕琢。

誠齋始學江西，既而學五字律於後山，學七字絶句於半山，最後學絶句於唐人。

誠齋《讀貞觀政要》云：「拔士新豐逆旅中，懷賢鴨緑水波東。酒傾一斗鳶肩客，醋設三杯羊鼻公。」羊鼻公謂魏鄭公，見《龍城録》。

攻媿記張武子之語，水禽有名信天公者。按《晁景迂集》：「黄河有信天緣，常開口待魚。」

蘇雲卿，廣漢人，隱東湖。張魏公爲相，使帥漕挽其來，一夕遁去，不知所之。真文忠爲詩曰：「魏公孤忠如孔明，赤手能支天柱傾。蘇公高節如子陵，寸膠解使黄河清。等是世間少不得，問津耦耕各其適。後人未可輕雌黄，兩翁之心秋月白。」

南塘挽趙忠定公云：「空令考亭老，垂白注《離騷》。」楊楫《跋楚辭集注》云：「慶元乙卯，治黨人方急，趙公謫死于道。先生憂時之意，屢形于色。一日，示學者以所釋《楚辭》一篇。」

孫燭湖《讀通鑑》詩：「簿書流汗走君房，那得狂奴故意降？努力諸公了臺閣，不煩魚雁到桐江。」又曰：「清濁無心陳仲弓，圓機聊救漢諸公。末流不料兒孫誤，千古黄初佐命功。」朱文公謂「二絶甚佳」。

平園詩「生戎馬」「死佛狸」，荆公詩「生白」「殺青」，皆佳對。

鶴山詩：「只期玉女是用諫，肯爲金夫不有躬。」本於「玉汝」「金吾」之對。

林和靖詩「恠書披月看銅牆」，放翁文有「銅牆鬼炊」之語，出東方朔《神異經》。

「田園圖史分貧富，鼎鼐樓臺辨有無。」洪舜俞詩，用龐潁公、寇萊公事。

本朝絶句，有夾漈《咏漢高祖》五言，乃唐于季子詩。又荆公絶句《咏叔孫通》，亦見《宋景文公集》。

《演蕃露》云：「搏黍爲鶯，不知何出。」蓋未考《詩·葛覃》注也。《緗素雜記》不知「麥秋」出《月令》，亦此類。《能改齋漫録》考古語所出，詳且博矣，然「首如飛蓬」見于《詩》，乃以左思賦爲始；「樹桃李者夏得休息」，見于《説苑》，乃以狄梁公事爲始。若此者非一，是以君子無輕立論。

《方言》：「斟，益也。凡病少愈而加劇，謂之不斟，或謂之何斟。」吕居仁《答曾吉父》詩「記我今年病不斟」，蓋用此，而不知者改爲「不禁」。

《韋玄成傳》「五世壙僚」，言五世無官也。吕成公銘湯烈母云：「湯世壙僚，委祉于後。」而婺本改爲「壙遼」。東坡《春帖》用「翠管銀罌」，出老杜《臘日》詩，而注者改爲「銀鈎」。此邢子才所以有「日思誤書」之語也。

吕居仁詩：「弱水不勝舟，有此積立鐵。」又云：「何知若人胸，中有積立鐵。」出老杜《鐵堂峽》詩：「壁色立積鐵。」又云：「準擬春來泰出游」，出《漢書·田叔傳》。又云「日月已秋罷」，出《元帝紀》。

趙紫芝詩謂：「輔嗣《易》行無漢學，玄暉詩變有唐風。」

潘庭堅《題嶽麓寺道鄉臺》曰：「坡仙不謫黄，黄應無雪堂。道鄉不如新，此臺無道鄉。青山非其人，山靈能頡頏。一落名勝手，境與人俱香。悲吟倚空寂，臨眺生慨慷。道鄉不可作，承君不可忘。」陳樞密宗禮，景定間持節廣東，有詩云：「山川祇爲蠻煙累，姓字多因謫籍香。」御史虞慮劾之，陳坐謫。其後陳召入，慮鐫官。

吴吉甫以晚科試漕闈，《搗藥兔長生》詩云：「真水黄芽長，香風玉杵鳴。不爲三窟計，永伴一輪明。」省試《聖人之道猶日中賦》，用「闕摶之月，見沫之星」。第七聯云：「桑榆已晚，尚期一戰之收。」

湯伯紀《自儆》云：「《春秋》責備賢者，造物計校好人。一點莫留餘滓，十分成就全身。」此老晚節，庶幾踐斯言也。

薛士龍詩：「左角蠻攻觸，南柯檀伐槐。」的對也。

徐淵子詩：「植杞必植梓，藝蘭仍藝蓀。過庭遺訓在，鑿楹故書存。」蓋以「梓蓀」喻「子孫」也。鑿楹，出《晏子春秋》。李義山詩：「經出宣尼壁，書留晏子楹。」

任元受《七夕》詩：「切勿填河漢，須留洗甲兵。」意亦新。

伊川先生不作詩，唯《寄王子真》詩云：「我亦有丹君信否，用時還解壽斯民。」先生入嵩山，子真已候於松下。問何以知之，曰：「去年已有消息來矣。」蓋先生前一年欲往，以事而止。子真名筌，岐下陽平人。元豐中，賜號冲熙處士。張芸叟爲《功行碑》，謂超世之資，與陳圖南侔。

建隆初，詔五代時命官投狀叙理，復命之。郭恕先詩云：「爲逢末劫歸依佛，不就新恩叙理官。」飛龍在天，利見大人，而猶不屈其志如此。

《文鑑》取蔡確《送將歸賦》，猶《楚辭後語》之取息夫躬也。

浮溪詩：「人間何事非戲劇，鶴有乘軒蛙給廩。」《水經注》引《晉中州記》：「惠帝爲太子，令曰：『若官蝦蟆，可給廩。』」《晉書》無此語。

張芸叟曰：「岐山石鼓，是《車攻》詩也。『我車既攻，我馬既同』，則所取也；『其魚維何，維魴及鱮。何以貫之，維以楊柳』，則所不取者也。先儒凡今《詩》所無者，盡目爲逸詩，誤矣。」見致堂《論語説》。

朱文公曰：「顧況詩有集，皆不及見《韋應物集》者之勝。」今按韋集有顧況《奉同郡齋雨中宴集》詩云：「好鳥依嘉樹，飛雨灑高城。況與數君子，列座分兩楹。文雅一何麗，林堂含餘清。我公未歸朝，遊子不待晴。白雲帝鄉遠，滄江楓葉鳴。拜手欲無言，零淚如酒傾。寸心已摧折，別離方骨驚。安得凌風翰，肅肅賓天京。」

程可久沙隨先生。《自題昞怡齋》云：「乞得膠膠擾擾身，霜筠露菊便相親。勸君莫厭羹藜藿，違己由來更病人。」「六月松風萬籟寒，笙竽頻到枕屏間。夜深夢繞康廬阜，瀑布濺珠過藥欄。」「葵花已過菊花開，萬里西風拂面來。問字今朝幾人至，細看屐齒破蒼苔。」

朱新仲云：「唐之詩人，達者唯高適。」適位不過常侍。本朝歐、王、蘇、黄出，徐、陳、韓、吕繼之，八人：一相、三執政、三從官，何其盛也！

山谷詩云：「能與貧人共年穀，必有明月生蚌胎。」爲富不仁者可以警。

少陵詩：「東屯稻田一百頃，北有澗水通青苗。」東屯，乃公孫述留屯之所，距白帝五里，稻米爲蜀第一。郡給諸官俸廪，以高下爲差，帥漕月得九斗。王龜齡詩云：「少陵別業古東屯，一飯遺忠畎畝存。我輩月叨官九斗，須知粒粒是君恩。」東屯有青苗陂。

有問「心遠」之義於胡文定公者，公舉上蔡語曰：「莫爲嬰兒之態，而有大人之器；莫爲一身之謀，而有天下之志；莫爲終身之計，而有後世之慮。此之謂『心遠』。」

宋正甫詩：「三聖傳心惟主一，六經載道不言真。」

攻媿先生書桃符云：「門前莫約頻來客，坐上同觀未見書。」

葛魯卿《借書》詩：「大勝揚雄辭子駿，更殊班嗣阻君山。」

朱希真避地廣中，作《小盡行》云：「藤州三月作小盡，梧州三月作大盡。哀哉官曆今不頒，憶昔升平淚成陣。我今何異桃源人，落葉爲秋花作春。但恨未能與世隔，時聞喪亂空傷神。」唐李益《問路侍御六月大小》云：「野性迷堯曆，松窗有道經。故人爲柱史，爲我數階蓂。」

山谷詩「金石在波中，仰看萬物流」，出《孟子注》：「萬物皆流，而金石獨止。」

野處《雪》詩：「天上長留滕六住，人中會有葛三來。」葛三事，出《太平廣記》。葛仙公第三子。

王逢原詩：「退之昔裁詩，頗以豪横恃。暮年意氣得，金玉多自慰。買居紀廂榮，顧影樂冠佩。喜將閭巷好，持與妻子議。彼哉何足道，進退兹焉係。安知九列榮，顧是德所累。」謂《南内朝賀歸》及《示兒》詩也。朱子曰：「此篇所誇，乃《感二鳥》、《符讀書》之成效極致，而《上宰相書》所謂行道憂世者，已不復言矣。」鄧志宏亦謂：「愛子之情則至矣，導子之志則陋也。」

致堂曰：「韓退之賦石鼓曰『孔子西行不至秦』，故不見録。孔子編《詩》，豈必身歷而後及哉？信斯言也，《車鄰》《駟驖》，胡爲而收之也？」

荆公《傷杜醇》曰：「隱約不外求，耕桑有妻子。藜杖牧鷄豚，筠筒釣魴鯉。」《弔王致》曰：「老妻稻下收遺秉，稚子松間拾墮樵。」二人，四明鄉先生也。固窮守道如此，今人知者鮮矣。利欲滔滔，廉耻寥寥，孰能景慕前修哉！

唐子西《内前行》云：「宅家喜得調元手。」唐時宫中謂天子爲宅家。《通鑑》：韓建發兵圍十六宅，諸王呼曰：「宅家救兒！」劉季述等至思政殿，皇后趨至，拜曰：「軍容勿驚宅家。」

文宋瑞《指南録・爲或人賦》云：「悠悠成敗百年中，笑看柯山局未終。金馬勝遊成舊雨，銅駝遺恨付西風。黑頭爾自誇江總，冷齒人能説褚公。龍首黄扉真一夢，夢回何面見江東！」《南齊》樂豫謂徐孝嗣曰：「人笑褚公，至今齒冷。」謂褚淵也。

翁與可《上徐直翁》詩：「六丈謀謨同輩服，二郎官職乃翁知。」

鄭德言偘爲國子博士，私試策問師道，祭酒不悦，臺評及之。李艮翁丑父。爲詩餞之曰：「諸生幸不笑韓愈，官長何因駡鄭虔。」

柳文云：「王氏子著論，非班超不能讀父兄之書，而力儆狂疾之功以爲名。」先君子嘗爲《投筆》詩，其末云：「蘭臺舊家學，胡不紹箕裘。」

鄧志宏曰：「詩有四忌：學白樂天者忌平易，學李長吉者忌奇僻，學李太白者忌怪誕，學舉子詩者忌説功名。」

卷十九

評文

《穀梁·隱四年傳》注云：「建儲非以私親，所以定名分。」鄧潤甫《草東宫制》云：「建儲非以私親，蓋明萬世之統；主器莫若長子，兹本百王之謀。」蓋出於此。

晏元獻《謝昇王記室表》云：「衣存缺衽，式贊於謙沖；饌去邪蒿，不忘於規諫。」《韓詩外傳》周公誡伯禽曰：「衣成則必缺衽，宫成則必缺隅。」

《九章算術》：「五雀六燕，飛集于衡，衡適平。一雀一燕，飛而易處，則雀重而燕輕。」陸農師《謝吏部尚書表》：「六燕相亭，試銓平其輕重。」蓋用此。

《周書·王會》「東越海蛤」，或誤爲「侮食」，而王元長《曲水詩序》用之，其「别風淮雨」之類乎？

駱賓王云：「類同心異者，龍蹲歸而宋樹伐；質殊聲合者，魚形出而吴石鳴。」龍蹲，謂孔子。《春秋演孔圖》：孔子「坐如蹲龍，立如牽牛」。

楊盈川叙郡守云：「代臨本州，則元賓之父喜形于色；繼爲本守，則張翕之子迎者如雲。」叙縣令曰：「仁之所懷，幼童不能擊將雛之雉；明之所斷，老父不能争食粟之鷄。」對的語工。

蘇許公《制》：「右掖司言，佇光於五字。」常衮表：「五字非工。」張南史詩：「唯有五字表。」《魏志》：司馬景王命中書令虞松作表，再呈輒不可意。中書侍郎鍾會取視，爲定五字，松悦服。西掖用「五字」，本於此。

張文定慶曆中草兩制，《薦舉敕》云：「蓋舉類之來舊矣，三代之盛王，其必由之。如聞外之議云：『是且啓私謁告請之弊也。』予不以是待士大夫，何士大夫自待之淺邪！」又《察舉守令敕》云：「夫天下之大，官吏之衆，獨不聞循良尤異者之達予聽，外臺之職，豈非闕歟？抑朝廷未有以導之也？其視守令，能以仁政得民，民心愛之，如古循吏然者，宜以名上，予得以褒慰之；亦以使四方之民，知予不專寵健吏，所貴仁者爾。」尤延之謂二詔：「大哉言乎！簡而盡，直而婉，丁寧惻怛之意，見於言外。至今誦之，盎然如在春風中。豈特公之文足以導上之德意志慮，亦當時善治足以起其文也。」

文定又行《范文正公參政制》云：「大恩之下難爲報，大名之下難爲處。矧兼二者，可無勉哉！爾尚朝夕以交修，予允迪前人勤教，邦其永孚于休。」訓辭温雅，可以見太平之象。

端平元年九月，真文忠公除翰林學士，洪舜俞命詞曰：「迪惟仁祖，有若臣修。朝京師於甲午之元，拜内相於季秋之月。」歐陽公之除，在至和元年九月，歲皆甲午。用事切當如此。

慶元初，嗣秀王辭中書令，賜贊拜不名。鄭溥之草制云：「天下之達尊三，德兼爵齒以俱茂；人臣之不名五，老與親賢而並隆。」《公羊傳》注：「禮，君於臣不名者有五：諸父兄不名，上大夫不名，盛德之士不名，老臣不名。」《説苑》：「伊尹曰：『君之所不名臣者四：諸父臣而不名，諸兄臣而不名，先王之臣臣而不名，盛德之士臣而不名。』」咸淳初，嗣榮王賜詔書不名，余草制，用《説苑》事。

開禧追貶秦檜。周南仲代草制云：「兵於五材，誰能去之？首弛邊疆之禁；臣無二心，天之制也，忍忘君父之讎。」又云：「一日縱敵，遂貽數世之憂；百年爲墟，誰任諸人之責！」金虜《南遷録》載孫大鼎疏言：遣檜間我以就和。檜之奸狀著矣。嘉定之牽復，幾於失刑。

韓文公《王仲舒銘》云：「敷文帝階，擢列侍從。」野處《謝敷文閣直學士表》云：「宣布中和，方歌盛德之事；擢列侍從，遽復敷文之階。」雖借用而切當。

「王輔嗣吐金聲於中朝，此子復玉振於江表。微言之緒，絶而復續。不意永嘉之末，復聞正始之音。」晉人之稱衛玠，蓋所尚者清談也。正始，魏齊王芳年號。胡武平啓，以「正始之遺音」對「奪朱之亂雅」，陸務觀嘗擿其誤。王季海行《東坡贈太師制》云：「博觀載籍之傳，幾海涵而地負；遠追正始之作，殆玉振而金聲。」恐亦襲武平之誤也。

若正始之清談，非所以稱坡公。

胡文定《以親辭成都學事》云：「矧當喜懼之年，深計短長之日。」曾文清《求歸侍》云：「朝則倚門，暮則倚閭，常恐失望；父曰嗟子，母曰嗟季，曷敢弭忘？」

上官儀《册周王文》：「識表魏舟之象，詞掩漢臺之駕。」上句用曹蒼舒事，下句用《柏梁臺詩》，梁王曰：「驂駕駟馬從梁來。」或以「駕」爲「卦」，引沛獻王占雨事，非也。

洪景盧《周茂振入館謝啓》，雖不若董彥遠之博，如「桃、萊難悟，柳卯本同」「幼婦外孫之義，女郎世子之名」，亦儷語之工者。

野處草《梁叔子制》云「鼎學士之大稱」，蓋用劉禹錫《天平軍壁記》「以牙璋玉節鼎右僕射官稱」之語。又草《葉顒左相制》云：「學聖人之道」「高天下以聲」。或云：「葉語音高，故以戲之。」然「矜人臣以能，高天下以聲」，《史記》謂殷紂也，不當用之王言。

徐淵子《上梁文》云：「林木翳然，便有濠濮間想；清風颯至，自謂羲皇上人。」初寮《啓》云：「得知千載，上賴古書。作吏一行，便廢此事。」皆全句。

李宗衛《春秋十賦》，屬對之工，如：「越椒熊虎之狀，弗殺必滅若敖；伯石豺狼之聲，非是莫喪羊舌。」「王子爭囚，而州犁上下；伯輿合要，而范宣左右。」「魯昭之馬將爲櫝，衛懿之鶴有乘軒。」「于奚辭邑，而衛人假之器；晉侯請隧，而襄王與之田。」「星已一終，魯君之歲；亥有二首，絳老之年。」「作楚宫，見襄公之欲楚；效夷言，知衛侯之死夷。」「雞憚犧而斷其尾，象有齒而焚其身。」「虞不臘矣，吴其沼乎。」「好魯以弓，請謹守寶；賜鄭以金，盟無鑄兵。」「蛇出泉臺，聲姜薨；烏鳴亳社，伯姬卒。」

晏元獻《進牡丹歌詩表》云：「永平神爵之頌，孝明稱美者五人；貞元重九之篇，德宗考第於三等。」按《論衡》云：「永平中，神雀群集，詔上《神雀頌》。百官上頌，文比瓦石，唯班固、賈逵、傅毅、楊終、侯諷五頌金玉，孝明覽焉。」貞元事，見《劉太真傳》。

寧皇《服藥赦文》，陳正父所草也。「雖不明不敏，有辜四海望治之心；然無怠無荒，未始一毫從己之欲。」天下誦之，謂寫出寧皇心事。

盧思道《賀甘露》云：「神漿可挹，流味九户之前；天酒自零，凝照玉階之下。」常衮《賀雪》云：「重陰益固，應水澤腹堅之時；積潤潛通，迎土膏脉起之候。」皆儷語之工者。

俗語皆有所本。如「利市」，出《易·説卦》《左傳》。「難爲人」，出《表記》。「擔負」，出《詩·玄鳥》箋。「折閲」，出《荀子》。「生活」，出《孟子》。「家數」，出《墨子》。「服事」，出《周禮·大司徒》。「伏事」，出陸士衡詩。「分付」，出《漢·原涉傳》。「交代」，出《蓋寬饒傳》。「區處」，出《黄霸傳》。「多謝」，出《趙廣漢傳》。「丁寧」，出《詩·采薇》箋。「什物」，出《後漢·宣秉傳》。「自由」，出《五行志》。「曉示」，出《童恢傳》。「主者」，出《劉陶傳》。「意智」，出《鮮卑傳》。「卑末」，出《欒巴傳》。「告示」，出《荀子》。「仁者好告示人。」「布施」，出《周語》。「布施優裕。」「比校」，出《齊語》。「行頭」，出《吴語》。「當日」，出《晉語》。「地主」，出《左傳》《越語》。「相於」，出《晉·后妃傳》。「料理」，出《王徽之傳》。「長進」，出《和嶠傳》。「消息」，出《魏·少帝紀》。「功夫」，出《王肅傳》。「普請」，出《吴·吕蒙傳》。「手下」，出《太史慈傳》。「牢固」，出《陸抗傳》。「鄭重」，出《王莽傳》。「分外」，出魏程曉上疏。「小却」，出《宋紀》。「間介」，出《長笛賦》。「間介無蹊。」「婁羅」，出《南史·顧歡傳》。「本分」，出《荀子》。「見端不如見本分。」「措大」，出《五代·東漢世家》。「假開」，出《王峻傳》。「本色」，出《唐·劉仁恭傳》。「古老」，出《書·無逸》注。「商量」，出《易》「商兑」注。「不宣備」，出楊德祖《答臨淄侯》。「不能宣備」。「生人婦」，出《魏·杜畿傳》。「私名」，出《列子》。「家公」，出《莊子》。「主人公也。」「致意」，出《晉·簡文紀》。「傳語」，出《後漢·清河王慶傳》。「收拾」，出《光武紀》。「尋思」，出《劉矩傳》。「不審」，出《韓詩外傳》。「世情」，出《纏子》。「不識世情。」「爾來」，出孔明《出師表》。「揭來」，出《思玄賦》。「和買」，出《左傳》正義。「阿誰」，出《蜀·龐統傳》。「罷休」，出《史記·孫武傳》。「慚愧」，出《齊語》。「安排」，出《莊子》。「比數」，出《周禮・大司馬》注。「見在」，出《橐人》注。「孩兒」，出《書・康誥》注。「老境」，出《曲禮》正義。「牽帥」，出《左傳》。「先輩」，出《詩・采薇》箋。「如今」，出《杕杜》箋。「居士」，出《玉藻》。「可人」，出《雜記》。「道人」，出《漢・京房傳》。「寄居」，出《息夫躬傳》。「某甲」，出《周禮・職內》注。「道士」，出《新序》。介子推云。「主人翁」，出《史記・范睢傳》。「小家子」，出《漢・霍光傳》。「不中用」，出《史記・外戚世家・王尊傳》。「我輩人」，出《晉・石苞傳》。「對岸」，出《樂志》。「十八九」，出《漢・丙吉傳》。「至今十八九矣。」「浩大」，出《後漢・馬廖傳》。「兩兩相視」，出《周嘉傳》。「年紀」，出《光武紀》。「雜碎」，出《仲長統傳》。「細碎事手下」，出《吴・吕範傳》。「合少成多」，出《中庸》注。「若干」，出《禮記・曲禮・投壺》。「如干」，出《陳・何之元傳》。「膠加」，出《九辯》。膠音豪。加，丘加反。「牢愁」，出《揚雄傳》。「畔牢愁。」《集韻》：「愁，音曹。」「墨杘」，出《列子》。音眉癡。「冗長」，出陸士衡《文賦》。「無狀」，出《史記・夏本紀》。「擘畫」，出《淮南子》。「前定」，出《中庸》。「細作」，出《左傳釋文》。「叙致」，出《世説》。「留連」，出《後漢・劉陶傳》。「問息耗」，出《竇后紀》。「已分」，出魏文帝書。「物色」，出《淮南子》。「本師」，出《史記・樂毅傳》。「祖師」，出《漢・外戚・丁姬傳》。「生熟」，出《莊子》。「有瓜葛」，出《後漢・禮儀志》。「發遣」，出《陳寔傳》。「天然」，出《賈逵傳》。「新鮮」，出《太玄》。「鈍悶」，出《淮南子》。「誇張」，出《列子》。「悼恅」，出《洞簫賦》。「近局」，出陶淵明詩。「提撕」，出《詩・抑》箋。「本貫」，出晉江統論。「十字街」，出《北史・李庶傳》。「見錢」，出《漢書・王嘉傳》。

梁簡文《爲子辭封表》云：「日蝕之餘，無黄童之對；荷戟入榛，異子烏之辯。」又云：「熙祖流聰慧之稱，方建臨淮之國；元仲表岐嶷之資，乃啓平原之封。」荷戟入榛，揚雄童烏事。熙祖，晉太子遹字。元仲，魏明帝字。元豐末，《皇弟似封普寧郡王制》，全用熙祖、元仲一聯，然熙祖非美事也。

王元之《表》：「風摧霜敗，芝蘭之性終香；日遠天高，葵藿之心未死。」劉元城《表》云：「志存許國，如萬折而必東；忠以事君，雖三已而無愠。」斯言可以立懦志。

「驢非驢，馬非馬」，《漢・西域傳》。「烏不烏，鵲不鵲」，《戰國策》。可以爲對。傅景仁云：「烹羊炰羔，唯『帶牛佩犢』可對。」

嘉定受寶璽，南塘賀表云：「函封遠致，不知何國之白環；瑑刻孔章，咸曰寧王之大寶。」宗室入翰苑者三人：彦中、汝談、汝騰。

王岐公《答韓魏公詔》：「豈朕鬱于大道，未昭治亂之原；將卿保其成功，自潔進退之分。」崔大雅《答周益公詔》：「豈朕不德，未達好賢之誠；將卿既明，自全引退之節。」蓋仿其意。

鄭安晚再相，應之道草制云：「彦博重入中書，特令納節；王曾再登揆席，俛就集賢。」

黄伯庸爲《賀雪表》云：「招徠梟俊，無晝卧洛陽之人；獎勵三軍，有夜入蔡州之志。」語工而健。「上天同雲，平地尺雪」，范蜀公表也，周益公用之。

耿直之守京口，復陳少陽之後，曰：「如可贖兮百身，猶將宥之十世。」

「億載萬年，爲父爲母；四海九州，悉主悉臣。」迂齋對。

李顯忠復節鉞，汪聖錫草制云：「念秦伯用孟明之意，與馮唐面文帝之言。」又云：「與人之周，庶幾得頗、牧而能用；共武之服，爾其繼英、衛之善兵。」

倪正父草《壽皇尊號詔》云：「率百官若帝之初，丕講非常之禮；於萬年受天之祜，聿迎滋至之休。」周益公《辭免表》云：「遜于殳斨、伯與，敢忘稽首；有若虢叔、閎夭，尚助迪威。」正父答詔云：「殳斨、伯與固可遜，未聞虞帝之必從；虢叔、閎夭雖曰賢，蓋視周公而不及。」

真文忠爲《原貸盜賊詔》云：「弄潢池之兵，諒非爾志；烈崑岡之火，亦豈予心？」又云：「自有宇宙至于今日，未聞盜賊得以全軀。」其言足以感動人心。

王卿月爲《澹庵制》云：「吾寧身蹈東海，獨仲連不肯帝秦；至今名重泰山，微相如何以强趙？」

盧肇《海潮賦後序》「馬褐」「牛衣」。古未有對者。

崔大雅草《史直翁制》云：「皇祐之詔二老，設几以須；熙寧之遇四臣，賚書而訪。尚有斯禮，勿遐爾心。」二老：杜衍、任布。四臣：韓、富、文、曾。

吕成公代其父倉部《自黄州易守池州啓》云：「爰考唐朝，有杜牧把麾之舊；其臨秋浦，亦齊安解組之餘。雖後先遷徙之偶同，顧今昔風流之非匹。」

端平初，濟王夫人吴氏復舊封，其父與蔣右史良貴有連，良貴托先君代爲《謝丞相啓》，其末聯云：「孤忠未泯，敢忘漆室之憂葵；厚德難酬，願效老人之結草。」良貴稱賞。

真文忠除參政，辭以疾。趙南塘草詔曰：「漢御史大夫吉當封，病，上憂之。夏侯勝謂必瘉，果然，後遂至相。朕之賢卿，甚於宣帝之德吉也。卿其親醫藥自厚，且先即舍拜命，少間可就車。朕遣黄門召見卿矣。」此詔有西漢風。

鄭威愍公驤《新除謝上章》云：「關陜六七任，不挂權臣之横恩；崇、觀二十秋，靡沾故相之餘潤。」公之大節如此。馮翊之死義，其處之有素矣。

傅至樂《上周益公啓》云：「東門之柳自凋，玄都之桃何在？彼刀頭之舐蜜，得未錙銖；况井眉之居瓶，恍如夢寐。」蓋指張説也。

或上朱文公啓云：「行藏勳業，銷倚樓看鏡之懷；窈窕崎嶇，寄尋壑經丘之趣。」

宋正甫詩：「三甲未全，一丁不識。」

或試縣學見黜，後預鄉薦，以啓謝縣令，有不平之意。令答云：「大敵勇，小敵怯，昔固有之；今日是，前日非，吾無愧矣。」

毛憲守長沙，《謝韓平原》云：「湖南之地二千里，序詩幸托於昌黎；平原之客十九人，脱穎願同於毛遂。」

毛澤民啓云：「揚子雲貌寢官卑，經雖玄而謂白；九方堙機深識妙，馬本驪而爲黄。」李清卿啓云：「斯風未泯，則朝取温造而暮拔石洪；吾道不行，則近舍皇甫而遠求居易。」

洪舜俞薦于鄉，鞏嶸監試。後鞏爲江東憲使，舜俞分教番陽，啓云：「東坡倅錢唐，曾在門外鵠袍之列；半山憲江左，亦賞梁間燕語之詩。」

徐淵子爲越教，《答項平甫》云：「正恐異時風舞雩之流，不無或者月離畢之問。」或《答洪舜俞》云：「魯直大名，有皎潔江梅之句；少游下蔡，無丁東玉佩之詞。」

有郡守招士人教子辭曰：「士而托於諸侯，非其義也；師不賢於弟子，將焉用之？」張宣公《答教官》云：「識其大者，豈誦説云乎哉？何以告之，曰仁義而已矣。」

真文忠爲江東轉運，有民困於買鳩之役，來訴。公判云：「詔捕鵁鶄，若水尚還其使；歲貢蚶蛤，孔戣猶疏于朝。况爲州縣之官，可恣口腹之欲！」

攻媿《爲姜氏慶七十致語》云：「今日王孫，猶有承平之故態；舊時竹馬，得見會昌之新春。」承平、王孫，見柳文《姜嶼志》。

衢州稽古閣書《皋陶謨》于屏，其《上梁文》云：「皋陶若稽古，事三朝稽古之君；孔子與斯文，爲萬世斯文之主。」

王相爚嘉熙間，以親老辭督府辟，其書曰：「昔温太真絶衿違母以奉廣武之檄，心雖忠而人議其失性；徐元直指心戀母以辭豫州之命，情雖窘而人予其順天。」

呂倚《謝王岐公饋錢酒》，用「白水真人」「青州從事」，岐公稱之。夏文莊表云：「詩會餘蚳之文，簡凝含酖之墨。」餘蚳，見《詩》「貝錦」箋。「筆銳干將，墨含淳酖」，出《文心雕龍》。

「獨孤《馴象》，世以爲工。子雲《甘泉》，晚而悔作。」晏元獻謂賦也。獨孤綬《放馴象賦》云：「返諸林邑之野，歸爾梁山之隅。時在偃兵，豈嬰乎燧尾？上惟賤賄，寧恤乎焚軀？」

唐律賦《鷄鳴度關》云：「念秦關之百二，難逞狼心；笑齊客之三千，不如鷄口。」紹興中，省試《高祖能用三傑賦》，第四韻用「運籌帷帳」。考官謂《漢書》乃「帷幄」，非「帳」字，不敢取。徹棘，以語周益公，益公曰：「《史記》云『運籌帷帳之中』，非誤也。」淳熙中，省試《人主之勢重萬鈞賦》，第一聯有用「洪鐘」二字者，考官哂之。洪文敏典舉，聞之曰：「張平子《西京賦》『洪鐘萬鈞』，此必該洽之士。」遂預選。紹熙中，四明試《航琛越水》詩，有用東坡「舶趠」二字而黜者。决得失於一夫之目，其幸不幸若此。

「東都之季，清議扶之而有餘；强秦之末，壯士守之而不足。」前輩作《風俗萬世之基》末韻。「亶聰明而有作，無作聰明；由仁義以安行，非行仁義。」舜由仁義行。「非刀匕是共，膳宰舉席間之觶；釋椎鑿而上，輪人議堂上之書。」此工執藝事以諫賦聯也。

卷二十

雜識

南豐《跋西狹頌》謂：「所畫龍、鹿、承露人、嘉禾、連理之木，漢畫始見於今。」邵公濟謂：「漢李翕、王稚子、高貫方墓碑，刻山林人物，乃知顧愷之、陸探微、宗處士輩，尚有其遺法。至吳道玄絶藝入神，然始用巧思，而古意少減矣。今於盤洲所集《隸圖》見之。」

曹操夫人《與楊彪夫人書》：「送房子官綿百斤。」《古文苑》誤爲「官錦」，而注者妄解。按《魏都賦》：「綿纊房子。」《晉陽秋》：「有司奏調房子、睢陽綿，武帝不許。」《水經注》：「房子城西出白土，可用濯綿。」

善惡以熟言，若《孟子》「仁在乎熟」、《漢·五行志》「季氏之惡已熟」是也。佛者曰：《成實論》。「行惡見樂，爲惡未熟，至其惡熟，自見受苦。行善見苦，爲善未熟，至其善熟，自見受樂。」其言善惡之熟，亦名言也。

仁宗摹太宗御書大相國寺額於石，即寺爲殿而藏之，御飛白名曰「寶奎殿」。紹興庚辰，宏辭以《寶奎殿太宗皇帝御書贊》命題，唐説齋中選。但云慶曆二載而不紀月日，以《實録》考之，乃二年正月辛未也。蘇子美作《寶奎殿頌》，周益公題其後云：「『上宰宗工，更爲辭章』者，謂吕夷簡作記，章得象題額之類。」《實録》云：「命夷簡撰記。」而説齋謂「焕乎堯章，親加紀述」，亦誤。

舊制，麻三道以上，雙宣學士分撰。元豐末，鄧潤甫爲學士，一夕鎖麻二十二通。靖康元年，麻六道，權直院莫儔獨宿。

翰苑未嘗草追贈制。紹定六年十月，史彌遠贈中書令，追封衛王，令學士院降制。學士言非典故，詔特與降制。

太一宫四立月祝文，舊用定本，紹定二年十二月，始命學士院撰述。

親王初除，有布政榜，首云「應某軍管内」，尾云「榜某軍」，仍散下。管内，謂所領節鎮也。前輩制集皆可考。淳熙十六年，皇子封嘉王，布政榜乃云「嘉州管内」，蓋草制者失之。開禧元年，皇子封榮王，榜威武軍，合舊典矣。蓋節鉞初除，以敕書示諭本鎮，亦唐朝喻領之制也。若封王，或以國如周、魯，或以州如兖、雍之類，未嘗有所領之國。咸淳二年，余草福王制，院吏欲以布政榜下福州，余引故事榜所領兩鎮。

陳自明紹熙初宏辭已入等，同試者摘《周五射記》用「襄尺」字，以爲犯濮王諱。襄音讓。慶元四年，從臣薦之，謂「襄」字雖同音，嫌名不當避，乃賜同進士出身。徐子儀嘉定中試宏辭《甘石巫咸三家星圖序》，引《周禮・簭人》「巫咸」，本注「巫」當爲「筮」，非殷巫咸。主司黜之，而薦于朝。不數年，入館掌制。

《易・觀》初六注：「處於觀時而最遠朝美。」湯邦彦字朝美本此。《列子》曰：「務外游不如務内觀。」陸游字務觀本此。魏傅蝦字蘭石，本《淮南子》「蘭生而芳，石生而堅」。唐皇甫湜字持正，本《詩》「湜湜其沚」箋。黄魯直之字本柳子《先友記》「王紓有學術魯直」。

朱文公門人晏淵。晏，音綏。晉有晏清。

西王母，《山海經》云：「狀如人，狗尾，蓬頭戴勝，善嘯，居泂水之涯。」《穆天子傳》注云：「虎齒蓬髮。」

《漢・天文志》：「天暒而見景星。」注：「暒，精明也。」《集韻》云：「晴字。」

《易緯・是類謀》曰：「民衣霧，主吸霜，間可倚杵於何藏？」《河圖挺佐輔》曰：「百世之後，地高天下；千歲之後，天可倚杵。」楊文公詩有「倚杵碧天」之句。

《士冠禮》「眉壽萬年」，古文「眉」作「麋」。《博古圖・雝公緘鼎銘》：「用乞麋壽，萬年無疆。」

《集韻》：「吴人謂赤子曰孲孖。」音鴉牙。《雜記》注：「嬰，猶鷖彌也。」《孟子音義》：「倪，謂繄。倪，小兒也。」

《周禮・鞄人》注：「鯾，魚字。」以魚名爲字，亦奇語也。

《石鼓文》:「帛魚皪皪。」又云:「有鱮有鮊。」即白魚也。

《春秋》正義:「手五指之名曰:巨指、《儀禮·大射》。《孟子》云「巨擘」。食指、《左傳》。將指、《儀禮·大射》注。無名指、《孟子》。小指。《儀禮》云「季指」。」

《館閣書目》:「《蠶書》一卷,南唐秦處度撰。以九州蠶事,獨兖州爲最。」按《蠶書》見秦少游《淮海後集》。少游子湛,字處度,以爲南唐人,誤矣。

「水母目蝦」,見郭景純《江賦》。欒城詩云:「去住由人真水母,簞瓢粗足亦山雌。」

殷芸《小説》:「蔡司徒説在洛見陸機兄弟,住參佐廨中【二】,三間瓦屋,士龍住東頭,士衡住西頭。」東坡詩:「自甘茆屋老三間。」簡齋詩:「士龍同此屋三間。」又云:「士衡去國三間屋。」

《唐·西域傳》:末禄有軍達,泥婆羅獻波稜。皆菜名也。張文潛謂波稜自坡陵國來。

呂成公曰:「秦多良醫。醫緩、醫和,皆秦人。」《尸子》亦云:「醫竘者,秦之良醫。」

巫彭作醫。《呂氏春秋》。岐伯祖世之師曰僦貸季。《素問》。上古醫曰苗父。《説苑》。

黄石圯老教授福州,聞李葵、李柟、林之奇爲衆推服,即走其家,備禮延致。呂太史《祭林宗丞少潁文》所謂「二李伯仲」,蓋葵之子柟、樗也。葵,字襄明。子柟,字和伯;樗,字迂仲。「里居之良,若方若陸;旁郡之士,若胡若劉。」方德順、陸亦顏、胡原仲、劉致中。見呂居仁《寄

【二】住參佐廨中　「廨」字原缺,據翁注本補。

和伯少穎迂仲》詩。

齊齋倪公《三戒》：「不妄出入，不妄語言，不妄憂慮。」呂成公謂：「争校是非，不如斂藏持養。」

李猷護陳東之喪，黄子游賙歐陽徹之葬，皆義烈士也。李，明人，黄亦寓居焉。志吾鄉人物者，宜特書之，以厲澆俗。

淳祐丙午，衢士柴望上《丙丁龜鑑》，其表云：「今來古往，治日少而亂日多；主聖臣賢，前車覆而後車誡。」

張鷟自號浮休子，李白有《贈參寥子》詩，張芸叟、僧道潛復以自號。

近世記録多誤，《無垢心傳録》以王叔文之黨「陸質」爲「陸贄」。質即陸淳，非贄也。《磨衲集》，王公庭秀作于紹興壬子。考其論議，以鄭介夫爲妄言，陳少陽爲鼓變，是熙、豐之法度，非元祐之紛更，謂黨人子孫爲謬賞，謂蘇、黄文章爲末藝。甚者擬程子之學於墨、釋氏，而以《易傳》爲謝、楊删潤成書，其反理詭道甚矣！詆趙、張二相尤力。蓋自紹聖以來，奸憸茂惡，家以荆、舒爲師，人以章、蔡爲賢，邪説詖行，沈酣入骨髓。更中天之禍，蕭艾不薅，士習熟見聞。至紹興間，邪詖猶肆行，筆之簡牘，不耻也。是故人心不正，其害烈於洪水猛獸。吁，風俗移人，可畏哉！

發漢陵者，樊崇、董卓也。發唐陵者，温韜也。惡復誅臻，天道昭昭矣。

成湯、周公，皆坐以待旦。康王晚朝，宣王晏起，則《關雎》作諷，姜后請愆，况朝而受業，爲士之職。《書》曰：「夙夜浚明有家。」《孝經》言卿大夫之孝，引《詩》云「夙夜匪懈」；言士之孝，引《詩》云「夙興夜寐」。《讒鼎之銘》曰：「昧旦丕顯，後世猶怠。」叔向所以戒也。「三晨晏起，一朝科頭」，管幼安所以懼也。「在家常早起」，杜子美所謂質樸古人風者也。「鷄鳴咸盥櫛，問訊謹暄凉」，朱子之詔童蒙也。「觀起之蚤晏，知家之興廢」，吕子之訓門人也。「起不待鳴鷄」，陸務觀《示兒》之詩也。「鷄鳴率家人同起，不可早晏無常」，葉少藴與子之書也。「鷄鳴而起，决擇於善利之間」，爲舜而已矣。

晉殷仲堪父師病積年，衣不解帶，躬學醫術，究其精妙。北齊李元忠母多病，專心醫藥，研習積年，遂善方技。李密母患積年，精習經方，洞閑針藥，母疾得除。隋許智藏祖道幼，以母疾，究極醫方，誡諸子曰：「爲人子者，嘗膳視藥，不知方術，豈謂孝乎？」文中子母銅川夫人好藥，子始述方。唐王勃謂：「人子不可不知醫。」時長安曹元有秘術，勃從之游，盡得其要。甄權以母病，與弟立言究習方書。王燾母有疾，視絮湯劑，數從高醫游，遂窮其術。李逢吉父顔有錮疾，自料醫劑，遂通方書。杜鵬舉母疾，與崔沔同授醫蕭亮，遂窮其術。程子曰：「事親者不可不知醫。」

康節邵子之先，世家于燕，父伊川丈人間道奔本朝。舍世禄爲窶士，乃絶口不言。伯温子溥，自禮部郎使燕，道涿州良鄉拜墓。洪業寺石刻，蓋統和十年伯温高大父所建。統和十年，歲在壬辰，本朝淳化三年也，至宣和六年壬辰適百二十年，伯溫記其異。今按宣和六年乃甲辰，非壬辰也。

蘇魏公《書帙銘》曰：「非學何立？非書何習？終以不倦，聖賢可及。」蒲傳正《戒子弟》曰：「寒可無衣，飢可無食，至於書，不可一日失。」

《太史公素王妙論》曰：「諸稱富者，非貴其身得志也，乃貴恩覆子孫、澤及鄉里也。黄帝設五法，布之天下，用之無窮，蓋世有能知者，莫不尊親，如范子可謂曉之矣。管子設輕重九府，行伊尹之術，則桓公以霸。范蠡行十術之計，二十一年之間，三致千萬，再散與貧。」《史記正義》：「《七略》云：司馬遷撰。」利者，夫子所罕言。又曰：「如不可求，從吾所好。」太史公著論，以素王名而言求富之術，豈以家貧無財賂，有激而云，如《貨殖傳》之意歟？然何足以爲「妙論」？

先聖冕服。祥符二年，賜曲阜文宣王廟冕九旒，服九章。熙寧八年，國子監言唐開元中尊孔子爲文宣王，内出王者衮冕之服以衣之，宜用天子之制。禮院議依官品衣服，令用九旒。崇寧二年，改用冕十二旒，服九章。

《禮記》於禮之變，皆曰「始」：「孔氏之不喪出母，自子思始也」「士之有誄，自此始也」「邾婁復之以矢，蓋自戰於升陘始也」「魯婦人之髽而弔也，自敗於臺鮐始也」「帷殯，非古也，自敬姜之哭穆伯始也」「廟有二主，自桓公始也」「喪慈母，自魯昭公始也」「下殤用棺衣，自史佚始也」「庭燎之百，由齊桓公始也」「大夫之奏《肆夏》也，由趙文子始也」「大夫强而君殺之，義也，由三桓始也」「公廟之設於私家，非禮也，由三桓始也」「玄冠紫緌，自魯桓公始也」「朝服之以縞也，自季康子始也」「夫人之不命於天子，自魯昭公始也」「宦於大夫者之爲之服也，自管仲始也」。《左氏傳》「始用六佾」「晉於是始墨」「始厚葬」「始用殉」「魯於是乎始髽」「魏絳於是乎始有金石之樂」「始用人於亳杜」「魯於是始尚羔」亦記禮之始變也。孔子惡始作俑者，始之不謹，末流不勝其敝。劉懋撰器物造作之始爲《物祖》。劉孝孫、房德懋集經史爲《事始》。馮鑑續《事始》，朱繪撰《事原》，高承增益爲《事物紀原》。然所載乃事物之始，不足以垂訓戒。司馬文正公言：「唐始令妃主葬日皆給鼓吹。非令典，不足法。」蘇文忠公言：「《春秋》書作丘甲，用田賦，皆重其始爲民患也。《國史》記之曰『青苗錢自陛下始』，豈不惜哉！」皆得謹「始」之義。

《周易集林·雜占》曰：「占天雨否，外卦得陰爲雨，得陽不雨。其爻發變，得坎爲雨，得離不雨。巽化爲坎，先風後雨；坎化爲巽，先雨後風。」

江總詩：「聊以著書情，暫遣他鄉日。」元城劉公歲晚閑居，或問先生何以遣日，公正色曰：「君子進德修業，惟日不足，而可遣乎？」

陳正獻公疏曰：「懲羹者必吹於齏，傷桃者或戒於李。」《楚辭·惜誦》云：「懲熱羹而吹齏。」《北夢瑣言》：「唐明宗不豫，馮道入問曰：『寢膳之間，宜思調衛。』指果實曰：『如食桃不康，他日見李思戒。』」

尹和静謂「動静一理」，伊川曰：「試喻之。」適聞寺鐘聲，曰：「譬如此寺鐘，方其未撞時，聲固在也。」伊川喜曰：「且更涵養。」朱文公在同安，夜聞鐘鼓聲，聽其一聲未絶，而此心已自走作，因此警懼，乃知爲學須專心致志。先儒於鐘聲之入耳，體察如此。

東坡《策别》「均户口」曰：「當成、康刑措之後，其民極盛之時，九州之籍，不過千三萬四千有餘。夫地以十倍，而民居其一。」按《晉書·地理志》：「民口千三百七十一萬四千九百三十三，蓋周之盛也。」見《帝王世紀》。

吴仁傑《鹽石新論》取《潛夫論》：「洗金以鹽，攻玉以石。」

土牛之法，以歲之幹色爲首，支色爲身，納音色爲腹。以立春日幹色爲角耳尾，支色爲脛，納音色爲蹄。景祐元年【二】，以《土牛經》四篇頒天下【三】，丁度爲序。

《黄石公記》云：「黄石，鎮星之精也。黄者，鎮星色也。石者，星質也。」東坡以圯上老人爲隱君子。

成都《石經》，孟蜀所刻。於唐高祖、太宗之諱皆缺畫。范魯公相本朝，其誡子姪詩，曰「堯舜理」，曰「深泉」「薄冰」。猶不忘唐也。

劉夢得曰：「於竊鈇而知心目之可亂，於掇蜂而知父子之可間，於拾煤而知聖賢之可疑。」東坡《辯策問奏劄》引之，而改「掇蜂」一句云：「於投杼而知母子之可疑，於

【二】景祐元年　「年」原作「牛」，據翁注本改。

【三】以土牛經四篇頒天下　「牛」原作「年」，據翁注本改。

拾煤而知聖賢之可惑。」

晁文元公平生不喜術數之説，術者嘗以三命語之，公曰：「自然之分，天命也；樂天不憂，知命也；推理安常，委命也。何必逆計未然乎？」慈湖先生謂真文忠公曰：「希元有志于學，顧未能忘富貴利達，何也？」公莫知所謂，先生曰：「子嘗以命訊日者，故知之。夫必去是心，而後可以語道。」

張文潛《寓陳雜詩》言顏平原事，誤以盧杞爲元相國。

李長吉有《春歸昌谷》詩，張文潛《春游昌谷訪長吉故居》云：「惆悵錦囊生，遺居無復處。」在河南福昌縣三鄉東。

《唐六典》注：「崔寔《正論》云：『熊經鳥伸，延年之術，故華佗有六禽之戲，魏文有五搥之鍛。』」《後漢·華佗傳》云「五禽」。

《詩釋文》：「《草木疏》云：『葑，蕪菁也。』郭璞云：『今菘菜也。』案江南有葑，江北有蔓菁，相似而異。」張文潛詩：「蕪菁至南皆變菘，菘美在上根不食。瑶簪玉筍不可見，使我每食思故國。」

司空表聖《題東漢傳後》有取於「陳太丘之容衆，郭有道之誘人」，此表聖所以自處也。

《化書》曰：「奢者富不足，儉者貧有餘。奢者心常貧，儉者心常富。」季元衡《儉説》曰：「貪饕以招辱，不若儉而守廉。干請以犯義，不若儉而全節。侵牟以聚仇，不若儉而養福。放肆以逐欲，不若儉而安性。」皆要言也。

荀悦《申鑒》曰：「睹孺子之驅鷄，而見御民之術。孺子之驅鷄，急則驚，緩則滯，馴則安。」許渾詩：「遯迹驅鷄吏。」

司馬公時至獨樂園，危坐讀書堂，嘗云：「草妨步則薙之，木礙冠則芟之，其他任其自然，相與同生天地間，亦各欲遂其生耳。」張文潛《庭草》詩云：「人生群動中，一氣本不殊。奈何欲自私，害彼安其軀。」亦此意也。觀此則見周子窗前草不除之意。

王涣之曰：「乘車常以顛墜處之，乘舟常以覆溺處之，仕宦常以不遇處之，無事矣。」此言近於達者。

「民不可與慮始」，商鞅之變法也；「百姓何足與議」，董卓之遷都也。咈百姓以從己欲，其效可睹矣。

後魏温子升《閶闔門上梁祝文》云：「惟王建國，配彼太微。大君有命，高門啓扉。良辰是簡，枚卜無違。雕梁乃架，綺翼斯飛。八龍杳杳，九重巍巍。居宸納祐，就日垂衣。一人有慶，四海爰歸。」此上梁文之始也。兒郎偉，猶言「兒郎懣」，攻媿嘗辯之。

真文忠公曰：「仁義足以包寬嚴，而寬嚴不足以盡仁義。」

傅玄《席銘》，左端曰：「閑居勿極其歡。」右端曰：「寢處毋忘其患。」左後曰：

「居其安，無忘其危。」右後曰：「惑生於邪色，禍成於多言。」《冠銘》曰：「居高無忘危，在上無忘敬。懼則安，敬則正。」《被銘》曰：「被雖溫，無忘人之寒。無厚於己，無薄於人。」

梁元帝《孝德傳·天性讚》曰：「欲報之德，不可方思；涓塵之孝，河海之慈。」即孟東野「寸草報春」之意。

蘇子由記杉謂：「求之於人，蓋所謂不待文王而興者。」陳同甫之言梅也亦然。

漢桓永壽二年，户一千六百七萬七千九百六十，至晉武太康元年平吴，户止二百四十五萬九千八百四十【四】。隋文開皇中，户八百七十萬，至唐高祖武德初，户止二百餘萬，高宗永徽初，户僅及三百八十萬。玄宗天寶末，户八百九十一萬四千七百九，至肅宗乾元三年，户止一百九十三萬三千一百三十四。兵禍之慘如此。

劉夢得《何卜賦》云：「同涉于川，其時在風，沿者之吉，泝者之凶。同藝于野，其時在澤，伊穜之利，乃穋之厄。」東坡詩：「耕田欲雨刈欲晴，去得順風來者怨。」本此意。

隋煬帝謂蕭后曰：「儂不失爲長城公，卿不失爲沈后。」長城公，謂陳後主；沈后者，後主之沈后也。《通鑑釋文》以「沈」音「沉」，謂沉湎之后，誤矣。

曾旼，字彦和，爲《書解》，朱文公、吕成公皆取之。《館閣書目》：「《書講義》，博士

【四】户止二百四十五萬九千八百四十　「八百四十」，「十」字原缺，據《晉書·地理志》補。

曾肢等解。」蓋誤以「旼」爲「肢」。

「伐吴之役，利獲二俊」，張華之稱陸機、雲也；「平齊之利，唯在於爾」，周高祖之諭李德林也。機、雲於河橋之役，與王師爲敵，其不忠大矣；德林願以死奉楊堅，復以所以事齊者事周矣，二國何利焉？是以持國必崇名節，持身必守行誼。

《録異傳》曰：「周時尹氏貴盛，五葉不别，會食數千人。遭饑荒，羅鼎作粥。」《春秋》書尹氏，譏世卿，然能與周同盛衰者，亦有家法維持之也。近世紀輿地者，謂尹吉甫蜀人，爲作清風堂，其謬妄甚矣。「物則秉彝」之詩，吉甫庶幾知道者，而不能察掇蜂之讒，能知而不能行也。

《王羲之傳論》「師宜懸帳之奇」，以衛恒《四體書序》考之，懸帳乃梁鵠書，非師宜官書也。

《説文》：「朋」及「鵬」皆古文「鳳」字。宋玉曰：「鳥有鳳而魚有鯤。」《莊子音義》崔譔云：「鵬，音鳳。」

王巾，字簡棲，作《頭陀寺碑》，《説文通釋》以爲「王中」。

封禪七十二家，管夷吾所記者十有二；孟獻子友五人，孟子所忘者三。記誦之學，勿强其所不知。

《集古録·李陽冰記》云：「城隍神，《祀典》無之，吴越有爾。」按北齊慕容儼鎮郢城，城中先有神祠，俗號城隍神，則唐以前已有之。

唐子西《採藤曲》：「魯人酒薄邯鄲圍，西河渡橋南越悲。」下一句未見所出。

《集古録·漢袁良碑》云：「當秦之亂，隱居河洛。高祖破項，實從其册。天下既定，還宅扶樂。」歐陽公云：「蓋不知爲何人也。」愚按《高祖紀》：三年，漢王自成皋入關，收兵欲復東。轅生説漢王曰：「漢與楚相距滎陽數歲，漢常困。願君王出武關，項王必引兵南走，王深壁，令滎陽、成皋間且得休息。使韓信等得輯河北趙地，連燕、齊，君王乃復走滎陽。如此則楚所備者多，力分。漢得休息，復與之戰，破之必矣。」漢王從其計，出軍宛、葉間。此即轅生也。「轅」與「袁」同。

《漢華山廟碑》：「武帝立，宫曰集靈，殿曰存僊，門曰望僊。」歐陽公云：「集靈宫，他書皆不見，惟見此碑。」按《漢·地理志》：「京兆華陰縣太華山在南，有祠；集靈宫，武帝起。」公偶未之考耳。

《容齋五筆》「石尤風」，引陳子昂、戴叔倫、司空文明詩，意其爲「打頭逆風」也。李義山詩作「石郵」，「來風貯石郵。」楊文公詩亦作「郵」。「石郵風惡客心愁。」

古者，有常心曰士，無常心曰民，爲己曰君子儒，爲人曰小人儒。善利之間而舜、跖分焉，服言行而堯、桀異焉，仁義之心存與不存而人禽别焉，懔乎其可懼也。夫尚志謂之士，行己有耻謂之士，否則何以異乎工商？特立獨行謂之儒，通天地人謂之儒，否則何以異乎老、釋？困而不學則下民爾，待文王而興則凡民爾。無其實而竊其名，可以欺其心，不可以欺其鄉。

古者重長幼之序。齒幼位卑而名韋、楊二君，李翱所以戒朱載言也。後生不稱前輩字，劉元城所以稱馬永卿也。

李希烈之黨有韓霜露，朱泚之黨有李日月，逆儔之無天甚矣！

柳芳論氏族曰：「氏於事，則巫、乙、匠、陶。」按《風俗通》，「乙」當作「卜」。

明州，開元二十六年置，迄于唐末，凡五亂。寶應元年，袁晁陷明州，一也；貞元十四年，明州將栗鍠殺其刺史盧雲以反，二也；乾符四年，王郢陷明州，三也；中和元年，鄮賊鍾季文陷明州，四也；景福元年，明州將黄晟自稱刺史，五也。

《通鑑》：浙西節度使裴璩敗王郢，在乾符四年閏二月。《紀》乃謂三年七月，當從《通鑑》。璩，字挺秀，見《世系表》。

《孟子》曰：「舜、跖之分，利與善之間也。」蕭望之曰：「堯、桀之分，在於義利而已。」

范文正公謂：「劉禹錫、柳宗元、吕温數人坐王叔文黨，貶廢不用。」「《傳》稱叔文引禹錫等決事禁中。及議罷中人兵權，牾俱文珍輩，又絶韋皋私請，欲斬劉闢，其意非忠乎？皋銜之，揣太子意，請監國而誅叔文。《唐書》蕪駁，因其成敗而書之，無所裁正。

韓退之欲作唐一經，『誅奸諛於既死，發潛德之幽光』，豈有意於諸君子乎？」

《淮南子》「老子學商容，見舌而知守柔」，《文子》云：學常樅。《淮南》誤。《説苑》亦云「常樅」。

《唐・百官志》：「守宫令。席壽三年，氈壽五年，褥壽七年。」語本《考工記》。

北齊撣盧思道之詩，得八首，人稱「八米盧郎」。或謂「米」當爲「采」。徐鍇云：「八米，以稻喻之，若言十稻之中得八粒米也。」

《燕丹子》：「荆軻曰：高欲令四三王，下欲令六五霸。」四三王、六五帝、四三墳、六五典、三二曜、六五緯，皆本於此。

《陸機傳》云：「弟雲嘗與書曰：『君苗見兄文，輒欲焚其筆硯。』」君苗，未知氏姓。考之雲集，有《與平原書》，云：「前登城門，意有懷，作《登臺賦》，極未能成而崔君苗作之，聊復成前意。」始知其爲崔君苗也。

《文心雕龍》云：「士衡才優而綴辭尤煩，士龍思劣而雅好清省。」今觀士龍《與兄書》曰：「往日論文，先辭而後情，尚絜而不取悦澤。兄文章高遠絶異，然猶皆欲微多，但清新相接，不以此爲病耳。若復令小省，恐其妙欲不見。雲今意視文，乃好清省，欲無以尚，意之至此，乃出自然。」

車永茂安外甥石季甫見使爲鄮令，便道之職。茂安《與陸士龍書》曰：「老人及姊自聞此問，不能復食。姊晝夜號泣，舉家慘蹙。昨全伯始有一將來，是句章人，具説此縣既有短狐之疾，又有沙蝛《玉篇》：「蟲穴也，房中切。」害人。聞此消息，倍益憂慮。足下可具示土地之宜，企望來報。」士龍《答書》曰：「縣去郡治，不出三日，直東而出，水陸並通。西有大湖，廣縱千頃；北有名山，南有林澤；東臨巨海，往往無涯，汎船長驅，一舉千里。北接青、徐，東洞交、廣，海物惟錯，不可稱名。遏長川以爲陂，燔茂草以爲田，火耕水種，不煩人力。決泄任意，高下在心，舉鍤成雲，下鍤成雨，既浸既潤，隨時代序。官無逋滯之穀，民無飢乏之慮，衣食常充，倉庫恒實。榮辱既明，禮節甚備，爲君甚簡，爲民亦易。季冬之月，牧既畢，嚴霜隕而蒹葭萎，林鳥祭而罻羅設，因民所欲，順時遊獵。結罝繞岡，密罔彌山，放鷹走犬，弓弩亂發，鳥不得飛，獸不得逸。真光赫之觀，盤戲之至樂也。若乃斷遏海浦，隔截曲隈，隨潮進退，采蚌捕魚，鱣鮪赤尾，鯸齒比目，不可紀名。鱠鰡鰒，炙鯯鯸，烝石首，臛鮆鰐，真東海之俊味，肴膳之至妙也。及其蚌蛤之屬，目所希見，耳所不聞，品類數百，難可盡言也。昔秦始皇至尊至貴，前臨終南，退燕阿房，離宮別館，隨意所居，沉淪涇渭，飲馬昆明，四方奇麗，天下珍玩，無所不有，猶以不如吴會也。鄉東觀滄海，遂御六軍，南巡狩，登稽嶽，刻文石，身在鄮縣三十餘日。夫以帝王之尊，不憚爾行，季甫年少，受命牧民，武城之歌，足以興化，桑弧蓬矢，丈夫之志，經營四方，古人所嘆，何足憂乎？且彼吏民，恭謹篤慎，敬愛官長，鞭朴不施，聲教風靡，漢、吴以來，臨此縣者，無不遷變。尊大夫賢姊上下，當爲喜慶，歌舞相送，勿爲慮也。」茂安又答曰：「於母前伏讀三周，舉家大小豁然忘愁。足下此書，足爲典誥，雖《山海經》《異物志》《二京》《三都》殆不復過也。恐有其言，能無其事耳。」愚謂：士龍之書，筆勢縱放，真奇作也，可以補四明郡乘之闕遺，故詳著之。

《荀子》曰：「正其衣冠，齊其顔色，嗛然而終日不言，是子夏氏之賤儒也。」荀卿之譏毁過矣，然因其言可以見子夏門人之氣象。

秦之破楚也，王翦至蘄南，殺其將軍項燕。楚之滅秦也，陳涉起於蘄大澤中。同此地也，出爾反爾，天道昭昭矣。

東坡《觀棋詩》「誰與棋者」，《墨君堂記》「雖微與可，天下其孰不賢之」，皆用《檀弓》文法。

《論語》「迅雷風烈必變」，錯綜成文。「春與猿吟兮，秋鶴與飛」，本於此，非始於「吉日辰良」。

徐仲車謂：「尊官重禄，人之所好也，安肯曰『吾不才，吾辱其位』？甚者『亡人之國，危人之天下不顧也』。鄭綮可謂知其量矣。」後村詩謂：「未必朱三能跋扈【五】，祇因鄭五欠經綸。」朱温之簒，崔、柳諸人之罪也，於鄭綮何譏焉？

寧宗閣名曰「寶章」。至和二年，五臺山真容院太宗御書閣已曰「寶章」矣。

【五】未必朱三能跋扈 「朱」原作「未」，據翁注本改。

《水經注》：「方城西有黄城山，是長沮、桀溺耦耕之所。有東流水，則子路問津處。《尸子》曰：『楚狂接輿耕於方城。』」方城在葉縣，《郡國志》曰「葉縣有長城曰方城」，楚邑也。楚狂接輿、並耕沮溺、荷蓧丈人，一時在野之賢萃於楚國，聖人晚年眷眷於楚，有以也。胡明仲曰：「沮溺耦耕之地，史謂蔡也。」

善讀書者，或曰「此法當失」，或曰「一卷足矣，奚以多爲」，或不求甚解，或務知大義。不善讀者，蕭繹以萬卷自累，崔儦以五千卷自矜，房法乘之不治事，盧殷之資爲詩。

「廟堂」二字，見《漢·徐樂傳》，云：「修之廟堂之上，而銷未形之患。」《梅福傳》云：「廟堂之議，非草茅所當言也。」劉向《九嘆》云：「始結言於廟堂。」王逸注：「言人君爲政舉事，必告宗廟，議於明堂。」皆謂人君，今以爲宰相，誤矣。

歐陽公記醉翁亭，用「也」字；荆公志葛源，亦終篇用「也」字，蓋本於《易》之《雜卦》。韓文公銘張徹亦然。

東坡《鍾子翼哀詞》，以四言間七言，學《荀子·成相》。

《詩·伐檀》毛氏傳云：「風行水成文曰漣。」老泉謂「『風行水上，涣』，此天下之至文也」，本於此。

南豐詩稱昌黎之文云：「並驅六經中，獨立千載後。」

周恭叔《跋秦璽文》曰：「嗚呼斯乎！是嘗去《詩》《書》以愚百姓者乎？是嘗

聽趙高以立胡亥者乎？是嘗殺公子扶蘇與蒙恬者乎？是嘗教其君嚴督責而安恣睢者乎？使其璽不得傳者斯人也，而其刻畫，吾忍觀之哉！」李微之曰：「秦璽者，李斯之魚蟲篆也，其圍四寸。至漢謂之傳國璽，迄于獻帝所寶用者，秦璽也，歷代皆用其名。永嘉之亂，没于劉石。永和之世，復歸江左者，晉璽也。太元之末，得自西燕，更涉六朝至于隋代者，慕容燕璽也。隋謂之神璽。劉裕北伐，得之關中，歷晉暨陳，復爲隋有者，姚秦璽也。開運之亂，没于耶律，女真獲之以爲大寶者，石晉璽也。蓋在當時，皆誤以爲秦璽，而秦璽之亡則已久矣。」

受寶之禮，始于元符，再行于嘉定。「皇帝恭膺天命之寶」，至道三年，真宗即位製之。其後凡嗣位，則更製。乾興元年仁宗即位，嘉祐八年英宗即位，至神、哲、徽，皆製是寶。嘉定十四年，京東河北節制使賈涉繳進「皇帝恭膺天命之寶」，及元符三年御命之寶，及元符三年御府寶圖一册。鎮江都統翟朝宗以玉檢來上，其文若合符契。又得「受命于天，既壽永昌」玉璽。於是禮官奏受寶之禮，獻之宗廟。明年正月朔旦，御大慶殿，受寶奉安天章閣。元符三年玉璽，蓋徽宗即位所製。

璽也而更爲寶，匭也而更爲檢。古者太史「奉諱惡」，豈有是哉？

祖宗之制，不以武人爲大帥專制一道，必以文臣爲經略以總制之。咸淳末、德祐初，責降恐後者，多武人也，其後文臣亦責降矣。

後漢應劭有《漢官·鹵簿圖》，《漢官儀·鹵簿篇》。晉有《鹵簿圖》《鹵簿儀》，齊有《鹵簿儀》，陳有《鹵簿圖》，唐有《大駕鹵簿》一卷，王象畫《鹵簿圖》。景德二年，王欽若上《鹵簿記》三卷。天聖六年，宋綬上《鹵簿記》十卷。景祐五年，綬取舊編，益新制，上《鹵簿圖記》十卷。政和七年，詔改修，宣和元年書成，三十三卷，飾以丹采，益詳備矣。

趙安仁作《戴斗懷柔録》，王晦叔作《戴斗奉使録》。戴斗，謂北方。《爾雅》：「北戴斗極爲空桐。」

擊壤，周處《風土記》云：「以木爲之，前廣後鋭，長尺三寸，其形如履。古童兒所戲之器，非土壤也。先側一壤於地，遥於三十四步，以手中壤擊之，中者爲上。」

象山先生曰：「古者無流品之分，而賢不肖之辨嚴。後世有流品之分，而賢不肖之辨略。」

司馬相如《諭巴蜀檄》曰：「父兄之教不先，子弟之率不謹，寡廉鮮耻，而俗不長厚也。」漢時有此議論，三代之流風遺俗猶存也。

群居終日，言不及義，而險薄之習成焉；飽食終日，無所用心，而非僻之心生焉。故曰：「民勞則思，思則善心生。」寤寐無爲，《澤陂》之詩所以刺也。

劉之道煇《上李肅之納拜書》曰：「古之君子，一語默而禮義明，一施設而風俗厚。

如釋之進王生之襪，而漢世重名；如裴度當李愬之謁，而蔡人知禮。」

晁景迂曰：「博之以五經，而約之以《孝經》《論語》；博之以太史公、歐陽公史記，而約之以《資治通鑑》。」康節先生曰：「二十歲之後，三十歲之前，朝經暮史，晝子夜集。」學者當以此爲法。

夫子雅言《詩》《書》、執《禮》，而性與天道，高第不得聞。程子教人《大學》《中庸》，而「無極」「太極」一語未嘗及。

「巧言」爲「辯」，「文子」爲「學」，宋景文云：「此後魏、北齊里俗僞字也。」

庾信《哀江南賦》：「章蔓支以轂走，宫之奇以族行。」《吕氏春秋》：「中山之國有夙繇者，智伯欲攻之，鑄大鐘，方車二軌以遺之。夙繇之君將迎鐘，赤章蔓枝諫，不用，斷轂而行，至衛七日而夙繇亡。」《文苑英華》作「慢支」，《藝文類聚》作「曼友」，皆誤。

宋次道《春明退朝録》，晁子止《昭德讀書志》考之《東京記》：朱雀門外天街東第六春明坊，宋宣獻公宅，本王延德宅。宣德門前天街東第四昭德坊，晁文元公宅。致政後闢小園，號養素園，多閱佛書，起密嚴堂。

《吕氏春秋》：「伊尹奔夏三年，反報于亳，曰：『桀迷惑於末嬉，好彼琬、琰。』」注云：「琬，當作『婉』，婉順阿意之人。或云美玉。」按《紀年》云：「桀伐岷山，得二女，曰琬，曰琰。斲其名於苕華之玉，苕是琬，華是琰。」注非。

《新序》介子推曰：「謁而得位，道士不居也。」蓋謂有道之士。《漢·京房傳》「道人」，亦謂有道之人。《元和郡縣志》：「樓觀，本周康王大夫尹喜宅也。穆王爲召幽逸之人，置爲道士。」《太霄經》以尹喜爲尹軌。又謂：「平王東遷洛邑，置道士七人。」按《漢·郊祀志》注：「漢宫閣疏云：神明臺，高五十丈，上有九室，常置九天道士百人。」蓋自武帝始也。穆王、平王事不可考。

道書有赤明、上皇、無極、永壽之號。後周甄鸞著《笑道論》曰：「古先帝王，立年無號，至漢武帝始建元，後王因之。上皇之號，可笑之深。」《隋志》又有「延康」「龍漢」「開皇」。

林靈素作《神霄籙》，自公卿以下，群造其廬拜受，獨李綱、傅崧卿、曾幾移疾不行。宣政間，道教興行，至有號爲「女真」者，當時以爲金戎猾夏之兆。

傅奕排釋氏，謂：中國幻夫，模象莊老，以文飾之。宋景文作《李蔚傳贊》亦云：「華人之譎誕者，又攘莊周、列禦寇之説佐其高。」然則釋氏用老莊之説也，非老莊與釋氏合也。朱文公謂：「佛家竊老子好處，道家竊佛家不好處。」愚嘗觀姚崇《誡子孫》曰：「道士本以玄牝爲宗，而無識者慕僧家之有利，約佛教而爲業。」斯言當矣。致堂謂：「經論科儀依仿佛氏而不及者，自杜光庭爲之。」考諸姚崇之言，則非始於光庭也。

《北斗經》引「居其所而衆星共之」，誤以北辰爲北斗，蓋近世依托爲之。

鶴山云：「旁行敷落之教。」旁行，見《漢・西域傳》。敷落，見《度人經》。《漢・罽賓傳》「塞種分散」，顔師古注：「即所謂釋種。」按《增一阿含經》：「四河入海，無復河名。四姓爲沙門，皆稱釋種。」石林葉氏云：「晉、宋間，佛學初行，其徒猶未有稱僧，通曰道人。其姓皆從所授學，如支遁本姓關，學於支謙爲支；帛道猷本姓馮，學於帛尸梨密爲帛是也。至道安始言佛氏釋迦，今爲佛子宜從佛氏，乃請皆姓釋。」《唐・回鶻傳》：「元和初，始以摩尼至。其法日晏食，飲水茹葷，屏湩酪，可汗常與共國。」

説齋謂：「老莊之學，盛於魏晉，以召五胡之亂。而道釋之徒，皆自胡人崇尚，遂盛於中國。」釋氏至姚興而盛，道家至寇謙之而盛。誠齋謂：「伊川之民【六】，被髮以祭，君子已憂其戎。漢之君志荒而妖夢是踐。吾民始夷乎言，祝乎首以爲好。此五胡、耶律之先驅也。」朱黼曰：「三代以上，不過曰天而止。春秋以來，一變而爲諸侯之盟詛，再變而爲燕、秦之僊怪，三變而爲文、景之黄老，四變而爲巫蠱，五變而爲災祥，六變而爲符讖。人心泛然，無所底止，而後西方異説乘其虚而誘惑之。」

《晉語》：「西方之書有之曰：『懷與安，實疚大事。』」注：「《詩》云『西方之人』，謂周也。」愚謂「西方之書」，蓋《周志》之類。《列子・仲尼篇》「西方之人有聖者」，李知幾謂：意其説佛也。《皇王大紀論》曰：「當周昭王時，西方有傑戎，窮幻駕空

【六】伊川之民　「民」原作「戎」，據翁注本改。

說。」《通曆》云：「孝王元年，佛入涅槃。」《唐六典》注謂釋迦生當周莊王九年，魯莊公七年。二說不同。

王簡棲《頭陀寺碑》：「周、魯二莊，親昭夜景之鑒。」注云：「魯莊七年，夜明，佛生之日也。《瑞應經》：四月八日夜明星出時，佛從右脅墜地，即行七步。」按《春秋》莊公七年：「夏四月辛卯夜，恒星不見。」正義曰：「於時周之四月，則夏之仲春。杜氏以《長曆》校之，知辛卯是四月五日也。」以是考之，夜明星不見，乃二月五日，非四月八日也。蓋陋儒之佞佛者，傅會爲此說。

滈水云：「梵書有修多羅讖，言釋氏之教興廢。」則讖書其來遠矣。

梁觀國有《議蘇文》五卷，駁其羽翼異端者。或問地獄之事於真文忠公，公曰：「天道至仁，必無慘酷之刑；神理至公，必無賄賂之獄。」

李壽翁曰：「性命之理，死生之故，鬼神之情狀，《易》盡之矣，曷爲求之它？」

《通典》：唐有符祆正，謂之視流内。祆，呼煙切，胡神也。

永嘉張淳忠甫曰：「今之仕，皆非古之道，是以雖貧而不願禄。」問其說，曰：「始至則朝拜，遇國忌則引緇黄而薦在天之靈，皆古所無也。」

道家云：「真人之心，若珠在淵；衆人之心，若瓢在水。」真文忠云：「此心當如明鏡止水，不可如槁木死灰。」

東魏檄梁曰：「毒螫滿懷，妄敦戒業；躁競盈胷，謬治清淨。」可謂切中其膏肓矣。誠齋詩云：「梵王豈是無甘露，不爲君王致蜜來。」曾景建云：「此身已屬侯丞相，誰辦金錢贖帝歸？」

唐有代宗，即世宗也；本朝有真宗，即玄宗也，皆因避諱而爲此號。祥符中，以聖祖名改「玄武」爲「真武」，「玄枵」爲「真枵」。《崇文總目》謂《太玄經》曰《太真經》。若「迎真」「奉真」「崇真」之類，在祠宮者非一。其末也，目「女冠」爲「女真」，遂爲亂華之兆。

張文潛云：「嘗讀《宣律師傳》，有一天人，説周穆王時，佛至中國。與《列子》所載西極化人之事略同。不知寓言耶？抑實事也？」愚謂：此釋氏剽襲《列子》之言，非實事也。

「垂老抱佛脚」，孟東野《讀經》詩也。

東坡《宸奎閣碑銘》：「神耀得道，非有師傳。」出《八師子經》：「佛在舍衛國祇樹給孤獨園，時有梵志來詣佛所，質疑曰：『佛所事者何師？』佛曰：『吾前世師，其名難數。吾今自然神耀得道，非有師也。』」「惟佛與佛」，出《法華經》。

放翁載長蘆宗賾師頌云：「天生三武禍吾宗，釋子還家塔寺空。應是昔年崇奉日，不能清儉守真風。」三武，謂魏太武、周武帝、唐武宗也。愚嘗觀山谷《開先院修造記》

曰：「夫沙門法者，不住資生，行乞取足，日中受供，林下托宿。故趙州以斷薪續禪牀，宴坐三十年；藥山以三篾繞腹，一日不作則不食。今也，毀中民十家之産而成一屋，奪農夫十口之飯而飯一僧，不已泰乎！夫不耕者燕居而玉食，所在常千數百，是以有會昌之籍没。窮土木之妖，龍蛇虎豹之區化爲金碧，是以有廣明之除蕩。」山谷之言至矣。宗賾以浮屠氏而能爲此言，其墨名而儒行者與？

儒之教以萬法爲實，釋之教以萬法爲空。

北齊文宣敕道士剃髮爲沙門，徽宗令沙門冠簪爲德士。其相反如此。

《世説》：王丞相導拜揚州，因過胡人前，彈指云：「蘭闍，蘭闍。」此即蘭若也。

後周武帝廢佛、道教，其子天元復之。唐高祖廢浮屠、老子法，其子太宗復之。天元不足論也，太宗亦爲之，何哉？

西山先生《題楊文公所書遺教經》曰：「學佛者，不繇持戒而欲至定慧，亦猶吾儒舍離經辨志而急於大成，去灑掃應對而語性與天道之妙。」《跋普門品》曰：「此佛氏之寓言也。昔唐李文公問藥山禪師曰：『如何是黑風吹船，飄落鬼國？』師曰：『李翺小子，問此何爲！』文公怫然，怒形於色。師笑曰：『發此瞋恚心，便是黑風吹船，飄落鬼國也。』藥山可謂善啓發人矣。以此推之，則知利欲熾然，即是火坑；貪愛沉溺，便爲苦海。一念清净，烈焰成池；一念警覺，船到彼岸。災患纏縛，隨處而安，我無怖畏，如械自脱。惡人侵淩，待以横逆，我無忿嫉，如獸自犇。讀是經者，作如是觀，則知補陀大士真實爲人，非浪語者。」

錢文季《維摩庵記》云：「維摩詰非有位者也，而能視人之病爲己之病。今吾徒奉君命，食君禄，乃不能以民病爲己責，是詰之罪人也。」

鄧志宏曰：「丹霞禦寒，則燒木佛；德山説法，則徹塑像。禪教之判，其來已久。」余謂：浮屠氏之有識者，猶不以是爲事，而學校乃以土木爲先，吾儒之道其然乎？

《通鑑考異》云：「《會要》：元和二年，薛平奏請賜中條山蘭若額爲大和寺。蓋官賜額者爲寺，私造者爲招提、蘭若，杜牧所謂山臺野邑是也。」《杭州南亭記》：「武宗去山臺野邑四萬所。」

附録

王應麟題識

幼承義方，晚遇囏屯。炳燭之明，用志不分。困而學之，庶自别于下民。開卷有得，述爲《紀聞》。深寧叟識。

（元刊本卷首）

牟應龍序

宋咸淳間，厚齋先生尚書王公以博學雄文聞于時，兩制訓辭，爾雅深厚，嘆而服者，皆曰非先生不能作；奇傳異書，賾微隱奥，疑而問者，皆曰非先生不能知。晚歲飛遯，未嘗一日去書不觀。頗聞著述甚富，恨未之見也。忽其子昌世書來曰：「吾父平生書最多，惟《困學紀聞》尤切於爲學者。今以其書視子，幸爲序所以作之之意，置諸篇端。」蓋九經諸子之旨趣，歷代史傳之事要，制度名物之源委，以至宗工鉅儒之詩文議論，皆後學所當知者。公作爲是書，各以類聚，考訂評論，皆出己意，發前人之所未發，辭約而明，理融而達，該邃淵綜，非讀書萬卷，何以能之？連日夜披閱，目力爲廢，不意垂盡之年，獲睹希世之珍。序引固非晚陋所敢當，然先祖光禄與公之父吏部同年進士，先父大理與公同朝者三，相得益歡，事分之厚，不並它人。况昭父閉門讀父書，求己志，又予所深敬者。是用承命而不辭，托名於不朽焉，觀者毋以爲僭。

至治二年秋八月壬辰，隆山牟應龍謹識。

（清乾隆三年馬氏叢書樓本卷首）

袁桷序

世之爲學，非止於辭章而已也。不明乎理，曷能以窮夫道德性命之藴？理至而辭不達，兹其爲害也大矣，是故先儒有憂之。且夫子之言有曰：「興於詩，立於禮，成於樂。」其品節備具，見於《禮》之經解。夫事不燭不足以盡天下之智，物不窮不足以推天下之用。考於史册，求其精粗得失之要，非卓然有識者不能也。若是，其殆得之矣。在《易》之居業，則曰修辭立誠，而畜德懿德，必在夫聞見之廣，旁曲通譬。是則經史之外，立凡舉例，屈指不能以遽盡也。揚雄氏作《法言》，其亦有取夫是。後千餘年，禮部尚書王先生出，知濂洛之學淑于吾徒之功至溥，然簡便日趨，偷薄固陋，瞠目拱手，面牆背芒，滔滔相承，恬不以爲耻。於是爲《困學紀聞》二十卷，具訓以警，原其旨要，揚雄氏之志也。先生年未五十，諸經皆有説，晚歲悉焚棄，而獨成是書。其語淵奥精實，非細繹玩味不能解。下世三十年，肅政司副使燕山馬速忽公、僉事保定孫公楫濟川，分治慶元，振興儒學，始命入梓。桷遊公門最久，官翰苑時，欲悉以所著書進于朝廷，因循不果。今也二公謂桷知先生事最詳，俾首爲序，庸書作書之本旨，亦以厲夫後之學者。先生諱應麟，字伯厚，自號深寧居士。

泰定二年冬十月，門人翰林侍講學士奉政大夫知制誥同修國史袁桷叙。

（清乾隆三年馬氏叢書樓本卷首）

吴郡陸晉之叙

右厚齋王先生《困學紀聞》二十卷。先生諱應麟，字伯厚，自號深寧叟，曰厚齋云者，鄉人門弟子尊敬之者爲之也。先生平日多著述，是編於經傳子史各有考據評證，於後學足益見聞，得鋟諸梓則其益博其傳遠，工費浩，事未得遂。泰定二年冬十月，浙東道憲司官行部蒞止，肅訪之暇，詢及是書，謂未有刊本爲學校欠事。翰林學士袁先生亦專舉明，謂宜傳遠，惠後學。於是具詞申請之于總府，轉達于憲司、宣慰司都元帥府，咸是所請。乃鳩工度費，於學儲給焉。工食之粟，則翰林學士袁先生倡助之，本學官及岱山長共助以足其用。凡書者刊者董者觀者莫不以是編得傳爲大喜幸，翕然集事。

嗟夫，王先生所爲書久不有所遇，一旦得鋟諸梓，先生之志卒以遂。此蓋遇鑒識之明、主張之力、作成之功而然也。刊書成，謹識卷末，俾觀是書而有得者，知所自云。

泰定二年十二月癸卯，慶元路儒學教授吴郡陸晉之叙。

（清嘉慶十八年萬希槐集證本卷尾）

重刻《困學紀聞》吴獻台序

《困學紀聞》，宋尚書王伯厚生平學力畢具是編。余居越時，心鄉往之。邇四明余君房寄聲云：「此書漫漶甚矣，子盍再付之剞劂氏？」余因索别本觀之。其《自叙》曰：「炳燭之明，用志不分。困而學之，庶自别于下民。」旨哉！伯厚以晚年猶矻矻若此，况後學小子未睹全牛，輒慚半豹。試難之曰：「吾固舍吾筏也。」嗟夫，此夸言欺人耳。更難之「彼岸爲何」，口噏而不能張矣。乃今者則又盡發二酉之藏家，自爲鄴侯而説鈴書肆亦無當厥旨。此其臧穀也，奚辨？是又在夫善學耳。紳之束之而因自重帶也。書言固然乎，不如無書矣。第余終以簇羽銛鐵之爲是也。因重鐫而廣之。

萬曆癸卯八月既望，後學莆田吴獻台書。

（明萬曆三十一年吴獻台重刻本卷首）

閻詠序

康熙戊午、己未間，家大人應博學鴻詞之薦入都，時宇内名宿鱗集，而家大人以博物洽聞，精於考據經史，獨爲諸君所推重，過從質疑，殆無虚日。或有問説部書最便觀者誰第一？家大人曰：「其宋王尚書《困學紀聞》乎？近常熟顧仲恭以《演繁露》並稱，非其倫也。」由是海内始知尊尚此書。其後家大人返里門，遠近從游者各以此書來請丹黄，大人皆應之不厭。然其本特萬曆間刻者，不如詠家所藏慶元路本，出尚書兩孫厚孫、寧孫手，最勝。大人自壯至老，手自校讎，不啻五六過，訛者正之，遺者補之。常謂詠曰：「苟無訛可正，無遺可補，天下之能事畢矣。雖古人撰著，臻此亦難。」歲丁丑，大人閑游江陰，從一故家得斷爛鈔本以歸，較多二十七條。其辭簡而義精，非尚書萬萬不能爲也。又檢王子充序《水經》，歷引尚書言，有云「江水東逕永安宫南」五十一字，刊本、鈔本都失去。因知子充當日所見本尤完善，亟爲增入，嘆惋者累日。其用心之勤如此。詠以端憂多暇，請鳩工授梓。大人復自矻矻者彌月，乃手之而喜曰：「續古人之慧命，啓來學之博聞，其在斯乎！夫校定書籍故非易，自劉向、揚雄方稱此職，世豈有其人哉！要事求有據，不敢憑臆以決，亦可矣。小子紀其緣起，庶以正世之君子。」詠遂拜而書之。

康熙三十七年，歲在戊寅，六月望日，男詠謹識。

（清乾隆三年馬氏叢書樓本卷尾）

馬曰璐跋

宋王尚書厚齋先生《困學紀聞》二十卷，初鏤板於元大德間，明弘治、萬曆中俱有重刻本。是書爲先生晚年所著，會粹群籍，穿穴紛綸，學者每苦津逮之難。兹得太原閻百詩徵君箋釋，各條之下又得長洲何義門學士校閲本。暇日以大德本互爲勘對，有文義可兩存者並注於後。因鳩工刻置家塾而記其顛末如此。

乾隆戊午八月，祁門馬曰璐書於叢書樓。

（清乾隆間馬氏叢書樓本卷尾）

何義門本汪垕記

宋厚齋王公《困學紀聞》二十卷，前明傳刻脱誤甚多。本朝何屺瞻太史與閻百詩徵君往復契勘，補闕訂訛，加之評點。南潯董丈訥夫移謄一本，予從吴興薏田姚先生行篋中見之，亟取家藏舊本，共相讎校，重付開雕。其偏旁字畫則董君曁之，及姚君、第五山甫佽助覆審焉。既而薏田客廣陵，於馬氏得見所收何公手批原本，復爲改正數十字。而是時馬氏已開徵君閱本，中間頗采何語，是書所引徵君語尤詳，互文申義，固並行而不相悖也。兹恐眉目混並，於閻、何二公語各冠「某云」以别之，而又加「原注」二字於王公自注之上，不免妄作爲愧云。

桐鄉後學汪垕謹記。

（清乾隆間汪氏桐華書塾刻何校本卷首）

萬南泉序

曩予居館職時，讀中秘書經史子集，味乎其言之書，三味之擇焉而精者，必以《困學紀聞》爲稱首。顧其中之回穴，幾於索解不得，閻、何兩先疏通證明又不能推類以盡。予以一得之愚，證𨽻今故，有意其推本之，而卒卒于簪筆持槖，日不暇給。洎乎歸田，一二大吏敦請迭主河東、江漢、嶽麓、豫章各書院，一時從遊日衆。每大都授經史子集之類以旁通者，時亦多所發明，而口授流傳不獲筆之於書，數十年來有志未逮也。乃者課兒承宗論策科舉之文，數典不忘，不詭隨於後人所羼。予叩以從何來，謂是從兄蔚亭《集證》之所云云也。少選，蔚亭來與坐談，晻然若合符，出其槀以質，於我心有素契焉者，因促之梓。蔚亭顧謂「縵密不能，蘆苴學者絀」，是蚩泠符也。予告之曰：「是則然矣。抑予之縱臾問世，非謂見所見者之必盡盡然也。予恐隙中窺鬬一家之是非，未必質之人人而皆同，且予正恐彌望黄茅白葦之使人概以從同也。子以《集證》者證之予，予即欲以子之證于予者證之世而因以自證焉。」蔚亭唯而退。維時承宗劍於旁，因命次其語著之書首，以諗海内博雅君子。儻有窮無窮、極無極，集以證者之，不敽於此。予老矣，跂予望之。

伯父南泉氏書於頤莊舊書房。時年八十有八，維時乾隆五十有九也。

（清嘉慶八年萬希槐集證本卷首）

陳詩序

王伯厚尚書以博學雄文，晚歲飛遯，矻矻手一編不釋，著《困學紀聞》二十卷。其間引事徵文，間自疏解。逮於國朝閻百詩徵君輒推其意注之，何義門又推其意續注之，而猶以爲徵引之書未能盡悉，牟隆山所嘆爲該邃淵綜，不有信然者與？昔人謂注書之難，較著書更倍。蓋著書者，據其心力所鑽研，見聞所逮及，閲時既久，取精自多，而古今載籍或昔存而今亡，或昔時盛行而今日不甚流布，欲從數百年後一一焉疏而通之，證而明之，勢有所不能。然則義門之所謂未能悉者，非欺人語也。

黄岡萬子蔚亭因閻、何二君之舊，慨然思廣其所未及，乃盡取王氏諸門敂關啓鑰，用以昭示學者。凡夫九經諸子之旨趣，歷代史傳之事要，制度名物之原委，與夫宗工鉅儒之詩文議論，罔不考同以證異，尋流而討源，勒爲一書，名之曰《集證》。蒙莊有言：「其作始也簡，其將畢也必巨。」雖謂是書爲王氏之功臣而閻、何之諍友，亦奚不可也哉！抑余聞之三峰門丈云：「蔚亭家寒，素少積書，顧乃左右采獲，閲十數寒暑而其事始竣。」力莫若好，好莫若一，所謂平生精力，盡在是書者。三峰于蔚亭爲從昆弟，《三餘隨筆》若干卷，余嘗序之。今觀是書，益嘆注書之難，知蔚亭用力之精，而又以見萬氏兄弟師友之勤學於無既也。於是乎言。

嘉慶六年歲在辛酉十有一月朔，愚弟蘄州陳詩拜撰。

（清嘉慶八年萬希槐集證本卷首）

陳嵩慶序

深寧先生作《玉海》，又作《困學紀聞》。《玉海》意矜浩博，《困學紀聞》專取精粹。其《自叙》云「晚遇艱屯」，則是書成於《玉海》之後可知也。從説經至雜説凡二十卷，津逮後學，良非淺鮮。特宋時去唐未遠，故籍猶有存者。就其徵據以按今之簡牘，每恨闕如，故讀是書者，其弊有二：其或妙析理致，輕忽事宦，本無深識。粤鑒欲以空疏自文，但解彫籤。略觀大意，譬登山不辨蹊徑，沿波不討源流，固陋之譏，深可哀已。又或妄詡審諦，自逞私臆，博證廣考，輕下斷辭。既失總雜，復形差舛。謂蒜豉爲珍果，指鉛錫爲精金。流弊不還，寖成迷謬。二者相較，得失無分。王氏是書，徵事稍隱，間有自注。國朝閻潛丘、何義門、全謝山、方樸山、程易田皆有校本，時下己意，以析疑指。閻、全、程三君，其才博而亮，其義閎而雅，取資鴻駿，獨秀曩哲。何、方二君，雖有援據，多説事情，或又輕作辨論，用相呰詬。蟲生於木，還食其木，是所短也。然質而不惋，文而有理，皆王氏之諍臣矣。黄岡萬君尉亭，既鈔撮其全文，復廣援經傳，著明各條之下，名曰《集證》。遵旨厥旨，勿取紛糅。昔范甯著《穀梁集解》，正義曰：「集解者，撰集諸子之言以爲解也。」今之所取，義實同之。往見嘉定錢詹事大昕亦有是書校本，每下一籤，宣古義，蓋與閻、全、程諸子所見互相發明。收而輯之，是所望於雅才好博之君子。

嘉慶十二年丁卯秋季，廣東督學使者錢唐陳嵩慶撰。

（清嘉慶十八年萬希槐集證本卷首）

陳運鎮序

讀群書不窺其全，非好學者也。讀全書不揭其要，非善學者也。博約者，功相需而不可闕也。往哲孜孜攻經史外，旁涉諸子百家，兼綜而條貫，乃於其所獨得不欲私諸一心，乘間而攄偉詞，析疑而糾訛義，口舉筆書，成一家言，後之人將服其論定之精而又樂其啓予之切，是足遥遥相質者也。

宋季王厚齋先生，學極博，著述極富。《困學紀聞》一書，卷帙不繁，而論則本原洞見，體則鉅細該備，殫見者足以相發明，尠聞者亦得所依據，即文章詞賦均可以取資推類焉，誠學海之津梁，書府之筦鑰也。自國朝閻百詩、何義門諸人從而考訂之，援引辨論，讀者悉得其源委矣。至蔚亭萬氏又廣爲集證，益補諸家所不逮，而讀一書若讀無數書，則有裨于厚齋爲功尤大。

南城胡香海先生，海内名進士也，早歲解組，嗜書成癖，獨謂兹書便於來學，取萬氏本重鋟梓以行世，不復論難恐聚訟也，不加採録厭贅説也。世有無書不讀者，於兹書亦證古所不廢，倘未能汎覽流觀而欲知群書要義所存，與夫猶事文章詞賦之業者，惡可以薄爲斷璧碎錦而不知所珍惜也耶？

孝感後學陳運鎮拜撰。

（清嘉慶二十四年胡氏山壽齋刻萬希槐集證合注本卷首）

仲振履序

香海胡司馬嘗客揚州，與家孟、雲礀暨陳澧塘、劉芙初交最久。時予以授徒里巷，耳其名、讀其詩而未獲一睹其面。迄今十餘年，恒悵悵也。今春晉省垣，晤鄧灼亭，談及香海，始知方流寓穗城，又以聽鼓應官，悤悤無暇日。臨行過其寓，則藏書滿几榻間，促坐書次，十餘年之渴懷快得一罄。既乃出《困學紀聞》見贈，並屬序于予，蓋板藏香海處也。

香海有書癖，嘗挾卷篋歷游名勝，所至輒以書壯行色。一試羅源令，尋自乞免。訪衡、湘，叩韶石，寄迹珠江，而五車之富皆嶺南人所未經目睹也。每得異書，不惜傾囊槖以購，及快晤良友，又必出其所藏舉而相贈，故與香海交者，常以不得其書爲憾。予讀書不及數尺，且甫一面交，顧獲其贈，且屬爲之序，亦何相愛之深也！蓋香海客揚州久若故鄉，然時家孟與澧塘皆相繼逝，芙初又遠在毗陵，欲得揚州故人而序之，舍予其誰屬耶？至是書之淵源義藴，皆略而弗序，則又重序之所以作，而厚齋先生之博雅精覈，固無庸贅序也。香海以爲何如？

時嘉慶十八年歲次癸酉中和節後二日，柘庵仲振履題於惠州舟中。

（清嘉慶二十四年胡氏山壽齋刻萬希槐集證合注本卷首）

翁注本三箋序·全祖望序

深寧先生文集百二十卷，今世不可得見。其存者，《玉海》部帙最巨，尚有附刻於《玉海》之後者十餘種，而碎金所萃，則爲《困學紀聞》。顧其援引書籍奥博，難以猝得其來歷，太原閻徵君潛丘嘗爲之箋，已而長洲何學士義門又補之。斯二箋者，世宗憲皇帝居潛藩，皆嘗充乙夜之覽。近年，祁門馬氏以閻本開雕，而間采何説以附之，桐鄉汪氏又以何本開雕，誠後學之津梁也。潛丘詳於考索，其於是書最所致意。然筆舌冗漫，不能抉其精要，時挾偏乖之見，如力攻《古文尚書》，乃其平日得意之作，顧何必曉曉攙入此箋之内，無乃不知所以裁之耶？義門則簡核，而欲高自標置，晚年妄思論學，遂謂是書尚不免詞科人習氣，不知己之批尾家當，尚有流露此箋未經洗滌者。歲在辛酉，予客江都，寓寮無事，取二本合訂之，冗者删簡，而未盡者則申其説，其未及考索者補之，而駁正其紕繆者，又得三百餘條。江西萬丈孺廬見之嗟賞，以爲在二家之上。予學殖荒落，豈敢與先輩争入室操戈之勝？况莫爲之前，予亦未能成此箋也。胡身之謂小顔釋班史，彈射數十家無完膚，而三劉所以正小顔者正復不少。是書雖經三箋，然闕如者尚多有之，又安知海内博物君子不有如三劉者乎？予日望之矣。

乾隆壬戌二月既望，後學全祖望撰。

（清道光五年翁氏守福堂本卷首）

翁注本胡敬序

姚江翁太常鳳西先生，性嗜學不勧，而於宋王厚齋尚書《困學紀聞》尤篤好之，嘗輯閻、何、全諸家之説，益以己所心得爲之注。自通籍以至膴仕，敷政之暇，丹槧未嘗一日去手。歸田後，復與同鄉老宿往復商訂，始付諸梓。爲文凡八十五萬言，可謂集大成矣。敬弱歲亦嘗留意是編，家貧既鮮藏書，又厚齋所讀書今多不傳，其所稱述之人，非皆有專傳專集可以按録稽者，蓄疑於心，積數十年無所質正。得觀先生書，而嚮之蓄疑不決者，乃涣然冰釋，砉然理解也。卷帙既富，竟月讀始一周。其淹貫成一家言，則李善之注《文選》也。其疏證之旁見側出，足與原書相輔而行，則裴松之之注《三國志》也。凡厚齋所引之書與其人，靡不觸類引伸，核其本文，詳其貫履。於書之已佚姓氏之就湮者，則博采墜簡零篇，力索冥搜，期於必獲。於諸説之不全不備、踳駁抵牾者，則下己意補之正之。辭旨和平，不務攻擊，是真能爲厚齋之學者也，是真能讀厚齋所讀之書者也。厚齋之書，由博而約，擇之精，著書之體宜然也。先生之書，由約而博，語之詳，注書之體宜然也。厚齋積數十年之功，成是書以霑溉後人。先生積數十年之功，注是書以表章絶學，豈直是書功臣，即謂厚齋復生可也。敬謭陋，何足以知先生！惟是嚮所蓄疑，藉以解釋。師資在是，難已於言，用敢附名青雲，以志向往之意云。

道光六年秋七月朔日，錢塘胡敬謹序。

（清道光五年翁氏守福堂本卷首）

翁注本黄徵乂叙

古人學古入官，而入官之後仍不忘學，仕優則學尚矣。顧有儒林之學，有文苑之學，一則主乎理學經術，一則主乎詞章典故，學之者宜何從？然窮其源流，究其義藴，二者非竟判然也。鳳西先生敭歷中外，垂四十年，宦轍所莅，宣上德，抒下情，而暇則説禮樂而敦詩書，仍儒者風。購書至萬餘卷，卿雲輪囷，覆護其上，燕寢公餘，手卷不釋，而其生平所最注意者，則尤在王氏《困學紀聞》一書。王氏蓋得朱門、真氏之淵源者也。是書非博物君子不能作，亦非博物君子不能注，况注於三箋及萬氏集證後也？乃博覽群籍，見於是書有足證明闡發者，輒手録，爲之條分件繫，如肉貫弗。約計各門增輯，無慮二千餘條。其用功專且久，而所得若是，是豈疏闊夫政事而與經生争衡哉！唯其優也。乂嘗借其書而觀之，讀一書則如讀無數未見之書，通一義則足通無數未聞之義。前人以儒林而兼文苑，後人以文苑而追儒林，其有功於先哲而餉遺乎士林也，豈徒爲文藝家所取資，饜飫枵腹、組織華蟲已耶！鳳西以經術飾吏治，所至政舉而民不擾，本乎才而實恃乎學也。因優而學，因學而仕愈優也，庶幾古之才全而學純者歟？是用諗乎世之學而仕者。

道光五年八月望日，姻愚弟黄徵乂叙。

（清道光五年翁氏守福堂本卷首）

翁注本翁元圻自序

王厚齋先生《紀聞》一書，蓋晚年所著也。先生博極群書，入元後，寓居甬上，足迹不下樓者幾三十年，益沈潛先儒之説而貫通之。於漢、唐則取其核，於兩宋則取其純，不主一説，不名一家，而實集諸儒之大成。顧徵引浩博，猝難探其本源，雖以閻潛丘、何義門、全謝山三先生之淵雅，尚未盡詳其出處，蓋由宋人著述不能盡傳故也。元圻幼嗜此書，通籍後備官禮曹，嘗質疑於中表邵二雲先生，先生教之曰：「閻、何、全之評注，略舉大意，引而不發。子盍詳注之，使覽者不必繙閲四庫書而瞭然於胸中乎？」余對曰：「此非盡讀厚齋所讀之書者不能也。以元圻之淺陋，曷足以任此！」先生曰：「子姑詳其所可詳，其未詳者，安知不有好學者更詳之乎？」余諾之，而未敢必其成也。丁未之冬，揀發雲南，從此移黔移楚，未嘗不攜此書自隨，偶有所得，即細書於簡端。顧行篋所貯，卷帙無多，兼簿書鮮暇，不能專心從事，然簡端已無餘地，因另録而編次之，凡三易稿，而仍多未盡。庚辰四月，改官京秩，因得借書於收藏家，稍有增補。旋自京旋里，就正於蕭山王穀塍同年，又詳數十條。穀塍力勸付梓，自念用心數十年，不忍棄之敝簏，因刻之，存於家塾。惜二雲先生墓木已拱，不及删其繁而補其缺，以至於無遺憾也。

道光五年春三月，翁元圻自識於佚老之巢，時年七十有五。

（清道光五年翁氏守福堂本卷首）

張壽鏞後序

壽鏞既刻《困學紀聞補注》，爰拜手而書於後曰：嗚呼！先君子豈欲刻斯書哉？生平高氣節而不自名氣節，好問學而不自襮問學。著書立説，雖及門高弟有求觀而無從得之者，蓋欿然常以爲未足，終身如是。溯乙酉、丙戌、丁亥之交，先君子官詞曹，始讀《困學紀聞》，日有常課，隨讀隨檢書，筆而記之。壽鏞侍側，年方十一二三歲，但見書楣之上題綴殆遍。初不知先君子所以參考互證者，蓋得之於全、翁諸家之外，意在厚集其説也。迨與臺選，益求有以經世者，不獲從容於著述。晚年多病，又復感憤時事，病時猶告壽鏞曰：「深寧學問，豈盡心於文字者？蓋將以明道也。《困學紀聞》一書，於君子小人消長之幾、人心風俗維繫之故，言之最切。吾是以致力於斯，汝輩志之。」嗚呼！言猶在耳，而先君子之歿於兹三十有五年矣。今讀《補注》以「履霜戒於未然」，引劉荀《明本釋》「防微銷患」爲言，先君子之意可知矣。然則先君子雖不欲刻斯書，而一生精神之所在棄置不存，又豈壽鏞所敢哉！注凡二十卷，依翁本之舊。壽鏞就所筆者録之，未敢增損。原書謹藏於家，子孫其保守弗失。陳君伯弢爲先君子高第弟子，一再校斯注，俾小子稍免罪戾，有可感焉，因並及之。

乙亥冬，男壽鏞識。

（《四明叢書·困學紀聞補注》）

陳漢章序

王尚書擷《玉海》二百六十五卷之菁華而爲《紀聞》二十卷，《自識》云「困而學之，炳燭之明」，是其書成於晚年。既博且精，或擬以《演繁露》，或等諸《野客叢書》，皆非其匹也。自閻潛丘而後，有三箋本，有七箋本，至萬氏《集證》，翁氏輯注出，益爲學者所推重。然箋注雖多，俱不能及鄉前輩謝山先生。

先師給諫張先生生謝山後百餘年，當郎潛時讀是書，旁搜宋人説部及惠王諸經説，博觀而約取，蠅頭細字，戢孴簡端，意在厚集諸儒遺言，以發明尚書之遺志，所謂識其大者，非徒考據之學也。世兄詠霓珍重手澤，録爲《補注》二十卷，令漢章序之。而當先師存日，正如《紀聞》所偁唐楊文簡公有論著未始一示人，見卷十七。故雖及門弟子，有不及知者。漢章向亦嘗合校諸家，於其説之缺者，補之；誤者，正之。如：蘇子、鄒子、董仲君及宋人張洞、周子静、陸亦顔等，頗有所發明。然皆不過識其小者耳。向若得以所校者就正於先生，或如葑菲之下採，庶幾太史公所謂附驥尾而名益彰焉。哲人既萎，吾將安仰？此序成而不禁悢悢以悲者也。

丙子春，象山陳漢章謹撰。

（《四明叢書·困學紀聞補注》）

傅增湘題跋

元刊本半葉十一行，每行二十四字，次行低一格，板高九寸闊五寸七分，白口左右雙闌，板心上記字數，下記刊工姓名。刊工爲茅元吉、章宇、章子成、鮑成、王明、王子仁、張以方諸人，又各記一字者，有何、任、茅、胡、齊、張等姓，文、興、泉、觀、在等名。字體疏秀，仿松雪體。前《深寧叟識》大字占雙行，下接目録。目後有「伯厚甫」「深寧居士」篆文圖記二方。卷二十後有「孫厚孫、寧孫校正」一行。

按此書世傳元本極多，《天禄前後目》、各家書目均載之，惟《皕宋樓藏書志》記其行款爲十行十八字，余家所儲及廠市寓目者皆是刻也。然字體板滯，刻工粗率，印本多爲白棉紙，頗疑是正統、景泰間風氣。第因其卷尾校正人名後有「慶元路儒學學正胡禾監刊」一行，舉世皆目爲元刊，余亦無以難也。惟《天禄目》所收第二部，言：「此書板較大，刻手印工校前部皆高一籌」，無牟應龍序及陸晉之後序，私疑此或爲真元板矣。嗣得錢竹汀評校閻刻本，瞿木夫更據元板勘定一過，凡閻氏所記元板作某，瞿氏以元板覆之，其違者十恒八九，緣是蓄疑愈甚，而苦無從證明。近者臨清徐氏書散出，聞有元刊本行款與世行本殊異。多方探訪，始由徐君森玉持來，發函展視，板式寬大，繕刻精良，古香馣藹，與《天禄目》所言約略相似。持與閻、瞿二公所校互證，疑慮乃涣然冰釋，蓋閻氏所見與徐氏藏本正合，乃真元刊。瞿氏所見爲大黑口、四周雙闌之十行本，凡各家所藏與廠市所見皆爲此刻，其爲明初翻刊斷然無疑。今以閻校及瞿校異同與真元刻對勘列之左方，庶可瞭然矣。

丙寅冬至，傅增湘識於藏園之長春室。

卷二「《鄭語》」條注「秭規先濼」，瞿校云「元板作『先澤』」，今元本正作「先濼」，不作「先澤」也。「雖有周親」下注「不如周家之少仁人」，瞿校云「元板『少』作『多』」，錢校以「多」爲誤字，今元本正作「少」，不作「多」也。「堯、舜之世」下「高弟皆爲一科」，閻注云「元板作『第』」，瞿校云「元板作『弟』」，今元本正作「弟」也。「若農服田力穡」，瞿校云「元板作『農夫』」，今元本固無「夫」字也。「宋武帝留葛燈籠、麻繩拂於陰室」，閻注云「元本作『蠅拂』」，瞿校云「元板作『繩拂』」，今元本正作「蠅拂」也。「因建極而雜糅正邪」，瞿校云「元板作『邪正』」，今元本正作「正邪」也。

卷五「臣以陳善閉邪爲敬」，瞿校云「元板作『閑邪』」，今元本正作「閑邪」也。

「皆以節氣有早晚也」，瞿校云「元板無『氣』字」，今元本正有「氣」字也。「方慤解《王制》」條，瞿校云「元板連上『之説』，下合爲一條」，錢氏以爲元板誤，今元本正提行别起也。

卷六「將以蓋弑君之惡」，瞿校云「元板作『殺』」，今元本正作「弑」也。

卷七「申棖」下，閻注云「末行『申棠』，元板作『申堂』」，瞿校云「元板作『申棠』」，今元本正作「堂」也。「子路以其私秩粟爲漿飯」，瞿校云「元板作『極』」，今元本正作「漿」也。「愚以風爲諷」，閻注云「何校本『愚』下有『謂』字」，今元本正有「謂」字也。

卷八「澅水出時水東」，瞿校云「元板作『澅』」，今元本固作「澅」字也。

卷十「漢《七略》所録」條，閻本低一格，瞿校云「元板『漢』字頂格」，今元本乃低二格也。

卷十三「帝好爲手詔詩章以錫侍臣」，閻注云「元板『錫』作『賜』」，瞿校云「元板亦作『錫』」，今元本正作「賜」字也。

卷十七張文潛《論文詩》「理文當即止」，閻注云「元板作『理維』」，瞿校云「元板作『理文』」，今元本乃正作「理維」也。

卷十八「張太常博士」，閻注云「元板作『學士』」，瞿校云「元板作『博士』」，今元本正作「學士」也。「更無柳絮隨風舞」，閻注云「元板作『風起』」，瞿校云「元板作『風舞』」，今元本正作「風起」也。「糞土出菌芝」，閻注云「元板作『糞壤』」，瞿校云「元板作『糞土』」，今元本正作「糞壤」也。「鄭得言偪」，閻注云「元板作『德言』」，瞿校云「元板作『得』」，今元本正作「德」也。

卷十九「晉寧郡王」，閻注云「元板作『普寧』」，瞿校云「元板作『晉寧』」，今元本正作「普寧」也。

卷二十「《河圖挺佐一輔》」，閻注云「元板無『一』字」，瞿校云「元板有『一』字」，今元本固無「一」字也。「簞瓢粗足似山雌」，閻注云「元板『似』作『亦』」，瞿校云「元板作『以』」，今元本正是「亦」字也。「高弟不得聞」，閻注云「元板作『高第』」，瞿校云「元板作『高弟』」，今元本正作「高第」也。「儒之教以萬事爲實」，閻注云「元板『萬世』作『萬法』」，瞿校云「元板作『萬世』」，今元本正作「萬法」也。

（《四部叢刊三編·困學紀聞》）

《四庫全書總目》提要

《困學紀聞》二十卷，宋王應麟撰。應麟有《周易鄭康成注》，已著録。是編乃其劄記考證之文，凡説經八卷，天道、地理、諸子二卷，考史六卷，評詩文三卷，雜識一卷。卷首有自叙云「幼承義方，晚遇囏屯。炳燭之明，用志不分」云云，蓋亦成於入元之後也。應麟博洽多聞，在宋代罕其倫比。雖淵源亦出朱子，然書中辨正朱子語誤數條，如《論語注》「不舍晝夜」「舍」字之音。《孟子注》「曹交，曹君之弟」，及謂《大戴禮》爲鄭康成注之類，皆考證是非，不相阿附，不肯如元胡炳文諸人堅持門户，亦不至如明楊慎、陳耀文、國朝毛奇齡諸人肆相攻擊。蓋學問既深，意氣自平，能知漢、唐諸儒本本原原，具有根柢，未可妄詆以空言，又能知洛、閩諸儒，亦非全無心得，未可概視爲弇陋，故能兼收併取，絶無黨同伐異之私，所考率切實可據，良有由也。元時嘗有刻本，牟應龍、袁桷各爲之序，卷端題語，尚鈎摹應麟手書。藏弆之家，以爲珍笈。此本乃國朝閻若璩、何焯所校，各有評注，多足與應麟之説相發明。今仍從刊本，附於各條之下，以相參證。若璩考證之功，十倍於焯，然若璩不薄視應麟，焯則動以「詞科之學」輕相詬厲。考應麟博極群書，著述至六百餘卷，焯所聞見，恐未能望其津涯，未免輕於立論，是即不及若璩之一徵。以其拾遺補罅，一知半解，亦或可採，故仍並存之，不加芟薙焉。

（《四庫全書總目》提要卷一百十八）

《天禄琳琅書目》提要

《困學紀聞》，一函，六册。宋王應麟著，二十卷。前應麟自識，元牟應龍、袁桷序，後陸

【二】以左丞相留夢炎用徐囊黃萬石等　「以左丞相」原作「左丞相以」，據《宋史·王應麟傳》改。

晉之序。考《宋史》，王應麟字伯厚，慶元府人。九歲通《六經》，淳祐元年舉進士，寶祐四年又中博學宏辭科。歷官禮部侍郎，尋轉尚書兼給事中。以左丞相留夢炎用徐囊、黃萬石等【二】，遂東歸。後二十年，卒。所著書甚多，《困學紀聞》其一也。牟應龍序作于元英宗至治二年，袁桷序作于泰定帝泰定二年。《元史·列傳》：應龍，字伯成，其先蜀人，後徙居吴興。應龍幼警敏，日記數千言，擢咸淳進士第。賈似道招之，拒不見，不得置上第，調光州定城尉。沿海制置司辟爲屬，以疾辭，不仕，而宋亡矣。已而起家教授溧陽州，晚以上元縣主簿致仕。泰定元年卒，年七十八。袁桷，字伯長，慶元人。以薦爲翰林國史院檢閲官，屢遷至侍講學士。泰定初，辭歸。四年，卒，追封陳留郡公，謚文清。陸晉之，吴郡人，《元史》無傳。其結銜爲慶元路儒學教授。序中有「鳩工度費，給以學儲，本學官及岱山長共助以足其用」云云。按顧炎武《日知録》引陸深《金臺紀聞》曰：「元時州縣皆有學田，所入謂之學租，以供師生廪餼。餘則刻書，工大者合數處爲之，故讎校刻畫頗有精者。」今證以晉之所言，適相吻合，第此書模印不佳耳。闕補卷二、三十七、三十八。卷十一、十七。卷十五。十二。

《困學紀聞》，一函，十一册。篇目同前。前牟應龍序，後陸晉之序，俱不載。此書板較大，非陸晉之所校刊者，故不載其序。應龍序或本有而後失之。刻手、印工較前部皆高一籌，在元刻中尚爲佳本。闕補目録、三。卷二、三十五。卷三、九、二十七。卷六、十八、三十一、三十二。卷七、八。卷十一、六、九、十四、十六。卷十四、十五。卷十五、十一、十二。卷十九、二、五、六。卷二十、一、三、四。

（《天禄琳琅書目》清乾隆間内府寫本卷六）

《讀書叢録》提要

《困學紀聞》。

《困學紀聞》二十卷，題浚儀王應麟伯厚。前有泰定二年袁桷序，至治二年牟應龍序。序後有「牟應龍印」「牟伯成父」「儒林世家」三木小方印。目録前有深寧叟識語，後有「伯厚甫」「深寧居士」二木小方印。元刊黑口本。每葉廿行，行十八字。

（洪頤煊《讀書叢録》清道光二年富文齋刻本卷二十四）

《天禄琳琅書目後編》提要

《困學紀聞》，四函，十六册。宋王應麟撰。應麟，字伯厚，慶元人。淳祐元年進士，寶祐四年復中博學宏詞科，官至禮部尚書兼給事中，入《宋史·儒林傳》。書二十卷，首以説經，次天道、曆數、地理、諸子、考史、評史、評詩、雜識。前有至治二年牟應龍序、泰定二年袁桷序，後有陸晉之跋。是時浙東肅政司副使馬剌忽、僉事孫楫檄刻是書，蓋桷所舉明，而晉之方爲慶元路教授也。末刻「慶元路儒學學正胡禾監刊」。

謙牧堂藏書記 白文，每册首。謙牧堂書畫記 朱文，每册末。鵬翀 朱文，每册末。

（《天禄琳琅書目後編》清光緒十年長沙王氏刻本卷十）

《儀顧堂續跋》提要

元槧《困學紀聞》跋。

《困學紀聞》二十卷。或題浚儀王應麟伯厚，或題浚儀王應麟伯厚甫。前有至治二年秋八月壬辰隆山牟應龍序，其下印文三：曰「牟應龍印」，曰「牟伯成父」，曰「儒林世家」。泰定二年門人袁桷序。目前有深寧自識，二十卷後有「孫厚孫、寧孫校正」一行，「慶元路儒學學正胡禾監刊」一行。末有泰定二年十二月癸卯慶元路儒學教授吴郡陸晉之後叙。每葉二十行，每行十八字。蓋是書初無刊本，泰定中，馬勿速爲浙江廉訪副使，保定孫楫爲僉事，分治慶元，以袁桷等呈請，始命慶元學以學儲刊行。而桷倡助刻資，學官陸晉之等繼之，乃始有成。蓋初刊祖本也。

（陸心源《儀顧堂續跋》清光緒壬辰刻本卷十）

《日本訪書志》提要

《困學紀聞》二十卷。元刊本。

明翻刊元慶元路本《困學紀聞》二十卷，卷末題「孫厚孫、寧孫校正，慶元路儒學學正胡禾監刊」。又有泰定二年陸晉之跋。據閻校本閻詠序稱，此本最善，唯誤「慶元」爲「應元」，豈閻氏有所避與？其中文字亦不盡與閻校合：第二卷「乃命三后」條，閻本脱「於禽獸」三字。第四卷「《管子·地員》」條，「次曰五弨」下各本空三格，此不空。第五卷「猶《金縢》之新逆」，各本誤作「迎」。第八卷「陳烈」條注「前賢之讀書如此」，各本「前賢」作「古人」，義雖得通，然烈於伯厚爲前輩，則作「前賢」是也。第十卷引《尸子》「儉者爲獵者表虎」，各本「儉」作「狩」，此與《御覽》引合。第十四卷引《温彦博傳》「有時而偒」，各本作「賜」，此與《新唐書》合。凡此之類，必是伯厚原書，非經後人校改者。

（楊守敬《日本訪書志》清光緒丁酉刻本卷七）

《藝風藏書記》提要

《困學紀聞》二十卷，元刊本。泰定二年弟子袁清容序，而刻於慶元路學，距先生没時三十年，爲是書初刻。有牟應龍前序，陸晉之後序。前有「伯厚父」「深寧居士」墨圖記二方，卷末有「孫厚孫、寧孫校正，慶元路儒學學正胡禾監刊」二行。每半葉十行，每行十八字。黑口。

（繆荃孫《藝風藏書記》清光緒庚子刻本卷二）

《善本書室藏書志》提要

《困學紀聞》二十卷，元刊本。浚儀王應麟伯厚。前有至治二年秋八月牟應龍序，又泰定二年冬十月門人袁桷序。目録前深寧自識，後有「伯厚甫」「深寧居士」印二方。末有泰定二年慶元路儒學教授吴郡陸晉之叙，及「孫厚孫、寧孫校正，慶元路儒學學正胡禾監刊」兩行。按本傳，宋亡，先生年五十四，杜門不出，取經史講解論辨，所撰諸書大抵成於是時。自題「晚遇艱屯」可以證明。殁於元元貞二年，年六十有四。此距先生殁時正三十年，是最初之刻也。

《困學紀聞》二十卷，明刊本，李明古藏書。浚儀王應麟伯厚甫。前有至治二年牟應龍序、自序，後接目録。朱筆記：「丙戌春爲故友閻百詩先生較此書，付之開雕，因記諸第一卷尾後。」墨筆記云：「是書爲李君明古自序，首至一卷十一葉，俱照義門先生勘正，楷法精整。余於雍正戊午得之珠明寺前書攤。乾隆丁卯，同陳君元璩寓秦淮河亭，因借得其尊人校本校勘二卷，第三、第四、第五、第九、第十則陳本缺。長州陸觀濳。」有「端門」小印，又有「蘅香草堂」「陸沆之印」「靖伯」「李氏收藏」「木彊人李鑑」諸印。彊，字明古，吴縣人，家多藏書。

《困學紀聞》二十卷，馬氏叢書樓刊本，顧敬齋校藏。浚儀王應麟伯厚甫。前有至治二年牟應龍序，泰定二年袁桷序，又陸晉之序，深寧叟自識，後接目録，康熙三十七年閻詠識。後有乾隆戊午祁門馬曰璐重刊跋。又顧敬齋震於乾隆甲午秋仲跋於濟寧南門外遇齋云：「今春逗遛邗上，陳君繩之以馬氏本贈行。既而暫住任城，聊避炎暑，因於掌教盛同年秦川處獲見全謝山前輩批本，欣然假歸寓舍，即以馬本校録。自七月十四日開卷，至八月十六日録畢。盛本係汪氏所刊，兼載何義門、閻百詩兩家評注。予所攜馬氏本，專載閻批，然彼此多有互異，想傳寫之訛耳。其有與本書無所發明、徒誇徵引者，亦不盡録，録者以『何云』二字别之。謝山太史批注似更精當，蓋於其鄉先生之書，更不敢率意下筆耳。同年盛君，學有根柢，間綴數語，亦並載之。旅居岑寂，頗少俗累，焚膏繼晷，得與此書相晤對者一月有餘，自幸福分爲不淺矣！」爰記大略，附書卷尾。震，又號葦田，錢塘人，乾隆辛巳進士，官至刑部貴州司員外郎，著有《得一齋詩稿》。

（《善本書室藏書志》清光緒二十七年錢塘丁氏刻本卷十八）

《鄭堂讀書記》提要

《困學紀聞》二十卷。叢書樓刊本。

宋王應麟撰。應麟仕履見《詩類》。《四庫全書》著録，《宋志》及《宋志補》俱失載，焦氏《經籍志》始載之。按厚齋卒于元成宗元貞二年丙申，是書當作于入元以後也。皆其讀書有得，以次札記。卷一至卷八爲説經，卷九爲天道、爲曆數，卷十爲地理、爲諸子，卷十一至卷十六爲考史，卷十七至卷十九爲評詩文，卷二十爲雜識。凡考據評證，皆出己意，發前人之所未發。辭約而明，理融而達，淵奧精實，非博極群書、卓然有識者，何以能之！亦可爲宋一代説部之後勁矣！

前有《自序》三十八字，乃厚齋親筆，繫元刊本摹勒諸卷首者。又有至治壬戌牟隆山應龍、泰定乙丑袁清容桷二序，末有泰定乙丑吴郡陸晉之後序。是本各卷俱有閻潛丘若璩按語，皆附著所見，足與本書相發明。其子詠爲之後叙。祁門馬曰璐于乾隆戊午得其本而校刊之，並跋其後。别有何義門焯評本，其評多大言詆諆，不及閻評遠甚，而亦有足以裨益本書者，故有合刻本通行焉。

（周中孚《鄭堂讀書記》民國十年刻吴興叢書本卷五十四）

《抱經樓藏書志》提要

《困學紀聞》二十卷，乾隆刊本。宋浚儀王應麟伯厚撰。牟應龍序，至治二年。袁桷叙，泰定二年。王晉之序【二】，馬曰璐序。乾隆戊午。

（沈德壽《抱經樓藏書志》民國十三年甲子刊本卷四十二）

《文禄堂訪書記》提要

《困學紀聞》二十卷。

宋王應麟撰。元泰定刻大字本，半葉十一行，行二十四字。白口。板心上記字數，下記刊工姓名。茅元吉、章子成、章宇、王子仁、張以方、王明、鮑成梁、王古之、泉祥、見明、仁甫、子木、文福、宇仁、仲父、何齊以、方刊。卷首深寧叟識，目後有「伯厚深寧居士」篆書木記。卷末「孫厚孫、寧孫校正」一行。有「内閣典籍廳」大方印。

又清蔣篁亭校明初刻本，半葉十行，行十八字。黑口。卷末同前。又「慶元路儒學學正胡禾監刊」一行。至治二年牟應龍序，泰定二年袁桷、陸晉之序。

彭氏手跋曰：「篁亭先生手校諸經史不下數十百種，類皆丹黄精謹，藝林所稱。貯書樓本，得者藏弆以爲寶。此深寧叟《紀聞》六册，予甫冠時外舅時庵先生曾舉以授

【二】王晉之序　「王」疑爲「陸」。

讀。二十年來胥疏江湖，蓋無日離左右也。今貯書樓遺籍十佚八九，存者亦多蟫損，而此編在予行篋尚完好如故。今春里居，爲重裝而庋之，片玉零璣，彌可珍惜矣。彭兆蓀識，時嘉慶歲在辛未二月十八日，書於小謨觴館。」「嘉慶元年歲在丙辰六月上澣，讀於淮陰郡舍安懷堂之東軒，甘亭彭兆蓀識。」

（王文進《文禄堂訪書記》民國三十一年文禄堂自印聚珍本卷五）

李旦華手書

此本桐鄉所刊，閻、何二家合批最爲精審，今細加校勘。百詩先生精於考據，有所駁正，實足補厚齋之闕。何氏略無見解，時時强作聰明，且率意詆訶，殊非儒者氣象。二家學問優劣，於此可見，殆不可以道里計也。申州寓齋苦無他書可資校對，其中徵引之博，實有未能盡悉，誠如何氏所云「甚滋學荒記疏之懼」耳。

旦華識。

（汪氏桐華書塾刻何校本卷尾）

李富孫手書

余弱冠時，與從弟遇孫讀書於願學齋，從祖六忍老人教以根柢之學。嘗謂：深寧叟

《困學紀聞》，博而能精，簡而有要。亭林先生《日知録》，明體達用，具有經濟。二書不可不熟讀也。以手所評點及厚齋從叔校本，分授孫輩。富於《日知録》曾讀十數過，而是書用力尚淺。近四明屠氏合閻潛丘、何義門、全謝山、方樸山、程易田諸先生評本，另爲校刊，黄岡萬氏復加注釋，爲《集證》一書。今秋復來婺州，於書肆購得二家本，寒窗無事，更取而參校之。其中所徵引者，仍有未能盡悉，益嘆深寧叟之博綜靡涯，且自愧十餘年來，南北奔走，一無所成。回憶曩日耳提面命，益滋汗浹。再爲覆校，不勝撫卷太息云。

戊辰嘉平二日，富孫書於婺郡署之三餘書屋。

（汪氏桐華書塾刻何校本卷尾）

李慈銘手書

南宋説部夥出，向推洪野處《容齋隨筆》、王勉夫《野客叢書》及此書爲最，而此尤傳於時。蓋深寧所著《玉海》幾與《三通》抗行，其隨時論見，則書載斯編。故所述皆元元本本，無逞私决臆之談，又多貫串其説，以便學者。國朝何義門頗以「詞科之學」目之，然其書實利於應舉業者，儒俗共口，良亦職此。余自十餘年前，見而好之。時惟得嘉定錢氏大昕校本，内僅載何注，又苦板漫漶，勘讀數遍，間有論識。後得餘姚翁方伯此本，創爲寐人解衣珠矣。今來京師，方伯曾孫蘭農部後出是編見贈，因識之如此。

李慈銘。

（清道光五年翁氏守福堂本卷首）

李盛鐸手書

深寧居士《困學紀聞》爲孯討經史者必讀之書。康、乾以來諸家校注，無慮十數。然刊正異同，往往誤認明黑口本爲元本。以黑口本亦有校正監刊人名兩行，賈人多冒爲元刻，不知其字體槧法之不類也。今春，臨清徐氏書散出，聞中有是書元槧，爲人購去，爲之悵惘。閲兩月，沅叔竟以重直展轉購歸，攜來展讀。開板宏朗，字體結構謹嚴，一望而知爲元代最初之刻。沅叔謂：前人所校，惟潛丘閻氏所據之本碻與此本相同。蓋是刻沈晦，殆已二百餘年。亟屬沅叔付之景印，俾後之讀是書者，一洗烏焉亥豕之訛，亦藝林一快事也。

丙寅大暑後二日，德化李盛鐸。

（《四部叢刊三編·困學紀聞》）